“十三五”应用型本科院校公共基础课规划教材

经济管理数学技术

（第2版）

主　编　阳　军
副主编　陈　亮
参　编　周　念　郑　英　史纪磊

ZHEJIANG UNIVERSITY PRESS
浙江大学出版社

内容简介

本套教材是针对"本科经济管理类专业应用型人才培养模式"而编写的数学类课程教学用书，分《经济管理数学基础》和《经济管理数学技术》两册。

本书是《经济管理数学技术》，内容以线性代数、概率统计数学理论为主线，辅以 Excel、MATLAB 计算软件的使用，融合了一些相关的经济管理学知识及数学模型。具有叙述平缓通俗、抽象推导简单、学科交叉性强、应用案例丰富等特点，有很强的专业融合性和教学适用性。本书分为线性代数、概率、统计、数学模型与数学实验四部分内容，共十章。本书可以作为普通本科、民办本科、独立学院等本科院校经济管理类专业的数学基础课教材，也可作为高职高专院校学生及经济管理行业工作者的参考教程。

图书在版编目（CIP）数据

经济管理数学技术／阳军主编．—2 版．—杭州：浙江大学出版社，2019.12(2024.1 重印)

ISBN 978-7-308-19915-5

Ⅰ．①经… Ⅱ．①阳… Ⅲ．①经济数学—高等学校—教材 Ⅳ．①F224.0

中国版本图书馆 CIP 数据核字（2019）第 295641 号

经济管理数学技术(第 2 版)

阳　军　主编

责任编辑　徐　霞
责任校对　王元新
封面设计　周　灵
出版发行　浙江大学出版社
（杭州市天目山路 148 号　邮政编码 310007）
（网址：http://www.zjupress.com）
排　　版　杭州青翊图文设计有限公司
印　　刷　浙江省邮电印刷股份有限公司
开　　本　787mm×1092mm　1/16
印　　张　21.25
字　　数　518 千
版 印 次　2019 年 12 月第 2 版　2024 年 1 月第 5 次印刷
书　　号　ISBN 978-7-308-19915-5
定　　价　49.00 元

第2版前言

本套教材出版至今已有5年，在此期间吸收了广大使用者的意见，结合编者对应用型本科经济管理类专业的数学教学的认识，在原教材的基础上做了如下改进。

第一，为进一步凸显本书的专业融合性，增强学生对数学知识在经济管理活动中的应用意识和能力，本书中扩充了一些经济函数与经济管理类数学模型，增加了一些应用案例。

第二，在每个知识模块后面的二维码中纳入了丰富的数学文化方面的内容，包含了与之相关的诸多数学故事、数学史、数学哲理、数学思想和方法方面的材料。

第三，考虑到数学建模意识和能力的培养需要一个长时间的熏陶和实践过程，在本书应用拓展二维码中纳入了数学建模思想和方法介绍、数学建模竞赛介绍以及大量的数学建模案例，便于读者更好地理解和实现建模过程。

第四，考虑到理论知识与实验内容在教学上的匹配度及便利性，把《经济管理数学技术》(第1版)第四部分中涉及微积分方面的数学实验内容作为《经济管理数学基础》(第2版)第五部分。

另外，在教材的例题和文字叙述方面也进行了适当的调整。以上几个方面的改进，使得本套教材信息量更大、内容更丰富、数学视野更开阔，可满足不同层次学生的需求，更有利于培养学生的应用意识和创新能力。

编　者

2019年6月

第1版前言

本套教材的编写，注重时代发展对人才素质的要求，遵循应用型本科人才培养目标和要求，树立"与专业相结合、为专业服务"的基本理念，争取在有限的课时里能做到数学知识"广、浅、新、用"。因此，在教材编写中对应用型本科的数学内容提出了数学技术化处理思想，把本科经济管理类各专业需要的数学理论——微积分、线性代数、概率论与数理统计、部分运筹学内容、部分数值计算内容与数学实验和数学模型等内容有机地融合在一起，适当弱化数学理论性和系统性，删减部分实用性不强且复杂的数学理论内容，充分融合一些经济与管理学知识，突出数学技术的应用，在整个课程难度有所下降的基础上增大课程信息量，而不是按照通常的做法去删减知识量。

教材内容总体安排是把应用型本科院校经济管理数学分为两大教学内容，分别编写教材《经济管理数学基础》和《经济管理数学技术》。

1.《经济管理数学基础》(建议课时 64)

主要包含微积分学的基础理论、常用的运算方法、相关交叉学科内容以及常用数学模型，为经管类专业学生学习后继课程和解决实际问题提供必不可少的数学基础知识及常用的数学方法。考虑到微积分的内容较多、课时有限，针对应用型本科的培养特点与要求，对教材结构进行了一定的优化，强调与实际问题相结合，注重渗透核心数学思想。内容上删减了经济管理中基本用不到的一些反三角函数，降低了极限与连续的理论要求，降低了不定积分的计算技巧与要求，弱化了二元函数微积分的理论，融合了一些经济与管理学知识及应用介绍。目的是做到既能培养学生的数学思想和逻辑思维能力，又让学生在较熟练地掌握微积分知识基本方法的基础上能运用所学知识去分析问题和解决问题，具备一定的抽象概括问题的能力以及一定的逻辑推理能力。

2.《经济管理数学技术》(建议课时80)

主要内容为矩阵与行列式、向量与线性方程组、特征值与特征向量、概率论、数理统计、数学实验与数学建模、常用经济应用模型。

相对于传统的本科数学教材内容来说,本教材删减了线性代数中本科段应用性不是很强的一些知识及理论推导,例如线性空间的概念与二次型问题,同时把线性规划问题融入教材中去。弱化了概率论中的多元随机变量部分内容,只介绍了二元离散型随机变量分布的理解和应用,同时把顾客迁移理论、决策论、保险精算等相关经济管理学知识作为应用性问题融入教材中去。考虑到学生后续课程会开设应用统计学,所以对数理统计部分也进行了适当的弱化,主要介绍了统计思想、统计基本概念以及基本的参数估计、假设检验及回归分析方法。教材最后适当地纳入了一些数学实验内容,如利用 MATLAB 和 Excel 软件去解决实际应用当中的数学计算问题。

由于编者水平有限,时间仓促,书中难免存在不妥之处,希望同行及读者批评指正,使本书在教学实践当中不断完善。

编　者

2014年7月

目　录

第一部分　线性代数

第二部分　概　　率

第三部分　统　　计

第四部分　数学模型与数学实验

第一部分

线性代数

数学文化与应用拓展资源(一)

数学文化 1-1　线性代数的发展简史

数学文化 1-2　线性代数在现实生活中的应用

应用拓展 1-1　交通网络流量建模案例

应用拓展 1-2　配方问题建模案例

应用拓展 1-3　互付工资问题建模案例

应用拓展 1-4　平衡价格问题建模案例

应用拓展 1-5　平面图形几何变换建模案例

应用拓展 1-6　矩阵加密建模案例

应用拓展 1-7　人口迁徙问题建模案例

应用拓展 1-8　基金流动问题建模案例

应用拓展 1-9　小行星轨道建模案例

应用拓展 1-10　常染色体遗传模型

第一章　矩阵与行列式

矩阵是从许多实际问题的计算中抽象出来的一个极其重要的数学概念，它被广泛地应用到现代管理科学、自然科学、工程技术等各个领域. 矩阵是线性代数的一个主要研究对象. 本章将介绍矩阵的概念及运算、矩阵行列式的概念及计算方法、矩阵的初等变换及逆矩阵等.

§1.1　矩阵的概念

假设有某公司生产的三种商品：G1，G2 和 G3，销售给两个消费者：C1 和 C2. 表 1-1 显示了月销售量.

表 1-1

消费者	月销量		
	G1	G2	G3
C1	7	2	3
C2	2	5	8

从上下文的关系来看，各个数据的含义是非常明确的. 在这种情况下，我们就可以把表头省略掉，以更为简洁的数表形式来表述表 1-1 中的信息，如：

$$\begin{bmatrix} 7 & 2 & 3 \\ 2 & 5 & 8 \end{bmatrix}.$$

另外，在许多实际问题中常常需要解线性方程组：

$$\begin{cases} a_{11}x_1 + a_{12}x_2 + \cdots + a_{1n}x_n = b_1 \\ a_{21}x_1 + a_{22}x_2 + \cdots + a_{2n}x_n = b_2 \\ \qquad\qquad \vdots \\ a_{m1}x_1 + a_{m2}x_2 + \cdots + a_{mn}x_n = b_m \end{cases}. \tag{1-1}$$

方程组的系数和常数项可以排成如下形式：

$$\begin{bmatrix} a_{11} & a_{12} & \cdots & a_{1n} & b_1 \\ a_{21} & a_{22} & \cdots & a_{2n} & b_2 \\ \vdots & \vdots & \ddots & \vdots & \vdots \\ a_{m1} & a_{m2} & \cdots & a_{mn} & b_m \end{bmatrix}. \tag{1-2}$$

显然,有了(1-2)之后,线性方程组(1-1)也就随之确定了.

一般来说,对于不同的实际问题,就有不同的数表与之对应.每个位置上的数都具有其固定的含义,不能随意调换,这种**数表**在数学上被称为**矩阵**.

矩阵定义:由 $m \times n$ 个数 $a_{ij}(i=1,2,\cdots,m;j=1,2,\cdots,n)$ 组成一个 m 行 n 列的矩形数表,称为一个 $m \times n$ 的**矩阵**,记作

$$\begin{bmatrix} a_{11} & a_{12} & \cdots & a_{1n} \\ a_{21} & a_{22} & \cdots & a_{2n} \\ \vdots & \vdots & \ddots & \vdots \\ a_{m1} & a_{m2} & \cdots & a_{mn} \end{bmatrix}.$$

其中,a_{ij} 叫矩阵的第 i 行第 j 列元素.

矩阵通常加上一个括弧(中括号或圆括号),用大写字母 $\boldsymbol{A},\boldsymbol{B},\boldsymbol{C}$ 等表示,也可以记作 $\boldsymbol{A}_{m\times n}$ 或 $(a_{ij})_{m\times n}$,以标明行数 m 与列数 n.

只有一行的矩阵称为**行矩阵**,记作:

$$\boldsymbol{A}_{1\times n}=[a_{11} \quad a_{12} \quad \cdots \quad a_{1n}];$$

只有一列的矩阵称为**列矩阵**,记作:

$$\boldsymbol{A}_{m\times 1}=\begin{bmatrix} a_{11} \\ a_{21} \\ \vdots \\ a_{m1} \end{bmatrix}.$$

当矩阵的行数和列数相等时,即 $m=n$ 时,称该矩阵为 **n 阶矩阵**或 **n 阶方阵**,记作 $\boldsymbol{A}_n$ 或 $\boldsymbol{A}$,即

$$\boldsymbol{A}_n=\begin{bmatrix} a_{11} & a_{12} & \cdots & a_{1n} \\ a_{21} & a_{22} & \cdots & a_{2n} \\ \vdots & \vdots & \ddots & \vdots \\ a_{n1} & a_{n2} & \cdots & a_{nn} \end{bmatrix}.$$

n 阶方阵从左上角到右下角的对角线上的元素 $a_{11},a_{22},\cdots,a_{nn}$ 称为**主对角线**元素.在方阵中,若主对角线以外的元素都为零,则这个方阵被称为**对角方阵**,即

$$\boldsymbol{A}=\begin{bmatrix} a_{11} & 0 & \cdots & 0 \\ 0 & a_{22} & \cdots & 0 \\ \vdots & \vdots & \ddots & \vdots \\ 0 & 0 & \cdots & a_{nn} \end{bmatrix}.$$

特别地,在对角方阵中,当 $a_{11}=a_{22}=\cdots=a_{nn}=1$ 时,这个方阵被称为**单位矩阵**,记作 $\boldsymbol{E}$ 或者 $\boldsymbol{E}_n$,即

$$E=\begin{bmatrix}1 & 0 & \cdots & 0\\ 0 & 1 & \cdots & 0\\ \vdots & \vdots & \ddots & \vdots\\ 0 & 0 & \cdots & 1\end{bmatrix}.$$

所有元素都为零的矩阵,称为**零矩阵**,记为 O,即

$$O=\begin{bmatrix}0 & 0 & \cdots & 0\\ 0 & 0 & \cdots & 0\\ \vdots & \vdots & \ddots & \vdots\\ 0 & 0 & \cdots & 0\end{bmatrix}.$$

矩阵元素仅为 0 或 1 的矩阵,称为**0—1 矩阵**. 如下矩阵均为 0—1 矩阵.

$$A=\begin{bmatrix}1 & 0 & 1\\ 1 & 1 & 1\\ 0 & 0 & 1\end{bmatrix},\quad B=\begin{bmatrix}1 & 0 & 1 & 0\\ 0 & 0 & 1 & 1\end{bmatrix}.$$

下面再通过两个例题,初步介绍矩阵的表示.

【例 1.1】 北京市某户居民第三季度每个月的水、电、天然气的使用情况,可以用一个 3 行 3 列的数表来表示,如表 1-2 所示.

表 1-2

月份	水(t)	电(kW・h)	气(m^3)
7 月	10	190	15
8 月	10	195	16
9 月	9	165	14

则该数表可表示为如下矩阵:

$$\begin{bmatrix}10 & 190 & 15\\ 10 & 195 & 16\\ 9 & 165 & 14\end{bmatrix}.$$

【例 1.2】 某厂向三个商店发送的四种产品的数量可列成矩阵

$$A=\begin{bmatrix}a_{11} & a_{12} & a_{13} & a_{14}\\ a_{21} & a_{22} & a_{23} & a_{24}\\ a_{31} & a_{32} & a_{33} & a_{34}\end{bmatrix},$$

其中,a_{ij} 为工厂向第 i 店发送第 j 种产品的数量.

这四种产品的单价及单件重量也可以写成矩阵

$$B=\begin{bmatrix}b_{11} & b_{12}\\ b_{21} & b_{22}\\ b_{31} & b_{32}\\ b_{41} & b_{42}\end{bmatrix},$$

其中,b_{i1} 为第 i 种产品的单价,b_{i2} 为第 i 种产品的单件重量.

矩阵相等定义:两个 m 行 n 列的矩阵 $A_{m\times n}$ 和 $B_{m\times n}$,如果它们的对应元素分别相等,即

$$a_{ij}=b_{ij}\quad(i=1,2,\cdots,m;j=1,2,\cdots,n),$$

则称为矩阵 $\boldsymbol{A}$ 和矩阵 $\boldsymbol{B}$ 相等,记作 $\boldsymbol{A}=\boldsymbol{B}$.

根据定义,以下两个矩阵

$$\begin{bmatrix}1 & 2 & 0\\3 & -1 & 4\end{bmatrix},\quad\begin{bmatrix}a & b\\c & d\end{bmatrix},$$

无论 a,b,c,d 取什么值,它们都不可能相等,因为它们的列数不同.

【例 1.3】 设有矩阵:

$$\boldsymbol{A}=\begin{bmatrix}x & 5\\0 & -5\\y & -2\end{bmatrix},\quad\boldsymbol{B}=\begin{bmatrix}4 & b\\0 & c\\a & -2\end{bmatrix}.$$

若 $\boldsymbol{A}=\boldsymbol{B}$,求 x,y,a,b,c.

【解】 由矩阵定义可以得出

$$x=4,\quad b=5,\quad c=-5,\quad y=a\quad(a\text{ 可以取任意值}).$$

因此,只有是**同型矩阵**(两个矩阵的行数和列数都相等)才讨论两个矩阵是否相等;若矩阵相等,则对应位置的元素都必须相等.

§1.2 矩阵的运算

假设某厂第一个月向三个商店发送四种产品的数量可列成矩阵

$$\boldsymbol{A}=\begin{bmatrix}16 & 10 & 5 & 0\\5 & 0 & 8 & 10\\9 & 9 & 9 & 9\end{bmatrix},$$

其中,a_{ij} 为工厂向第 i 店发送第 j 种产品的数量.

若该厂第二个月向三个商店发送四种产品的数量矩阵为:

$$\boldsymbol{B}=\begin{bmatrix}5 & 0 & 18 & 0\\8 & 10 & 6 & 10\\7 & 7 & 8 & 8\end{bmatrix},$$

那么,该厂这两个月总共向这三个商店发送四种产品的数量为:

$$\boldsymbol{C}=\begin{bmatrix}21 & 10 & 23 & 0\\13 & 10 & 14 & 20\\16 & 16 & 17 & 17\end{bmatrix}.$$

若第二个月该厂向三个商店发送四种产品的数量矩阵与第一个月一样,则该厂这两个月总共向这三个商店发送四种产品的数量为:

$$\boldsymbol{D}=\begin{bmatrix}2\times16 & 2\times10 & 2\times5 & 2\times0\\2\times5 & 2\times0 & 2\times8 & 2\times10\\2\times9 & 2\times9 & 2\times9 & 2\times9\end{bmatrix}=\begin{bmatrix}32 & 20 & 10 & 0\\10 & 0 & 16 & 20\\18 & 18 & 18 & 18\end{bmatrix}.$$

其实,矩阵 $\boldsymbol{C}$ 就是矩阵 $\boldsymbol{A}$ 与 $\boldsymbol{B}$ 的对应位置的数字相加而得到的矩阵,矩阵 $\boldsymbol{D}$ 就是矩阵 $\boldsymbol{A}$

的每个位置的数字与 2 相乘而得到的矩阵,由此可以定义两个矩阵的加法以及矩阵与数的乘法.

一、矩阵的加法

矩阵加法定义:设有两个 $m \times n$ 矩阵 $\boldsymbol{A} = (a_{ij})_{m\times n}$,$\boldsymbol{B} = (b_{ij})_{m\times n}$,那么矩阵 $\boldsymbol{A}$ 与 $\boldsymbol{B}$ 的和记作 $\boldsymbol{A}+\boldsymbol{B}$,规定:

$$\boldsymbol{A}+\boldsymbol{B} = \begin{bmatrix} a_{11}+b_{11} & a_{12}+b_{12} & \cdots & a_{1n}+b_{1n} \\ a_{21}+b_{21} & a_{22}+b_{22} & \cdots & a_{2n}+b_{2n} \\ \vdots & \vdots & \ddots & \vdots \\ a_{m1}+b_{m1} & a_{m2}+b_{m2} & \cdots & a_{mn}+b_{mn} \end{bmatrix}.$$

可以简写成 $\boldsymbol{C} = \boldsymbol{A}+\boldsymbol{B}$,其中 $\boldsymbol{C} = (c_{ij})_{m\times n}$ 中的元素为:

$$c_{ij} = a_{ij} + b_{ij}.$$

应该注意,只有当两个矩阵为同型矩阵时,才能相加.

可以验证,矩阵加法满足下列运算规律(设 $\boldsymbol{A},\boldsymbol{B},\boldsymbol{C},\boldsymbol{O}$ 都是 $m \times n$ 矩阵):

(1)$\boldsymbol{A}+\boldsymbol{B} = \boldsymbol{B}+\boldsymbol{A}$; (交换律)

(2)$(\boldsymbol{A}+\boldsymbol{B})+\boldsymbol{C} = \boldsymbol{A}+(\boldsymbol{B}+\boldsymbol{C})$; (结合律)

设矩阵 $\boldsymbol{A} = (a_{ij})_{m\times n}$,记 $-\boldsymbol{A} = (-a_{ij})_{m\times n}$,则 $-\boldsymbol{A}$ 称为矩阵 $\boldsymbol{A}$ 的**负矩阵**,显然有:

(3)$\boldsymbol{A}+(-\boldsymbol{A}) = \boldsymbol{O}$; (负矩阵的特性)

由此规定矩阵的**减法**为:$\boldsymbol{A}-\boldsymbol{B} = \boldsymbol{A}+(-\boldsymbol{B})$.

(4)$\boldsymbol{A}+\boldsymbol{O} = \boldsymbol{O}+\boldsymbol{A} = \boldsymbol{A}$. (零矩阵的特性)

【例 1.4】 (矩阵加法在产品的增量问题中的应用)甲、乙两化工厂在 2017 年和 2018 年所生产的 3 种化工产品 A_1,A_2,A_3 的数量如表 1-3 所示.

表 1-3 (单位:万吨)

工厂	2017 年			2018 年		
	A_1	A_2	A_3	A_1	A_2	A_3
甲	45	36	28	47	37	28
乙	41	32	33	42	31	35

(1) 作矩阵 $\boldsymbol{A}$ 和 $\boldsymbol{B}$ 分别表示 2017 年和 2018 年工厂甲、乙生产各化工产品的数量;

(2) 计算矩阵 $\boldsymbol{A}+\boldsymbol{B}$ 和 $\boldsymbol{B}-\boldsymbol{A}$,并说明其经济意义.

【解】 (1)$\boldsymbol{A} = \begin{bmatrix} 45 & 36 & 28 \\ 41 & 32 & 33 \end{bmatrix}$, $\boldsymbol{B} = \begin{bmatrix} 47 & 37 & 28 \\ 42 & 31 & 35 \end{bmatrix}$.

(2)$\boldsymbol{A}+\boldsymbol{B} = \begin{bmatrix} 92 & 73 & 56 \\ 83 & 63 & 68 \end{bmatrix}$, $\boldsymbol{B}-\boldsymbol{A} = \begin{bmatrix} 2 & 1 & 0 \\ 1 & -1 & 2 \end{bmatrix}$.

矩阵 $\boldsymbol{A}+\boldsymbol{B}$ 说明这两年甲、乙两厂生产的 3 种化工产品的数量,$\boldsymbol{B}-\boldsymbol{A}$ 说明的是甲、乙两厂 2018 年比 2017 年生产的 3 种化工产品的增量.

二、数与矩阵相乘

矩阵数乘定义：常数 λ 与矩阵 $\boldsymbol{A}$ 的乘积，记作 $\lambda\boldsymbol{A}$，规定为：

$$\lambda\boldsymbol{A}=\begin{bmatrix}\lambda a_{11} & \lambda a_{12} & \cdots & \lambda a_{1n}\\ \lambda a_{21} & \lambda a_{22} & \cdots & \lambda a_{2n}\\ \vdots & \vdots & \ddots & \vdots\\ \lambda a_{m1} & \lambda a_{m2} & \cdots & \lambda a_{mn}\end{bmatrix}.$$

数乘矩阵满足下列运算规律(设 $\boldsymbol{A},\boldsymbol{B}$ 为 $m\times n$ 矩阵，λ,m 为数)：

(1)$(\lambda m)\boldsymbol{A}=\lambda(m\boldsymbol{A})$；

(2)$(\lambda+m)\boldsymbol{A}=\lambda\boldsymbol{A}+m\boldsymbol{A}$；

(3)$\lambda(\boldsymbol{A}+\boldsymbol{B})=\lambda\boldsymbol{A}+\lambda\boldsymbol{B}$；

(4)$1\boldsymbol{A}=\boldsymbol{A}$，　$0\boldsymbol{A}=\boldsymbol{O}$.

【例 1.5】　已知 $\boldsymbol{A}=\begin{bmatrix}2 & 1 & 0\\ -3 & 4 & 7\end{bmatrix}$，$\boldsymbol{B}=\begin{bmatrix}1 & 3 & 2\\ 5 & -1 & 6\end{bmatrix}$，$\lambda=3$，求 $\boldsymbol{A}+\boldsymbol{B}$，$\lambda\boldsymbol{A}$.

【解】　$\boldsymbol{A}+\boldsymbol{B}=\begin{bmatrix}2+1 & 1+3 & 0+2\\ -3+5 & 4-1 & 7+6\end{bmatrix}=\begin{bmatrix}3 & 4 & 2\\ 2 & 3 & 13\end{bmatrix}$.

$$\lambda\boldsymbol{A}=\begin{bmatrix}3\times 2 & 3\times 1 & 3\times 0\\ 3\times(-3) & 3\times 4 & 3\times 7\end{bmatrix}=\begin{bmatrix}6 & 3 & 0\\ -9 & 12 & 21\end{bmatrix}.$$

【例 1.6】　已知 $\boldsymbol{A}=\begin{bmatrix}1 & -2\\ 2 & 1\\ 3 & -3\end{bmatrix}$，$\boldsymbol{B}=\begin{bmatrix}-3 & 0\\ -1 & 2\\ 0 & 1\end{bmatrix}$，求 $2\boldsymbol{A}-3\boldsymbol{B}$.

【解】　$2\boldsymbol{A}=\begin{bmatrix}2 & -4\\ 4 & 2\\ 6 & -6\end{bmatrix}$，　$3\boldsymbol{B}=\begin{bmatrix}-9 & 0\\ -3 & 6\\ 0 & 3\end{bmatrix}$.

$$2\boldsymbol{A}-3\boldsymbol{B}=\begin{bmatrix}2-(-9) & -4-0\\ 4-(-3) & 2-6\\ 6-0 & -6-3\end{bmatrix}=\begin{bmatrix}11 & -4\\ 7 & -4\\ 6 & -9\end{bmatrix}.$$

三、矩阵的乘法

矩阵的乘法公式有点复杂，先通过两个实际例题来直观了解矩阵的乘法运算，然后再介绍矩阵乘法规则的一些细节问题.

【引例 1.1】　某地区甲、乙、丙三家商场同时销售两种品牌的家用电器，如果用矩阵 $\boldsymbol{A}$ 表示各商场销售这两种家用电器的日平均销售量(单位：台)，用 $\boldsymbol{B}$ 表示两种家用电器的单位售价(单位：千元)和单位利润(单位：千元)：

$$\boldsymbol{A}=\begin{matrix} & \begin{matrix}\text{Ⅰ} & \text{Ⅱ}\end{matrix} & \\ & \begin{bmatrix}20 & 10\\ 25 & 11\\ 18 & 9\end{bmatrix} & \begin{matrix}\text{甲}\\ \text{乙}\\ \text{丙}\end{matrix}\end{matrix}\qquad \boldsymbol{B}=\begin{matrix} \begin{matrix}\text{价格} & \text{利润}\end{matrix} & \\ \begin{bmatrix}3.5 & 0.8\\ 5 & 1.2\end{bmatrix} & \begin{matrix}\text{Ⅰ}\\ \text{Ⅱ}\end{matrix}\end{matrix}$$

若用矩阵 $\boldsymbol{C}$ 表示这三家商场销售两种家用电器的每日总收入和总利润.

$$\begin{array}{c} \text{收入} \quad \text{利润} \\ \boldsymbol{C} = \begin{bmatrix} c_{11} & c_{12} \\ c_{21} & c_{22} \\ c_{31} & c_{32} \end{bmatrix} \begin{matrix} \text{甲} \\ \text{乙} \\ \text{丙} \end{matrix} \end{array}$$

则 $\boldsymbol{C}$ 可以通过如下的运算得出,其中 $\boldsymbol{C}$ 的第一列为三家商场各自的总收入,第二列为三家商场各自的总利润.

$$\boldsymbol{C} = \boldsymbol{AB} = \begin{bmatrix} 20 & 10 \\ 25 & 11 \\ 18 & 9 \end{bmatrix} \begin{bmatrix} 3.5 & 0.8 \\ 5 & 1.2 \end{bmatrix}$$

$$= \begin{bmatrix} 20\times 3.5+10\times 5 & 20\times 0.8+10\times 1.2 \\ 25\times 3.5+11\times 5 & 25\times 0.8+11\times 1.2 \\ 18\times 3.5+9\times 5 & 18\times 0.8+9\times 1.2 \end{bmatrix} = \begin{bmatrix} 120 & 28 \\ 142.5 & 33.2 \\ 108 & 25.2 \end{bmatrix}.$$

上述运算实际上是矩阵 $\boldsymbol{A}$ 的每一行与矩阵 $\boldsymbol{B}$ 的每一列相乘后再相加,把得到的结果作为矩阵 $\boldsymbol{C}$ 对应的行列元素值.

【引例 1.2】 设有两个线性变换

$$\begin{cases} y_1 = a_{11}x_1 + a_{12}x_2 + a_{13}x_3 \\ y_2 = a_{21}x_1 + a_{22}x_2 + a_{23}x_3 \end{cases}; \tag{1-3}$$

$$\begin{cases} x_1 = b_{11}t_1 + b_{12}t_2 \\ x_2 = b_{21}t_1 + b_{22}t_2 \\ x_3 = b_{31}t_1 + b_{32}t_2 \end{cases}. \tag{1-4}$$

若想求出从 t_1, t_2 到 y_1, y_2 的线性变换,可将式(1-4) 代入式(1-3),使得:

$$\begin{cases} y_1 = (a_{11}b_{11} + a_{12}b_{21} + a_{13}b_{31})t_1 + (a_{11}b_{12} + a_{12}b_{22} + a_{13}b_{32})t_2 \\ y_2 = (a_{21}b_{11} + a_{22}b_{21} + a_{23}b_{31})t_1 + (a_{21}b_{12} + a_{22}b_{22} + a_{23}b_{32})t_2 \end{cases}. \tag{1-5}$$

线性变换(1-5) 可看成是先作线性变换(1-4),再作线性变换(1-3) 的结果.

若把式(1-3)、式(1-4) 的系数组成的两个矩阵,按引例 1.1 的规则(左边矩阵的行与右边矩阵的列对应相乘再相加) 进行运算,可写成:

$$\begin{bmatrix} a_{11} & a_{12} & a_{13} \\ a_{21} & a_{22} & a_{23} \end{bmatrix}_{2\times 3} \begin{bmatrix} b_{11} & b_{12} \\ b_{21} & b_{22} \\ b_{31} & b_{32} \end{bmatrix}_{3\times 2} = \begin{bmatrix} a_{11}b_{11} + a_{12}b_{21} + a_{13}b_{31} & a_{11}b_{12} + a_{12}b_{22} + a_{13}b_{32} \\ a_{21}b_{11} + a_{22}b_{21} + a_{23}b_{31} & a_{21}b_{12} + a_{22}b_{22} + a_{23}b_{32} \end{bmatrix}_{2\times 2},$$

显然,得到的结果恰好是方程组(1-5) 的系数组成的矩阵.

因此,我们把线性变换(1-5) 叫作线性变换(1-3) 与(1-4) 的乘积,相应地把(1-5) 所对应的矩阵认为是(1-3) 与(1-4) 所对应的矩阵的乘积.

上述两个引例都可以归结为矩阵的乘法,于是给定如下矩阵乘法定义.

矩阵乘法定义:设有 m 行 s 列矩阵 $\boldsymbol{A} = (a_{ij})_{m\times s}$ 和 s 行 n 列矩阵 $\boldsymbol{B} = (b_{ij})_{s\times n}$,则它们的乘积 $\boldsymbol{AB} = \boldsymbol{C} = (c_{ij})_{m\times n}$,$\boldsymbol{C} = (c_{ij})_{m\times n}$ 是一个 m 行 n 列矩阵,其中,

$$c_{ij} = a_{i1}b_{1j} + a_{i2}b_{2j} + \cdots + a_{is}b_{sj} = \sum_{k=1}^{s} a_{ik}b_{kj} \quad (i = 1,2,\cdots,m; j = 1,2,\cdots,n).$$

通过定义可以得出，矩阵乘法要满足以下规则：

(1) 只有当左边矩阵的列数与右边矩阵的行数相等时，两个矩阵才能相乘.

(2) 乘积矩阵 $\boldsymbol{C}$ 的行数等于左边矩阵 $\boldsymbol{A}$ 的行数，列数等于右边矩阵 $\boldsymbol{B}$ 的列数.

(3) 乘积矩阵 $\boldsymbol{C}$ 的第 i 行第 j 列元素 c_{ij} 是 $\boldsymbol{A}$ 的第 i 行的 s 个元素与 $\boldsymbol{B}$ 的第 j 列的 s 个对应元素乘积之和.

为了便于记忆矩阵乘法，可形象地看如下所示：

$$\begin{bmatrix} \vdots & \vdots & \vdots & \vdots \\ a_{i1} & a_{i2} & \cdots & a_{is} \\ \vdots & \vdots & \vdots & \vdots \end{bmatrix}_{m\times s} \begin{bmatrix} \cdots & b_{1j} & \cdots \\ \cdots & b_{2j} & \cdots \\ \cdots & \vdots & \cdots \\ \cdots & b_{sj} & \cdots \end{bmatrix}_{s\times n} = \begin{bmatrix} & \vdots & \\ \cdots & c_{ij} & \cdots \\ & \vdots & \end{bmatrix}_{m\times n}.$$

【例 1.7】 求矩阵的乘积 $\boldsymbol{AB}$. 其中，

$$\boldsymbol{A} = \begin{bmatrix} 1 & 0 & 3 & -1 \\ 2 & 1 & 0 & 2 \end{bmatrix}, \boldsymbol{B} = \begin{bmatrix} 4 & 1 & 0 \\ -1 & 1 & 3 \\ 2 & 0 & 1 \\ 1 & 3 & 4 \end{bmatrix}.$$

【解】 因为 $\boldsymbol{A}$ 是 2×4 矩阵，$\boldsymbol{B}$ 是 4×3 矩阵，$\boldsymbol{A}$ 的列数等于 $\boldsymbol{B}$ 的行数，所以矩阵 $\boldsymbol{A}$ 与 $\boldsymbol{B}$ 可以相乘，其乘积 $\boldsymbol{AB}=\boldsymbol{C}$ 是一个 2×3 矩阵，按矩阵乘法规则可得：

$$\boldsymbol{C} = \boldsymbol{AB} = \begin{bmatrix} 1 & 0 & 3 & -1 \\ 2 & 1 & 0 & 2 \end{bmatrix} \begin{bmatrix} 4 & 1 & 0 \\ -1 & 1 & 3 \\ 2 & 0 & 1 \\ 1 & 3 & 4 \end{bmatrix}$$

$$= \begin{bmatrix} 1\times4+0\times(-1)+3\times2+(-1)\times1 & 1\times1+0\times1+3\times0+(-1)\times3 & 1\times0+0\times3+3\times1+(-1)\times4 \\ 2\times4+1\times(-1)+0\times2+2\times1 & 2\times1+1\times1+0\times0+2\times3 & 2\times0+1\times3+0\times1+2\times4 \end{bmatrix}$$

$$= \begin{bmatrix} 9 & -2 & -1 \\ 9 & 9 & 11 \end{bmatrix}.$$

矩阵乘法满足以下运算律：(等式中的 k,λ 是数，并设矩阵 $\boldsymbol{E},\boldsymbol{A},\boldsymbol{B},\boldsymbol{C},\boldsymbol{O}$ 符合加法、乘法规则)

(1) $(\boldsymbol{AB})\boldsymbol{C} = \boldsymbol{A}(\boldsymbol{BC})$；　　(结合律)

(2) $\boldsymbol{A}(\boldsymbol{B}+\boldsymbol{C}) = \boldsymbol{AB}+\boldsymbol{AC}$，　$(\boldsymbol{A}+\boldsymbol{B})\boldsymbol{C} = \boldsymbol{AC}+\boldsymbol{BC}$；　　(分配律)

(3) $(k\boldsymbol{A})(\lambda\boldsymbol{B}) = k\lambda(\boldsymbol{AB})$；

(4) $\boldsymbol{AE} = \boldsymbol{EA} = \boldsymbol{A}$；

(5) $\boldsymbol{OA} = \boldsymbol{AO} = \boldsymbol{O}$.

【注】 矩阵乘法不满足交换律即 $\boldsymbol{AB} \neq \boldsymbol{BA}$，因为：

① 当 $m \neq n$ 时，$\boldsymbol{A}_{m\times s}\boldsymbol{B}_{s\times n} = \boldsymbol{C}_{m\times n}$ 有意义，而 $\boldsymbol{B}_{s\times n}\boldsymbol{A}_{m\times s}$ 无意义.

【例 1.8】 已知矩阵 $\boldsymbol{A} = \begin{bmatrix} 2 & 0 \\ 3 & 1 \\ 1 & 1 \end{bmatrix}$，$\boldsymbol{B} = \begin{bmatrix} 2 & 3 \\ 1 & 5 \end{bmatrix}$，求 $\boldsymbol{AB}$，$\boldsymbol{BA}$.

【解】 $AB=\begin{bmatrix}2&0\\3&1\\1&1\end{bmatrix}\begin{bmatrix}2&3\\1&5\end{bmatrix}=\begin{bmatrix}2\times2+0\times1&2\times3+0\times5\\3\times2+1\times1&3\times3+1\times5\\1\times2+1\times1&1\times3+1\times5\end{bmatrix}=\begin{bmatrix}4&6\\7&14\\3&8\end{bmatrix}.$

因为矩阵 B 的列数为 2，矩阵 A 的行数为 3，两者不等，所以 BA 没有意义.

② 当 $m\neq n$ 时，$A_{m\times n}B_{n\times m}=C_{m\times m}$，而 $B_{n\times m}A_{m\times n}=C_{n\times n}$，虽然 AB 与 BA 都存在，但不同型.

【例 1.9】 已知矩阵 $A=[1\quad 2\quad 3]$，$B=\begin{bmatrix}1\\2\\3\end{bmatrix}$，求 AB 与 BA.

【解】 $AB=[1\quad 2\quad 3]\begin{bmatrix}1\\2\\3\end{bmatrix}=[14].$

$$BA=\begin{bmatrix}1\\2\\3\end{bmatrix}[1\quad 2\quad 3]=\begin{bmatrix}1&2&3\\2&4&6\\3&6&9\end{bmatrix}.$$

③ 当 $m=n$ 时，AB 和 BA 都是 n 阶方阵，但未必相等.

【例 1.10】 已知矩阵 $A=\begin{bmatrix}1&1\\1&1\end{bmatrix}$，$B=\begin{bmatrix}1&-1\\1&-1\end{bmatrix}$，$C=\begin{bmatrix}-1&1\\1&-1\end{bmatrix}$，求 AB，BA，CA.

【解】 $AB=\begin{bmatrix}1&1\\1&1\end{bmatrix}\begin{bmatrix}1&-1\\1&-1\end{bmatrix}=\begin{bmatrix}2&-2\\2&-2\end{bmatrix};$

$$BA=\begin{bmatrix}1&-1\\1&-1\end{bmatrix}\begin{bmatrix}1&1\\1&1\end{bmatrix}=\begin{bmatrix}0&0\\0&0\end{bmatrix};$$

$$CA=\begin{bmatrix}-1&1\\1&-1\end{bmatrix}\begin{bmatrix}1&1\\1&1\end{bmatrix}=\begin{bmatrix}0&0\\0&0\end{bmatrix}.$$

虽然例1.10中 AB 与 BA 是同型的，但 AB 也不等于 BA. 如果我们再仔细地分析此题，还可以得出以下两个注意事项：

① 若 $BA=O$，不能得出 $B=O$ 或 $A=O$，即两个非零矩阵的乘积有可能得到零矩阵.

② 若 $BA=CA$，不能得出 $B=C$；同理，$AB=AC$ 也不能得出 $B=C$，即矩阵乘法不满足消去律.

设 A 是一个 n 阶方阵，我们将 AA 简记为 A^2. 同理，m 个方阵 A 相乘记为 A^m，称为**方阵的幂**，并约定 $A^0=E$.

方阵的幂有以下性质：

(1) $A^kA^l=A^{k+l}$；　　(2) $(A^k)^l=A^{kl}$.

【例 1.11】 若 $A=\begin{bmatrix}1&-2\\3&4\end{bmatrix}$，计算 A^2-3A^0.

【解】 $A^2-3A^0=\begin{bmatrix}1&-2\\3&4\end{bmatrix}\begin{bmatrix}1&-2\\3&4\end{bmatrix}-3\begin{bmatrix}1&0\\0&1\end{bmatrix}$

$$=\begin{bmatrix}-5&-10\\15&10\end{bmatrix}-\begin{bmatrix}3&0\\0&3\end{bmatrix}$$

$$=\begin{bmatrix}-8 & -10\\ 15 & 7\end{bmatrix}.$$

【例 1.12】 (矩阵乘法在生产中的应用)某股份公司生产四种产品,各类产品在生产过程中的单位生产成本以及在各季度的产量分别由表 1-4 和表 1-5 给出.

表 1-4

单位生产成本	产品			
	A	B	C	D
原材料	0.5	0.8	0.7	0.65
劳动力	0.8	1.05	0.9	0.85
经营管理	0.3	0.6	0.7	0.5

表 1-5

产品	春季	夏季	秋季	冬季
A	9000	10500	11000	8500
B	6500	6000	5500	7000
C	10500	9500	9500	10000
D	8500	9500	9000	8500

在年度股东大会上,公司准备用一个单一的表向股东们介绍所有产品在各季度的各项生产成本、各个季度的总成本,以及全年各项的总成本. 此表应如何做?

【解】 将表 1-4 和表 1-5 分别写成如下矩阵:

$$\boldsymbol{M}=\begin{bmatrix}0.5 & 0.8 & 0.7 & 0.65\\ 0.8 & 1.05 & 0.9 & 0.85\\ 0.3 & 0.6 & 0.7 & 0.5\end{bmatrix},$$

$$\boldsymbol{N}=\begin{bmatrix}9000 & 10500 & 11000 & 8500\\ 6500 & 6000 & 5500 & 7000\\ 10500 & 9500 & 9500 & 10000\\ 8500 & 9500 & 9000 & 8500\end{bmatrix},$$

并计算:

$$\boldsymbol{MN}=\begin{bmatrix}22575 & 22875 & 22400 & 22375\\ 30700 & 31325 & 30775 & 30375\\ 18200 & 18150 & 17750 & 18000\end{bmatrix}.$$

利用乘积 $\boldsymbol{MN}$ 可做如下的符合题意的表 1-6.

表 1-6

成本	春季	夏季	秋季	冬季	全年
原材料	22575	22875	22400	22375	90225

续表

成本	春季	夏季	秋季	冬季	全年
劳动力	30700	31325	30775	30375	123175
经营管理	18200	18150	17750	18000	72100
总成本	71475	72350	70925	70750	285500

【例 1.13】（顾客迁移问题）某地区有 Ⅰ，Ⅱ，Ⅲ 三个加油站.根据汽油的价格，顾客会从一个加油站换到另一个加油站.在每个月底，顾客迁移的概率矩阵 $\boldsymbol{A}=\begin{bmatrix}0.4 & 0.3 & 0.1\\0.2 & 0.5 & 0.2\\0.4 & 0.2 & 0.7\end{bmatrix}$，这里的 a_{ij} 表示每位顾客从第 j 个加油站迁移到第 i 个加油站的概率.如果 4 月 1 日，顾客去加油站 Ⅰ，Ⅱ，Ⅲ 的市场份额为 $\boldsymbol{B}=\begin{bmatrix}0.2\\0.3\\0.5\end{bmatrix}$，请计算出当年 5 月 1 日顾客去加油站 Ⅰ，Ⅱ，Ⅲ 的市场份额.

【解】 根据分析，若设 5 月 1 日去加油站 Ⅰ，Ⅱ，Ⅲ 的市场份额矩阵为 $\boldsymbol{C}=\begin{bmatrix}x_1\\x_2\\x_3\end{bmatrix}$，可得

$$\begin{bmatrix}x_1\\x_2\\x_3\end{bmatrix}=\begin{bmatrix}0.4 & 0.3 & 0.1\\0.2 & 0.5 & 0.2\\0.4 & 0.2 & 0.7\end{bmatrix}\begin{bmatrix}0.2\\0.3\\0.5\end{bmatrix}=\begin{bmatrix}0.22\\0.29\\0.49\end{bmatrix}.$$

所以，5 月 1 日顾客去加油站 Ⅰ，Ⅱ，Ⅲ 的市场份额分别为 0.22，0.29，0.49.

如果上述题中要求出当年 12 月 1 日去加油站 Ⅰ，Ⅱ，Ⅲ 的市场份额，则可以通过 $\boldsymbol{A}^7\boldsymbol{B}$ 得到结果.

四、矩阵的转置

矩阵转置定义：已知 $m\times n$ 矩阵 $\boldsymbol{A}=\begin{bmatrix}a_{11} & a_{12} & \cdots & a_{1n}\\a_{21} & a_{22} & \cdots & a_{2n}\\\vdots & \vdots & \ddots & \vdots\\a_{m1} & a_{m2} & \cdots & a_{mn}\end{bmatrix}$，将 $\boldsymbol{A}$ 的行列依次互换，所得到的 $n\times m$ 矩阵称为矩阵 $\boldsymbol{A}$ 的**转置矩阵**，记作 $\boldsymbol{A}^{\mathrm{T}}$ 或 $\boldsymbol{A}'$. 即

$$\boldsymbol{A}^{\mathrm{T}}=\begin{bmatrix}a_{11} & a_{21} & \cdots & a_{m1}\\a_{12} & a_{22} & \cdots & a_{m2}\\\vdots & \vdots & \ddots & \vdots\\a_{1n} & a_{2n} & \cdots & a_{mn}\end{bmatrix}.$$

例如，$\boldsymbol{A}=\begin{bmatrix}2 & 3 & 1\\1 & 5 & 7\end{bmatrix}$，则 $\boldsymbol{A}^{\mathrm{T}}=\begin{bmatrix}2 & 1\\3 & 5\\1 & 7\end{bmatrix}$.

矩阵的转置满足以下运算律：

(1) $(\boldsymbol{A}^{\mathrm{T}})^{\mathrm{T}}=\boldsymbol{A}$；

(2) $(\boldsymbol{A}+\boldsymbol{B})^{\mathrm{T}}=\boldsymbol{A}^{\mathrm{T}}+\boldsymbol{B}^{\mathrm{T}}$；

(3) $(k\boldsymbol{A})^{\mathrm{T}}=k\boldsymbol{A}^{\mathrm{T}}$（$k$ 是常数）；

(4) $(\boldsymbol{AB})^{\mathrm{T}}=\boldsymbol{B}^{\mathrm{T}}\boldsymbol{A}^{\mathrm{T}}$.

【例 1.14】 已知 $\boldsymbol{A}=\begin{bmatrix}2 & 1 & -1\end{bmatrix}$，$\boldsymbol{B}=\begin{bmatrix}0 & 3\\4 & 5\\2 & 7\end{bmatrix}$，求 $(\boldsymbol{AB})^{\mathrm{T}}$.

【解】 因为 $\boldsymbol{AB}=\begin{bmatrix}2 & 1 & -1\end{bmatrix}\begin{bmatrix}0 & 3\\4 & 5\\2 & 7\end{bmatrix}=\begin{bmatrix}2 & 4\end{bmatrix}$，

所以 $(\boldsymbol{AB})^{\mathrm{T}}=\begin{bmatrix}2\\4\end{bmatrix}$.

或者写成 $(\boldsymbol{AB})^{\mathrm{T}}=\boldsymbol{B}^{\mathrm{T}}\boldsymbol{A}^{\mathrm{T}}=\begin{bmatrix}0 & 4 & 2\\3 & 5 & 7\end{bmatrix}\begin{bmatrix}2\\1\\-1\end{bmatrix}=\begin{bmatrix}2\\4\end{bmatrix}$.

对称矩阵定义：如果 n 阶方阵与它的转置相等，即 $\boldsymbol{A}^{\mathrm{T}}=\boldsymbol{A}$，则称矩阵 $\boldsymbol{A}$ 为对称矩阵，即该矩阵的元素关于主对角线成对称关系.

例如，对称矩阵 $\boldsymbol{A}=\begin{bmatrix}1 & 2 & 3\\2 & 0 & -4\\3 & -4 & 5\end{bmatrix}$，显然，$\boldsymbol{A}^{\mathrm{T}}=\boldsymbol{A}$，$a_{ij}=a_{ji}\ (i,j=1,2,3)$.

【例 1.15】 已知 $\boldsymbol{A}=\begin{bmatrix}1 & -2 & 3\\0 & 1 & -2\\1 & -1 & 1\end{bmatrix}$，$\boldsymbol{B}=\begin{bmatrix}3 & 1\\1 & -1\\1 & 0\end{bmatrix}$，求 $\boldsymbol{AB}$ 与 $\boldsymbol{AB}^{\mathrm{T}}$.

【解】 $\boldsymbol{AB}=\begin{bmatrix}1 & -2 & 3\\0 & 1 & -2\\1 & -1 & 1\end{bmatrix}\begin{bmatrix}3 & 1\\1 & -1\\1 & 0\end{bmatrix}=\begin{bmatrix}4 & 3\\-1 & -1\\3 & 2\end{bmatrix}$.

因为矩阵 $\boldsymbol{A}$ 的列数为 3，$\boldsymbol{B}^{\mathrm{T}}$ 的行数为 2，根据矩阵乘法的定义得出 $\boldsymbol{AB}^{\mathrm{T}}$ 是没有运算意义的.

【注】 当矩阵型号大，计算过程复杂的时候，一般是通过计算软件辅助计算来实现. 其实线性代数部分中的绝大部分计算都可利用软件来解决，相关内容及方法读者可参考本书后面的实验内容.

§1.3 行列式

本节介绍研究线性代数问题的另一个重要工具——行列式. 若对于每一个方阵，让其和一个实数相对应，这个实数就是矩阵的行列式. 矩阵和行列式都是研究线性代数不可缺少的两类工具，但它们是不同的数学概念，读者在学习与应用时要注意行列式与矩阵的区别.

一、行列式的概念

(一)二阶行列式

在介绍行列式之前我们先来构造一个数学算式.把 4 个数排成正方形,再加上两条竖线,即

$$\begin{vmatrix} a_{11} & a_{12} \\ a_{21} & a_{22} \end{vmatrix}.$$

规定这个数学算式的计算方法为两个对角线上的数的乘积之差,即

$$\begin{vmatrix} a_{11} & a_{12} \\ a_{21} & a_{22} \end{vmatrix} = a_{11}a_{22} - a_{12}a_{21}.$$

例如,$\begin{vmatrix} 4 & -2 \\ 3 & 1 \end{vmatrix} = 4 \times 1 - (-2) \times 3 = 10.$

下面通过一个例子来展示其一种用途.

对于一个二元线性方程组

$$\begin{cases} a_{11}x_1 + a_{12}x_2 = b_1 \\ a_{21}x_1 + a_{22}x_2 = b_2 \end{cases},$$

用消元法求解,得

$$\begin{cases} (a_{11}a_{22} - a_{12}a_{21})x_1 = b_1a_{22} - b_2a_{12} \\ (a_{11}a_{22} - a_{12}a_{21})x_2 = b_2a_{11} - b_1a_{21} \end{cases}.$$

若 $a_{11}a_{22} - a_{12}a_{21} \neq 0$,则方程组的解为

$$x_1 = \frac{b_1a_{22} - b_2a_{12}}{a_{11}a_{22} - a_{12}a_{21}}, \qquad x_2 = \frac{b_2a_{11} - b_1a_{21}}{a_{11}a_{22} - a_{12}a_{21}}.$$

按上述方式,则方程组的解可以记为

$$x_1 = \frac{\begin{vmatrix} b_1 & a_{12} \\ b_2 & a_{22} \end{vmatrix}}{\begin{vmatrix} a_{11} & a_{12} \\ a_{21} & a_{22} \end{vmatrix}}, \qquad x_2 = \frac{\begin{vmatrix} a_{11} & b_1 \\ a_{21} & b_2 \end{vmatrix}}{\begin{vmatrix} a_{11} & a_{12} \\ a_{21} & a_{22} \end{vmatrix}}.$$

例如,求解方程组$\begin{cases} x_1 + 2x_2 = 8 \\ 3x_1 - x_2 = 3 \end{cases}$,可以通过以上方式得到结果(该方法也称为 **Cramer 法则**):

$$x_1 = \frac{\begin{vmatrix} 8 & 2 \\ 3 & -1 \end{vmatrix}}{\begin{vmatrix} 1 & 2 \\ 3 & -1 \end{vmatrix}} = \frac{-14}{-7} = 2, \qquad x_2 = \frac{\begin{vmatrix} 1 & 8 \\ 3 & 3 \end{vmatrix}}{\begin{vmatrix} 1 & 2 \\ 3 & -1 \end{vmatrix}} = \frac{-21}{-7} = 3.$$

我们不妨先把$\begin{vmatrix} a_{11} & a_{12} \\ a_{21} & a_{22} \end{vmatrix} = a_{11}a_{22} - a_{12}a_{21}$ 定义为**二阶行列式**.接下来再讨论一般形式 n 阶行列式的定义与算法.

(二)n 阶行列式

由 n 行 n 列共 n^2 个数组成的数表,并用下列符号来记载

$$D=\begin{vmatrix} a_{11} & a_{12} & \cdots & a_{1n} \\ a_{21} & a_{22} & \cdots & a_{2n} \\ \vdots & \vdots & \ddots & \vdots \\ a_{n1} & a_{n2} & \cdots & a_{nn} \end{vmatrix},$$

我们称之为一个 ***n* 阶行列式**.

在给定 n 阶行列式算法定义之前,我们首先明确**一阶行列式**为 $|a_{11}|=a_{11}$,再引进**余子式**和**代数余子式**两个数学概念.

在 n 阶行列式中,划去元素 a_{ij} 所在的第 i 行和第 j 列后,余下的元素按原来的位置构成一个 $n-1$ 阶行列式,称为元素 a_{ij} 的**余子式**,记作 M_{ij}. 元素 a_{ij} 的余子式 M_{ij} 前面添上符号 $(-1)^{i+j}$ 称为元素 a_{ij} 的**代数余子式**,记作 A_{ij},即 $A_{ij}=(-1)^{i+j}M_{ij}$.

例如,若有行列式 $\begin{vmatrix} -3 & -2 & 4 \\ 5 & 0 & 3 \\ 2 & 0 & 1 \end{vmatrix}$,则有

$$M_{11}=\begin{vmatrix} 0 & 3 \\ 0 & 1 \end{vmatrix}=0, \qquad M_{23}=\begin{vmatrix} -3 & -2 \\ 2 & 0 \end{vmatrix}=4;$$

$$A_{11}=(-1)^{1+1}\begin{vmatrix} 0 & 3 \\ 0 & 1 \end{vmatrix}=0, \qquad A_{23}=(-1)^{2+3}\begin{vmatrix} -3 & -2 \\ 2 & 0 \end{vmatrix}=-4.$$

为看清如何定义 n 阶矩阵行列式,注意到二阶矩阵行列式可以用两个一阶行列式来定义,对于行列式 $\begin{vmatrix} a_{11} & a_{12} \\ a_{21} & a_{22} \end{vmatrix}$,则

$$M_{11}=|a_{22}|=a_{22}, \qquad M_{12}=|a_{21}|=a_{21}.$$

二阶行列式可表示为如下形式:

$$\begin{vmatrix} a_{11} & a_{12} \\ a_{21} & a_{22} \end{vmatrix}=a_{11}a_{22}-a_{12}a_{21}=a_{11}M_{11}-a_{12}M_{12}$$

二阶行列式可进一步表示为:

$$\begin{aligned}\begin{vmatrix} a_{11} & a_{12} \\ a_{21} & a_{22} \end{vmatrix}&=a_{11}M_{11}-a_{12}M_{12}=a_{11}(-1)^{1+1}M_{11}+a_{12}(-1)^{1+2}M_{12} \\ &=a_{11}A_{11}+a_{12}A_{12}\end{aligned}$$

其中,$a_{11}A_{11}+a_{12}A_{12}$ 可以看成二阶行列式中第一行的元素与其代数余子式乘积之和.

对于一般情况,***n* 阶行列式定义**为:

$$D=\begin{vmatrix} a_{11} & a_{12} & \cdots & a_{1n} \\ a_{21} & a_{22} & \cdots & a_{2n} \\ \vdots & \vdots & \ddots & \vdots \\ a_{n1} & a_{n2} & \cdots & a_{nn} \end{vmatrix}=\begin{cases} a_{11}, & n=1 \\ a_{11}A_{11}+a_{12}A_{12}+\cdots+a_{1n}A_{1n}, & n>1 \end{cases}.$$

上述定义可称为行列式按第一行展开.

例如,三阶行列式:

$$\begin{vmatrix} a_{11} & a_{12} & a_{13} \\ a_{21} & a_{22} & a_{23} \\ a_{31} & a_{32} & a_{33} \end{vmatrix} = a_{11}A_{11} + a_{12}A_{12} + a_{13}A_{13}$$

$$= a_{11}\begin{vmatrix} a_{22} & a_{23} \\ a_{32} & a_{33} \end{vmatrix} - a_{12}\begin{vmatrix} a_{21} & a_{23} \\ a_{31} & a_{33} \end{vmatrix} + a_{13}\begin{vmatrix} a_{21} & a_{22} \\ a_{31} & a_{32} \end{vmatrix}$$

$$= a_{11}(a_{22}a_{33} - a_{23}a_{32}) - a_{12}(a_{21}a_{33} - a_{23}a_{31}) + a_{13}(a_{21}a_{32} - a_{22}a_{31})$$

$$= a_{11}a_{22}a_{33} + a_{12}a_{23}a_{31} + a_{13}a_{21}a_{32} - a_{13}a_{22}a_{31} - a_{11}a_{23}a_{32} - a_{12}a_{21}a_{33}.$$

【例 1.16】　计算行列式 $D = \begin{vmatrix} -3 & -2 & 4 \\ 5 & 0 & 3 \\ 2 & 0 & 1 \end{vmatrix}$.

【解】　将行列式按第一行展开，有

$$D = -3A_{11} + (-2)A_{12} + 4A_{13}$$

$$= (-3) \times (-1)^{1+1}\begin{vmatrix} 0 & 3 \\ 0 & 1 \end{vmatrix} + (-2) \times (-1)^{1+2}\begin{vmatrix} 5 & 3 \\ 2 & 1 \end{vmatrix} + 4 \times (-1)^{1+3}\begin{vmatrix} 5 & 0 \\ 2 & 0 \end{vmatrix}$$

$$= -2.$$

对于前面的三阶行列式，我们也可以整理为按第二行展开的形式：

$$\begin{vmatrix} a_{11} & a_{12} & a_{13} \\ a_{21} & a_{22} & a_{23} \\ a_{31} & a_{32} & a_{33} \end{vmatrix} = a_{13}a_{21}a_{32} - a_{12}a_{21}a_{33} + a_{11}a_{22}a_{33} - a_{13}a_{22}a_{31} + a_{12}a_{23}a_{31} - a_{11}a_{23}a_{32}$$

$$= a_{21}(a_{13}a_{32} - a_{12}a_{33}) + a_{22}(a_{11}a_{33} - a_{13}a_{31}) + a_{23}(a_{12}a_{31} - a_{11}a_{32})$$

$$= a_{21}(-1)\begin{vmatrix} a_{12} & a_{13} \\ a_{32} & a_{33} \end{vmatrix} + a_{22}\begin{vmatrix} a_{11} & a_{13} \\ a_{31} & a_{33} \end{vmatrix} + a_{23}(-1)\begin{vmatrix} a_{11} & a_{12} \\ a_{31} & a_{32} \end{vmatrix}$$

$$= a_{21}A_{21} + a_{22}A_{22} + a_{23}A_{23}.$$

在例 1.16 中，行列式按第二列展开得到：

$$D = \begin{vmatrix} -3 & -2 & 4 \\ 5 & 0 & 3 \\ 2 & 0 & 1 \end{vmatrix} = a_{12}A_{12} + a_{22}A_{22} + a_{32}A_{32}$$

$$= (-2) \times (-1)^{1+2}\begin{vmatrix} 5 & 3 \\ 2 & 1 \end{vmatrix} = -2.$$

事实上，n 阶行列式可以按任意的行或者列展开，其计算结果都是相同的唯一一个数值. **即 n 阶行列式等于它的任一行(或任一列)的每个元素与其对应的代数余子式的乘积之和.** 即

$$D = \begin{vmatrix} a_{11} & a_{12} & \cdots & a_{1n} \\ a_{21} & a_{22} & \cdots & a_{2n} \\ \vdots & \vdots & \ddots & \vdots \\ a_{n1} & a_{n2} & \cdots & a_{nn} \end{vmatrix} = a_{i1}A_{i1} + a_{i2}A_{i2} + \cdots + a_{in}A_{in} \quad (i = 1,2,\cdots,n)$$

$$= a_{1j}A_{1j} + a_{2j}A_{2j} + \cdots + a_{nj}A_{nj} \quad (j = 1,2,\cdots,n).$$

【例 1.17】 计算行列式 $D=\begin{vmatrix}0&0&1&2\\0&0&0&1\\3&3&0&0\\2&1&0&0\end{vmatrix}$.

【解】 D 的第二行只有 1 个元素非零,将该行列式按第二行展开其计算量将是最小的,于是有

$$D=\begin{vmatrix}0&0&1&2\\0&0&0&1\\3&3&0&0\\2&1&0&0\end{vmatrix}=(-1)^{2+4}\times1\times\begin{vmatrix}0&0&1\\3&3&0\\2&1&0\end{vmatrix}$$

$$=(-1)^{1+3}\times1\times\begin{vmatrix}3&3\\2&1\end{vmatrix}=3-6=-3.$$

【例 1.18】 计算行列式 $D=\begin{vmatrix}5-\lambda&2&2\\2&6-\lambda&0\\2&0&4-\lambda\end{vmatrix}$.

【解】 D 的第三行已有一个元素是零,将行列式按第三行展开,有

$$D=\begin{vmatrix}5-\lambda&2&2\\2&6-\lambda&0\\2&0&4-\lambda\end{vmatrix}$$

$$=2\times(-1)^{3+1}\begin{vmatrix}2&2\\6-\lambda&0\end{vmatrix}+(4-\lambda)\times(-1)^{3+3}\begin{vmatrix}5-\lambda&2\\2&6-\lambda\end{vmatrix}$$

$$=2\times[0-2\times(6-\lambda)]+(4-\lambda)\times[(5-\lambda)(6-\lambda)-(2\times2)]$$

$$=4\lambda-24+(-\lambda^3+15\lambda^2-70\lambda+104)$$

$$=-\lambda^3+15\lambda^2-66\lambda+80.$$

【例 1.19】 计算行列式 $D=\begin{vmatrix}-1&0&0&0\\2&3&0&0\\-2&6&1&0\\-2&-5&7&4\end{vmatrix}$.

【解】 将行列式按第一行展开,以此类推,即

$$D=(-1)\times(-1)^{1+1}\times\begin{vmatrix}3&0&0\\6&1&0\\-5&7&4\end{vmatrix}$$

$$=(-1)\times3\times(-1)^{1+1}\times\begin{vmatrix}1&0\\7&4\end{vmatrix}$$

$$=(-1)\times3\times1\times4=-12.$$

形如例 1.19 中的行列式我们称之为**下三角形行列式**,从例 1.19 的计算过程可得一般结论:n 阶下三角形行列式就等于主对角线元素的乘积. 即

$$\begin{vmatrix} a_{11} & 0 & \cdots & 0 \\ a_{21} & a_{22} & \cdots & 0 \\ \vdots & \vdots & \ddots & \vdots \\ a_{n1} & a_{n2} & \cdots & a_{nn} \end{vmatrix} = a_{11}a_{22}\cdots a_{nn}.$$

同理可得,n 阶**上三角形行列式**和**对角形行列式**也等于主对角线元素的乘积.即

$$\begin{vmatrix} a_{11} & a_{12} & \cdots & a_{1n} \\ 0 & a_{22} & \cdots & a_{2n} \\ \vdots & \vdots & \ddots & \vdots \\ 0 & 0 & \cdots & a_{nn} \end{vmatrix} = \begin{vmatrix} a_{11} & 0 & \cdots & 0 \\ 0 & a_{22} & \cdots & 0 \\ \vdots & \vdots & \ddots & \vdots \\ 0 & 0 & \cdots & a_{nn} \end{vmatrix} = a_{11}a_{22}\cdots a_{nn}.$$

例如,$\begin{vmatrix} 3 & 2 & 0 & 8 \\ 0 & 1 & 4 & -6 \\ 0 & 0 & -2 & 3 \\ 0 & 0 & 0 & 2 \end{vmatrix} = 3\times 1\times(-2)\times 2 = -12.$

(三)方阵的行列式

对于给定的n阶方阵$\boldsymbol{A} = \begin{bmatrix} a_{11} & a_{12} & \cdots & a_{1n} \\ a_{21} & a_{22} & \cdots & a_{2n} \\ \vdots & \vdots & \ddots & \vdots \\ a_{n1} & a_{n2} & \cdots & a_{nn} \end{bmatrix}$,称$\begin{vmatrix} a_{11} & a_{12} & \cdots & a_{1n} \\ a_{21} & a_{22} & \cdots & a_{2n} \\ \vdots & \vdots & \ddots & \vdots \\ a_{n1} & a_{n2} & \cdots & a_{nn} \end{vmatrix}$为该方阵的行列式,记为$|\boldsymbol{A}|$或$\det(\boldsymbol{A})$.

【例 1.20】 设有方阵$\boldsymbol{A} = \begin{bmatrix} 2 & 1 & 2 \\ -4 & 3 & 1 \\ 2 & 3 & 5 \end{bmatrix}$,计算其行列式$|\boldsymbol{A}|$.

【解】 将行列式按第一行展开,有

$$\begin{aligned} |\boldsymbol{A}| &= \begin{vmatrix} 2 & 1 & 2 \\ -4 & 3 & 1 \\ 2 & 3 & 5 \end{vmatrix} = 2A_{11} + 1A_{12} + 2A_{13} \\ &= 2\times(-1)^{1+1}\begin{vmatrix} 3 & 1 \\ 3 & 5 \end{vmatrix} + 1\times(-1)^{1+2}\begin{vmatrix} -4 & 1 \\ 2 & 5 \end{vmatrix} + 2\times(-1)^{1+3}\begin{vmatrix} -4 & 3 \\ 2 & 3 \end{vmatrix} \\ &= 10. \end{aligned}$$

【注】 方阵$\boldsymbol{A}$是矩阵,即$\boldsymbol{A}$是一个矩形数表,上题不是方阵$\boldsymbol{A}=10$,而是由$\boldsymbol{A}$中元素位置不变构成的行列式$|\boldsymbol{A}|=10$.读者要注意方阵和方阵的行列式之间的区别和联系.

二、行列式的性质

当行列式的阶数n比较大时,用定义来计算行列式就相当麻烦了,为了简化行列式的计算,下面介绍行列式的常用性质.

将行列式D的行列互换后得到的行列式称为行列式D的**转置行列式**,记作D^{T},即有:

$$D=\begin{vmatrix} a_{11} & a_{12} & \cdots & a_{1n} \\ a_{21} & a_{22} & \cdots & a_{2n} \\ \vdots & \vdots & \ddots & \vdots \\ a_{n1} & a_{n2} & \cdots & a_{nn} \end{vmatrix},D^{\mathrm{T}}=\begin{vmatrix} a_{11} & a_{21} & \cdots & a_{n1} \\ a_{12} & a_{22} & \cdots & a_{n2} \\ \vdots & \vdots & \ddots & \vdots \\ a_{1n} & a_{2n} & \cdots & a_{nn} \end{vmatrix}.$$

反之,行列式 D 也是行列式 D^{T} 的转置行列式,即行列式 D 与行列式 D^{T} 互为转置行列式.

性质 1-1 行列式 D 与它的转置行列式 D^{T} 的值相等.

这一性质表明,行列式中的行、列的地位是对称的,即对于“行”成立的性质,对“列”也同样成立,反之亦然.

例如,若 $D=\begin{vmatrix} 2 & 1 & 2 \\ -4 & 3 & 1 \\ 2 & 3 & 5 \end{vmatrix}$,则 $D^{\mathrm{T}}=\begin{vmatrix} 2 & -4 & 2 \\ 1 & 3 & 3 \\ 2 & 1 & 5 \end{vmatrix}$,可以验证其值是相等的.

$$D=\begin{vmatrix} 2 & 1 & 2 \\ -4 & 3 & 1 \\ 2 & 3 & 5 \end{vmatrix}=D^{\mathrm{T}}=\begin{vmatrix} 2 & -4 & 2 \\ 1 & 3 & 3 \\ 2 & 1 & 5 \end{vmatrix}=10.$$

性质 1-2 交换行列式的两行(列),行列式变号.

例如,对于$D=\begin{vmatrix} 2 & 1 & 2 \\ -4 & 3 & 1 \\ 2 & 3 & 5 \end{vmatrix}$,若把其第一行的元素与第二行的元素进行交换后得到行列式$\begin{vmatrix} -4 & 3 & 1 \\ 2 & 1 & 2 \\ 2 & 3 & 5 \end{vmatrix}$,可以验证$\begin{vmatrix} -4 & 3 & 1 \\ 2 & 1 & 2 \\ 2 & 3 & 5 \end{vmatrix}=-10$,即

$$D=\begin{vmatrix} 2 & 1 & 2 \\ -4 & 3 & 1 \\ 2 & 3 & 5 \end{vmatrix}=-\begin{vmatrix} -4 & 3 & 1 \\ 2 & 1 & 2 \\ 2 & 3 & 5 \end{vmatrix}=10.$$

【例 1.21】 计算行列式 $D=\begin{vmatrix} 4 & 2 & 9 & -3 & 0 \\ 6 & 3 & -5 & 7 & 1 \\ 5 & 0 & 0 & 0 & 0 \\ 8 & 0 & 0 & 4 & 0 \\ 7 & 0 & 3 & 5 & 0 \end{vmatrix}$.

【解】 将第一、二行互换,第三、五行互换,得

$$D=(-1)^2\begin{vmatrix} 6 & 3 & -5 & 7 & 1 \\ 4 & 2 & 9 & -3 & 0 \\ 7 & 0 & 3 & 5 & 0 \\ 8 & 0 & 0 & 4 & 0 \\ 5 & 0 & 0 & 0 & 0 \end{vmatrix}.$$

将第一、五列互换,得

$$D=(-1)^3\begin{vmatrix}1&3&-5&7&6\\0&2&9&-3&4\\0&0&3&5&7\\0&0&0&4&8\\0&0&0&0&5\end{vmatrix}=(-1)\times2\times3\times4\times5=-5!=-120.$$

推论 1-1　若行列式有两行(列)的对应元素相同,则此行列式的值等于零.

性质 1-3　行列式某一行(列)所有元素的公因子可以提到行列式符号的外面.即

$$\begin{vmatrix}a_{11}&a_{12}&\cdots&a_{1n}\\\vdots&\vdots&\ddots&\vdots\\ka_{i1}&ka_{i1}&\cdots&ka_{in}\\\vdots&\vdots&\ddots&\vdots\\a_{n1}&a_{n2}&\cdots&a_{nn}\end{vmatrix}=k\begin{vmatrix}a_{11}&a_{12}&\cdots&a_{1n}\\\vdots&\vdots&\ddots&\vdots\\a_{i1}&a_{i1}&\cdots&a_{in}\\\vdots&\vdots&\ddots&\vdots\\a_{n1}&a_{n2}&\cdots&a_{nn}\end{vmatrix}.$$

此性质也可表述为:用数 k 乘行列式的某一行(列)的所有元素,等于用数 k 乘此行列式.

推论 1-2　如果行列式中有两行(列)的对应元素成比例,则此行列式的值等于零.

性质 1-4　如果行列式的某一行(列)的各元素都是两个数的和,则此行列式等于两个相应的行列式的和.即

$$\begin{vmatrix}a_{11}&a_{12}&\cdots&a_{1n}\\\vdots&\vdots&\ddots&\vdots\\b_{i1}+c_{i1}&b_{i2}+c_{i2}&\cdots&b_{in}+c_{in}\\\vdots&\vdots&\ddots&\vdots\\a_{n1}&a_{n2}&\cdots&a_{nn}\end{vmatrix}=\begin{vmatrix}a_{11}&a_{12}&\cdots&a_{1n}\\\vdots&\vdots&\ddots&\vdots\\b_{i1}&b_{i2}&\cdots&b_{in}\\\vdots&\vdots&\ddots&\vdots\\a_{n1}&a_{n2}&\cdots&a_{nn}\end{vmatrix}+\begin{vmatrix}a_{11}&a_{12}&\cdots&a_{1n}\\\vdots&\vdots&\ddots&\vdots\\c_{i1}&c_{i2}&\cdots&c_{in}\\\vdots&\vdots&\ddots&\vdots\\a_{n1}&a_{n2}&\cdots&a_{nn}\end{vmatrix}.$$

性质 1-5　把行列式的某一行(列)的所有元素乘以数 k 加到另一行(列)的相应元素上,行列式的值不变.即

$$D=\begin{vmatrix}a_{11}&a_{12}&\cdots&a_{1n}\\\vdots&\vdots&\ddots&\vdots\\a_{i1}&a_{i2}&\cdots&a_{in}\\\vdots&\vdots&\ddots&\vdots\\a_{s1}&a_{s2}&\cdots&a_{sn}\\\vdots&\vdots&\ddots&\vdots\\a_{n1}&a_{n2}&\cdots&a_{nn}\end{vmatrix}=\begin{vmatrix}a_{11}&a_{12}&\cdots&a_{1n}\\\vdots&\vdots&\ddots&\vdots\\a_{i1}&a_{i2}&\cdots&a_{in}\\\vdots&\vdots&\ddots&\vdots\\ka_{i1}+a_{s1}&ka_{i2}+a_{s2}&\cdots&ka_{in}+a_{sn}\\\vdots&\vdots&\ddots&\vdots\\a_{n1}&a_{n2}&\cdots&a_{nn}\end{vmatrix}.$$

利用以上性质,我们可以简化行列式的计算.因为上三角形行列式的值等于主对角线上各元素的乘积,所以我们一般利用行列式的性质,将行列式化为上三角行列式再进行计算.

【例 1.22】　计算行列式 $D=\begin{vmatrix}2&0&1\\1&-4&-1\\-1&8&3\end{vmatrix}$.

【解】 $D=\begin{vmatrix}2&0&1\\1&-4&-1\\-1&8&3\end{vmatrix}=-\begin{vmatrix}-1&8&3\\1&-4&-1\\2&0&1\end{vmatrix}=-\begin{vmatrix}-1&8&3\\0&4&2\\0&16&7\end{vmatrix}$

$$=-\begin{vmatrix}-1&8&3\\0&4&2\\0&0&-1\end{vmatrix}=-(-1)\times4\times(-1)=-4.$$

【例 1.23】 计算行列式 $D=\begin{vmatrix}3&1&1&1\\1&3&1&1\\1&1&3&1\\1&1&1&3\end{vmatrix}$.

【解】 这个行列式的特点是各行 4 个数的和都是 6,我们把第 2,3,4 列同时加到第 1 列,把公因子提出,然后把第 1 行 $\times(-1)$ 加到第 2,3,4 行上就成为上三角形行列式. 具体计算如下:

$$D=\begin{vmatrix}6&1&1&1\\6&3&1&1\\6&1&3&1\\6&1&1&3\end{vmatrix}=6\begin{vmatrix}1&1&1&1\\1&3&1&1\\1&1&3&1\\1&1&1&3\end{vmatrix}=6\begin{vmatrix}1&1&1&1\\0&2&0&0\\0&0&2&0\\0&0&0&2\end{vmatrix}=6\times2^3=48.$$

通过以上例题可以看出,利用行列式的性质可以化简行列式(化成上三角形或是某些特殊形式),然后再求出具体的值.

有时,我们为了最大限度地减少计算量,可以把行列式的定义与性质结合起来使用,为了表达简洁,可以引入以下记载符号:

(1) 用 $r_i\leftrightarrow r_j$($c_i\leftrightarrow c_j$) 表示交换第 i,j 两行(两列);

(2) 用 λr_i(λc_i) 表示用数 λ 乘以第 i 行(列) 的每一个元素;

(3) 用 λr_i+r_j(λc_i+c_j) 表示用数 λ 乘以第 i 行(列) 的元素再加到第 j 行(列) 上去;

(4) 用 $r(i)$ 表示按第 i 行展开,用 $c(i)$ 表示按第 i 列展开.

下面用一个例题来介绍这种处理方法.

【例 1.24】 设有矩阵 $\boldsymbol{A}=\begin{bmatrix}1&2&3&4\\1&0&1&2\\3&-1&-1&0\\1&2&0&-5\end{bmatrix}$,求 $|\boldsymbol{A}|$.

【分析】 直接应用定义计算行列式,运算量较大,尤其是高阶行列式. 因此,一般可先用行列式的性质将行列式中某一行(列) 化为仅含有一个非零元素,再按此行(列) 展开,化为低一阶的行列式,如此继续下去直到化为三阶或二阶行列式.

【解】 $|\boldsymbol{A}|=\begin{vmatrix}1&2&3&4\\1&0&1&2\\3&-1&-1&0\\1&2&0&-5\end{vmatrix}\xlongequal[2r_3+r_4]{2r_3+r_1}\begin{vmatrix}7&0&1&4\\1&0&1&2\\3&-1&-1&0\\7&0&-2&-5\end{vmatrix}$

$$\xlongequal{c(2)} (-1)\times(-1)^{3+2}\begin{vmatrix}7 & 1 & 4\\ 1 & 1 & 2\\ 7 & -2 & -5\end{vmatrix} \xlongequal[2r_2+r_3]{-1r_2+r_1} \begin{vmatrix}6 & 0 & 2\\ 1 & 1 & 2\\ 9 & 0 & -1\end{vmatrix}$$

$$\xlongequal{c(2)} 1\times(-1)^{2+2}\begin{vmatrix}6 & 2\\ 9 & -1\end{vmatrix} = -6-18 = -24.$$

三、方阵行列式的运算律

方阵 $\boldsymbol{A}$ 的行列式 $|\boldsymbol{A}|$ 满足以下运算规律(设 $\boldsymbol{A},\boldsymbol{B}$ 为 n 阶方阵,k 为常数):

(1) $|\boldsymbol{A}^{\mathrm{T}}| = |\boldsymbol{A}|$;

(2) $|k\boldsymbol{A}| = k^n|\boldsymbol{A}|$;

(3) $|\boldsymbol{AB}| = |\boldsymbol{A}||\boldsymbol{B}|$,进一步地有:$|\boldsymbol{A}||\boldsymbol{B}| = |\boldsymbol{AB}| = |\boldsymbol{B}||\boldsymbol{A}|$.

例如,两个二阶矩阵 $\boldsymbol{A} = \begin{bmatrix}1 & -1\\ 2 & 4\end{bmatrix}$,$\boldsymbol{B} = \begin{bmatrix}2 & -1\\ 0 & 3\end{bmatrix}$,有:$\boldsymbol{AB} = \begin{bmatrix}1 & -1\\ 2 & 4\end{bmatrix}\begin{bmatrix}2 & -1\\ 0 & 3\end{bmatrix} = \begin{bmatrix}2 & -4\\ 4 & 10\end{bmatrix}$,$|\boldsymbol{AB}| = \begin{vmatrix}2 & -4\\ 4 & 10\end{vmatrix} = 36$.

另外,$|\boldsymbol{A}| = \begin{vmatrix}1 & -1\\ 2 & 4\end{vmatrix} = 6$,$|\boldsymbol{B}| = \begin{vmatrix}2 & -1\\ 0 & 3\end{vmatrix} = 6$,可以看出,$|\boldsymbol{A}||\boldsymbol{B}| = 36$,所以 $|\boldsymbol{AB}| = |\boldsymbol{A}||\boldsymbol{B}|$.

第三条性质可作如下的推广:设 $\boldsymbol{A},\boldsymbol{A}_1,\boldsymbol{A}_2,\cdots,\boldsymbol{A}_m$ 都是 n 阶矩阵,那么:

(1) $|\boldsymbol{A}^m| = |\boldsymbol{A}|^m$;

(2) $|\boldsymbol{A}_1\boldsymbol{A}_2\cdots\boldsymbol{A}_m| = |\boldsymbol{A}_1||\boldsymbol{A}_2|\cdots|\boldsymbol{A}_m|$.

【例 1.25】 设矩阵 $\boldsymbol{A} = \begin{bmatrix}1 & -2 & 5\\ 3 & 4 & -1\end{bmatrix}$,$\boldsymbol{B} = \begin{bmatrix}-1 & 2 & 0\\ -1 & 1 & 1\end{bmatrix}$,求 $|(\boldsymbol{AB}^{\mathrm{T}})^5|$.

【解】 因为

$$\boldsymbol{B}^{\mathrm{T}} = \begin{vmatrix}-1 & -1\\ 2 & 1\\ 0 & 1\end{vmatrix},\quad \boldsymbol{AB}^{\mathrm{T}} = \begin{bmatrix}1 & -2 & 5\\ 3 & 4 & -1\end{bmatrix}\begin{bmatrix}-1 & -1\\ 2 & 1\\ 0 & 1\end{bmatrix} = \begin{bmatrix}-5 & 2\\ 5 & 0\end{bmatrix},$$

$$|\boldsymbol{AB}^{\mathrm{T}}| = \begin{vmatrix}-5 & 2\\ 5 & 0\end{vmatrix} = -10,$$

所以 $$|(\boldsymbol{AB}^{\mathrm{T}})^5| = |\boldsymbol{AB}^{\mathrm{T}}|^5 = -10^5.$$

【注】 方阵与行列式是两个不同的概念,n 阶方阵是 n^2 个数按一定方式排成的数表,而 n 阶行列式则是这些数按一定的运算法则所确定的一个数值.

四、克拉默(Cramer)法则

现在应用行列式解决线性方程组的问题.在这里只考虑方程个数与未知量个数相等的情形.

如果线性方程组

$$\begin{cases} a_{11}x_1 + a_{12}x_2 + \cdots + a_{1n}x_n = b_1 \\ a_{21}x_1 + a_{22}x_2 + \cdots + a_{2n}x_n = b_2 \\ \qquad\qquad\vdots \\ a_{n1}x_1 + a_{n2}x_2 + \cdots + a_{nn}x_n = b_n \end{cases} \tag{1-6}$$

的系数矩阵

$$\boldsymbol{A} = \begin{bmatrix} a_{11} & a_{12} & \cdots & a_{1n} \\ a_{21} & a_{22} & \cdots & a_{2n} \\ \vdots & \vdots & \ddots & \vdots \\ a_{n1} & a_{n2} & \cdots & a_{nn} \end{bmatrix} \tag{1-7}$$

的行列式 $D = |\boldsymbol{A}| \neq 0$，那么线性方程组(1-6)有解，并且解是唯一的，解可以通过系数表示为：

$$x_1 = \frac{D_1}{D}, x_2 = \frac{D_2}{D}, \cdots, x_n = \frac{D_n}{D}. \tag{1-8}$$

其中，D_j 是把矩阵 $\boldsymbol{A}$ 中第 j 列换成常数项 $b_1, b_2, \cdots, b_n$ 所成的矩阵的行列式，即

$$D_j = \begin{vmatrix} a_{11} & \cdots & a_{1,j-1} & b_1 & a_{1,j+1} & \cdots & a_{1n} \\ a_{21} & \cdots & a_{2,j-1} & b_2 & a_{2,j+1} & \cdots & a_{2n} \\ \vdots & \vdots & \vdots & \vdots & \vdots & \ddots & \vdots \\ a_{n1} & \cdots & a_{n,j-1} & b_n & a_{n,j+1} & \cdots & a_{nn} \end{vmatrix} \quad (j = 1, 2, \cdots, n). \tag{1-9}$$

上述法则称克拉默(Cramer)法则.其条件为系数行列式 $D = |\boldsymbol{A}| \neq 0$，三个结论为方程组有解、解是唯一的、解可由式(1-8)给出.

【例 1.26】 求解下列方程组：

$$\begin{cases} 2x_1 + x_2 - 5x_3 + x_4 = 8 \\ x_1 - 3x_2 - 6x_4 = 9 \\ 2x_2 - x_3 + 2x_4 = -5 \\ x_1 + 4x_2 - 7x_3 + 6x_4 = 0 \end{cases}.$$

【解】 因为 $D = \begin{vmatrix} 2 & 1 & -5 & 1 \\ 1 & -3 & 0 & -6 \\ 0 & 2 & -1 & 2 \\ 1 & 4 & -7 & 6 \end{vmatrix} = 27 \neq 0$，

所以有 $D_1 = \begin{vmatrix} 8 & 1 & -5 & 1 \\ 9 & -3 & 0 & -6 \\ -5 & 2 & -1 & 2 \\ 0 & 4 & -7 & 6 \end{vmatrix} = 81, D_2 = \begin{vmatrix} 2 & 8 & -5 & 1 \\ 1 & 9 & 0 & -6 \\ 0 & -5 & -1 & 2 \\ 1 & 0 & -7 & 6 \end{vmatrix} = -108$，

$$D_3 = \begin{vmatrix} 2 & 1 & 8 & 1 \\ 1 & -3 & 9 & -6 \\ 0 & 2 & -5 & 2 \\ 1 & 4 & 0 & 6 \end{vmatrix} = -27, D_4 = \begin{vmatrix} 2 & 1 & -5 & 8 \\ 1 & -3 & 0 & 9 \\ 0 & 2 & -1 & -5 \\ 1 & 4 & -7 & 0 \end{vmatrix} = 27.$$

于是根据公式得：$x_1 = 3, x_2 = -4, x_3 = -1, x_4 = 1$.

【注】 克拉默(Cramer)法则所讨论的只是系数矩阵的行列式不为零的方程组，它只能

应用于这种方程组；至于方程组的系数行列式为零的情形，将在下一章的一般情形中一并讨论. 克拉默法则的意义主要在于它给出了解与系数的明显关系，这一点在以后许多问题的讨论中是重要的. 但是用克拉默法则进行计算是不方便的，因为按这一法则解一个 n 个未知量 n 个方程的线性方程组就要计算 $n+1$ 个 n 级行列式，这个计算量是很大的.

§1.4　矩阵的初等变换与矩阵的秩

矩阵的初等变换是矩阵一种十分重要的运算，它在解线性方程组、求逆矩阵及矩阵理论的探讨中都起着重要的作用. 为引进矩阵的初等变换，先来分析用消元法解线性方程组的例子.

【例 1.27】 求解线性方程组：

$$\begin{cases} 2x_1 - x_2 + 2x_3 = 4 & ① \\ x_1 + x_2 + 2x_3 = 1 & ② \\ 4x_1 + x_2 + 4x_3 = 2 & ③ \end{cases}$$

【解】 ①↔②，得：

$$\begin{cases} x_1 + x_2 + 2x_3 = 1 & ④ \\ 2x_1 - x_2 + 2x_3 = 4 & ⑤ \\ 4x_1 + x_2 + 4x_3 = 2 & ⑥ \end{cases}$$

$-2\times$④$+$⑤，$-4\times$④$+$⑥得：

$$\begin{cases} x_1 + x_2 + 2x_3 = 1 & ⑦ \\ \quad -3x_2 - 2x_3 = 2 & ⑧ \\ \quad -3x_2 - 4x_3 = -2 & ⑨ \end{cases}$$

$-1\times$⑧，$-1\times$⑧$+$⑨，得：

$$\begin{cases} x_1 + x_2 + 2x_3 = 1 & ⑩ \\ \quad 3x_2 + 2x_3 = -2 & ⑪ \\ \quad\quad -2x_3 = -4 & ⑫ \end{cases}$$

这个方程组是阶梯形，只需用“回代”法便能求出解：由 ⑫ 得 $x_3 = 2$，代入 ⑪，得 $x_2 = -2$，以 $x_2 = -2, x_3 = 2$ 代入 ⑩，得 $x_1 = -1$，于是解得：

$$\begin{cases} x_1 = -1 \\ x_2 = -2. \\ x_3 = 2 \end{cases}$$

在上述消元过程中，始终把方程组看作一个整体，即不是着眼于某一个方程的变形，而是着眼于整个方程组变成另一个方程组. 其中用到三种变换，即(Ⅰ)交换方程次序；(Ⅱ)以不等于零的数乘某个方程；(Ⅲ)一个方程加上另一个方程的 k 倍. 这三种变换都是方程组的同解变换，所以最后求得的解是原方程组的解.

在上述变换过程中，实际上只对方程组的系数和常数进行运算，未知量并未参与运算，因此，若令：

$$B=(A\ \vdots\ b)=\begin{bmatrix}2&-1&2&4\\1&1&2&1\\4&1&4&2\end{bmatrix},$$

则方程化简的过程可以变为：

$$\begin{bmatrix}1&1&2&1\\2&-1&2&4\\4&1&4&2\end{bmatrix}\to\begin{bmatrix}1&1&2&1\\0&-3&-2&2\\0&-3&-4&-2\end{bmatrix}\to\begin{bmatrix}1&1&2&1\\0&3&2&-2\\0&0&-2&-4\end{bmatrix}.$$

那么上述对方程组的变换完全可以转换为对矩阵 $\boldsymbol{B}$（称为方程组的**增广矩阵**）的变换，把方程组的上述主要同解变换移植到矩阵上，就得到矩阵的三种初等行变换.

一、矩阵的初等变换

下面三种变换称为矩阵的**初等行变换**：

(1) 对调两行（对调 i,j 两行，记作 $r_i\leftrightarrow r_j$）；

(2) 以数 $k\neq 0$ 乘某一行中的所有元素（第 i 行乘 k，记作 kr_i）；

(3) 把某一行所有元素的 k 倍加到另一行对应的元素上去（把第 j 行的 k 倍加到第 i 行上，记作 kr_j+r_i）.

把定义中的"行"换成"列"，即得矩阵的**初等列变换**的定义（所用记号是把"r"换成"c"）. 矩阵的初等行变换与初等列变换，统称为矩阵的**初等变换**. 若矩阵 $\boldsymbol{A}$ 经过初等变换后变为 $\boldsymbol{B}$，用 $\boldsymbol{A}\to\boldsymbol{B}$ 表示，并称矩阵 $\boldsymbol{A}$ 与 $\boldsymbol{B}$ 是**等价**的.

二、利用初等变换化简矩阵

对矩阵施初等行变换的一个重要目的就是把矩阵化简. 下面介绍几种化简后的形式及化简方法，首先介绍一种最基本的形式"阶梯形矩阵".

行阶梯形矩阵：已知非零矩阵 $\boldsymbol{A}_{m\times n}$，若它满足：

(1) 如果有零行（元素全为零的行），零行一定在矩阵的最下端；

(2) 各非零行第一个非零元素的列标随着行标的递增而严格增大.

则称矩阵 $\boldsymbol{A}$ 为行阶梯形矩阵（简称**阶梯形矩阵**）.

例如，矩阵：$\boldsymbol{A}=\begin{bmatrix}4&-1&0&2&3\\0&1&3&-7&2\\0&0&0&8&3\\0&0&0&0&0\end{bmatrix}$.

虚线形象地表示出它的"阶梯形"，利用初等行变换可以把矩阵化为行阶梯形矩阵.

【例 1.28】 利用初等行变换将矩阵 $\boldsymbol{A}=\begin{bmatrix}-2&4&-2&3&3\\2&-4&8&0&2\\1&-2&2&-1&1\\3&-6&0&-6&4\end{bmatrix}$ 化为行阶梯形矩阵.

【解】 $A=\begin{bmatrix}-2&4&-2&3&3\\2&-4&8&0&2\\1&-2&2&-1&1\\3&-6&0&-6&4\end{bmatrix}\xrightarrow{r_1\leftrightarrow r_3}\begin{bmatrix}1&-2&2&-1&1\\2&-4&8&0&2\\-2&4&-2&3&3\\3&-6&0&-6&4\end{bmatrix}$

$$\xrightarrow[-3r_1+r_4]{\substack{2r_1+r_3\\-2r_1+r_2}}\begin{bmatrix}1&-2&2&-1&1\\0&0&4&2&0\\0&0&2&1&5\\0&0&-6&-3&1\end{bmatrix}\xrightarrow{\frac{1}{2}r_2}\begin{bmatrix}1&-2&2&-1&1\\0&0&2&1&0\\0&0&2&1&5\\0&0&-6&-3&1\end{bmatrix}$$

$$\xrightarrow[3r_2+r_4]{-r_2+r_3}\begin{bmatrix}1&-2&2&-1&1\\0&0&2&1&0\\0&0&0&0&5\\0&0&0&0&1\end{bmatrix}\xrightarrow[-\frac{1}{5}r_3+r_4]{\frac{1}{5}r_3}\begin{bmatrix}1&-2&2&-1&1\\0&0&2&1&0\\0&0&0&0&1\\0&0&0&0&0\end{bmatrix}.$$

在“阶梯形矩阵”的基础上，我们可以进一步对矩阵进行化简：

$$\begin{bmatrix}1&-2&2&-1&1\\0&0&2&1&0\\0&0&0&0&1\\0&0&0&0&0\end{bmatrix}\xrightarrow[-r_3+r_1]{\frac{1}{2}r_2}\begin{bmatrix}1&-2&2&-1&0\\0&0&1&\frac{1}{2}&0\\0&0&0&0&1\\0&0&0&0&0\end{bmatrix}$$

$$\xrightarrow{-2r_2+r_1}\begin{bmatrix}1&-2&0&-2&0\\0&0&1&\frac{1}{2}&0\\0&0&0&0&1\\0&0&0&0&0\end{bmatrix}.$$

上述简单形式的矩阵，我们称其为“行最简形矩阵”.

行最简形矩阵：对于行阶梯形矩阵，若它还满足：

(1) 各非零行的第一个非零元素均为 1；

(2) 各非零行的第一个非零元素所在的列的其余元素均为零.

则称该矩阵为**行最简形矩阵**(简称为**最简形矩阵**).

【例 1.29】 利用初等行变换将矩阵 $A=\begin{bmatrix}2&3&1&0\\0&1&3&-4\\1&2&5&1\end{bmatrix}$ 化为最简形矩阵.

【解】 $A=\begin{bmatrix}2&3&1&0\\0&1&3&-4\\1&2&5&1\end{bmatrix}\xrightarrow{r_1\leftrightarrow r_3}\begin{bmatrix}1&2&5&1\\0&1&3&-4\\2&3&1&0\end{bmatrix}$

$$\xrightarrow{-2r_1+r_3}\begin{bmatrix}1&2&5&1\\0&1&3&-4\\0&-1&-9&-2\end{bmatrix}\xrightarrow{r_2+r_3}\begin{bmatrix}1&2&5&1\\0&1&3&-4\\0&0&-6&-6\end{bmatrix}$$

$$\xrightarrow{-\frac{1}{6}r_3}\begin{bmatrix}1&2&5&1\\0&1&3&-4\\0&0&1&1\end{bmatrix}\xrightarrow[-5r_3+r_1]{-3r_3+r_2}\begin{bmatrix}1&2&0&-4\\0&1&0&-7\\0&0&1&1\end{bmatrix}$$

$$\xrightarrow{-2r_2+r_1}\begin{bmatrix}1 & 0 & 0 & 10\\0 & 1 & 0 & -7\\0 & 0 & 1 & 1\end{bmatrix}.$$

由例 1.28、例 1.29 我们得到把矩阵 $\boldsymbol{A}$ 化为最简形矩阵的一般步骤为：

(1) 首先将第一行的第一个非零元素所在列下方的所有元素化为 0；再将第二行第一个非零元素所在列下方的所有元素化为 0；直到把矩阵 $\boldsymbol{A}$ 化为阶梯形矩阵.

(2) 首先把最后一个非零行的第一个非零元素上方的所有元素均化为零，再将倒数第二个非零行的第一个非零元素上方的所有元素均化为零，直到把第二行第一个非零元素上方的元素化为零，然后再把每行的首个非零元素化为 1.

以上过程只需用初等行变换就可以完成.

三、矩阵的秩

为了建立矩阵秩的概念，首先给出矩阵子式的定义.

矩阵子式的定义：在 $m\times n$ 矩阵 $\boldsymbol{A}$ 中，任取 k 行与 k 列($k\leqslant m, k\leqslant n$)，位于这些行列交叉处的 k^2 个元素，不改变它们在 $\boldsymbol{A}$ 中所处的位置次序而得的 k 阶行列式，称为矩阵 $\boldsymbol{A}$ 的 k 阶子式. 一个 $m\times n$ 矩阵 $\boldsymbol{A}$ 的 k 阶子式有 $C_m^k C_n^k$ 个.

例如，矩阵 $\boldsymbol{A}=\begin{bmatrix}1 & -2 & 3 & 4\\0 & 1 & 5 & 7\\0 & 0 & 0 & 0\end{bmatrix}$ 的第一、二行与第一、三列交叉点上的 4 个元素按原来次序组成的行列式 $\begin{vmatrix}1 & 3\\0 & 5\end{vmatrix}$ 就是 $\boldsymbol{A}$ 的其中一个二阶子式.

如果当 $\boldsymbol{A}$ 的所有元素都是零时，$\boldsymbol{A}$ 的任何子式都必然是零；当 $\boldsymbol{A}$ 中有一个元素不为零时，$\boldsymbol{A}$ 中至少有一个一阶子式非零，再看 $\boldsymbol{A}$ 的所有二阶子式，如果有非零的子式，则再看 $\boldsymbol{A}$ 的所有三阶子式. 这样下去，如果 $\boldsymbol{A}$ 至少有一个非零的 r 阶子式，而 $\boldsymbol{A}$ 的所有 $r+1$ 阶子式都是零，则 $\boldsymbol{A}$ 的最高阶非零子式的阶数为 r. r 揭示了矩阵 $\boldsymbol{A}$ 的内在特性.

矩阵秩的定义：矩阵 $\boldsymbol{A}$ 的非零子式的最高阶数称为矩阵 $\boldsymbol{A}$ 的秩，记作 $r(\boldsymbol{A})$ 或 $R(\boldsymbol{A})$.

规定零矩阵 $\boldsymbol{O}$ 的秩为零. 若 $R(\boldsymbol{A})=k$，则 $\boldsymbol{A}$ 中至少有一个值为非零的 k 阶子式，而所有 $k+1$ 阶子式(如果存在的话)的值一定为零. 如果 $\boldsymbol{A}$ 为 n 阶方阵，且 $R(\boldsymbol{A})=n$，则称 $\boldsymbol{A}$ 为**满秩矩阵**或**非奇异矩阵**.

【例 1.30】 求矩阵 $\boldsymbol{A}=\begin{bmatrix}1 & -2 & 3 & 5\\0 & 1 & 2 & 1\\1 & -1 & 5 & 6\end{bmatrix}$ 的秩.

【解】 因为 $\boldsymbol{A}$ 的一个二阶子式 $\begin{vmatrix}1 & -2\\0 & 1\end{vmatrix}\neq 0$，所以 $\boldsymbol{A}$ 的非零子式最高阶数至少是 2，即 $r(\boldsymbol{A})\geqslant 2$，$\boldsymbol{A}$ 共有 4 个三阶子式：

$$\begin{vmatrix}1 & -2 & 3\\0 & 1 & 2\\1 & -1 & 5\end{vmatrix}=0,\quad \begin{vmatrix}1 & -2 & 5\\0 & 1 & 1\\1 & -1 & 6\end{vmatrix}=0,\quad \begin{vmatrix}1 & 3 & 5\\0 & 2 & 1\\1 & 5 & 6\end{vmatrix}=0,\quad \begin{vmatrix}-2 & 3 & 5\\1 & 2 & 1\\-1 & 5 & 6\end{vmatrix}=0.$$

即所有的三阶子式均为零，故 $r(\boldsymbol{A}) = 2$.

矩阵的秩是矩阵的本质属性之一，若按上面的定义去计算矩阵的秩，由于要计算很多行列式，这是非常麻烦的.但是我们注意到"秩"只涉及子式是否为零，而不需要知道子式的准确值.由于初等变换不会改变矩阵行列式是否为零的性质，所以，**矩阵经初等变换后，其秩不变**.

而行阶梯形矩阵的秩，可以很快地通过定义求得其秩为该行阶梯形矩阵中非零行的行数.例如，阶梯形矩阵 $\boldsymbol{A} = \begin{bmatrix} 1 & -2 & 3 & 4 \\ 0 & 1 & 5 & 7 \\ 0 & 0 & 0 & 0 \end{bmatrix}$，非零行数为 2，一定有某个二阶子式不为零，又因为任一三阶子式中都有一行元素全为 0，所以其全部的三阶子式全为零.所以该矩阵的秩为其非零行数 2.

根据以上分析，以后我们可以把矩阵通过初等行变换为行阶梯形矩阵，从而通过其对应的阶梯形矩阵非零行的行数去计算矩阵的秩，即**矩阵的秩等于其等价的阶梯形矩阵中非零行的行数**.

【例 1.31】 设 $\boldsymbol{A} = \begin{bmatrix} 1 & 2 & 1 & 2 & 1 \\ 1 & 2 & 1 & 1 & 0 \\ 2 & 4 & 2 & 3 & 1 \\ 4 & 8 & 3 & 5 & 1 \end{bmatrix}$，求矩阵 $\boldsymbol{A}$ 的秩.

【解】 对 $\boldsymbol{A}$ 作初等行变换变成行阶梯形矩阵：

$$\boldsymbol{A} = \begin{bmatrix} 1 & 2 & 1 & 2 & 1 \\ 1 & 2 & 1 & 1 & 0 \\ 2 & 4 & 2 & 3 & 1 \\ 4 & 8 & 3 & 5 & 1 \end{bmatrix} \xrightarrow[-4r_1+r_4]{\substack{-r_1+r_2 \\ -2r_1+r_3}} \begin{bmatrix} 1 & 2 & 1 & 2 & 1 \\ 0 & 0 & 0 & -1 & -1 \\ 0 & 0 & 0 & -1 & -1 \\ 0 & 0 & -1 & -3 & -3 \end{bmatrix}$$

$$\xrightarrow{r_2 \leftrightarrow r_4} \begin{bmatrix} 1 & 2 & 1 & 2 & 1 \\ 0 & 0 & -1 & -3 & -3 \\ 0 & 0 & 0 & -1 & -1 \\ 0 & 0 & 0 & -1 & -1 \end{bmatrix} \xrightarrow{-r_3+r_4} \begin{bmatrix} 1 & 2 & 1 & 2 & 1 \\ 0 & 0 & -1 & -3 & -3 \\ 0 & 0 & 0 & -1 & -1 \\ 0 & 0 & 0 & 0 & 0 \end{bmatrix} = \boldsymbol{B}.$$

因为行阶梯形矩阵有 3 个非零行，所以 $R(\boldsymbol{B}) = 3$，又因为矩阵的初等变换不改变矩阵的秩，所以 $R(\boldsymbol{A}) = R(\boldsymbol{B}) = 3$.

矩阵秩的常用性质：

(1) $R(\boldsymbol{A}_{m\times n}) \leqslant \min(m,n)$，即任何一个矩阵的秩不大于其行数与列数；

(2) $R(\boldsymbol{A}) = R(\boldsymbol{A}^{\mathrm{T}})$，即矩阵转置后秩不变；

(3) 方阵 $\boldsymbol{A}$ 为满秩矩阵的充要条件是 $|\boldsymbol{A}| \neq 0$；

(4) 满秩方阵都可以经过初等行变换化为单位矩阵.

§1.5　逆矩阵及应用

在数的运算中，对于数 $a \neq 0$，总存在唯一一个数 a^{-1}，使得

$$a \cdot a^{-1} = a^{-1} \cdot a = 1.$$

数的逆在解方程中起着重要作用,例如,解一元线性方程

$$ax = b,$$

当 $a \neq 0$ 时,其解为:

$$x = a^{-1}b.$$

对一个矩阵 $\boldsymbol{A}$,是否也存在类似的运算?在回答这个问题之前,我们先引入可逆矩阵与逆矩阵的概念.

一、逆矩阵的概念

逆矩阵定义:对于 n 阶方阵 $\boldsymbol{A}$,如果存在一个 n 阶方阵 $\boldsymbol{B}$,使

$$\boldsymbol{AB} = \boldsymbol{BA} = \boldsymbol{E},$$

则称矩阵 $\boldsymbol{A}$ 是可逆的,并把矩阵 $\boldsymbol{B}$ 称为 $\boldsymbol{A}$ 的逆矩阵. 同理,$\boldsymbol{A}$ 称为 $\boldsymbol{B}$ 的逆矩阵.

如果矩阵 $\boldsymbol{A}$ 是可逆的,那么 $\boldsymbol{A}$ 的逆矩阵是唯一的. 这是因为:设 $\boldsymbol{B},\boldsymbol{T}$ 都是 $\boldsymbol{A}$ 的逆矩阵,则有

$$\boldsymbol{B} = \boldsymbol{BE} = \boldsymbol{B}(\boldsymbol{AT}) = (\boldsymbol{BA})\boldsymbol{T} = \boldsymbol{ET} = \boldsymbol{T},$$

所以 $\boldsymbol{A}$ 的逆矩阵是唯一的.

$\boldsymbol{A}$ 的逆矩阵记作 $\boldsymbol{A}^{-1}$,即若 $\boldsymbol{AB} = \boldsymbol{BA} = \boldsymbol{E}$,则 $\boldsymbol{A}^{-1} = \boldsymbol{B}$,同理 $\boldsymbol{B}^{-1} = \boldsymbol{A}$.

例如,对于矩阵

$$\boldsymbol{A} = \begin{bmatrix} 1 & -3 & 2 \\ -3 & 0 & 1 \\ 1 & 1 & -1 \end{bmatrix}, \quad \boldsymbol{B} = \begin{bmatrix} 1 & 1 & 3 \\ 2 & 3 & 7 \\ 3 & 4 & 9 \end{bmatrix},$$

可以验证 $\boldsymbol{AB} = \boldsymbol{BA} = \begin{bmatrix} 1 & 0 & 0 \\ 0 & 1 & 0 \\ 0 & 0 & 1 \end{bmatrix}$,则两个矩阵是互逆的,即 $\boldsymbol{A}^{-1} = \boldsymbol{B}$,$\boldsymbol{B}^{-1} = \boldsymbol{A}$.

二、逆矩阵存在的条件及逆矩阵的求法

有了逆矩阵的定义,我们自然想到以下问题:对于一个方阵,该方阵满足哪些条件才具有逆矩阵?若一个方阵存在逆矩阵,那又该怎样去求其逆矩阵?要想回答以上问题,我们得先引进有关矩阵的另一个定义.

伴随矩阵定义:由方阵 $\boldsymbol{A} = (a_{ij})_{n\times n}$ 的行列式

$$|\boldsymbol{A}| = \begin{vmatrix} a_{11} & a_{12} & \cdots & a_{1n} \\ a_{21} & a_{22} & \cdots & a_{2n} \\ \vdots & \vdots & \ddots & \vdots \\ a_{n1} & a_{n2} & \cdots & a_{nn} \end{vmatrix}$$

中元素 a_{ij} 的代数余子式 $A_{ij}(i,j = 1,2,\cdots,n)$ 构成的 n 阶方阵,称为 $\boldsymbol{A}$ 的**伴随矩阵**,记作 $\boldsymbol{A}^*$. 即

$$\boldsymbol{A}^* = \begin{bmatrix} A_{11} & A_{21} & \cdots & A_{n1} \\ A_{12} & A_{22} & \cdots & A_{n2} \\ \vdots & \vdots & \ddots & \vdots \\ A_{1n} & A_{2n} & \cdots & A_{nn} \end{bmatrix}.$$

【注】 需注意伴随矩阵中元素的排列顺序.

【例 1.32】 设 $\boldsymbol{A}=\begin{bmatrix}3&2&1\\1&2&2\\3&4&3\end{bmatrix}$,求 $\boldsymbol{A}^*$.

【解】 因为

$$A_{11}=(-1)^2\begin{vmatrix}2&2\\4&3\end{vmatrix}=-2,A_{12}=(-1)^3\begin{vmatrix}1&2\\3&3\end{vmatrix}=3,A_{13}=(-1)^4\begin{vmatrix}1&2\\3&4\end{vmatrix}=-2,$$

$$A_{21}=(-1)^3\begin{vmatrix}2&1\\4&3\end{vmatrix}=-2,A_{22}=(-1)^4\begin{vmatrix}3&1\\3&3\end{vmatrix}=6,A_{23}=(-1)^5\begin{vmatrix}3&2\\3&4\end{vmatrix}=-6,$$

$$A_{31}=(-1)^4\begin{vmatrix}2&1\\2&2\end{vmatrix}=2,A_{32}=(-1)^5\begin{vmatrix}3&1\\1&2\end{vmatrix}=-5,A_{33}=(-1)^6\begin{vmatrix}3&2\\1&2\end{vmatrix}=4,$$

所以 $$\boldsymbol{A}^*=\begin{bmatrix}-2&-2&2\\3&6&-5\\-2&-6&4\end{bmatrix}.$$

逆矩阵存在的条件及求逆矩阵的公式:

(1) 方阵 $\boldsymbol{A}=(a_{ij})_{n\times n}$ 可逆的充分必要条件是 $|\boldsymbol{A}|\neq 0$;

(2) 若方阵 $\boldsymbol{A}$ 存在逆矩阵,则 $\boldsymbol{A}^{-1}=\dfrac{1}{|\boldsymbol{A}|}\boldsymbol{A}^*$.

【证明】 (必要性)$\boldsymbol{A}$ 可逆,即有 $\boldsymbol{A}^{-1}$ 存在,使得 $\boldsymbol{A}\boldsymbol{A}^{-1}=\boldsymbol{E}$,

两边取行列式得 $|\boldsymbol{A}|\,|\boldsymbol{A}^{-1}|=|\boldsymbol{E}|=1$,

故 $|\boldsymbol{A}|\neq 0$.

(充分性) $$\sum_{k=1}^{n}a_{ik}A_{jk}=\sum_{k=1}^{n}a_{ki}A_{kj}=\begin{cases}|\boldsymbol{A}|, & i=j\\0, & i\neq j\end{cases},$$

于是 $$\boldsymbol{A}\boldsymbol{A}^*=\boldsymbol{A}^*\boldsymbol{A}=\begin{bmatrix}|\boldsymbol{A}|&0&\cdots&0\\0&|\boldsymbol{A}|&\cdots&0\\\vdots&\vdots&\ddots&\vdots\\0&0&\cdots&|\boldsymbol{A}|\end{bmatrix}=|\boldsymbol{A}|\boldsymbol{E}.$$

因为 $|\boldsymbol{A}|\neq 0$,故有 $\boldsymbol{A}\cdot\dfrac{1}{|\boldsymbol{A}|}\boldsymbol{A}^*=\dfrac{1}{|\boldsymbol{A}|}\boldsymbol{A}^*\cdot\boldsymbol{A}=\boldsymbol{E}$,

从而 $$\boldsymbol{A}^{-1}=\frac{1}{|\boldsymbol{A}|}\boldsymbol{A}^*.$$

【注】 根据初等变换不会改变行列式是否为零的性质,可以得出方阵 $\boldsymbol{A}$ 可逆的另一个充分必要条件是 $r(\boldsymbol{A})=n$(即 $\boldsymbol{A}$ 为满秩矩阵或非奇异矩阵).

【例 1.33】 判断下列方阵 $\boldsymbol{A}=\begin{bmatrix}3&2&1\\1&2&2\\3&4&3\end{bmatrix}$,$\boldsymbol{B}=\begin{bmatrix}-1&3&2\\-11&15&1\\-3&3&-1\end{bmatrix}$是否可逆?若可逆,求其逆矩阵.

【解】 因为 $|\boldsymbol{A}|=-2\neq 0$,$|\boldsymbol{B}|=0$,所以 $\boldsymbol{B}$ 不可逆,$\boldsymbol{A}$ 可逆,并利用例 1.32 中的计算结

果,可得出:

$$A^{-1}=-\frac{1}{2}A^{*}=-\frac{1}{2}\begin{bmatrix}-2&-2&2\\3&6&-5\\-2&-6&4\end{bmatrix}=\begin{bmatrix}1&1&-1\\-\frac{3}{2}&-3&\frac{5}{2}\\1&3&-2\end{bmatrix}.$$

其实对于方阵$\boldsymbol{A}$,只要存在n阶方阵$\boldsymbol{B}$,使得$\boldsymbol{AB}=\boldsymbol{E}$(或$\boldsymbol{BA}=\boldsymbol{E}$),则$\boldsymbol{A}$可逆且$\boldsymbol{B}=\boldsymbol{A}^{-1}$.

这是因为$|\boldsymbol{AB}|=|\boldsymbol{A}||\boldsymbol{B}|=|\boldsymbol{E}|=1$,所以$|\boldsymbol{A}|\neq 0$,故$\boldsymbol{A}^{-1}$存在,于是

$$\boldsymbol{B}=\boldsymbol{EB}=(\boldsymbol{A}^{-1}\boldsymbol{A})\boldsymbol{B}=\boldsymbol{A}^{-1}(\boldsymbol{AB})=\boldsymbol{A}^{-1}\boldsymbol{E}=\boldsymbol{A}^{-1}.$$

因此求$\boldsymbol{A}^{-1}$时,只需要验算$\boldsymbol{AB}=\boldsymbol{E}$,这样计算量就会减半.

【例1.34】 若方阵$\boldsymbol{A}$满足方程$\boldsymbol{A}^2-2\boldsymbol{A}=4\boldsymbol{E}$,试判断矩阵$\boldsymbol{A}-3\boldsymbol{E}$是否可逆?若可逆,请求出其逆矩阵.

【解】 根据$\boldsymbol{A}^2-2\boldsymbol{A}=4\boldsymbol{E}$,可以得到$\boldsymbol{A}^2-2\boldsymbol{A}-3\boldsymbol{E}=\boldsymbol{E}$,即

$$(\boldsymbol{A}+\boldsymbol{E})(\boldsymbol{A}-3\boldsymbol{E})=\boldsymbol{E}.$$

可知,$\boldsymbol{A}-3\boldsymbol{E}$是可逆的,且$(\boldsymbol{A}-3\boldsymbol{E})^{-1}=\boldsymbol{A}+\boldsymbol{E}$.

逆矩阵的运算性质:

(1) 若矩阵$\boldsymbol{A}$可逆,则$\boldsymbol{A}^{-1}$也可逆,且$(\boldsymbol{A}^{-1})^{-1}=\boldsymbol{A}$;

(2) 若矩阵$\boldsymbol{A}$可逆,数$k\neq 0$,则$(k\boldsymbol{A})^{-1}=\frac{1}{k}\boldsymbol{A}^{-1}$;

(3) 两个可逆矩阵$\boldsymbol{A},\boldsymbol{B}$的乘积还是可逆矩阵,且$(\boldsymbol{AB})^{-1}=\boldsymbol{B}^{-1}\boldsymbol{A}^{-1}$;

(4) 若矩阵$\boldsymbol{A}$可逆,则$\boldsymbol{A}^{\mathrm{T}}$也可逆,且有$(\boldsymbol{A}^{\mathrm{T}})^{-1}=(\boldsymbol{A}^{-1})^{\mathrm{T}}$;

(5) 若矩阵$\boldsymbol{A}$可逆,则$|\boldsymbol{A}^{-1}|=|\boldsymbol{A}|^{-1}=\frac{1}{|\boldsymbol{A}|}$.

三、利用初等行变换求逆矩阵

其实,用前面所介绍的方法去求逆矩阵,既要求出该矩阵的行列式,还要求出其伴随矩阵,这两项计算都是不容易的.下面介绍一种相对简单的方法:利用初等行变换求逆矩阵.可以证明,如果对$\boldsymbol{A}$施以一定变换把$\boldsymbol{A}$化为单位矩阵$\boldsymbol{E}$,则对单位矩阵$\boldsymbol{E}$施以同样的初等行变换,就可得到$\boldsymbol{A}^{-1}$,由此可知:

如果在方阵$\boldsymbol{A}$的右侧加上与$\boldsymbol{A}$同阶的单位矩阵$\boldsymbol{E}$,构成分块矩阵$(\boldsymbol{A}\vdots\boldsymbol{E})$,对这个$n\times 2n$矩阵施以初等行变换,当子块$\boldsymbol{A}$化为$\boldsymbol{E}$时,子块$\boldsymbol{E}$就化成了$\boldsymbol{A}^{-1}$,即

$$(\boldsymbol{A}\vdots\boldsymbol{E})\xrightarrow{\text{初等行变换}}(\boldsymbol{E}\vdots\boldsymbol{A}^{-1}).$$

【例1.35】 设$\boldsymbol{A}=\begin{bmatrix}2&2&3\\1&-1&0\\-1&2&1\end{bmatrix}$,求$\boldsymbol{A}^{-1}$.

【解】 $$(\boldsymbol{A}\vdots\boldsymbol{E})=\begin{bmatrix}2&2&3&1&0&0\\1&-1&0&0&1&0\\-1&2&1&0&0&1\end{bmatrix}\xrightarrow{r_1\leftrightarrow r_2}\begin{bmatrix}1&-1&0&0&1&0\\2&2&3&1&0&0\\-1&2&1&0&0&1\end{bmatrix}$$

$$\xrightarrow[r_1+r_3]{-2r_1+r_2}\begin{bmatrix}1&-1&0&0&1&0\\0&4&3&1&-2&0\\0&1&1&0&1&1\end{bmatrix}\xrightarrow{r_2\leftrightarrow r_3}\begin{bmatrix}1&-1&0&0&1&0\\0&1&1&0&1&1\\0&4&3&1&-2&0\end{bmatrix}$$

$$\xrightarrow{-4r_2+r_3}$$

$$\begin{bmatrix}1&-1&0&0&1&0\\0&1&1&0&1&1\\0&0&-1&1&-6&-4\end{bmatrix}\xrightarrow[r_3+r_2]{-r_3}\begin{bmatrix}1&-1&0&0&1&0\\0&1&0&1&-5&-3\\0&0&1&-1&6&4\end{bmatrix}$$

$$\xrightarrow{r_2+r_1}\begin{bmatrix}1&0&0&1&-4&-3\\0&1&0&1&-5&-3\\0&0&1&-1&6&4\end{bmatrix}=(\boldsymbol{E}\,\vdots\,\boldsymbol{A}^{-1}).$$

则得出 $$\boldsymbol{A}^{-1}=\begin{bmatrix}1&-4&-3\\1&-5&-3\\-1&6&4\end{bmatrix}.$$

四、逆矩阵的一些应用

设矩阵 $\boldsymbol{A}$ 可逆，则求解矩阵方程 $\boldsymbol{AX}=\boldsymbol{B}$ 等价于求矩阵

$$\boldsymbol{X}=\boldsymbol{A}^{-1}\boldsymbol{B}.$$

为此，可采用类似初等行变换求矩阵的逆的方法，构造矩阵 $(\boldsymbol{A}\quad\boldsymbol{B})$，对其施以初等行变换将矩阵 $\boldsymbol{A}$ 化为单位矩阵 $\boldsymbol{E}$，则上述初等行变换的同时也将其中的矩阵 $\boldsymbol{B}$ 化为 $\boldsymbol{A}^{-1}\boldsymbol{B}$，即

$$(\boldsymbol{A}\quad\boldsymbol{B})\xrightarrow{\text{初等行变换}}(\boldsymbol{E}\quad\boldsymbol{A}^{-1}\boldsymbol{B}).$$

这样就给出了用初等行变换求解矩阵方程 $\boldsymbol{AX}=\boldsymbol{B}$ 的方法.

同理，求解矩阵方程 $\boldsymbol{XA}=\boldsymbol{B}$，等价于计算矩阵 $\boldsymbol{X}=\boldsymbol{BA}^{-1}$，亦可利用初等列变换求矩阵 $\boldsymbol{BA}^{-1}$. 即

$$\begin{pmatrix}\boldsymbol{A}\\\boldsymbol{B}\end{pmatrix}\xrightarrow{\text{初等列变换}}\begin{pmatrix}\boldsymbol{E}\\\boldsymbol{BA}^{-1}\end{pmatrix}.$$

【例 1.36】 求矩阵 $\boldsymbol{X}$，使 $\boldsymbol{AX}=\boldsymbol{B}$，其中 $\boldsymbol{A}=\begin{bmatrix}1&2&3\\2&2&1\\3&4&3\end{bmatrix}$，$\boldsymbol{B}=\begin{bmatrix}2&5\\3&1\\4&3\end{bmatrix}$.

【解】 若 $\boldsymbol{A}$ 可逆，则 $\boldsymbol{X}=\boldsymbol{A}^{-1}\boldsymbol{B}$.

$$(\boldsymbol{A}\quad\boldsymbol{B})=\begin{bmatrix}1&2&3&2&5\\2&2&1&3&1\\3&4&3&4&3\end{bmatrix}\xrightarrow[-3r_1+r_3]{-2r_1+r_2}\begin{bmatrix}1&2&3&2&5\\0&-2&-5&-1&-9\\0&-2&-6&-2&-12\end{bmatrix}$$

$$\xrightarrow[-r_2+r_3]{r_2+r_1}\begin{bmatrix}1&0&-2&1&-4\\0&-2&-5&-1&-9\\0&0&-1&-1&-3\end{bmatrix}\xrightarrow[-5r_3+r_2]{-2r_3+r_1}\begin{bmatrix}1&0&0&3&2\\0&-2&0&4&6\\0&0&-1&-1&-3\end{bmatrix}$$

$$\xrightarrow[-r_3]{-\frac{1}{2}r_2}\begin{bmatrix}1&0&0&3&2\\0&1&0&-2&-3\\0&0&1&1&3\end{bmatrix},$$

则得出 $$X=\begin{bmatrix}3 & 2\\ -2 & -3\\ 1 & 3\end{bmatrix}.$$

【注】 此题也可先用逆矩阵公式求出 A^{-1}，然后用 A^{-1} 左乘以 B 而得到 $X=A^{-1}B$. 这样解题思路可能清晰一些，但计算量就要略大.

【例 1.37】 求解矩阵方程 $AX=A+X$，其中 $A=\begin{bmatrix}2 & 2 & 0\\ 2 & 1 & 3\\ 0 & 1 & 0\end{bmatrix}$

【解】 把所给方程变形为 $(A-E)X=A$，则 $X=(A-E)^{-1}A$.

$$(A-E\quad A)=\begin{bmatrix}1 & 2 & 0 & 2 & 2 & 0\\ 2 & 0 & 3 & 2 & 1 & 3\\ 0 & 1 & -1 & 0 & 1 & 0\end{bmatrix}\xrightarrow[r_2\leftrightarrow r_3]{-2r_1+r_2}\begin{bmatrix}1 & 2 & 0 & 2 & 2 & 0\\ 0 & 1 & -1 & 0 & 1 & 0\\ 0 & -4 & 3 & -2 & -3 & 3\end{bmatrix}$$

$$\xrightarrow[-r_3]{4r_2+r_3}\begin{bmatrix}1 & 2 & 0 & 2 & 2 & 0\\ 0 & 1 & -1 & 0 & 1 & 0\\ 0 & 0 & 1 & 2 & -1 & -3\end{bmatrix}\xrightarrow{r_3+r_2}\begin{bmatrix}1 & 2 & 0 & 2 & 2 & 0\\ 0 & 1 & 0 & 2 & 0 & -3\\ 0 & 0 & 1 & 2 & -1 & -3\end{bmatrix}$$

$$\xrightarrow{-2r_2+r_1}\begin{bmatrix}1 & 0 & 0 & -2 & 2 & 6\\ 0 & 1 & 0 & 2 & 0 & -3\\ 0 & 0 & 1 & 2 & -1 & -3\end{bmatrix},$$

即得 $$X=\begin{bmatrix}-2 & 2 & 6\\ 2 & 0 & -3\\ 2 & -1 & -3\end{bmatrix}.$$

【例 1.38】（矩阵方程在产品利润中的应用）今有甲、乙两种产品销往 A_1，A_2 两地，已知销售量(单位：吨)、总价值(单位：万元) 与总利润(单位：万元) 如表 1-7 所示，求甲、乙两产品的单位价格与单位利润.

表 1-7

销售地	产品甲	产品乙	总价值	总利润
A_1 销售量	200	240	600	68
A_2 销售量	350	300	870	95

【解】 设矩阵 A 为产品的销售量，矩阵 B 为甲、乙两产品销往两地产品的总价值与总利润，矩阵 C 为销往两地产品的单位价值与单位利润，则有

$$A=\begin{bmatrix}200 & 240\\ 350 & 300\end{bmatrix},\quad B=\begin{bmatrix}600 & 68\\ 870 & 95\end{bmatrix},\quad AC=B,$$

$$A^{-1}=\frac{A^*}{|A|}=\begin{bmatrix}-\frac{1}{80} & \frac{1}{100}\\ \frac{7}{480} & -\frac{1}{120}\end{bmatrix}$$，其中 A^* 是 A 的伴随矩阵，

所以
$$C=A^{-1}B=\begin{bmatrix}-\frac{1}{80} & \frac{1}{100}\\ \frac{7}{480} & -\frac{1}{120}\end{bmatrix}\begin{bmatrix}600 & 68\\ 870 & 95\end{bmatrix}=\begin{bmatrix}1.2 & 0.1\\ 1.5 & 0.2\end{bmatrix}.$$
即甲、乙两种产品的单位价格分别为 1.2 与 1.5，甲、乙两种产品的单位利润分别为 0.1 与 0.2.

【例 1.39】 (调配问题) 设有三种酒甲、乙、丙，它们各含三种主要成分 A,B,C，其含量如表 1-8 所示.

表 1-8

酒的种类	成分 A	成分 B	成分 C
甲酒	0.7	0.2	0.1
乙酒	0.6	0.2	0.2
丙酒	0.65	0.15	0.2

调酒师现要用这三种酒配置另一种酒，使其 A,B,C 的含量分别是：66.5%,18.5%,15%，问能否配出合乎要求的酒？比例分配如何？当甲酒缺货时，能否用含三种主要成分为[0.80,0.12,0.08]的丁酒替代？比例分配又如何？

【解】 设甲、乙、丙三种酒的比例分配为$[x_1\quad x_2\quad x_3]$，根据题意可得矩阵方程
$$[x_1\quad x_2\quad x_3]\begin{bmatrix}0.7 & 0.2 & 0.1\\ 0.6 & 0.2 & 0.2\\ 0.65 & 0.15 & 0.2\end{bmatrix}=[0.665\quad 0.185\quad 0.15],$$
其正数解即为所求.

易得出
$$\begin{bmatrix}0.7 & 0.2 & 0.1\\ 0.6 & 0.2 & 0.2\\ 0.65 & 0.15 & 0.2\end{bmatrix}^{-1}=\begin{bmatrix}2 & -5 & 4\\ 2 & 15 & -16\\ -8 & 5 & 4\end{bmatrix},$$
故有
$$\begin{aligned}[x_1\quad x_2\quad x_3]&=[0.665\quad 0.185\quad 0.15]\begin{bmatrix}0.7 & 0.2 & 0.1\\ 0.6 & 0.2 & 0.2\\ 0.65 & 0.15 & 0.2\end{bmatrix}^{-1}\\ &=[0.665\quad 0.185\quad 0.15]\begin{bmatrix}2 & -5 & 4\\ 2 & 15 & -16\\ -8 & 5 & 4\end{bmatrix}\\ &=[0.5\quad 0.2\quad 0.3].\end{aligned}$$
所以能用甲、乙、丙三种酒调配出合乎要求的酒来，其比例分配为甲酒 50%，乙酒 20%，丙酒 30%.

若用丁酒来替换甲酒，则有矩阵方程：
$$[x_1\quad x_2\quad x_3]\begin{bmatrix}0.80 & 0.12 & 0.08\\ 0.6 & 0.2 & 0.2\\ 0.65 & 0.15 & 0.2\end{bmatrix}=[0.665\quad 0.185\quad 0.15],$$

$$\begin{bmatrix} 0.80 & 0.12 & 0.08 \\ 0.6 & 0.2 & 0.2 \\ 0.65 & 0.15 & 0.2 \end{bmatrix}^{-1} = \begin{bmatrix} 5/3 & -2 & 4/3 \\ 5/3 & 18 & -56/3 \\ -20/3 & -7 & 44/3 \end{bmatrix}.$$

$$[x_1 \quad x_2 \quad x_3] = [0.665 \quad 0.185 \quad 0.15] \begin{bmatrix} 5/3 & -2 & 4/3 \\ 5/3 & 18 & -563 \\ 2212/20 & -7 & 44/3 \end{bmatrix}^{-1}$$

$$= [0.4166 \quad 0.95 \quad -0.3666],$$

有负数解，这说明不能用丁酒来替代甲酒.

【例 1.40】 (密码问题) 在军事通信中，常将字符(信号) 与数字对应，如

a	b	c	d	e	…	x	y	z
1	2	3	4	5	…	24	25	26

例如信息 a,r,e 对应一个矩阵 $\boldsymbol{B} = [1 \quad 18 \quad 5]$，但如果按这种方式传输，则很容易被敌人破译. 于是必须采取加密措施，即用一个约定的加密矩阵 $\boldsymbol{A}$ 乘以原信号 $\boldsymbol{B}$，传输信号为 $\boldsymbol{C} = \boldsymbol{A}\boldsymbol{B}^{\mathrm{T}}$(加密)，收到信号的一方再将信号还原(破译) 为 $\boldsymbol{B}^{\mathrm{T}} = \boldsymbol{A}^{-1}\boldsymbol{C}$. 如果敌方不知道加密矩阵，则很难破译. 设收到的信号为 $\boldsymbol{C} = [21 \quad 27 \quad 31]^{\mathrm{T}}$，并已知加密矩阵为 $\boldsymbol{A} = \begin{bmatrix} -1 & 0 & 1 \\ 0 & 1 & 1 \\ 1 & 1 & 1 \end{bmatrix}$，问原信号 $\boldsymbol{B}$ 是什么?

【解】 先求出 $\boldsymbol{A}^{-1}$:

$$[\boldsymbol{A} \vdots \boldsymbol{E}] = \begin{bmatrix} -1 & 0 & 1 & 1 & 0 & 0 \\ 0 & 1 & 1 & 0 & 1 & 0 \\ 1 & 1 & 1 & 0 & 0 & 1 \end{bmatrix} \xrightarrow{r_3 + r_1} \begin{bmatrix} -1 & 0 & 1 & 1 & 0 & 0 \\ 0 & 1 & 1 & 0 & 1 & 0 \\ 0 & 1 & 2 & 1 & 0 & 1 \end{bmatrix}$$

$$\xrightarrow{-r_2 + r_3} \begin{bmatrix} -1 & 0 & 1 & 1 & 0 & 0 \\ 0 & 1 & 1 & 0 & 1 & 0 \\ 0 & 0 & 1 & 1 & -1 & 1 \end{bmatrix} \xrightarrow[-r_3 + r_1]{-r_3 + r_2} \begin{bmatrix} -1 & 0 & 0 & 0 & 1 & -1 \\ 0 & 1 & 0 & -1 & 2 & -1 \\ 0 & 0 & 1 & 1 & -1 & 1 \end{bmatrix}$$

$$\xrightarrow{-r_1} \begin{bmatrix} 1 & 0 & 0 & 0 & -1 & 1 \\ 0 & 1 & 0 & -1 & 2 & -1 \\ 0 & 0 & 1 & 1 & -1 & 1 \end{bmatrix},$$

所以
$$\boldsymbol{A}^{-1} = \begin{bmatrix} 0 & -1 & 1 \\ -1 & 2 & -1 \\ 1 & -1 & 1 \end{bmatrix},$$

$$\boldsymbol{B}^{\mathrm{T}} = \boldsymbol{A}^{-1}\boldsymbol{C} = \begin{bmatrix} 0 & -1 & 1 \\ -1 & 2 & -1 \\ 1 & -1 & 1 \end{bmatrix} \begin{bmatrix} 21 \\ 27 \\ 31 \end{bmatrix} = \begin{bmatrix} 4 \\ 2 \\ 25 \end{bmatrix}.$$

即原信号为 $\boldsymbol{B} = [4 \quad 2 \quad 25]$.

习题一

一、单项选择题

1. 设 $\boldsymbol{A},\boldsymbol{B}$ 均为 n 阶矩阵，$\boldsymbol{A}\neq\boldsymbol{O}$，且 $\boldsymbol{AB}=\boldsymbol{O}$，则下述结论必成立的是 ( )

A. $\boldsymbol{BA}=\boldsymbol{O}$　　B. $(\boldsymbol{A}+\boldsymbol{B})(\boldsymbol{A}-\boldsymbol{B})=\boldsymbol{A}^2-\boldsymbol{B}^2$

C. $\boldsymbol{B}=\boldsymbol{O}$　　D. $(\boldsymbol{A}-\boldsymbol{B})^2=\boldsymbol{A}^2-\boldsymbol{BA}+\boldsymbol{B}^2$

2. 设 $\boldsymbol{A},\boldsymbol{B}$ 均为 n 阶对称矩阵，下列结论中不正确的是 ( )

A. $\boldsymbol{A}+\boldsymbol{B}$ 是对称矩阵　　B. $k\boldsymbol{A}$ 是对称矩阵

C. $\boldsymbol{AB}$ 是对称矩阵　　D. $\boldsymbol{E}+\boldsymbol{A}$ 是对称矩阵

3. 设有矩阵 $\boldsymbol{A}_{3\times4}$，$\boldsymbol{B}_{3\times3}$，$\boldsymbol{C}_{4\times3}$ 和 $\boldsymbol{D}_{3\times1}$，则下列运算中没有意义的是 ( )

A. $\boldsymbol{BAC}$　　B. $\boldsymbol{AC}+\boldsymbol{DD}^{\mathrm{T}}$　　C. $\boldsymbol{A}^{\mathrm{T}}\boldsymbol{B}+2\boldsymbol{C}$　　D. $\boldsymbol{AC}+\boldsymbol{D}^{\mathrm{T}}\boldsymbol{D}$

4. 设 $\boldsymbol{A}=\begin{bmatrix}1&1\\0&1\end{bmatrix}$，则 $\boldsymbol{A}^2-\boldsymbol{A}+\boldsymbol{E}=$ ( )

A. $\begin{bmatrix}1&1\\0&1\end{bmatrix}$　　B. $\begin{bmatrix}1&0\\0&1\end{bmatrix}$　　C. $\begin{bmatrix}0&1\\1&0\end{bmatrix}$　　D. $\begin{bmatrix}1&1\\1&1\end{bmatrix}$

5. 设 $\boldsymbol{A}$ 为 n 阶矩阵，且 $\boldsymbol{A}^2=\boldsymbol{E}$，则下列各结论中，正确的是 ( )

A. $\boldsymbol{A}=\boldsymbol{E}$　　B. $\boldsymbol{A}=-\boldsymbol{E}$

C. $\boldsymbol{A}=\pm\boldsymbol{E}$　　D. $(\boldsymbol{A}+\boldsymbol{E})(\boldsymbol{A}-\boldsymbol{E})=\boldsymbol{O}$

6. 若矩阵 $\boldsymbol{A}=\begin{bmatrix}1&1&1\\1&2&1\\2&3&\lambda+1\end{bmatrix}$ 的秩为 2，则 $\lambda=$ ( )

A. 0　　B. 2　　C. -1　　D. 1

7. 若 $\boldsymbol{A}$ 为 $m\times p$ 型矩阵，$\boldsymbol{B}$ 为 $n\times m$ 型矩阵，则 $\boldsymbol{A}^{\mathrm{T}}\boldsymbol{B}^{\mathrm{T}}$ 为( )型矩阵.

A. $m\times n$　　B. $p\times n$　　C. $m\times n$　　D. $n\times p$

8. 行列式 $\begin{vmatrix}0&0&-1&0\\0&0&0&4\\0&2&0&0\\-3&0&0&0\end{vmatrix}=$ ( )

A. 0　　B. 24　　C. -24　　D. 3

9. 矩阵 $\boldsymbol{A}=\begin{bmatrix}1&2&-1\\2&-3&4\\3&-1&1\end{bmatrix}$，则 $|2\boldsymbol{A}^{\mathrm{T}}|$ 的值为 ( )

A. 112　　B. 14　　C. 28　　D. 2

10. 已知 $D=\begin{vmatrix}1&-1&2&1\\3&0&-1&1\\x&4&2&1\\2&-1&4&2\end{vmatrix}$，则 D 中 x 的系数为 ( )

A. $\frac{1}{2}$　　B. $-\frac{1}{2}$　　C. 3　　D. -3

11. 下列各式正确的是　　(　　)

A. $\begin{vmatrix} a+b & c+d \\ e+f & g+h \end{vmatrix}=\begin{vmatrix} a & c \\ e & g \end{vmatrix}+\begin{vmatrix} b & d \\ f & h \end{vmatrix}$　　B. $\begin{vmatrix} a+b & c+d \\ e+f & g+h \end{vmatrix}=\begin{vmatrix} a & b \\ e & f \end{vmatrix}+\begin{vmatrix} c & d \\ g & h \end{vmatrix}$

C. $\begin{vmatrix} 2a & 2b \\ 2c & 2d \end{vmatrix}=2\begin{vmatrix} a & b \\ c & d \end{vmatrix}$　　D. $\begin{vmatrix} 2a & 2b \\ 2c & 2d \end{vmatrix}=4\begin{vmatrix} a & b \\ c & d \end{vmatrix}$

12. 行列式 D 为零的充分条件是　　(　　)

A. D 的对角线上元素为零　　B. D 至少有个元素为零

C. D 的任意两行元素之间不成比例　　D. D 有两行元素之间成比例

13. 方程 $\begin{vmatrix} 2 & 2 & 2 & 2 \\ 2 & x & 3 & 3 \\ 3 & 3 & x & 4 \\ 4 & 4 & 4 & x \end{vmatrix}=0$ 的根为　　(　　)

A. 1,2,3　　B. 2,3,4　　C. 2,3,9　　D. 3,4,9

14. 设 $f(x)=\begin{vmatrix} x & x^2 & x^3 \\ 1 & 2x & 3x^2 \\ 0 & 2 & 6x \end{vmatrix}$，则 $f'(x)=$　　(　　)

A. 0　　B. $12x^3$　　C. $6x^2$　　D. $-6x^2$

二、填空题

1. 若矩阵 $\boldsymbol{A}$ 与矩阵 $\boldsymbol{B}$ 的积 $\boldsymbol{AB}$ 为 3 行 4 列的矩阵，则 $\boldsymbol{A}$ 的行数是________，$\boldsymbol{B}$ 的列数是________.

2. 若等式 $\begin{bmatrix} x & -y \\ 3z & 2 \end{bmatrix}+\begin{bmatrix} y & 2x \\ w & z \end{bmatrix}=\begin{bmatrix} 3 & 0 \\ 2 & 4 \end{bmatrix}$ 成立，则 $x=$________，$y=$________，$z=$________，$w=$________.

3. 已知矩阵 $\boldsymbol{A}=\begin{bmatrix} -1 & 3 & 0 \\ 2 & -1 & 2 \end{bmatrix}$，$\boldsymbol{B}=\begin{bmatrix} 1 & 3 \\ -2 & 0 \\ 5 & -1 \end{bmatrix}$，则积 $\boldsymbol{AB}$ 为________行________列矩阵，且积的第 2 行第 2 列元素等于________.

4. 设 $\begin{bmatrix} k & 1 & 1 \\ 3 & 0 & 1 \\ 0 & 2 & -1 \end{bmatrix}\begin{bmatrix} 3 \\ k \\ -3 \end{bmatrix}=\begin{bmatrix} k \\ 6 \\ 5 \end{bmatrix}$，则 $k=$________.

5. 设 $\boldsymbol{A}=\begin{bmatrix} 1 & 1 & 1 \\ 0 & 1 & 1 \\ 0 & 0 & 1 \end{bmatrix}$，则 $\boldsymbol{A}^2=$________.

6. 行列式 $\begin{vmatrix} x & 1 & 3 \\ 0 & -2x & 4 \\ -2 & 2 & x \end{vmatrix}$ 的 x^3 的系数为________，x^2 的系数为________.

7. 若 3 阶行列式 D 的第 3 列元素为 $-1,2,0$，其对应的余子式分别为 $3,1,3$，则 $D=$ ________.

8. 若 5 阶矩阵 $\boldsymbol{A}$ 的行列式 $|\boldsymbol{A}|=3$，则 $|2\boldsymbol{A}|=$ ________.

9. 设 4 阶行列式 $D_4=\begin{vmatrix} a & b & c & d \\ d & a & c & b \\ b & d & c & d \\ a & c & c & b \end{vmatrix}$，则 $A_{11}+A_{21}+A_{31}+A_{41}=$ ________.

10. 设 $\begin{vmatrix} a_{11} & a_{12} & a_{13} \\ a_{21} & a_{22} & a_{23} \\ a_{31} & a_{32} & a_{33} \end{vmatrix}=d$，则 $\begin{vmatrix} 3a_{11} & 3a_{12} & 3a_{13} \\ 2a_{21} & 2a_{22} & 2a_{23} \\ -a_{31} & -a_{32} & -a_{33} \end{vmatrix}=$ ________.

11. 设行列式 $D=\begin{vmatrix} 3 & 0 & 4 & 0 \\ 2 & 2 & 2 & 2 \\ 0 & -7 & 0 & 0 \\ 5 & 3 & -2 & 2 \end{vmatrix}$，则第四行各元素余子式之和的值为________.

三、计算与证明题

1. 已知矩阵关系为：$\begin{bmatrix} x+1 & 2y & z-1 \end{bmatrix}\begin{bmatrix} 1 & 0 & 3 \\ 1 & 1 & 2 \\ 0 & 1 & 1 \end{bmatrix}=\begin{bmatrix} 0 & -1 & 2 \end{bmatrix}$，求 x,y,z.

2. 已知 $\boldsymbol{A}=\begin{bmatrix} 1 & 0 & 3 & 5 \end{bmatrix}$，$\boldsymbol{B}=\begin{bmatrix} 2 \\ -1 \\ 0 \\ 4 \end{bmatrix}$，求 $\boldsymbol{AB}$，$\boldsymbol{BA}$.

3. 已知 $f(x)=3x^2-2x+5$，计算矩阵多项式 $f(\boldsymbol{A})=3\boldsymbol{A}^2-2\boldsymbol{A}+5\boldsymbol{E}$，其中 $\boldsymbol{A}=\begin{bmatrix} 1 & -2 & 3 \\ 2 & -4 & 1 \\ 3 & -5 & 2 \end{bmatrix}$.

4. (1) 求矩阵 $\boldsymbol{A}=\begin{bmatrix} 2 & 4 & 1 & 0 \\ 1 & 0 & 3 & 2 \\ -1 & 5 & -3 & 1 \\ 0 & 1 & 0 & 2 \end{bmatrix}$ 的秩；　(2) 求矩阵 $\boldsymbol{B}=\begin{bmatrix} 1 & 2 & 3 & -1 \\ 3 & 2 & 1 & 1 \\ 5 & 5 & 2 & 0 \\ 2 & 3 & 1 & -1 \end{bmatrix}$ 的秩.

5. 当 a,b 分别为何值时，矩阵 $\boldsymbol{A}=\begin{bmatrix} 1 & 2 & 0 & 3 \\ 4 & 7 & 1 & 10 \\ 0 & 1 & -1 & b \\ 2 & 3 & a & 4 \end{bmatrix}$ 满秩？秩为 3？秩为 2？

6. (1) 矩阵 $\boldsymbol{A}=\begin{bmatrix} 1 & 1 & 1 \\ 1 & 2 & 1 \\ 1 & 1 & 3 \end{bmatrix}$，求 $\boldsymbol{A}^{-1}$；　　(2) 矩阵 $\boldsymbol{B}=\begin{bmatrix} 2 & 2 & 3 \\ 1 & -1 & 0 \\ -1 & 2 & 1 \end{bmatrix}$，求 $\boldsymbol{B}^{-1}$.

7. 解矩阵方程：

(1) $\begin{bmatrix}1 & 3 & 0\\0 & 1 & -1\\2 & 1 & -5\end{bmatrix}\boldsymbol{X}=\begin{bmatrix}7\\2\\4\end{bmatrix}$； (2) $\begin{bmatrix}1 & 1 & -1\\0 & 2 & 2\\1 & -1 & 0\end{bmatrix}\boldsymbol{X}=\begin{bmatrix}3 & 2\\1 & 0\\-2 & 1\end{bmatrix}$.

8. 计算行列式：

(1) $\begin{vmatrix}1 & 7 & -2\\2 & 8 & -4\\3 & -1 & -6\end{vmatrix}$； (2) $\begin{vmatrix}1 & 2 & 3 & -1\\0 & -1 & 0 & 2\\0 & 1 & 0 & 1\\0 & 0 & -1 & 2\end{vmatrix}$；

(3) $\begin{vmatrix}\cos\theta & 0 & -\sin\theta\\0 & -1 & 0\\\sin\theta & 0 & \cos\theta\end{vmatrix}$； (4) $\begin{vmatrix}3 & -5 & 2 & 1\\1 & 1 & 0 & -5\\-1 & 3 & 1 & 3\\2 & -4 & -1 & -3\end{vmatrix}$.

9. 计算行列式：

(1) $\begin{vmatrix}1 & 2 & 3 & 4\\2 & 3 & 4 & 1\\3 & 4 & 1 & 2\\4 & 1 & 2 & 3\end{vmatrix}$； (2) $\begin{vmatrix}5 & 2 & 2 & 2\\2 & 5 & 2 & 2\\2 & 2 & 5 & 2\\2 & 2 & 2 & 5\end{vmatrix}$.

10. 计算 n 阶行列式：

(1) $\begin{vmatrix}4 & 1 & 1 & \cdots & 1\\1 & 4 & 1 & \cdots & 1\\1 & 1 & 4 & \cdots & 1\\\vdots & \vdots & \vdots & \ddots & \vdots\\1 & 1 & 1 & \cdots & 4\end{vmatrix}$； (2) $\begin{vmatrix}1 & 4 & 4 & \cdots & 4\\4 & 2 & 4 & \cdots & 4\\4 & 4 & 3 & \cdots & 4\\\vdots & \vdots & \vdots & \ddots & \vdots\\4 & 4 & 4 & \cdots & n\end{vmatrix}$.

11. 计算 n 阶行列式：

(1) $\begin{vmatrix}0 & 1 & 0 & \cdots & 0\\0 & 0 & 2 & \cdots & 0\\\vdots & \vdots & \vdots & \ddots & \vdots\\0 & 0 & 0 & \cdots & n-1\\n & 0 & 0 & \cdots & 0\end{vmatrix}$； (2) $\begin{vmatrix}a & a & \cdots & a & b\\a & a & \cdots & b & a\\\vdots & \vdots & \ddots & \vdots & \vdots\\a & b & \cdots & a & a\\b & a & \cdots & a & a\end{vmatrix}$.

12. 计算 n 阶行列式：$\begin{vmatrix}7 & 5 & 0 & \cdots & 0\\2 & 7 & 5 & \cdots & 0\\0 & 2 & 7 & \cdots & 0\\\vdots & \vdots & \vdots & \ddots & \vdots\\0 & 0 & 0 & \cdots & 7\end{vmatrix}$.

13. 设某小城市及郊区乡镇共 30 万人从事Ⅰ(农业)、Ⅱ(工业)、Ⅲ(服务业)种职业，假定这个总人数在若干年内保持不变，而社会调查表明：在这 30 万就业人员中，目前约有 15 万人从事Ⅰ职业，9 万人从事Ⅱ职业，6 万人从事Ⅲ职业. 根据行业发展状况，一年中部分人会从一种职业换为另外一种职业，其中转换比例矩阵为$\boldsymbol{A}=\begin{bmatrix}0.7 & 0.2 & 0.1\\0.2 & 0.7 & 0.1\\0.1 & 0.1 & 0.8\end{bmatrix}$，这里的$a_{ij}$表示从第$j$种职业转换为第$i$种职业的人口比例，现计算一年后从事各职业的人数.

14. 设$\boldsymbol{A}$为3阶矩阵，$|\boldsymbol{A}|=\dfrac{1}{2}$，求$|(2\boldsymbol{A})^{-1}-5\boldsymbol{A}^*|$.

15. 设n阶矩阵$\boldsymbol{A}$的伴随矩阵为$\boldsymbol{A}^*$，证明

(1) 若$|\boldsymbol{A}|=0$，则$|\boldsymbol{A}^*|=0$；

(2) $|\boldsymbol{A}^*|=|\boldsymbol{A}|^{n-1}$.

16. 设$\boldsymbol{A},\boldsymbol{B}$为$n$阶矩阵，且$\boldsymbol{A}$为对称矩阵，证明$\boldsymbol{B}^{\mathrm{T}}\boldsymbol{A}\boldsymbol{B}$也是对称矩阵.

17. 设方阵$\boldsymbol{A}$满足$\boldsymbol{A}^2-\boldsymbol{A}-2\boldsymbol{E}=\boldsymbol{O}$，证明$\boldsymbol{A}$及$\boldsymbol{A}+2\boldsymbol{E}$都可逆，并求$\boldsymbol{A}^{-1}$及$(\boldsymbol{A}+2\boldsymbol{E})^{-1}$.

第二章　向量与线性方程组

解线性方程组是实际工作中常遇到的问题.虽然我们中学时曾学过方程个数与未知量个数相等的二元或三元一次方程组的解法.但在许多实际问题中,经常要解未知量个数超过三个或方程个数与未知量个数不等的线性方程组.

本章主要讨论一般的线性方程组

$$\begin{cases} a_{11}x_1 + a_{12}x_2 + \cdots + a_{1n}x_n = b_1 \\ a_{21}x_1 + a_{22}x_2 + \cdots + a_{2n}x_n = b_2 \\ \qquad\qquad \vdots \\ a_{m1}x_1 + a_{m2}x_2 + \cdots + a_{mn}x_n = b_m \end{cases}. \tag{2-1}$$

为了记载和运算的方便,记为:

$$\boldsymbol{A} = \begin{bmatrix} a_{11} & a_{12} & \cdots & a_{1n} \\ a_{21} & a_{22} & \cdots & a_{2n} \\ \vdots & \vdots & \ddots & \vdots \\ a_{m1} & a_{m2} & \cdots & a_{mn} \end{bmatrix}, \boldsymbol{X} = \begin{bmatrix} x_1 \\ x_2 \\ \vdots \\ x_n \end{bmatrix}, \boldsymbol{b} = \begin{bmatrix} b_1 \\ b_2 \\ \vdots \\ b_m \end{bmatrix}.$$

$\boldsymbol{A},\boldsymbol{X},\boldsymbol{b}$ 分别称为方程组(2-1) 的**系数矩阵**、**未知量矩阵**和**常数项矩阵**,矩阵 $\widetilde{\boldsymbol{A}} = (\boldsymbol{A} \vdots \boldsymbol{b})$称为方程组(2-1) 的**增广矩阵**,方程组(2-1) 的矩阵形式为 $\boldsymbol{AX} = \boldsymbol{b}$. m 是方程组(2-1) 中方程的个数,n 是未知量个数,m 不一定等于 n.

本章将要解决三个问题:

(1) 如何判断方程组(2-1) 有解或无解;在有解的情况下,是有唯一解还是无穷多解.

(2) 方程组有无穷多解的情况下,解的结构如何.

(3) 求出方程组的全部解.

§2.1　线性方程组的消元法及有解判别

为了求出一般的线性方程组的解,并讨论解的情况,本节将介绍线性方程组的消元解法及方程组有解判别法.

一、消元法

【例 2.1】　解线性方程组:

$$\begin{cases} x_1+3x_2+x_3=5 & ① \\ 2x_1+x_2+x_3=2\ . & ② \\ x_1+x_2+5x_3=-7 & ③ \end{cases} \tag{2-2}$$

【解】 方程组中的式 ① 分别乘以(-2),(-1) 加到式 ② 和式 ③ 上,消去这两个方程中的 x_1,得

$$\begin{cases} x_1+3x_2+x_3=5 & ① \\ \quad -5x_2-x_3=-8\ . & ④ \\ \quad -2x_2+4x_3=-12 & ⑤ \end{cases}$$

将式 ⑤ 两边乘以$\left(-\dfrac{1}{2}\right)$并与式 ④ 交换位置,得

$$\begin{cases} x_1+3x_2+x_3=5 & ① \\ \qquad x_2-2x_3=6\ . & ⑥ \\ \quad -5x_2-x_3=-8 & ④ \end{cases}$$

再将式 ⑥ 的 5 倍加到式 ④ 上,得

$$\begin{cases} x_1+3x_2+x_3=5 & ① \\ \qquad x_2-2x_3=6\ . & ⑥ \\ \qquad\quad -11x_3=22 & ⑦ \end{cases} \tag{2-3}$$

在上述消元过程中用到三种变换,即(Ⅰ)交换方程次序,(Ⅱ)以不等于 0 的数乘某个方程,(Ⅲ)一个方程加上另一个方程的 k 倍.由于这三种变换都是方程组的同解变换,因此变换前的方程组与变换后的方程组是同解的.

在方程组(2-3)中,由式 ⑦ 可得 $x_3=-2$,将 $x_3=-2$ 代入式 ⑥ 可得 $x_2=2$,将$x_2=2$,$x_3=-2$ 代入式 ① 可得 $x_1=1$,所以原方程组的解为

$$x_1=1,\quad x_2=2,\quad x_3=-2.$$

由阶梯形方程组(方程组(2-3)中自上而下的各方程所含未知量个数依次减少,这种形式的方程组称为阶梯形方程组)逐次求得各未知量的过程,称为回代过程.线性方程组的这种解法称为**消元法**.

不难看出,上面的求解过程只是对各方程的系数和常数项进行运算,消元过程和回代过程可以用矩阵的初等行变换表示:

$$(\boldsymbol{A}\ \vdots\ \boldsymbol{b})=\begin{bmatrix}1&3&1&5\\2&1&1&2\\1&1&5&-7\end{bmatrix}\xrightarrow[-r_1+r_3]{-2r_1+r_2}\begin{bmatrix}1&3&1&5\\0&-5&-1&-8\\0&-2&4&-12\end{bmatrix}$$

$$\xrightarrow{-\frac{1}{2}r_3}\begin{bmatrix}1&3&1&5\\0&-5&-1&-8\\0&1&-2&6\end{bmatrix}\xrightarrow{r_2\leftrightarrow r_3}\begin{bmatrix}1&3&1&5\\0&1&-2&6\\0&-5&-1&-8\end{bmatrix}$$

$$\xrightarrow{5r_2+r_3}\begin{bmatrix}1&3&1&5\\0&1&-2&6\\0&0&-11&22\end{bmatrix},$$

最后一个阶梯形矩阵对应的线性方程组就是方程组(2-3),利用矩阵的初等行变换,回代过

程可表示如下(接上面最后一个矩阵):

$$\xrightarrow{-\frac{1}{11}r_3}\begin{bmatrix}1&3&1&5\\0&1&-2&6\\0&0&1&-2\end{bmatrix}\xrightarrow[-r_3+r_1]{2r_3+r_2}\begin{bmatrix}1&3&0&7\\0&1&0&2\\0&0&1&-2\end{bmatrix}$$

$$\xrightarrow{-3r_2+r_1}\begin{bmatrix}1&0&0&1\\0&1&0&2\\0&0&1&-2\end{bmatrix}.$$

由此可得方程组(2-2)的解为

$$x_1=1,\quad x_2=2,\quad x_3=-2.$$

在例 2.1 中,方程组的系数矩阵和常数项写在一起所构成的分块矩阵$(\boldsymbol{A}\vdots\boldsymbol{b})$,称为方程组的增广矩阵,记为$\overline{A}$或$\widetilde{A}$.用消元法求解线性方程组,就相当于对相应的增广矩阵施以初等行变换,使其为阶梯形矩阵(消元过程),再由阶梯形矩阵继续进行初等行变换(回代过程),求得方程组的解,回代过程的最后一个矩阵恰为最简形矩阵.

在求解线性方程组时,一般都采用上面消元法的矩阵形式.

【例 2.2】 解线性方程组:

$$\begin{cases}2x_1-x_2+x_3\quad-2x_5=2\\x_1+x_2-x_3+x_4-2x_5=1\\x_1-2x_2+3x_3-x_4-x_5=2\\2x_1+2x_2-5x_3+2x_4-x_5=1\end{cases}.$$

【解】 对增广矩阵$(\boldsymbol{A}\vdots\boldsymbol{b})$施以初等行变换:

$$(\boldsymbol{A}\vdots\boldsymbol{b})=\begin{bmatrix}2&-1&1&0&-2&2\\1&1&-1&1&-2&1\\1&-2&3&-1&-1&2\\2&2&-5&2&-1&1\end{bmatrix}\xrightarrow{r_1\leftrightarrow r_2}\begin{bmatrix}1&1&-1&1&-2&1\\2&-1&1&0&-2&2\\1&-2&3&-1&-1&2\\2&2&-5&2&-1&1\end{bmatrix}$$

$$\xrightarrow[\substack{-r_1+r_3\\-2r_1+r_4}]{-2r_1+r_2}\begin{bmatrix}1&1&-1&1&-2&1\\0&-3&3&-2&2&0\\0&-3&4&-2&1&1\\0&0&-3&0&3&-1\end{bmatrix}\xrightarrow{-r_2+r_3}\begin{bmatrix}1&1&-1&1&-2&1\\0&-3&3&-2&2&0\\0&0&1&0&-1&1\\0&0&-3&0&3&-1\end{bmatrix}$$

$$\xrightarrow{3r_3+r_4}\begin{bmatrix}1&1&-1&1&-2&1\\0&-3&3&-2&2&0\\0&0&1&0&-1&1\\0&0&0&0&0&2\end{bmatrix}.$$

最后一个阶梯形矩阵对应的线性方程组是一个矛盾方程组,无解,所以原方程组也无解.

【例 2.3】 解线性方程组:

$$\begin{cases}x_1-2x_2+3x_3-4x_4=4\\\qquad x_2-x_3+x_4=-3\\x_1+3x_2\qquad-3x_4=1\\\quad-7x_2+3x_3+x_4=-3\end{cases}.$$

【解】　对增广矩阵$(\boldsymbol{A}\vdots\boldsymbol{b})$施以初等行变换：

$$(\boldsymbol{A}\vdots\boldsymbol{b})=\begin{bmatrix}1&-2&3&-4&4\\0&1&-1&1&-3\\1&3&0&-3&1\\0&-7&3&1&-3\end{bmatrix}\xrightarrow{-r_1+r_3}\begin{bmatrix}1&-2&3&-4&4\\0&1&-1&1&-3\\0&5&-3&1&-3\\0&-7&3&1&-3\end{bmatrix}$$

$$\xrightarrow[7r_2+r_4]{-5r_2+r_3}\begin{bmatrix}1&-2&3&-4&4\\0&1&-1&1&-3\\0&0&2&-4&12\\0&0&-4&8&-24\end{bmatrix}\xrightarrow[\frac{1}{2}r_3]{2r_3+r_4}\begin{bmatrix}1&-2&3&-4&4\\0&1&-1&1&-3\\0&0&1&-2&6\\0&0&0&0&0\end{bmatrix}$$

$$\xrightarrow[-3r_3+r_1]{r_3+r_2}\begin{bmatrix}1&-2&0&2&-14\\0&1&0&-1&3\\0&0&1&-2&6\\0&0&0&0&0\end{bmatrix}\xrightarrow{2r_2+r_1}\begin{bmatrix}1&0&0&0&-8\\0&1&0&-1&3\\0&0&1&-2&6\\0&0&0&0&0\end{bmatrix}.$$

最后的最简形矩阵对应的线性方程组$\begin{cases}x_1=-8\\x_2=x_4+3\\x_3=2x_4+6\end{cases}$与原方程组同解.

可以看出，若任意取定x_4的值，就可以唯一地确定对应的x_1,x_2,x_3的值，从而得到方程组的一组解. 因此原方程组有无穷多组解，这时称变量x_4为自由未知量，取自由未知量$x_4=C$，则原方程组的全部解(或一般解)为$\begin{cases}x_1=-8\\x_2=3+C\\x_3=6+2C\\x_4=C\end{cases}$　(C为任意常数).

二、线性方程组有解判别定理

由上面的例 2.1、例 2.2、例 2.3 可以看出，利用消元法可以求解任意的线性方程组，求解过程可以由方程组的增广矩阵进行初等行变换得到，方程组可能无解，可能有唯一解，也可能有无穷多解.

归纳 3 个例题的解法，可得求解线性方程组(2-1)的一般步骤是：对方程组(2-1)的增广矩阵施以初等行变换，将$(\boldsymbol{A}\vdots\boldsymbol{b})$化为阶梯形矩阵，由阶梯形矩阵的秩可得方程组(2-1)解的情况.

如例 2.1：

$$(\boldsymbol{A}\vdots\boldsymbol{b})\xrightarrow{\text{初等行变换}}\begin{bmatrix}1&3&1&5\\0&1&-2&6\\0&0&-11&22\end{bmatrix},$$

因为$R(\boldsymbol{A})=R(\boldsymbol{A}\vdots\boldsymbol{b})=n=3$，所以原方程组有唯一解.

如例 2.2：

$$(\boldsymbol{A} \vdots \boldsymbol{b}) \xrightarrow{\text{初等行变换}} \begin{bmatrix} 1 & 1 & -1 & 1 & -2 & 1 \\ 0 & -3 & 3 & -2 & 2 & 0 \\ 0 & 0 & 1 & 0 & -1 & 0 \\ 0 & 0 & 0 & 0 & 0 & 2 \end{bmatrix},$$

因为 $R(\boldsymbol{A}) = 3, R(\boldsymbol{A} \vdots \boldsymbol{b}) = 4$，即 $R(\boldsymbol{A}) \neq R(\boldsymbol{A} \vdots \boldsymbol{b})$，所以原方程组无解.

如例 2.3：

$$(\boldsymbol{A} \vdots \boldsymbol{b}) \xrightarrow{\text{初等行变换}} \begin{bmatrix} 1 & -2 & 3 & -4 & 4 \\ 0 & 1 & -1 & 1 & -3 \\ 0 & 0 & 1 & -2 & 6 \\ 0 & 0 & 0 & 0 & 0 \end{bmatrix},$$

因为 $R(\boldsymbol{A}) = R(\boldsymbol{A} \vdots \boldsymbol{b}) = 3, n = 4$，所以原方程组有无穷多组解.

由于阶梯形矩阵对应的阶梯形方程组与原方程组同解，所以上述条件既是充分的，也是必要的，总结得出线性方程组解的判定方法.

线性方程组解的判定方法：

(1) 线性方程组(2-1) 有解的充分必要条件是：$R(\boldsymbol{A}) = R(\boldsymbol{A} \vdots \boldsymbol{b})$.

(2) 线性方程组(2-1) 有唯一解的充分必要条件是：$R(\boldsymbol{A}) = R(\boldsymbol{A} \vdots \boldsymbol{b}) = n$.

(3) 线性方程组(2-1) 有无穷多组解的充分必要条件是：$R(\boldsymbol{A}) = R(\boldsymbol{A} \vdots \boldsymbol{b}) < n$.

以上就是一般线性方程组解的判定方法，但有一种线性方程它的常数项的数都为 0，形状如下：

$$\begin{cases} a_{11}x_1 + a_{12}x_2 + \cdots + a_{1n}x_n = 0 \\ a_{21}x_1 + a_{22}x_2 + \cdots + a_{2n}x_2 = 0 \\ \qquad \vdots \\ a_{m1}x_1 + a_{m2}x_2 + \cdots + a_{mn}x_n = 0 \end{cases}. \tag{2-4}$$

则该方程组的常数项矩阵 $\boldsymbol{b} = \boldsymbol{O}$，矩阵形式可写成为 $\boldsymbol{AX} = \boldsymbol{O}$. 我们称该类线性方程为**齐次线性方程组**. 相反，$\boldsymbol{b} \neq \boldsymbol{O}$ 的线性方程称为**非齐次线性方程组**.

显然齐次线性方程组只是线性方程组的一种特殊形式，稍做推导便得到其解的判定方法如下.

齐次线性方程组解的判定方法：

由于总有 $R(\boldsymbol{A}) = R(\boldsymbol{A} \vdots \boldsymbol{O})$，所以齐次线性方程组(2-4) 一定有解，即所有未知量都取 0 时方程一定成立，因此齐次线性方程组一定有**零解**. 于是得出：

(1) 齐次线性方程组(2-4) 仅有零解的充分必要条件是：$R(\boldsymbol{A}) = n$.

(2) 齐次线性方程组(2-4) 有非零解的充分必要条件是：$R(\boldsymbol{A}) < n$.

特别地，若方程组(2-4) 中有 $m < n$，即方程个数小于未知量个数时，方程组(2-4) 必有非零解.

【注】 所有未知量都是 0 的解称为零解，至少有一个未知量不为 0 的解称为非零解.

【例 2.4】 解线性方程组：

$$\begin{cases} x_1 + 2x_2 + 2x_3 + x_4 = 0 \\ 2x_1 + x_2 - 2x_3 - 2x_4 = 0 \\ x_1 - x_2 - 4x_3 - 3x_4 = 0 \end{cases}.$$

【解】 对系数矩阵 $\boldsymbol{A}$ 施以初等行变换：

$$\boldsymbol{A} = \begin{bmatrix} 1 & 2 & 2 & 1 \\ 2 & 1 & -2 & -2 \\ 1 & -1 & -4 & -3 \end{bmatrix} \xrightarrow[-r_1+r_3]{-2r_1+r_2} \begin{bmatrix} 1 & 2 & 2 & 1 \\ 0 & -3 & -6 & -4 \\ 0 & -3 & -6 & -4 \end{bmatrix}$$

$$\xrightarrow{-r_2+r_3} \begin{bmatrix} 1 & 2 & 2 & 1 \\ 0 & -3 & -6 & -4 \\ 0 & 0 & 0 & 0 \end{bmatrix} \xrightarrow{-\frac{1}{3}r_2} \begin{bmatrix} 1 & 2 & 2 & 1 \\ 0 & 1 & 2 & \frac{4}{3} \\ 0 & 0 & 0 & 0 \end{bmatrix}$$

$$\xrightarrow{-2r_2+r_1} \begin{bmatrix} 1 & 0 & -2 & -\frac{5}{3} \\ 0 & 1 & 2 & \frac{4}{3} \\ 0 & 0 & 0 & 0 \end{bmatrix}.$$

简化阶梯形矩阵所对应的方程组为：

$$\begin{cases} x_1 - 2x_3 - \frac{5}{3}x_4 = 0 \\ x_2 + 2x_3 + \frac{4}{3}x_4 = 0 \end{cases}.$$

所以方程组的一般解为：$\begin{cases} x_1 = 2x_3 + \frac{5}{3}x_4 \\ x_2 = -2x_3 - \frac{4}{3}x_4 \end{cases}$　（x_3, x_4 为自由的未知量）.

令 $x_3 = c_1, x_4 = c_2$，则方程组的全部解为：

$$\begin{cases} x_1 = 2c_1 + \frac{5}{3}c_2 \\ x_2 = -2c_1 - \frac{4}{3}c_2 \\ x_3 = c_1 \\ x_4 = c_2 \end{cases},$$

即

$$\begin{bmatrix} x_1 \\ x_2 \\ x_3 \\ x_4 \end{bmatrix} = c_1 \begin{bmatrix} 2 \\ -2 \\ 1 \\ 0 \end{bmatrix} + c_2 \begin{bmatrix} \frac{5}{3} \\ -\frac{4}{3} \\ 0 \\ 1 \end{bmatrix}$$　（c_1, c_2 为任意常数）.

【例 2.5】 讨论 a,b 为何值时，线性方程组 $\begin{cases} x_1+x_2+x_3+x_4=0 \\ x_2+2x_3+2x_4=1 \\ -x_2+(a-3)x_3-2x_4=b \\ 3x_1+2x_2+x_3+ax_4=-1 \end{cases}$ 有唯一解？无解？有无穷多解？当有无穷多组解时，求出它的全部解.

【解】 对方程组的增广矩阵施以初等行变换，化为阶梯形矩阵：

$$(\boldsymbol{A} \vdots \boldsymbol{b})=\begin{bmatrix} 1 & 1 & 1 & 1 & 0 \\ 0 & 1 & 2 & 2 & 1 \\ 0 & -1 & a-3 & -2 & b \\ 3 & 2 & 1 & a & -1 \end{bmatrix} \xrightarrow{-3r_1+r_4} \begin{bmatrix} 1 & 1 & 1 & 1 & 0 \\ 0 & 1 & 2 & 2 & 1 \\ 0 & -1 & a-3 & -2 & b \\ 0 & -1 & -2 & a-3 & -1 \end{bmatrix}$$

$$\xrightarrow[r_2+r_4]{r_2+r_3} \begin{bmatrix} 1 & 1 & 1 & 1 & 0 \\ 0 & 1 & 2 & 2 & 1 \\ 0 & 0 & a-1 & 0 & b+1 \\ 0 & 0 & 0 & a-1 & 0 \end{bmatrix}.$$

由最后一个矩阵可得：

(1) 当 $a \neq 1$ 时，$R(\boldsymbol{A})=R(\boldsymbol{A} \vdots \boldsymbol{b})=n=4$，此时方程组有唯一解；

(2) 当 $a=1, b\neq -1$ 时，$R(\boldsymbol{A})=2$，$R(\boldsymbol{A} \vdots \boldsymbol{b})=3$，即 $R(\boldsymbol{A}) \neq R(\boldsymbol{A} \vdots \boldsymbol{b})$，方程组无解；

(3) 当 $a=1, b=-1$ 时，$R(\boldsymbol{A})=R(\boldsymbol{A} \vdots \boldsymbol{b})=2<4$，方程组有无穷多组解，这时，将最后的阶梯形矩阵继续施以初等行变换，化为最简形矩阵：

$$\begin{bmatrix} 1 & 1 & 1 & 1 & 0 \\ 0 & 1 & 2 & 2 & 1 \\ 0 & 0 & 0 & 0 & 0 \\ 0 & 0 & 0 & 0 & 0 \end{bmatrix} \xrightarrow{-r_2+r_1} \begin{bmatrix} 1 & 0 & -1 & -1 & -1 \\ 0 & 1 & 2 & 2 & 1 \\ 0 & 0 & 0 & 0 & 0 \\ 0 & 0 & 0 & 0 & 0 \end{bmatrix},$$

对应的方程组 $\begin{cases} x_1=-1+x_3+x_4 \\ x_2=1-2x_3-2x_4 \end{cases}$，与原方程组同解. 令自由未知量 $x_3=c_1, x_4=c_2$ 则原方程组的全部解为：

$$\begin{cases} x_1=-1+c_1+c_2 \\ x_2=1-2c_1-2c_2 \\ x_3=c_1 \\ x_4=c_2 \end{cases} \quad (c_1, c_2 \text{ 为任意常数}).$$

【例 2.6】 某百货商店出售四种型号的衬衫：小号、中号、大号和加大号. 四种型号的衬衫售价分别为：22 元、24 元、26 元和 30 元. 如果该商店某周共售出了 13 件衬衫，销售收入为 320 元，并已知大号的销售量为小号和加大号的销售量总和，大号的销售收入也为小号和加大号的总和. 问四种型号的衬衫各售出多少件？

【解】 设小号、中号、大号、加大号衬衫的销售量分别为 x_1, x_2, x_3, x_4，由题意得：

$$\begin{cases} x_1 + x_2 + x_3 + x_4 = 13 \\ 22x_1 + 24x_2 + 26x_3 + 30x_4 = 320 \\ x_3 = x_1 + x_4 \\ 26x_3 = 22x_1 + 30x_4 \end{cases},$$

方程组变形为：

$$\begin{cases} x_1 + x_2 + x_3 + x_4 = 13 \\ 22x_1 + 24x_2 + 26x_3 + 30x_4 = 320 \\ x_1 - x_3 + x_4 = 0 \\ 22x_1 - 26x_3 + 30x_4 = 0 \end{cases}.$$

求解可得此方程组的唯一解为 $x_1 = 1, x_2 = 9, x_3 = 2, x_4 = 1$，故小号、中号、大号和加大号衬衫的销售量分别为 1 件、9 件、2 件和 1 件.

【例 2.7】 某地区有三个重要企业，分别是煤矿场、发电厂和铁路部门. 若开采一元钱的煤，煤矿要支付 0.2 元的电费和 0.3 元的铁路运输费. 生产一元钱的电力，发电厂要支付 0.5 元的煤费、0.05 元的电费及 0.05 元的铁路运输费. 创收一元钱的铁路运输费，铁路部门需要支付 0.15 元的煤费和 0.45 元的电费. 在某个月内，煤矿接到外地金额为 500 万的订货，发电厂接到外地金额为 300 万的订货，铁路需要为外地承担金额为 100 万的运输任务. 问：这三个企业在这一个月各自的产值为多少才能满足本地区和外界的需求？

【解】 设 x_1, x_2, x_3 为三个企业的各自产值. 根据投入产出原理，本地的产能减去本地内部交叉消耗后应等于外部的供应，建立方程为：

煤矿平衡方程：$x_1 - 0.5x_2 - 0.15x_3 = 5000000$；

电厂平衡方程：$(1 - 0.05)x_2 - 0.2x_1 - 0.45x_3 = 3000000$；

铁路平衡方程：$x_3 - 0.3x_1 - 0.05x_2 = 1000000$.

化简后得到线性方程组：

$$\begin{cases} x_1 - 0.5x_2 - 0.15x_3 = 5000000 \\ -0.2x_1 + 0.95x_2 - 0.45x_3 = 3000000. \\ -0.3x_1 - 0.05x_2 + x_3 = 1000000 \end{cases}$$

求解得出该地区煤、电、铁路产值至少要为 9119800 元 、7013600 元、4086600 元才能满足内外需求.

§ 2.2　向量的线性关系

为了进一步研究线性方程组的有解性和工程技术的实际问题以及满足理论的需要，本节介绍向量的概念及其线性关系.

在之前我们已经接触过两类向量，即平面向量和空间向量. 我们已经知道，平面向量 $\overrightarrow{OA} = (x, y)$ 与一个有序二数组对应；空间向量 $\overrightarrow{OM} = (x, y, z)$ 与一个有序三数组对应. 有了向量的概念之后，几何学与代数学的关系更紧密，使得两方面的数学知识的研究与计算变得更简单、方便. 但在管理学、工程技术等方面仅有这些向量概念是不够的，例如要描述空间中的一个球体(位置、半径、密度),我们得要用一个 5 维数组(x,y,z,r,ρ)与之对应;要描述一个地区多个部门的产出量,同样要用到多维数组.

接下来,我们将向量推广到一般 n 元有序数组,便得到 n 维向量的概念.

一、向量的概念

向量的概念:n 个数 $a_1,a_2,\cdots,a_n$ 组成的有序数组:

$$\boldsymbol{\alpha}=\begin{bmatrix}a_1\\a_2\\\vdots\\a_n\end{bmatrix},$$

称为 ***n* 维向量**,$a_i(i=1,2,\cdots,n)$ 称为 $\boldsymbol{\alpha}$ 的第 i 个**分量**(坐标).

对于向量,需要指出说明的有:

(1) 根据向量的记载方式可分为行向量$(a_1,a_2,\cdots,a_n)$与列向量$\begin{bmatrix}a_1\\a_2\\\vdots\\a_n\end{bmatrix}$,即两者互为转置:

$$(a_1,a_2,\cdots,a_n)^{\mathrm{T}}=\begin{bmatrix}a_1\\a_2\\\vdots\\a_n\end{bmatrix}.$$

(2) 一般手写的向量记为 $\vec{\alpha},\vec{\beta},\vec{\gamma}$,印刷为黑体的 $\boldsymbol{\alpha},\boldsymbol{\beta},\boldsymbol{\gamma}$ 等.

(3) 一维、二维、三维向量的几何意义分别是直线向量、平面向量和空间向量. 四维及其以上的向量虽然无直观的几何意义,但有很强的工程计算意义.

(4) 一个线性方程可对应一个向量:

$$a_1x_1+a_2x_2+\cdots+a_nx_n=b\leftrightarrow(a_1,a_2,\cdots,a_n,b)$$

(5) 后面讨论向量时,若没有特别说明其是行向量还是列向量,都当作列向量来处理.

二、向量的运算

设有两个向量 $\boldsymbol{\alpha}=(a_1,a_2,\cdots,a_n)$,$\boldsymbol{\beta}=(b_1,b_2,\cdots,b_n)$,有如下几个常见运算:

(1) 相等:$\boldsymbol{\alpha}=\boldsymbol{\beta}\Leftrightarrow a_i=b_i(i=1,2,\cdots,n)$.

(2) 零向量:分量都是 0,记作 $\boldsymbol{O}$,即 $\boldsymbol{O}=(0,0,\cdots,0)$.

(3) 负向量:向量$(-a_1,-a_2,\cdots,-a_n)$称为 $\boldsymbol{\alpha}=(a_1,a_2,\cdots,a_n)$的负向量,记为 $-\boldsymbol{\alpha}$.

(4) 向量的加法与减法:

向量$(a_1+b_1,a_2+b_2,\cdots,a_n+b_n)$称为向量 $\boldsymbol{\alpha}$ 与 $\boldsymbol{\beta}$ 的和,记作 $\boldsymbol{\alpha}+\boldsymbol{\beta}$.

向量$(a_1-b_1,a_2-b_2,\cdots,a_n-b_n)$称为向量 $\boldsymbol{\alpha}$ 与 $\boldsymbol{\beta}$ 的差,记作 $\boldsymbol{\alpha}-\boldsymbol{\beta}$.

即 $\boldsymbol{\alpha}\pm\boldsymbol{\beta}=(a_1\pm b_1,a_2\pm b_2,\cdots,a_n\pm b_n)$.

(5) 数乘向量:$k\boldsymbol{\alpha}=(ka_1,ka_2,\cdots,ka_n)$.

向量的加法、减法与数乘统称为向量的线性运算. 如果从矩阵的角度来看,向量实际上就是一种特殊的矩阵(行矩阵或列矩阵),因而其运算完全类似于矩阵的运算.

【例 2.8】 设 $\boldsymbol{\alpha}=(-3,3,6,0)$,$\boldsymbol{\beta}=(9,6,-3,18)$,求 $\boldsymbol{\gamma}$ 满足 $\boldsymbol{\alpha}+3\boldsymbol{\gamma}=\boldsymbol{\beta}$.

【解】 因为 $3\boldsymbol{\gamma}=\boldsymbol{\beta}-\boldsymbol{\alpha}=(9,6,-3,18)-(-3,3,6,0)=(12,3,-9,18)$,

所以
$$\boldsymbol{\gamma}=\frac{1}{3}(12,3,-9,18)=(4,1,-3,6).$$

三、向量间的线性关系

先来分析一个向量与另一个向量组之间的线性关系.

(一) 向量的线性表示

向量的线性表示的概念:设 $\boldsymbol{\alpha}_1,\boldsymbol{\alpha}_2,\cdots,\boldsymbol{\alpha}_m,\boldsymbol{\beta}$ 是 $m+1$ 个 n 维向量,若存在 m 个数 k_1,$k_2,\cdots,k_m$ 使得
$$\boldsymbol{\beta}=k_1\boldsymbol{\alpha}_1+k_2\boldsymbol{\alpha}_2+\cdots+k_m\boldsymbol{\alpha}_m$$
成立,则称 $\boldsymbol{\beta}$ 是向量组 $\boldsymbol{\alpha}_1,\boldsymbol{\alpha}_2,\cdots,\boldsymbol{\alpha}_m$ 的**线性组合**,或称 $\boldsymbol{\beta}$ 可由向量组 $\boldsymbol{\alpha}_1,\boldsymbol{\alpha}_2,\cdots,\boldsymbol{\alpha}_m$ **线性表示**.

【例 2.9】 设有向量 $\boldsymbol{\alpha}_1=(1,0,2,1)^{\mathrm{T}}$,$\boldsymbol{\alpha}_2=(3,0,4,1)^{\mathrm{T}}$,$\boldsymbol{\beta}=(-1,0,0,1)^{\mathrm{T}}$.

【解】 可以显然地看出 $\boldsymbol{\beta}=2\boldsymbol{\alpha}_1-\boldsymbol{\alpha}_2$,所以 $\boldsymbol{\beta}$ 是向量组 $\boldsymbol{\alpha}_1,\boldsymbol{\alpha}_2$ 的线性组合.

【例 2.10】 设 $\boldsymbol{\alpha}_1=(1,2,3)^{\mathrm{T}}$,$\boldsymbol{\alpha}_2=(0,1,4)^{\mathrm{T}}$,$\boldsymbol{\alpha}_3=(2,3,6)^{\mathrm{T}}$,$\boldsymbol{\beta}=(-1,1,5)^{\mathrm{T}}$. 问:$\boldsymbol{\beta}$ 能否由 $\boldsymbol{\alpha}_1,\boldsymbol{\alpha}_2,\boldsymbol{\alpha}_3$ 线性表示?

【解】 设有数 k_1,k_2,k_3 使得 $\boldsymbol{\beta}=k_1\boldsymbol{\alpha}_1+k_2\boldsymbol{\alpha}_2+k_3\boldsymbol{\alpha}_3$ 成立,即
$$\begin{bmatrix}-1\\1\\5\end{bmatrix}=k_1\begin{bmatrix}1\\2\\3\end{bmatrix}+k_2\begin{bmatrix}0\\1\\4\end{bmatrix}+k_3\begin{bmatrix}2\\3\\6\end{bmatrix}.$$

整理得
$$\begin{cases}k_1+2k_3=-1\\2k_1+k_2+3k_3=1\\3k_1+4k_2+6k_3=5\end{cases}.$$

解此方程组得 $k_1=1,k_2=2,k_3=-1$.

因此 $\boldsymbol{\beta}=\boldsymbol{\alpha}_1+2\boldsymbol{\alpha}_2-\boldsymbol{\alpha}_3$,所以 $\boldsymbol{\beta}$ 能由 $\boldsymbol{\alpha}_1,\boldsymbol{\alpha}_2,\boldsymbol{\alpha}_3$ 线性表示.

上面例题说明了线性方程组解的存在性问题和线性表示之间的密切关系. 判断一个向量能否由某个向量组线性表示,我们可以按以上的方式将问题转换成一个线性方程组,通过方程组解的情况去分析.

下面我们着重来分析向量组内部之间的线性关系.

(二) 向量组的相关性

给定任何向量组 $\boldsymbol{A}:\boldsymbol{\alpha}_1,\boldsymbol{\alpha}_2,\cdots,\boldsymbol{\alpha}_m$,其都会满足 $\boldsymbol{O}=0\boldsymbol{\alpha}_1+0\boldsymbol{\alpha}_2+\cdots+0\boldsymbol{\alpha}_m$,即零向量是任一向量组的线性组合.

但也有可能在系数 $k_1,k_2,\cdots,k_m$ 不全为零(至少有一个 $k_i\neq 0$) 的情况下满足:
$$k_1\boldsymbol{\alpha}_1+k_2\boldsymbol{\alpha}_2+\cdots+k_m\boldsymbol{\alpha}_m=\boldsymbol{O}.$$
因为上述所说的两种情况,对于向量组来说其内部关系会有本质的不同. 下面给出向量组

的线性相关与线性无关的定义.

1. 向量组线性相关与线性无关的定义

对于 n 维向量组 $\boldsymbol{A}:\boldsymbol{\alpha}_1,\boldsymbol{\alpha}_2,\cdots,\boldsymbol{\alpha}_m(m\geqslant 1)$，若存在 m 个不全为 0 的数 $k_1,k_2,\cdots,k_m$（至少有一个 $k_i\neq 0$），使得：

$$k_1\boldsymbol{\alpha}_1+k_2\boldsymbol{\alpha}_2+\cdots+k_m\boldsymbol{\alpha}_m=\boldsymbol{O},$$

则称向量组 $\boldsymbol{A}:\boldsymbol{\alpha}_1,\boldsymbol{\alpha}_2,\cdots,\boldsymbol{\alpha}_m$ 是**线性相关**的，否则称向量组 $\boldsymbol{A}:\boldsymbol{\alpha}_1,\boldsymbol{\alpha}_2,\cdots,\boldsymbol{\alpha}_m$ 是**线性无关**的（即上式只有当 $k_1=k_2=\cdots=k_m=0$ 时才成立）.

如果从向量组内部来分析向量组的线性相关与线性无关性，我们可以得出：

(1) 如果向量组 $\boldsymbol{A}:\boldsymbol{\alpha}_1,\boldsymbol{\alpha}_2,\cdots,\boldsymbol{\alpha}_m$ 线性相关，则向量组中至少有一个向量能由其余的 $m-1$ 个向量线性表示出来. 这是因为：

若 $\boldsymbol{A}:\boldsymbol{\alpha}_1,\boldsymbol{\alpha}_2,\cdots,\boldsymbol{\alpha}_m$ 线性相关，则有不全为 0 的 $k_1,k_2,\cdots,k_m$，使得：

$$k_1\boldsymbol{\alpha}_1+k_2\boldsymbol{\alpha}_2+\cdots+k_m\boldsymbol{\alpha}_m=\boldsymbol{O}.$$

不妨设 $k_1\neq 0$，于是由上式得：

$$\boldsymbol{\alpha}_1=-\frac{k_2}{k_1}\boldsymbol{\alpha}_2-\cdots-\frac{k_m}{k_1}\boldsymbol{\alpha}_m.$$

即 $\boldsymbol{\alpha}_1$ 是 $\boldsymbol{\alpha}_2,\boldsymbol{\alpha}_3,\cdots,\boldsymbol{\alpha}_m$ 的线性组合.

(2) 如果向量组 $\boldsymbol{A}:\boldsymbol{\alpha}_1,\boldsymbol{\alpha}_2,\cdots,\boldsymbol{\alpha}_m$ 中只要有一个向量能由其余的 $m-1$ 个向量线性表示出来，则该向量组一定线性相关.

这是因为若某个向量 $\boldsymbol{\alpha}_i$ 可由其余的 $m-1$ 个向量 $\boldsymbol{\alpha}_1,\boldsymbol{\alpha}_2,\cdots,\boldsymbol{\alpha}_{i-1},\boldsymbol{\alpha}_{i+1},\cdots,\boldsymbol{\alpha}_m$ 线性表示，即存在表达式

$$\boldsymbol{\alpha}_i=k_1\boldsymbol{\alpha}_1+k_2\boldsymbol{\alpha}_2+\cdots+k_{i-1}\boldsymbol{\alpha}_{i-1}+k_{i+1}\boldsymbol{\alpha}_{i+1}+\cdots+k_m\boldsymbol{\alpha}_m.$$

于是便有

$$k_1\boldsymbol{\alpha}_1+\cdots+k_{i-1}\boldsymbol{\alpha}_{i-1}+(-1)\boldsymbol{\alpha}_i+k_{i+1}\boldsymbol{\alpha}_{i+1}+\cdots+k_m\boldsymbol{\alpha}_m=\boldsymbol{O}.$$

因为 $k_1,k_2,\cdots,k_{i-1},-1,k_{i+1},\cdots,k_m$ 不完全为 0，所以 $\boldsymbol{A}:\boldsymbol{\alpha}_1,\boldsymbol{\alpha}_2,\cdots,\boldsymbol{\alpha}_m$ 是线性相关的.

(3) 向量组 $\boldsymbol{A}:\boldsymbol{\alpha}_1,\boldsymbol{\alpha}_2,\cdots,\boldsymbol{\alpha}_m$ 线性无关的充分必要条件是向量组中任何一个向量都不能由其余的 $m-1$ 个向量线性表示出来.

2. 向量组相关性判别方法

对于 m 个 n 维向量 $\boldsymbol{\alpha}_1,\boldsymbol{\alpha}_2,\cdots,\boldsymbol{\alpha}_m$，要判断其线性相关性，我们可以先令

$$k_1\boldsymbol{\alpha}_1+k_2\boldsymbol{\alpha}_2+\cdots+k_m\boldsymbol{\alpha}_m=\boldsymbol{O}.$$

把上式展开后将得到一个齐次线性方程组 $\boldsymbol{AK}=\boldsymbol{O},\boldsymbol{K}=(k_1,k_2,\cdots,k_m)^{\mathrm{T}}$ 为未知量，其系数矩阵为：

$$\boldsymbol{A}=(\boldsymbol{\alpha}_1,\boldsymbol{\alpha}_2,\cdots,\boldsymbol{\alpha}_m)_{n\times m}\quad(\boldsymbol{\alpha}_i\text{ 是列向量}).$$

(1) 若 $r(\boldsymbol{A})=m$，则方程组仅有零解，即向量组线性无关；若 $r(\boldsymbol{A})<m$，则方程组有非零解，即向量组线性相关.

(2) 若给出的是 n 个 n 维向量 $\boldsymbol{\alpha}_1,\boldsymbol{\alpha}_2,\cdots,\boldsymbol{\alpha}_n$，则向量组可组成方阵 $\boldsymbol{A}$，若 $|\boldsymbol{A}|\neq 0$，则 $\boldsymbol{\alpha}_1,\boldsymbol{\alpha}_2,\cdots,\boldsymbol{\alpha}_n$ 线性无关；若 $|\boldsymbol{A}|=0$，则 $\boldsymbol{\alpha}_1,\boldsymbol{\alpha}_2,\cdots,\boldsymbol{\alpha}_n$ 线性相关.

【例 2.11】 判断下列向量组是否线性相关：

$$\boldsymbol{\alpha}_1=(1,0,1,0)^{\mathrm{T}},\boldsymbol{\alpha}_2=(0,1,0,1)^{\mathrm{T}},\boldsymbol{\alpha}_3=(0,0,1,1)^{\mathrm{T}},\boldsymbol{\alpha}_4=(1,1,0,0)^{\mathrm{T}}.$$

【解】 方法1：令：

$$A=(\boldsymbol{\alpha}_1,\boldsymbol{\alpha}_2,\boldsymbol{\alpha}_3,\boldsymbol{\alpha}_4)=\begin{bmatrix}1&0&0&1\\0&1&0&1\\1&0&1&0\\0&1&1&0\end{bmatrix}\xrightarrow{-r_1+r_3}\begin{bmatrix}1&0&0&1\\0&1&0&1\\0&0&1&-1\\0&1&1&0\end{bmatrix}$$

$$\xrightarrow{-r_2+r_4}\begin{bmatrix}1&0&0&1\\0&1&0&1\\0&0&1&-1\\0&0&1&-1\end{bmatrix}\xrightarrow{-r_3+r_4}\begin{bmatrix}1&0&0&1\\0&1&0&1\\0&0&1&-1\\0&0&0&0\end{bmatrix}.$$

因为 $R(A)=3<4$，所以 $\boldsymbol{\alpha}_1,\boldsymbol{\alpha}_2,\boldsymbol{\alpha}_3,\boldsymbol{\alpha}_4$ 线性相关.

方法2：因为 $\begin{vmatrix}1&0&0&1\\0&1&0&1\\1&0&1&0\\0&1&1&0\end{vmatrix}=0$，所以 $\boldsymbol{\alpha}_1,\boldsymbol{\alpha}_2,\boldsymbol{\alpha}_3,\boldsymbol{\alpha}_4$ 线性相关.

3.线性相关与无关的其他结论

(1) 包含零向量的向量组必线性相关.

(2) 单独一个零向量是线性相关的.

(3) $\boldsymbol{\alpha}=(a_1,a_2,\cdots,a_n)$ 与 $\boldsymbol{\beta}=(b_1,b_2,\cdots,b_n)$ 线性相关充分必要条件是：

$$\frac{a_i}{b_i}=k(i=1,2,\cdots,n)，即\ \boldsymbol{\alpha}\ /\!/\ \boldsymbol{\beta}(n\leqslant 3\ 时).$$

(4) 若向量组 $\boldsymbol{\alpha}_1,\boldsymbol{\alpha}_2,\cdots,\boldsymbol{\alpha}_r$ 线性相关，则 $\boldsymbol{\alpha}_1,\cdots,\boldsymbol{\alpha}_r,\boldsymbol{\alpha}_{r+1},\cdots,\boldsymbol{\alpha}_m$ 也线性相关.

(5) 若向量组 $\boldsymbol{\alpha}_1,\boldsymbol{\alpha}_2,\cdots,\boldsymbol{\alpha}_m$ 线性无关，则它的任何一部分向量也线性无关.

(6) 若 n 维向量组 $\boldsymbol{\alpha}_1,\boldsymbol{\alpha}_2,\cdots,\boldsymbol{\alpha}_m$ 线性无关，则每一个向量上添加 r 个分量所得到的 $n+r$ 维向量组 $\boldsymbol{\beta}_1,\boldsymbol{\beta}_2,\cdots,\boldsymbol{\beta}_m$ 也线性无关.但其逆命题不成立，如：$\boldsymbol{\beta}_1=(1,2,0)$ 与 $\boldsymbol{\beta}_2=(2,4,5)$ 线性无关，但 $\boldsymbol{\alpha}_1=(1,2)$ 与 $\boldsymbol{\alpha}_2=(2,4)$ 线性相关.

(7) 若 n 维向量组 $\boldsymbol{\alpha}_1,\boldsymbol{\alpha}_2,\cdots,\boldsymbol{\alpha}_m$ 线性无关，而向量组 $\boldsymbol{\alpha}_1,\boldsymbol{\alpha}_2,\cdots,\boldsymbol{\alpha}_m,\boldsymbol{\beta}$ 线性相关，则 $\boldsymbol{\beta}$ 一定能被 $\boldsymbol{\alpha}_1,\boldsymbol{\alpha}_2,\cdots,\boldsymbol{\alpha}_m$ 线性表示，并且表示式是唯一的.

(8) 若 n 维向量组 $\boldsymbol{\beta}_1,\boldsymbol{\beta}_2,\cdots,\boldsymbol{\beta}_m,\boldsymbol{\beta}_{m+1}$ 每一个向量都能被 n 维向量 $\boldsymbol{\alpha}_1,\boldsymbol{\alpha}_2,\cdots,\boldsymbol{\alpha}_m$ 线性表示，则 $\boldsymbol{\beta}_1,\boldsymbol{\beta}_2,\cdots,\boldsymbol{\beta}_m,\boldsymbol{\beta}_{m+1}$ 必线性相关.

(9) 任意 $n+1$ 个 n 维向量必线性相关.

四、向量组的秩

(一) 向量组的秩的定义

设有向量组 $\boldsymbol{T}:\boldsymbol{\alpha}_1,\boldsymbol{\alpha}_2,\cdots,\boldsymbol{\alpha}_m$，如果能在 $\boldsymbol{T}$ 中选出 r 个向量(并不一定是前 r 个) $\boldsymbol{\alpha}_{k_1},\boldsymbol{\alpha}_{k_2},\cdots,\boldsymbol{\alpha}_{k_r}$，满足：

(1) $\boldsymbol{\alpha}_{k_1},\boldsymbol{\alpha}_{k_2},\cdots,\boldsymbol{\alpha}_{k_r}$ 线性无关；

(2) $\boldsymbol{T}$ 中任一向量 $\boldsymbol{\alpha}$ 可由 $\boldsymbol{\alpha}_{k_1},\boldsymbol{\alpha}_{k_2},\cdots,\boldsymbol{\alpha}_{k_r}$ 线性表示.

则称 $\boldsymbol{\alpha}_{k_1},\boldsymbol{\alpha}_{k_2},\cdots,\boldsymbol{\alpha}_{k_r}$ 是向量组 $\boldsymbol{T}$ 的一个**最大线性无关向量组**(简称为**最大无关组**).向量组 $\boldsymbol{T}$

的最大无关组所含的向量个数，称为**向量组 T 的秩**，记为 $R(\boldsymbol{T})$ 或 $r(\boldsymbol{T})$.

【注】 (1) 若 $R(\boldsymbol{T})$ 小于 $\boldsymbol{T}$ 所含向量个数 m，则 $\boldsymbol{T}$ 线性相关.

(2) 若向量组 $\boldsymbol{T}$ 本身就是线性无关的，则其最大无关组就为向量组本身，$R(\boldsymbol{T})=m$.

(二) 求向量组的秩与最大线性无关组的方法

例如，有向量组：$\boldsymbol{\alpha}_1=(1,1,0,0)^{\mathrm{T}}$，$\boldsymbol{\alpha}_2=(1,0,1,1)^{\mathrm{T}}$，$\boldsymbol{\alpha}_3=(2,-1,3,3)^{\mathrm{T}}$.

我们可以把向量组组成矩阵 $\boldsymbol{T}=[\boldsymbol{\alpha}_1,\boldsymbol{\alpha}_2,\boldsymbol{\alpha}_3]=\begin{bmatrix}1&1&2\\1&0&-1\\0&1&3\\0&1&3\end{bmatrix}$.

再对其进行初等行变换，化为阶梯形矩阵：

$$\boldsymbol{T}=[\boldsymbol{\alpha}_1,\boldsymbol{\alpha}_2,\boldsymbol{\alpha}_3]=\begin{bmatrix}1&1&2\\1&0&-1\\0&1&3\\0&1&3\end{bmatrix}\rightarrow\begin{bmatrix}1&1&2\\0&-1&-3\\0&0&0\\0&0&0\end{bmatrix}=[\boldsymbol{\beta}_1,\boldsymbol{\beta}_2,\boldsymbol{\beta}_3]=\boldsymbol{A}.$$

对于向量组 $\boldsymbol{A}$：$\boldsymbol{\beta}_1,\boldsymbol{\beta}_2,\boldsymbol{\beta}_3$，可以看出 $\boldsymbol{\beta}_1,\boldsymbol{\beta}_2,\boldsymbol{\beta}_3$ 是线性相关的，$\boldsymbol{\beta}_1,\boldsymbol{\beta}_2$ 是线性无关的. $\boldsymbol{\beta}_1,\boldsymbol{\beta}_2,\boldsymbol{\beta}_3$ 任何一个都可由 $\boldsymbol{\beta}_1,\boldsymbol{\beta}_2$ 线性表示出来. 因此，可以得出 $\boldsymbol{\beta}_1,\boldsymbol{\beta}_2$ 是向量组 $\boldsymbol{A}$：$\boldsymbol{\beta}_1,\boldsymbol{\beta}_2,\boldsymbol{\beta}_3$ 的一个最大无关组，且 $r(\boldsymbol{\beta}_1,\boldsymbol{\beta}_2,\boldsymbol{\beta}_3)=2$. 又因为初等行变换不会改变向量间的线性关系，所以向量组 $\boldsymbol{T}=[\boldsymbol{\alpha}_1,\boldsymbol{\alpha}_2,\boldsymbol{\alpha}_3]$的最大无关组是 $\boldsymbol{\alpha}_1,\boldsymbol{\alpha}_2$，且 $r(\boldsymbol{\alpha}_1,\boldsymbol{\alpha}_2,\boldsymbol{\alpha}_3)=2$.

需要注意的是，向量组的秩与其组成的矩阵的秩相等且是唯一的，但其最大无关组一般不是唯一的，其实向量组 $\boldsymbol{\alpha}_1,\boldsymbol{\alpha}_3$ 也是向量组 $\boldsymbol{T}=[\boldsymbol{\alpha}_1,\boldsymbol{\alpha}_2,\boldsymbol{\alpha}_3]$的一个最大无关组.

【例 2.12】 求下列向量组的最大无关组：

$\boldsymbol{\beta}_1=(1,2,1,0)$，$\boldsymbol{\beta}_2=(0,1,0,2)$，$\boldsymbol{\beta}_3=(1,-1,-3,-6)$，$\boldsymbol{\beta}_4=(0,-3,-1,3)$.

【解】 令 $\boldsymbol{A}=[\boldsymbol{\beta}_1^{\mathrm{T}},\boldsymbol{\beta}_2^{\mathrm{T}},\boldsymbol{\beta}_3^{\mathrm{T}},\boldsymbol{\beta}_4^{\mathrm{T}}]=\begin{bmatrix}1&0&1&0\\2&1&-1&-3\\1&0&-3&-1\\0&2&-6&3\end{bmatrix}\rightarrow\begin{bmatrix}1&0&1&0\\0&1&-3&-3\\0&0&-4&-1\\0&2&-6&3\end{bmatrix}$

$$\rightarrow\begin{bmatrix}1&0&1&0\\0&1&-3&-3\\0&0&-4&-1\\0&0&0&9\end{bmatrix}.$$

所以 $R(\boldsymbol{A})=4$，$R(\boldsymbol{\beta}_1,\boldsymbol{\beta}_2,\boldsymbol{\beta}_3,\boldsymbol{\beta}_4)=4$，故 $\boldsymbol{\beta}_1,\boldsymbol{\beta}_2,\boldsymbol{\beta}_3,\boldsymbol{\beta}_4$ 线性无关，则该向量组的最大无关组为其本身.

【例 2.13】 设矩阵

$$\boldsymbol{A}=\begin{bmatrix}2&-1&-1&1&2\\1&1&-2&1&4\\4&-6&2&-2&4\\3&6&-9&7&9\end{bmatrix},$$

求矩阵 **A** 的列向量组的一个最大无关组，并把不属于最大无关组的列向量用最大无关组向量线性表示.

【解】 对 **A** 实施初等行变换变为阶梯形矩阵：

$$\boldsymbol{A}=[\boldsymbol{a}_1,\boldsymbol{a}_2,\boldsymbol{a}_3,\boldsymbol{a}_4,\boldsymbol{a}_5]=\begin{bmatrix}2&-1&-1&1&2\\1&1&-2&1&4\\4&-6&2&-2&4\\3&6&-9&7&9\end{bmatrix}\to\begin{bmatrix}1&1&-2&1&4\\0&1&-1&1&0\\0&0&0&1&-3\\0&0&0&0&0\end{bmatrix}.$$

可以得出 **A** 的第一、二、四列向量 $\boldsymbol{a}_1,\boldsymbol{a}_2,\boldsymbol{a}_4$ 为其最大无关组.进一步实施初等行变换变为最简形矩阵：

$$\boldsymbol{A}=\begin{bmatrix}2&-1&-1&1&2\\1&1&-2&1&4\\4&-6&2&-2&4\\3&6&-9&7&9\end{bmatrix}\to\begin{bmatrix}1&1&-2&1&4\\0&1&-1&1&0\\0&0&0&1&-3\\0&0&0&0&0\end{bmatrix}$$

$$\to\begin{bmatrix}1&0&-1&0&4\\0&1&-1&0&3\\0&0&0&1&-3\\0&0&0&0&0\end{bmatrix}=\boldsymbol{B}=[\boldsymbol{b}_1,\boldsymbol{b}_2,\boldsymbol{b}_3,\boldsymbol{b}_4,\boldsymbol{b}_5].$$

可以得出 **B** 中的向量 $\boldsymbol{b}_3=-\boldsymbol{b}_1-\boldsymbol{b}_2+0\boldsymbol{b}_4,\boldsymbol{b}_5=4\boldsymbol{b}_1+3\boldsymbol{b}_2-3\boldsymbol{b}_4$.

根据线性关系不变性，同样得出：$\boldsymbol{a}_3=-\boldsymbol{a}_1-\boldsymbol{a}_2,\boldsymbol{a}_5=4\boldsymbol{a}_1+3\boldsymbol{a}_2-3\boldsymbol{a}_4$.

§2.3 线性方程组解的结构

一、齐次线性方程组解的结构

$$\begin{cases}a_{11}x_1+a_{12}x_2+\cdots+a_{1n}x_n=0\\a_{21}x_1+a_{22}x_2+\cdots+a_{2n}x_n=0\\\qquad\vdots\\a_{m1}x_1+a_{m2}x_2+\cdots+a_{mn}x_n=0\end{cases}\tag{2-5}$$

可写成向量(或矩阵)方程：

$$\boldsymbol{Ax}=\boldsymbol{O}.\tag{2-6}$$

其中，$\boldsymbol{A}=\begin{bmatrix}a_{11}&a_{12}&\cdots&a_{1n}\\a_{21}&a_{22}&\cdots&a_{2n}\\\vdots&\vdots&\vdots&\vdots\\a_{m1}&a_{m2}&\cdots&a_{mn}\end{bmatrix},\boldsymbol{x}=\begin{bmatrix}x_1\\x_2\\\vdots\\x_n\end{bmatrix},\boldsymbol{O}=\begin{bmatrix}0\\0\\\vdots\\0\end{bmatrix}_m$.

若 $x_1,x_2,\cdots,x_n$ 是方程组(2-5)的解，则称 $\boldsymbol{\xi}=\begin{bmatrix}x_1\\x_2\\\vdots\\x_n\end{bmatrix}$ 为方程组(2-5)(或方程组(2-6))的解向量.

(一) 解向量的性质

(1) 设 $\boldsymbol{\xi}_1,\boldsymbol{\xi}_2$ 是齐次线性方程组(2-5)的两个解向量，则 $\boldsymbol{\xi}_1,\boldsymbol{\xi}_2$ 的任一线性组合 $\boldsymbol{\eta}=k_1\boldsymbol{\xi}_1+k_2\boldsymbol{\xi}_2$ 仍为方程组(2-5)的解向量. 这是因为将 $\boldsymbol{\eta}=k_1\boldsymbol{\xi}_1+k_2\boldsymbol{\xi}_2$，代入方程组(2-6)左边，得：

$$\mathbf{A}\boldsymbol{\eta}=\mathbf{A}(k_1\boldsymbol{\xi}_1+k_2\boldsymbol{\xi}_2)=k_1\mathbf{A}\boldsymbol{\xi}_1+k_2\mathbf{A}\boldsymbol{\xi}_2=\mathbf{O}+\mathbf{O}=\mathbf{O}.$$

(2) 设 $\boldsymbol{\xi}_1,\boldsymbol{\xi}_2,\cdots,\boldsymbol{\xi}_k$ 是齐次线性方程组(2-5)的 k 个解向量，如果满足以下两个条件：

① $\boldsymbol{\xi}_1,\boldsymbol{\xi}_2,\cdots,\boldsymbol{\xi}_k$ 线性无关；

② 方程组(2-5)的任一解向量 $\boldsymbol{x}$ 都可由 $\boldsymbol{\xi}_1,\boldsymbol{\xi}_2,\cdots,\boldsymbol{\xi}_k$ 线性表示.

则称 $\boldsymbol{\xi}_1,\boldsymbol{\xi}_2,\cdots,\boldsymbol{\xi}_k$ 为方程组(2-5)的一个**基础解系**.

【注】 基础解系其实就是方程组(2-5)所有解向量组成的向量组的一个最大无关组.

(二) 求基础解系的方法

(1) 当 $R(\mathbf{A})=n$ 时，齐次线性方程组(2-5)仅有零解，所以无基础解系.

(2) 当 $R(\mathbf{A})=r<n$ 时，齐次线性方程组(2-5)仅有非零解，一定有基础解系，且基础解系向量的个数为 $n-R(\mathbf{A})$，则方程的通解(一般解)可表示为：

$$\boldsymbol{x}=c_1\boldsymbol{\xi}_1+c_2\boldsymbol{\xi}_2+\cdots+c_{n-r}\boldsymbol{\xi}_{n-r}.$$

其中，$c_1,\cdots,c_{n-r}$ 为任意实数.

【例 2.14】 求齐次线性方程组 $\begin{cases}x_1-x_2+5x_3-x_4=0\\x_1+x_2-2x_3+3x_4=0\\3x_1-x_2+8x_3+x_4=0\\x_1+3x_2-9x_3+7x_4=0\end{cases}$ 的一个基础解系和通解.

【解】 将齐次线性方程组的系数矩阵化为最简形(用初等行变换)：

$$\begin{bmatrix}1&-1&5&-1\\1&1&-2&3\\3&-1&8&1\\1&3&-9&7\end{bmatrix}\to\begin{bmatrix}1&-1&5&-1\\0&2&-7&4\\0&2&-7&4\\0&4&-14&8\end{bmatrix}\to\begin{bmatrix}1&-1&5&-1\\0&2&-7&4\\0&0&0&0\\0&0&0&0\end{bmatrix}$$

$$\to\begin{bmatrix}1&0&\frac{3}{2}&1\\0&1&-\frac{7}{2}&2\\0&0&0&0\\0&0&0&0\end{bmatrix}.$$

原方程组同解于$\begin{cases} x_1+\dfrac{3}{2}x_3+x_4=0 \\ x_2-\dfrac{7}{2}x_3+2x_4=0 \end{cases}$，由方程可以看出 x_3，x_4 为自由未知量. 令 $x_3=c_1$，$x_4=c_2$，其中，c_1，c_2 为任意常数. 则方程的通解可写成：

$$\boldsymbol{x}=\begin{bmatrix} x_1 \\ x_2 \\ x_3 \\ x_4 \end{bmatrix}=\begin{bmatrix} -\dfrac{3}{2}c_1-c_2 \\ \dfrac{7}{2}c_1-2c_2 \\ c_1 \\ c_2 \end{bmatrix}=c_1\begin{bmatrix} -\dfrac{3}{2} \\ \dfrac{7}{2} \\ 1 \\ 0 \end{bmatrix}+c_2\begin{bmatrix} -1 \\ -2 \\ 0 \\ 1 \end{bmatrix}.$$

于是 $\boldsymbol{\xi}_1=\begin{bmatrix} -\dfrac{3}{2} \\ \dfrac{7}{2} \\ 1 \\ 0 \end{bmatrix}$，$\boldsymbol{\xi}_2=\begin{bmatrix} -1 \\ -2 \\ 0 \\ 1 \end{bmatrix}$为原方程组的一个基础解系.

【例 2.15】　求齐次线性方程组$\begin{cases} x_1+x_2+x_3+x_4+x_5=0 \\ 3x_1+2x_2+x_3-3x_5=0 \\ x_2+2x_3+3x_4+6x_5=0 \\ 5x_1+4x_2+3x_3+2x_4+6x_5=0 \end{cases}$的一个基础解系.

【解】　用初等行变换将系数矩阵化为最简形：

$$\begin{bmatrix} 1 & 1 & 1 & 1 & 1 \\ 3 & 2 & 1 & 0 & -3 \\ 0 & 1 & 2 & 3 & 6 \\ 5 & 4 & 3 & 2 & 6 \end{bmatrix}\to\begin{bmatrix} 1 & 1 & 1 & 1 & 1 \\ 0 & -1 & -2 & -3 & -6 \\ 0 & 1 & 2 & 3 & 6 \\ 0 & -1 & -2 & -3 & 1 \end{bmatrix}\to\begin{bmatrix} 1 & 1 & 1 & 1 & 1 \\ 0 & 1 & 2 & 3 & 6 \\ 0 & 0 & 0 & 0 & 0 \\ 0 & 0 & 0 & 0 & 7 \end{bmatrix}$$

$$\to\begin{bmatrix} 1 & 1 & 1 & 1 & 0 \\ 0 & 1 & 2 & 3 & 0 \\ 0 & 0 & 0 & 0 & 1 \\ 0 & 0 & 0 & 0 & 0 \end{bmatrix}\to\begin{bmatrix} 1 & 0 & -1 & -2 & 0 \\ 0 & 1 & 2 & 3 & 0 \\ 0 & 0 & 0 & 0 & 1 \\ 0 & 0 & 0 & 0 & 0 \end{bmatrix}.$$

同解于$\begin{cases} x_1-x_3-2x_4=0 \\ x_2+2x_3+3x_4=0 \\ x_5=0 \end{cases}$，$x_3$，$x_4$ 为自由未知量，令 $x_3=c_1$，$x_4=c_2$，其中，c_1，c_2 为任意常数. 则方程的通解可写成：

$$\boldsymbol{x}=\begin{bmatrix} x_1 \\ x_2 \\ x_3 \\ x_4 \\ x_5 \end{bmatrix}=\begin{bmatrix} c_1+2c_2 \\ -2c_1-3c_2 \\ c_1 \\ c_2 \\ 0 \end{bmatrix}=c_1\begin{bmatrix} 1 \\ -2 \\ 1 \\ 0 \\ 0 \end{bmatrix}+c_2\begin{bmatrix} 2 \\ -3 \\ 0 \\ 1 \\ 0 \end{bmatrix}.$$

于是 $\boldsymbol{\xi}_1=\begin{bmatrix}1\\-2\\1\\0\\0\end{bmatrix}$，$\boldsymbol{\xi}_2=\begin{bmatrix}2\\-3\\0\\1\\0\end{bmatrix}$ 为原方程组的一个基础解系.

二、非齐次线性方程组解的结构

对于一般线性方程组

$$\begin{cases}a_{11}x_1+a_{12}x_2+\cdots+a_{1n}x_n=b_1\\a_{21}x_1+a_{22}x_2+\cdots+a_{2n}x_n=b_2\\\quad\vdots\\a_{m1}x_1+a_{m2}x_2+\cdots+a_{mn}x_n=b_m\end{cases},\tag{2-7}$$

其中，$b_1,b_2,\cdots,b_m$ 不全为 0，则称方程组(2-7)为非齐次线性方程组.

若令 $b_1=b_2=\cdots=b_m=0$，即

$$\begin{cases}a_{11}x_1+a_{12}x_2+\cdots+a_{1n}x_n=0\\a_{21}x_1+a_{22}x_2+\cdots+a_{2n}x_n=0\\\quad\vdots\\a_{m1}x_1+a_{m2}x_2+\cdots+a_{mn}x_n=0\end{cases}.\tag{2-8}$$

称方程组(2-8)为非齐次线性方程组对应的(导出的)齐次线性方程组. 方程组(2-7)、方程组(2-8)分别用向量形式写为：

$$\boldsymbol{Ax}=\boldsymbol{b},\tag{2-9}$$

$$\boldsymbol{Ax}=\boldsymbol{O}.\tag{2-10}$$

其中，$\boldsymbol{A}=\begin{bmatrix}a_{11}&a_{12}&\cdots&a_{1n}\\a_{21}&a_{22}&\cdots&a_{2n}\\\vdots&\vdots&\ddots&\vdots\\a_{m1}&a_{m2}&\cdots&a_{mn}\end{bmatrix}$，$\boldsymbol{x}=\begin{bmatrix}x_1\\x_2\\\vdots\\x_n\end{bmatrix}$，$\boldsymbol{b}=\begin{bmatrix}b_1\\b_2\\\vdots\\b_m\end{bmatrix}$，$\boldsymbol{O}=\begin{bmatrix}0\\0\\\vdots\\0\end{bmatrix}_m$.

(一) 非齐次线性方程组解的结构

设 $\boldsymbol{\eta}$ 是方程组(2-7)的某一特定解向量(称为特解)，$\boldsymbol{\xi}_1,\cdots,\boldsymbol{\xi}_{n-r}$ 是导出方程组(2-8)的一个基础解系，则方程组(2-7)的通解(一般解或全部解)为：

$$\boldsymbol{x}=c_1\boldsymbol{\xi}_1+c_2\boldsymbol{\xi}_2+\cdots+c_{n-r}\boldsymbol{\xi}_{n-r}+\boldsymbol{\eta}.\tag{2-11}$$

其中，$r=R(\boldsymbol{A})$.

这是因为
$$\begin{aligned}\boldsymbol{Ax}&=\boldsymbol{A}(c_1\boldsymbol{\xi}_1+c_2\boldsymbol{\xi}_2+\cdots+c_{n-r}\boldsymbol{\xi}_{n-r}+\boldsymbol{\eta})\\&=c_1\boldsymbol{A\xi}_1+c_2\boldsymbol{A\xi}_2+\cdots+c_{n-r}\boldsymbol{A\xi}_{n-r}+\boldsymbol{A\eta}\\&=c_1\boldsymbol{O}+\cdots+c_{n-r}\boldsymbol{O}+\boldsymbol{b}=\boldsymbol{b}.\end{aligned}$$

所以，方程组(2-11)是方程组(2-9)的解，即方程组(2-7)的解向量.

反之，对于方程组(2-7)的任一解向量 $\boldsymbol{x}$，易知 $\boldsymbol{x}-\boldsymbol{\eta}$ 是方程组(2-8)的解，又知 $\boldsymbol{\xi}_1,\cdots,\boldsymbol{\xi}_{n-r}$ 是方程组(2-8)的一个基础解系，所以，存在数 $c_1,c_2,\cdots,c_n$，使

$$\boldsymbol{x}-\boldsymbol{\eta}=c_1\boldsymbol{\xi}_1+c_2\boldsymbol{\xi}_2+\cdots+c_{n-r}\boldsymbol{\xi}_{n-r},$$

即

$$\boldsymbol{x}=c_1\boldsymbol{\xi}_1+c_2\boldsymbol{\xi}_2+\cdots+c_{n-r}\boldsymbol{\xi}_{n-r}+\boldsymbol{\eta}.$$

(二) 非齐次线性方程组通解的求法

(1) 用初等行变换，将方程组(2-7) 的增广矩阵化为最简形.

(2) 写出最简方程组并确定自由未知量，如 $x_{r+1},\cdots,x_n(r=R(\boldsymbol{A}))$.

(3) 将自由未知量 $x_{r+1},\cdots,x_n$ 依次取为任意常数 $c_1,c_2,\cdots,c_{n-r}$ 可将方程组(2-11) 的解写为方程组(2-11) 的形式.

【例 2.16】 求方程组 $\begin{cases}x_1-2x_2+x_3-x_4+x_5=1\\2x_1+x_2-x_3+2x_4-3x_5=2\\3x_1-2x_2-x_3+x_4-2x_5=2\\2x_1-5x_2+x_3-2x_4+2x_5=1\end{cases}$ 的通解.

【解】 用初等行变换把增广矩阵化为最简形矩阵：

$$\begin{bmatrix}1&-2&1&-1&1&1\\2&1&-1&2&-3&2\\3&-2&-1&1&-2&2\\2&-5&1&-2&2&1\end{bmatrix}\to\begin{bmatrix}1&-2&1&-1&1&1\\0&1&1&0&0&1\\0&0&8&-4&5&5\\0&0&0&0&0&0\end{bmatrix}$$

$$\to\begin{bmatrix}1&-2&0&-\frac{1}{2}&\frac{3}{8}&\frac{3}{8}\\0&1&0&\frac{1}{2}&-\frac{5}{8}&\frac{3}{8}\\0&0&1&-\frac{1}{2}&\frac{5}{8}&\frac{5}{8}\\0&0&0&0&0&0\end{bmatrix}\to\begin{bmatrix}1&0&0&\frac{1}{2}&-\frac{7}{8}&\frac{9}{8}\\0&1&0&\frac{1}{2}&-\frac{5}{8}&\frac{3}{8}\\0&0&1&-\frac{1}{2}&\frac{5}{8}&\frac{5}{8}\\0&0&0&0&0&0\end{bmatrix}.$$

由此得同解方程组 $\begin{cases}x_1+\frac{1}{2}x_4-\frac{7}{8}x_5=\frac{9}{8}\\x_2+\frac{1}{2}x_4-\frac{5}{8}x_5=\frac{3}{8}\\x_3-\frac{1}{2}x_4+\frac{5}{8}x_5=\frac{5}{8}\end{cases}$.

取 x_4,x_5 为自由未知量，并令 $x_4=c_1,x_5=c_2$. 于是得通解为：

$$\begin{bmatrix}x_1\\x_2\\x_3\\x_4\\x_5\end{bmatrix}=\begin{bmatrix}\frac{9}{8}-\frac{1}{2}c_1+\frac{7}{8}c_2\\\frac{3}{8}-\frac{1}{2}c_1+\frac{5}{8}c_2\\\frac{5}{8}+\frac{1}{2}c_1-\frac{5}{8}c_2\\c_1\\c_2\end{bmatrix}=\begin{bmatrix}\frac{9}{8}\\\frac{3}{8}\\\frac{5}{8}\\0\\0\end{bmatrix}+c_1\begin{bmatrix}-\frac{1}{2}\\-\frac{1}{2}\\\frac{1}{2}\\1\\0\end{bmatrix}+c_2\begin{bmatrix}\frac{7}{8}\\\frac{5}{8}\\-\frac{5}{8}\\0\\1\end{bmatrix}\quad(c_1,c_2\text{ 为任意常数}).$$

其中，$\boldsymbol{\eta}=\begin{bmatrix}\frac{9}{8}\\ \frac{3}{8}\\ \frac{5}{8}\\ 0\\ 0\end{bmatrix}$是原方程的一个特解，$\boldsymbol{\xi}_1=\begin{bmatrix}-\frac{1}{2}\\ -\frac{1}{2}\\ \frac{1}{2}\\ 1\\ 0\end{bmatrix}$，$\boldsymbol{\xi}_2=\begin{bmatrix}\frac{7}{8}\\ \frac{5}{8}\\ -\frac{5}{8}\\ 0\\ 1\end{bmatrix}$是导出组的基础解系.

【例 2.17】 求方程组$\begin{cases}x_1+x_2+x_3+x_4+x_5=2\\ 2x_1+3x_2+x_3+x_4-3x_5=0\\ x_1+2x_3+2x_4+6x_5=6\\ 4x_1+5x_2+3x_3+3x_4-x_5=4\end{cases}$的通解.

【解】 用初等行变换化成最简形矩阵：

$$\begin{bmatrix}1&1&1&1&1&2\\ 2&3&1&1&-3&0\\ 1&0&2&2&6&6\\ 4&5&3&3&-1&4\end{bmatrix}\to\begin{bmatrix}1&1&1&1&1&2\\ 0&1&-1&-1&-5&-4\\ 0&0&0&0&0&0\\ 0&0&0&0&0&0\end{bmatrix}$$

$$\to\begin{bmatrix}1&0&2&2&6&6\\ 0&1&-1&-1&-5&-4\\ 0&0&0&0&0&0\\ 0&0&0&0&0&0\end{bmatrix}.$$

由此得同解组，取 x_3,x_4,x_5 为自由未知量，

$$\begin{cases}x_1+2x_3+2x_4+6x_5=6\\ x_2-x_3-x_4-5x_5=-4\end{cases}.$$

得原方程组的通解为：

$$\begin{bmatrix}x_1\\ x_2\\ x_3\\ x_4\\ x_5\end{bmatrix}=\begin{bmatrix}6-2c_1-2c_2-6c_3\\ -4+c_1+c_2+5c_3\\ c_1\\ c_2\\ c_3\end{bmatrix}$$

$$=\begin{bmatrix}6\\ -4\\ 0\\ 0\\ 0\end{bmatrix}+c_1\begin{bmatrix}-2\\ 1\\ 1\\ 0\\ 0\end{bmatrix}+c_2\begin{bmatrix}-2\\ 1\\ 0\\ 1\\ 0\end{bmatrix}+c_3\begin{bmatrix}-6\\ 5\\ 0\\ 0\\ 1\end{bmatrix}\quad(c_1,c_2,c_3\text{ 为任意常数}).$$

其中，$\boldsymbol{\eta}=\begin{bmatrix}6\\-4\\0\\0\\0\end{bmatrix}$是原方程组的特解，$\boldsymbol{\xi}_1=\begin{bmatrix}-2\\1\\1\\0\\0\end{bmatrix}$，$\boldsymbol{\xi}_2=\begin{bmatrix}-2\\1\\0\\1\\0\end{bmatrix}$，$\boldsymbol{\xi}_3=\begin{bmatrix}-6\\5\\0\\0\\1\end{bmatrix}$为导出组基础解系.

习题二

一、填空题

1. 齐次线性方程组$\begin{cases}(k-1)x_1+kx_2=0\\-2x_1+(k-1)x_2=0\end{cases}$（$k$为实数）. 当$k$为________时，方程组有非零解.

2. 设线性方程组$\boldsymbol{AX}=\boldsymbol{B}$的增广矩阵通过一系列初等行变换化为$\begin{bmatrix}1&2&-1&0&4\\0&0&0&1&-2\\0&0&0&0&0\end{bmatrix}$，则线性方程组的全部解为________.

3. 如果非齐次线性方程组$\boldsymbol{AX}=\boldsymbol{B}$无解，则当$R(\boldsymbol{A})=r$时，必有$R(\overline{\boldsymbol{A}})$________.

4. 向量组$\boldsymbol{A}$：$\boldsymbol{\alpha}_1=(1,-1,2)^{\mathrm{T}}$，$\boldsymbol{\alpha}_2=(-1,2,-3)^{\mathrm{T}}$，$\boldsymbol{\alpha}_3=(2,-3,6)^{\mathrm{T}}$，向量$\boldsymbol{\beta}=(2,3,-1)^{\mathrm{T}}$，则向量$\boldsymbol{\beta}$可由向量组$\boldsymbol{A}$表示为________.

5. 设向量组$\boldsymbol{a}_1=\begin{bmatrix}1\\2\\-1\end{bmatrix}$，$\boldsymbol{a}_2=\begin{bmatrix}2\\1\\0\end{bmatrix}$，$\boldsymbol{a}_3=\begin{bmatrix}2\\-2\\m\end{bmatrix}$线性相关，则$m$为________.

6. 设3阶方阵$\boldsymbol{A}=\begin{bmatrix}1&2&-2\\2&1&2\\3&0&4\end{bmatrix}$，3维列向量$\boldsymbol{\alpha}=(a,1,1)^{\mathrm{T}}$. 已知$\boldsymbol{A\alpha}$与$\boldsymbol{\alpha}$线性相关，则$a=$________.

二、单项选择题

1. 设$\boldsymbol{\xi}_1,\boldsymbol{\xi}_2$是线性方程组$\boldsymbol{Ax}=\boldsymbol{O}$的任意两个解，而$\boldsymbol{\eta}_1,\boldsymbol{\eta}_2$是线性方程组$\boldsymbol{Ax}=\boldsymbol{b}$的任意两个解，则下列结论错误的是（　　）

A. $\boldsymbol{\xi}_1+\boldsymbol{\xi}_2$是$\boldsymbol{Ax}=\boldsymbol{O}$的解　　B. $\boldsymbol{\eta}_1+\boldsymbol{\xi}_1$是$\boldsymbol{Ax}=\boldsymbol{b}$的解

C. $\boldsymbol{\eta}_1+\boldsymbol{\eta}_2$是$\boldsymbol{Ax}=\boldsymbol{b}$的解　　D. $\boldsymbol{\eta}_1-\boldsymbol{\eta}_2$是$\boldsymbol{Ax}=\boldsymbol{O}$的解

2. 含有未知数x_1,x_2,x_3,x_4的齐次线性方程组$\boldsymbol{AX}=\boldsymbol{O}$，如果$R(\boldsymbol{A})=1$，则它的基础解系由（　　）个解向量组成.

A. 0　　B. 1　　C. 2　　D. 3

3. 设$\boldsymbol{A}$和$\widetilde{\boldsymbol{A}}$分别是线性方程组$\boldsymbol{AX}=\boldsymbol{B}$的系数矩阵和增广矩阵，则$R(\boldsymbol{A})=R(\widetilde{\boldsymbol{A}})$是$\boldsymbol{AX}=\boldsymbol{B}$有唯一解的（　　）

A. 充分条件　　B. 必要条件　　C. 充分必要条件　　D. 无关条件

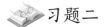

4. 设有一 $m\times n$ 矩阵 $\boldsymbol{A}$，$R(\boldsymbol{A})=r$，则齐次线性方程组 $\boldsymbol{AX}=\boldsymbol{O}$ 有非零解的充分必要条件为 （　　）

A. $r<m$　　B. $r=m$　　C. $r<n$　　D. $r=n$

5. 齐次线性方程组 $\begin{cases}2x_1-x_2+x_3=0\\x_1+\lambda x_2-x_3=0\\\lambda x_1+x_2+x_3=0\end{cases}$ 有非零解，则 λ 必须满足 （　　）

A. $\lambda\neq-1$ 且 $\lambda\neq4$　　B. $\lambda=-1$

C. $\lambda=4$　　D. $\lambda=-1$ 或 $\lambda=4$

6. 设 $\boldsymbol{\alpha}_1,\boldsymbol{\alpha}_2,\boldsymbol{\alpha}_3$ 都是非齐次线性方程组 $\boldsymbol{AX}=\boldsymbol{b}$ 的解向量，若 $(\boldsymbol{\alpha}_1+\boldsymbol{\alpha}_2)-k\boldsymbol{\alpha}_3$ 是方程组 $\boldsymbol{AX}=\boldsymbol{O}$ 的解向量，则 k 为 （　　）

A. 3　　B. 1　　C. -1　　D. 2

7. 设 $\boldsymbol{A}$ 为 n 阶方阵，且 $r(\boldsymbol{A})=n-1$，$\boldsymbol{\alpha}_1,\boldsymbol{\alpha}_2$ 是 $\boldsymbol{AX}=\boldsymbol{b}$ 的两个不同的解，则 $\boldsymbol{AX}=\boldsymbol{O}$ 的通解是 （　　）

A. $k(\boldsymbol{\alpha}_1+\boldsymbol{\alpha}_2)$　　B. $k(\boldsymbol{\alpha}_1-\boldsymbol{\alpha}_2)$　　C. $k\boldsymbol{\alpha}_1$　　D. $k\boldsymbol{\alpha}_2$

8. 设 $\boldsymbol{\alpha}_1,\boldsymbol{\alpha}_2,\cdots,\boldsymbol{\alpha}_m$ 均为 n 维向量，下列结论正确的是 （　　）

A. 若向量组 $\boldsymbol{\alpha}_1,\boldsymbol{\alpha}_2,\cdots,\boldsymbol{\alpha}_m$ 线性相关，则 $\boldsymbol{\alpha}_1$ 可由 $\boldsymbol{\alpha}_2,\boldsymbol{\alpha}_3,\cdots,\boldsymbol{\alpha}_m$ 线性表示

B. 若对任意一组不全为零的数 $k_1,k_2,\cdots,k_m$ 都有 $k_1\boldsymbol{\alpha}_1+k_2\boldsymbol{\alpha}_2+\cdots+k_m\boldsymbol{\alpha}_m\neq\boldsymbol{O}$，则向量组 $\boldsymbol{\alpha}_1,\boldsymbol{\alpha}_2,\cdots,\boldsymbol{\alpha}_m$ 线性无关

C. 若 $\boldsymbol{\alpha}_1,\boldsymbol{\alpha}_2,\cdots,\boldsymbol{\alpha}_m$ 线性相关，则对任意一组不全为零的数 $k_1,k_2,\cdots,k_m$ 都有 $k_1\boldsymbol{\alpha}_1+k_2\boldsymbol{\alpha}_2+\cdots+k_m\boldsymbol{\alpha}_m=\boldsymbol{O}$

D. 若 $0\cdot\boldsymbol{\alpha}_1+0\cdot\boldsymbol{\alpha}_2+\cdots+0\cdot\boldsymbol{\alpha}_m=\boldsymbol{O}$，则向量组 $\boldsymbol{\alpha}_1,\boldsymbol{\alpha}_2,\cdots,\boldsymbol{\alpha}_m$ 线性无关

9. 设向量组 $\boldsymbol{\alpha}_1,\boldsymbol{\alpha}_2,\boldsymbol{\alpha}_3,\boldsymbol{\alpha}_4$ 线性无关，则下列向量组线性无关的是 （　　）

A. $\boldsymbol{\alpha}_1+\boldsymbol{\alpha}_2,\boldsymbol{\alpha}_2+\boldsymbol{\alpha}_3,\boldsymbol{\alpha}_3-\boldsymbol{\alpha}_1$　　B. $\boldsymbol{\alpha}_1+\boldsymbol{\alpha}_2,\boldsymbol{\alpha}_2+\boldsymbol{\alpha}_3,\boldsymbol{\alpha}_3+\boldsymbol{\alpha}_4,\boldsymbol{\alpha}_4+\boldsymbol{\alpha}_1$

C. $\boldsymbol{\alpha}_1+\boldsymbol{\alpha}_2,\boldsymbol{\alpha}_2+\boldsymbol{\alpha}_3,\boldsymbol{\alpha}_3-\boldsymbol{\alpha}_4,\boldsymbol{\alpha}_4-\boldsymbol{\alpha}_1$　　D. $\boldsymbol{\alpha}_1+\boldsymbol{\alpha}_2,\boldsymbol{\alpha}_2-\boldsymbol{\alpha}_3,\boldsymbol{\alpha}_3-\boldsymbol{\alpha}_4,\boldsymbol{\alpha}_4-\boldsymbol{\alpha}_1$

10. n 阶矩阵 $\boldsymbol{A}$，$r(\boldsymbol{A})=r<n$，则 （　　）

A. 必有 r 个行向量线性无关

B. 任意 r 个行向量线性无关

C. 行向量的最大无关组由任意 r 个行向量构成

D. 任一行向量都可由 r 个行向量线性表示

11. 设 $\boldsymbol{A},\boldsymbol{B}$ 为满足 $\boldsymbol{AB}=\boldsymbol{O}$ 的任意两个非零矩阵，则必有 （　　）

A. $\boldsymbol{A}$ 的列向量线性相关，$\boldsymbol{B}$ 的行向量组线性相关

B. $\boldsymbol{A}$ 的列向量线性相关，$\boldsymbol{B}$ 的列向量组线性相关

C. $\boldsymbol{A}$ 的行向量线性相关，$\boldsymbol{B}$ 的行向量组线性相关

D. $\boldsymbol{A}$ 的行向量线性相关，$\boldsymbol{B}$ 的列向量组线性相关

12. 齐次线性方程组 $\boldsymbol{A}_{m\times n}\boldsymbol{X}=\boldsymbol{O}$，仅有零解的充要条件是 （　　）

A. $\boldsymbol{A}$ 的列向量组线性无关　　B. $\boldsymbol{A}$ 的行向量组线性无关

C. $\boldsymbol{A}$ 的列向量组线性相关　　D. $\boldsymbol{A}$ 的行向量组线性相关

三、计算题

1. 用消元法解下列线性方程组：

(1) $\begin{cases} x_1+x_2-2x_3=-3 \\ 5x_1-2x_2+7x_3=22 \\ 2x_1-5x_2+4x_3=4 \end{cases}$；　(2) $\begin{cases} 2x_1+x_2+3x_3=6 \\ 3x_1+2x_2+x_3=1 \\ 5x_1+3x_2+4x_3=27 \end{cases}$；

(3) $\begin{cases} 2x_1+5x_2+x_3+15x_4=7 \\ x_1+2x_2-x_3+4x_4=2 \\ x_1+3x_2+2x_3+11x_4=5 \end{cases}$.

2. 当 a 取何值时，线性方程组 $\begin{cases} x_1+x_2-x_3=1 \\ 2x_1+3x_2+ax_3=3 \\ x_1+ax_2+3x_3=2 \end{cases}$ 无解？有唯一解？有无穷多解？当方程有无穷多解时，求出其全部解.

3. 当 a,b 取何值时，方程组 $\begin{cases} x_1+2x_3=-1 \\ -x_1+x_2-3x_3=2 \\ 2x_1-x_2+ax_3=b \end{cases}$ 无解？有唯一解？有无穷多解？当方程有无穷多解时，求出其全部解.

4. 求下列齐次线性方程组的一个基础解系，并用此基础解系表示全部解：

(1) $\begin{cases} 2x_1+x_2+x_4=0 \\ x_2-x_3+x_4=0 \end{cases}$；　(2) $\begin{cases} x_1+x_2-x_3+x_4=0 \\ x_1-x_2+2x_3-x_4=0 \\ 3x_1+x_2+x_4=0 \end{cases}$；

(3) $\begin{cases} x_1+x_2+x_3+x_4+x_5=0 \\ 3x_1+2x_2+x_3+x_4-3x_5=0 \\ x_2+2x_3+2x_4+6x_5=0 \\ 5x_1+4x_2+3x_3+3x_4-x_5=0 \end{cases}$.

5. 求下列非齐次线性方程组的全部解，并用其导出组的基础解系表示：

(1) $\begin{cases} x_1+2x_2+3x_4=3 \\ 2x_1+5x_2+2x_3+4x_4=4 \\ x_1+4x_2+5x_3+2x_4=0 \end{cases}$；　(2) $\begin{cases} 2x_1-x_2-x_3+x_4=1 \\ 3x_1+x_2-2x_3-x_4=1 \\ 4x_1+3x_2-3x_3-3x_4=1 \end{cases}$；

(3) $\begin{cases} x_1+2x_2+x_3-x_4=4 \\ 3x_1+6x_2-x_3-3x_4=8 \\ 5x_1+10x_2+x_3-5x_4=16 \end{cases}$.

6. 当 t 为何值时，线性方程组 $\begin{cases} x_1+x_2+tx_3=4 \\ x_1-x_2+2x_3=-4 \\ -x_1+tx_2+x_3=t^2 \end{cases}$ 有无穷多解？并求出此时方程组的全部解（用其导出组的基础解系表示）.

7. 有甲、乙、丙三种化肥，甲种化肥每千克含氮 70g、磷 8g、钾 2g；乙种化肥每千克含氮 64g、磷 10g、钾 0.6g；丙种化肥每千克含氮 70g、磷 5g、钾 1.4g. 若把这三种化肥混合，要求总重量 23kg,且含磷 149g、钾 30g,问三种化肥各需要多少千克?

8. 判断下列向量组是线性相关还是线性无关:

(1)$\boldsymbol{\alpha}_1=(-1,3,1)^{\mathrm{T}},\boldsymbol{\alpha}_2=(2,1,0)^{\mathrm{T}},\boldsymbol{\alpha}_3=(1,4,1)^{\mathrm{T}}$;

(2)$\boldsymbol{\alpha}_1=(2,-1,3,1)^{\mathrm{T}},\boldsymbol{\alpha}_2=(4,-2,5,4)^{\mathrm{T}},\boldsymbol{\alpha}_3=(2,-1,4,-1)^{\mathrm{T}}$.

9. 设有向量:

$$\boldsymbol{\alpha}_1=(1,0,0,3)^{\mathrm{T}},\boldsymbol{\alpha}_2=(1,1,-1,2)^{\mathrm{T}},\boldsymbol{\alpha}_3=(1,2,a-3,1)^{\mathrm{T}},$$
$$\boldsymbol{\alpha}_4=(1,2,-2,a)^{\mathrm{T}},\boldsymbol{\beta}=(0,1,b,-1)^{\mathrm{T}}.$$

问 a,b 取何值时:

(1)$\boldsymbol{\beta}$ 不能由向量组 $\boldsymbol{\alpha}_1,\boldsymbol{\alpha}_2,\boldsymbol{\alpha}_3,\boldsymbol{\alpha}_4$ 线性表示;

(2)$\boldsymbol{\beta}$ 能由向量组 $\boldsymbol{\alpha}_1,\boldsymbol{\alpha}_2,\boldsymbol{\alpha}_3,\boldsymbol{\alpha}_4$ 线性表示,且表达式唯一;

(3)$\boldsymbol{\beta}$ 能由向量组 $\boldsymbol{\alpha}_1,\boldsymbol{\alpha}_2,\boldsymbol{\alpha}_3,\boldsymbol{\alpha}_4$ 线性表示,但表达式不唯一,并写出一般式.

10. 设有向量组 $\boldsymbol{\alpha}_1=(1,1,1),\boldsymbol{\alpha}_2=(1,2,3),\boldsymbol{\alpha}_3=(1,3,t)$. 问:

(1)t 为何值时,向量组 $\boldsymbol{\alpha}_1,\boldsymbol{\alpha}_2,\boldsymbol{\alpha}_3$ 线性无关?

(2)t 为何值时,向量组 $\boldsymbol{\alpha}_1,\boldsymbol{\alpha}_2,\boldsymbol{\alpha}_3$ 线性相关?并将 $\boldsymbol{\alpha}_3$ 表示为 $\boldsymbol{\alpha}_1$ 和 $\boldsymbol{\alpha}_2$ 的线性组合.

11. 求向量组的秩和一个最大无关组 $\boldsymbol{\alpha}_1=(1,1,1,k)^{\mathrm{T}},\boldsymbol{\alpha}_2=(1,1,k,1)^{\mathrm{T}},\boldsymbol{\alpha}_3=(1,2,1,1)^{\mathrm{T}}$.

12. 设有向量组:

$$\boldsymbol{\alpha}_1=(4,-1,-5,-6)^{\mathrm{T}},\boldsymbol{\alpha}_2=(1,-3,-4,-7)^{\mathrm{T}},$$
$$\boldsymbol{\alpha}_3=(1,2,1,3)^{\mathrm{T}},\qquad \boldsymbol{\alpha}_4=(2,1,-1,0)^{\mathrm{T}}.$$

求它的一个最大无关组,并把其余向量用该最大无关组线性表示.

13. 若向量组 $\boldsymbol{\alpha}_1,\boldsymbol{\alpha}_2,\boldsymbol{\alpha}_3$ 线性无关,证明:向量组 $\boldsymbol{\beta}_1=\boldsymbol{\alpha}_1,\boldsymbol{\beta}_2=\boldsymbol{\alpha}_1+\boldsymbol{\alpha}_2,\boldsymbol{\beta}_3=\boldsymbol{\alpha}_1+\boldsymbol{\alpha}_2+\boldsymbol{\alpha}_3$ 也线性无关.

14. 设向量组 $\boldsymbol{\alpha}_1,\boldsymbol{\alpha}_2,\cdots,\boldsymbol{\alpha}_m$ 线性无关,且 $\boldsymbol{\beta}_1$ 可由 $\boldsymbol{\alpha}_1,\boldsymbol{\alpha}_2,\cdots,\boldsymbol{\alpha}_m$ 线性表示,又 $\boldsymbol{\beta}_2$ 不能由 $\boldsymbol{\alpha}_1,\boldsymbol{\alpha}_2,\cdots,\boldsymbol{\alpha}_m$ 线性表示. 证明:$\boldsymbol{\alpha}_1,\boldsymbol{\alpha}_2,\cdots,\boldsymbol{\alpha}_m,l\boldsymbol{\beta}_1+\boldsymbol{\beta}_2$ 线性无关(l 为常数).

15. 设 $\boldsymbol{\alpha}_1,\boldsymbol{\alpha}_2,\cdots,\boldsymbol{\alpha}_n$ 是一组 n 维向量,已知 n 维单位坐标向量 $\boldsymbol{e}_1=(1,0,\cdots,0),\boldsymbol{e}_2=(0,1,\cdots,0),\cdots,\boldsymbol{e}_n=(0,0,\cdots,1)$ 能由这组向量线性表示. 证明:向量组 $\boldsymbol{\alpha}_1,\boldsymbol{\alpha}_2,\cdots,\boldsymbol{\alpha}_n$ 线性无关.

16. 设 $\boldsymbol{\alpha}_1,\boldsymbol{\alpha}_2,\cdots,\boldsymbol{\alpha}_n$ 是一组 n 维向量,证明:向量组 $\boldsymbol{\alpha}_1,\boldsymbol{\alpha}_2,\cdots,\boldsymbol{\alpha}_n$ 线性无关的充要条件是任一 n 维向量都可由 $\boldsymbol{\alpha}_1,\boldsymbol{\alpha}_2,\cdots,\boldsymbol{\alpha}_n$ 线性表示.

第三章　矩阵的特征值与特征向量

矩阵的特征值和特征向量是矩阵理论的一个重要组成部分. 在矩阵理论中,为了研究矩阵的性质,我们希望通过某种变换把矩阵尽可能地化简,同时又保持原矩阵许多固有的性质,这就需要讨论相似矩阵,而矩阵的特征值和特征向量的概念和性质在研究相似矩阵时具有重要作用.

矩阵的特征值和特征向量在数学其他分支,如微分方程和差分方程理论中有一定的应用. 在经济管理、工程技术的许多动态模型和控制研究中,矩阵的特征值和特征向量也是重要的分析工具之一.

§3.1　矩阵的特征值与特征向量

【引例 3.1】 (工业增长模型) 我们考察一个在第三世界可能出现的有关污染与工业发展的工业增长模型. 设 P 是现在的污染程度,D 是现在的工业发展水平(两者都由各种适当指标来度量,如对于污染来说,空气中的一氧化碳的含量和河流中的污染物程度等). 设P'和D'分别是 5 年后的污染程度和工业发展水平. 假定根据其他发展中国家类似的经验,国际发展机构认为,以下简单的线性模型是随后 5 年污染与工业发展有用的预测公式:

$$P' = P + 2D\,,\quad D' = 2P + D.$$

或写成矩阵形式

$$\begin{bmatrix} P' \\ D' \end{bmatrix} = A \begin{bmatrix} P \\ D \end{bmatrix},$$

其中,$A = \begin{bmatrix} 1 & 2 \\ 2 & 1 \end{bmatrix}$.

如果最初我们有 $P = 1, D = 1$,那么我们就能算出:

$$P' = 1 \times 1 + 2 \times 1 = 3,\quad D = 2 \times 1 + 1 \times 1 = 3.$$

若 $P = 3, D = 3$,可得:

$$P' = 1 \times 3 + 2 \times 3 = 9,\quad D = 2 \times 3 + 1 \times 3 = 9.$$

推广这些计算,我们知道,对 $P = a$ 和 $D = a$,我们可以得到 $P' = 3a, D' = 3a$. 也就是说,若 $\begin{bmatrix} P \\ D \end{bmatrix} = \begin{bmatrix} a \\ a \end{bmatrix}$,那么:

$$\begin{bmatrix} P' \\ D' \end{bmatrix} = \begin{bmatrix} 1 & 2 \\ 2 & 1 \end{bmatrix}\begin{bmatrix} a \\ a \end{bmatrix} = \begin{bmatrix} 3a \\ 3a \end{bmatrix} = 3\begin{bmatrix} a \\ a \end{bmatrix} \quad (a \neq 0).$$

所以对于矩阵 $\boldsymbol{A}$ 来说,数 $\lambda = 3$ 具有特殊的意义,因为对于任意一个形如 $\boldsymbol{p} = \begin{bmatrix} a \\ a \end{bmatrix}$ 的向量来说,都有 $\boldsymbol{Ap} = 3\boldsymbol{p}$. 数 $\lambda = 3$ 就称为 $\boldsymbol{A}$ 的一个特征值,而 $\boldsymbol{p} = \begin{bmatrix} a \\ a \end{bmatrix}(a \neq 0)$ 是 $\boldsymbol{A}$ 的相应的特征向量.

一、矩阵的特征值与特征向量

特征值与特征向量定义:设 $\boldsymbol{A}$ 为 n 阶方阵,若存在数 λ 和 n 维非零列向量 $\boldsymbol{X}$,使得

$$\boldsymbol{AX} = \lambda \boldsymbol{X}, \tag{3-1}$$

则称数 λ 为矩阵 $\boldsymbol{A}$ 的**特征值**,称非零列向量 $\boldsymbol{X}$ 为矩阵 $\boldsymbol{A}$ 对应于特征值 λ 的**特征向量**.

其中,式(3-1) 可以改写成:

$$(\lambda \boldsymbol{E} - \boldsymbol{A})\boldsymbol{X} = \boldsymbol{O}. \tag{3-2}$$

则称式(3-2) 为一齐次线性方程组. 根据定义,$\boldsymbol{A}$ 的特征值就是使式(3-2) 有非零解的 λ,而式(3-2) 有非零解的充分必要条件为$(\lambda \boldsymbol{E} - \boldsymbol{A})$ 的行列式为零,即:

$$|\lambda \boldsymbol{E} - \boldsymbol{A}| = 0. \tag{3-3}$$

式(3-3) 的左端 $|\lambda \boldsymbol{E} - \boldsymbol{A}|$ 为 λ 的 n 次多项式,因此 $\boldsymbol{A}$ 的特征值就是该多项式的根,即:

$$|\lambda \boldsymbol{E} - \boldsymbol{A}| = \begin{vmatrix} \lambda - a_{11} & -a_{12} & \cdots & -a_{1n} \\ -a_{21} & \lambda - a_{22} & \cdots & -a_{2n} \\ \vdots & \vdots & \ddots & \vdots \\ -a_{1n} & -a_{n2} & \cdots & \lambda - a_{nn} \end{vmatrix} = 0.$$

其中,设 $\boldsymbol{A} = (a_{ij})_{n\times n}$,$\lambda$ 看作未知数,$|\lambda \boldsymbol{E} - \boldsymbol{A}| = 0$ 是以 λ 为未知数的一元 n 次方程式,这个方程式称为矩阵 $\boldsymbol{A}$ 的**特征方程**;多项式 $f(\lambda) = |\lambda \boldsymbol{E} - \boldsymbol{A}|$ 称为矩阵 $\boldsymbol{A}$ 的**特征多项式**,$\boldsymbol{A}$ 的特征值也就是特征方程的根,通常还称矩阵 $\lambda \boldsymbol{E} - \boldsymbol{A}$ 为 $\boldsymbol{A}$ 的**特征矩阵**.

二、特征值与特征向量的求法

首先,看一个实例.

【例 3.1】 求矩阵 $\boldsymbol{A} = \begin{bmatrix} 1 & -1 & 1 \\ 1 & 3 & -1 \\ 1 & 1 & 1 \end{bmatrix}$ 的特征值以及相应的特征向量.

【解】 先写出 $\boldsymbol{A}$ 的特征多项式为:

$$|\lambda \boldsymbol{E} - \boldsymbol{A}| = \begin{vmatrix} \lambda - 1 & 1 & -1 \\ -1 & \lambda - 3 & 1 \\ -1 & -1 & \lambda - 1 \end{vmatrix} = \lambda^3 - 5\lambda^2 + 8\lambda - 4$$

$$= (\lambda^2 - 4\lambda + 4)(\lambda - 1) = (\lambda - 1)(\lambda - 2)^2.$$

在这里,对多项式进行因式分解. 一般先代入特殊值试出一个因式,然后采用多项式除法. 要分解多项式 $\lambda^3 - 5\lambda^2 + 8\lambda - 4$,显然 $\lambda - 1$ 是它的一个因式,再按下面的格式做除法:

$$
\begin{array}{r}
\lambda^2-4\lambda+4 \\
\lambda-1 \overline{\big) \lambda^3-5\lambda^2+8\lambda-4} \\
\underline{\lambda^3-\lambda^2 \qquad\qquad} \\
-4\lambda^2+8\lambda \quad \\
\underline{-4\lambda^2+4\lambda \quad} \\
4\lambda-4 \\
\underline{4\lambda-4} \\
0
\end{array}
$$

可知，多项式 $\lambda^3-5\lambda^2+8\lambda-4$ 可因式分解为 $(\lambda-1)(\lambda^2-4\lambda+4)$，进一步的分解因式 $\lambda^2-4\lambda+4=(\lambda-2)^2$.

再求特征多项式的根，即解 $(\lambda-1)(\lambda-2)^2=0$. 得到 A 的三个特征值为 $\lambda_1=1,\lambda_2=\lambda_3=2$.

求特征向量：对 $\lambda_1=1$，将 $\lambda=1$ 代入 $(\lambda\boldsymbol{E}-\boldsymbol{A})\boldsymbol{X}=\boldsymbol{O}$，求出的该齐次线性方程组所有的非零解为对应于 $\lambda_1=1$ 的特征向量，即：

$$
(\boldsymbol{E}-\boldsymbol{A})\boldsymbol{X}=\begin{bmatrix}0&1&-1\\-1&-2&1\\-1&-1&0\end{bmatrix}\begin{bmatrix}x_1\\x_2\\x_3\end{bmatrix}=\begin{bmatrix}0\\0\\0\end{bmatrix}. \tag{3-4}
$$

通过初等行变换化阶梯形矩阵，可以容易地算出 $\lambda\boldsymbol{E}-\boldsymbol{A}$ 的系数矩阵，即：

$$
(1\boldsymbol{E}-\boldsymbol{A})=\begin{bmatrix}0&1&-1\\-1&-2&1\\-1&-1&0\end{bmatrix}\xrightarrow{r_1\leftrightarrow r_3}\begin{bmatrix}-1&-1&0\\-1&-2&1\\0&1&-1\end{bmatrix}
$$

$$
\xrightarrow{-r_1}\begin{bmatrix}1&1&0\\-1&-2&1\\0&1&-1\end{bmatrix}\xrightarrow{r_1+r_2}\begin{bmatrix}1&1&0\\0&-1&1\\0&1&-1\end{bmatrix}
$$

$$
\xrightarrow{r_2+r_3}\begin{bmatrix}1&1&0\\0&-1&1\\0&0&0\end{bmatrix}\xrightarrow{-r_2}\begin{bmatrix}1&1&0\\0&1&-1\\0&0&0\end{bmatrix}.
$$

因为 $r(\boldsymbol{E}-\boldsymbol{A})=2$，所以齐次线性方程组(3-4)的基础解系只有一个线性无关的向量. 取 x_3 为自由未知量，得到基础解系为 $p_1=\begin{bmatrix}-1\\1\\1\end{bmatrix}$，即 p_1 为 $\lambda_1=1$ 线性无关的特征向量.

对于任意的常数 $k_1(k_1\neq 0)$，k_1p_1 均为式(3-4)的非零解，也均为矩阵 $\boldsymbol{A}$ 对应于特征值 1 的所有特征向量.

再求矩阵 $\boldsymbol{A}$ 对应于特征值 $\lambda_2=\lambda_3=2$ 的特征向量，将 $\lambda=2$ 代入(3-2)，可得齐次方程组：

$$
(2\boldsymbol{E}-\boldsymbol{A})\boldsymbol{X}=\begin{bmatrix}1&1&-1\\-1&-1&1\\-1&-1&1\end{bmatrix}\begin{bmatrix}x_1\\x_2\\x_3\end{bmatrix}=\begin{bmatrix}0\\0\\0\end{bmatrix}. \tag{3-5}
$$

先计算 $(2\boldsymbol{E}-\boldsymbol{A})$ 得：

$$\begin{bmatrix}1&1&-1\\-1&-1&1\\-1&-1&1\end{bmatrix}\xrightarrow[r_1+r_3]{r_1+r_2}\begin{bmatrix}1&1&-1\\0&0&0\\0&0&0\end{bmatrix}.$$

因为$r(2\boldsymbol{E}-\boldsymbol{A})=1$,所以齐次线性方程组(3-5)的基础解系有2个线性无关的向量,取x_2和x_3为自由未知量,得到基础解系为$p_2=\begin{bmatrix}-1\\1\\0\end{bmatrix}$,$p_3=\begin{bmatrix}1\\0\\1\end{bmatrix}$,即$p_2$,$p_3$为$\lambda=2$线性无关的特征向量. p_2,p_3的所有非零线性组合$k_2p_2+k_3p_3$(k_2,k_3为不全为零的任意常数)均为式(3-5)的非零解,也是矩阵$\boldsymbol{A}$对应于特征值2的所有特征向量.

于是$\boldsymbol{A}$的线性无关的特征向量有3个,正好等于矩阵$\boldsymbol{A}$的阶数3.当k_1,k_2,k_3取遍一切数时便得到了所有的特征向量(除零向量).由此,我们还可以得到两个重要结论:

(1) 矩阵$\boldsymbol{A}$对应于特征值λ_0的特征向量乘以非零常数仍为对应于λ_0的特征向量;

(2) 矩阵$\boldsymbol{A}$对应于同一个特征值λ_0的两个特征向量的线性组合仍为对应于λ_0的特征向量.

【注】 设$\boldsymbol{A}$为n阶方阵,则数λ_0为$\boldsymbol{A}$的特征值的充分条件是:λ_0是$\boldsymbol{A}$的特征多项式$|\lambda\boldsymbol{E}-\boldsymbol{A}|$的根;$n$维向量$\boldsymbol{\alpha}$是$\boldsymbol{A}$对应于特征值$\lambda_0$的特征向量的充分必要条件为:$\boldsymbol{\alpha}$是齐次线性方程组$(\lambda_0\boldsymbol{E}-\boldsymbol{A})\boldsymbol{X}=\boldsymbol{O}$的非零解.

我们总结求矩阵特征值与特征向量的具体步骤如下:

第一步,求出n阶矩阵$\boldsymbol{A}$的特征多项式,即计算行列式$|\lambda\boldsymbol{E}-\boldsymbol{A}|$.

第二步,求解特征方程$|\lambda\boldsymbol{E}-\boldsymbol{A}|=0$,得到$n$个根(包括复根),就是$\boldsymbol{A}$的$n$个特征值.

第三步,将各个特征值依次代入特征矩阵,求出齐次线性方程组$(\lambda\boldsymbol{E}-\boldsymbol{A})\boldsymbol{X}=\boldsymbol{O}$的非零解,这些解就是矩阵$\boldsymbol{A}$的特征向量.

【例3.2】 求矩阵$\boldsymbol{A}=\begin{bmatrix}1&0&0\\0&-1&2\\-1&1&-2\end{bmatrix}$的特征值与特征向量.

【解】 第一步,写出并计算特征多项式:

$$\begin{aligned}|\lambda\boldsymbol{E}-\boldsymbol{A}|&=\begin{vmatrix}\lambda-1&0&0\\0&\lambda+1&-2\\1&-1&\lambda+2\end{vmatrix}=(\lambda-1)\begin{vmatrix}\lambda+1&-2\\-1&\lambda+2\end{vmatrix}\\&=(\lambda-1)[(\lambda+1)(\lambda+2)-(-1)(-2)]\\&=(\lambda-1)(\lambda^2+3\lambda)=\lambda(\lambda-1)(\lambda+3).\end{aligned}$$

第二步,求出$|\lambda\boldsymbol{E}-\boldsymbol{A}|=0$的全部根,即求解:

$$\lambda(\lambda-1)(\lambda+3)=0,$$

得到$\boldsymbol{A}$的3个特征值为:$\lambda_1=0$,$\lambda_2=1$,$\lambda_3=-3$.

第三步,求出每一个特征值的特征向量,即对每一个特征值λ,求$(\lambda\boldsymbol{E}-\boldsymbol{A})\boldsymbol{X}=\boldsymbol{O}$的一个基础解系.

对应于特征值$\lambda_1=0$的特征向量,即为齐次线性方程组$(0\boldsymbol{E}-\boldsymbol{A})\boldsymbol{X}=\boldsymbol{O}$即$\boldsymbol{AX}=\boldsymbol{O}$的

一组基础解系，将该方程组的系数矩阵通过初等行变换化为阶梯形矩阵，即：

$$A=\begin{bmatrix}-1&0&0\\0&1&-2\\1&-1&2\end{bmatrix}\to\begin{bmatrix}-1&0&0\\0&1&-2\\0&-1&2\end{bmatrix}\to\begin{bmatrix}-1&0&0\\0&1&-2\\0&0&0\end{bmatrix}.$$

取 x_3 为自由未知量，得到其基础解系为 $\begin{bmatrix}0\\2\\1\end{bmatrix}$，所以 A 对应于特征值 0 的全部特征向量是 $k_1\begin{bmatrix}0\\2\\1\end{bmatrix}$（$k_1$ 为任意非零常数）.

对应于特征值 $\lambda_2=1$ 的特征向量，即为齐次线性方程组 $(E-A)X=O$ 的一组基础解系，将该方程组的系数矩阵通过初等行变换化为阶梯形矩阵，即：

$$E-A=\begin{bmatrix}0&0&0\\0&2&-2\\1&-1&3\end{bmatrix}\to\begin{bmatrix}1&-1&3\\0&2&-2\\0&0&0\end{bmatrix}\to\begin{bmatrix}1&0&2\\0&1&-1\\0&0&0\end{bmatrix}.$$

取 x_3 为自由未知量，得到基础解系为 $\begin{bmatrix}-2\\1\\1\end{bmatrix}$，所以 A 对应于特征值 1 的全部特征向量是 $k_2\begin{bmatrix}-2\\1\\1\end{bmatrix}$（$k_2$ 为任意非零常数）.

对应于特征值 $\lambda_3=-3$ 的特征向量，即为齐次线性方程组 $(-3E-A)X=O$ 的一组基础解系，将该方程组的系数矩阵通过初等行变换化为阶梯形矩阵，即：

$$-3E-A=\begin{bmatrix}-4&0&0\\0&-2&-2\\1&-1&-1\end{bmatrix}\to\begin{bmatrix}1&0&0\\0&1&1\\1&-1&-1\end{bmatrix}$$

$$\to\begin{bmatrix}1&0&0\\0&1&1\\0&-1&-1\end{bmatrix}\to\begin{bmatrix}1&0&0\\0&1&1\\0&0&0\end{bmatrix}.$$

取 x_3 为自由未知量，得到基础解系为 $\begin{bmatrix}0\\-1\\1\end{bmatrix}$，所以 A 对应于特征值 -3 的全部特征向量是 $k_3\begin{bmatrix}0\\-1\\1\end{bmatrix}$（$k_3$ 为任意非零常数）.

【例 3.3】 设 $A=\begin{bmatrix}3&-2&0\\-1&3&-1\\-5&7&-1\end{bmatrix}$，求 A 的特征值与特征向量.

【解】 $$|\lambda \boldsymbol{E}-\boldsymbol{A}|=\begin{vmatrix}\lambda-3 & 2 & 0\\ 1 & \lambda-3 & 1\\ 5 & -7 & \lambda+1\end{vmatrix}=\begin{vmatrix}\lambda-1 & 2 & 0\\ \lambda-1 & \lambda-3 & 1\\ \lambda-1 & -7 & \lambda+1\end{vmatrix}$$

$$=(\lambda-1)\begin{vmatrix}1 & 2 & 0\\ 1 & \lambda-3 & 1\\ 1 & -7 & \lambda+1\end{vmatrix}=(\lambda-1)\begin{vmatrix}1 & 2 & 0\\ 0 & \lambda-5 & 1\\ 0 & -9 & \lambda+1\end{vmatrix}$$

$$=(\lambda-1)\begin{vmatrix}\lambda-5 & 1\\ -9 & \lambda+1\end{vmatrix}=(\lambda-1)(\lambda-2)^2.$$

令 $(\lambda-1)(\lambda-2)^2=0$，得到 $\boldsymbol{A}$ 的 3 个特征值为 $\lambda_1=1,\lambda_2=\lambda_3=2$.

对于特征值 $\lambda_1=1$，求得齐次线性方程组 $(1\boldsymbol{E}-\boldsymbol{A})\boldsymbol{X}=\boldsymbol{O}$ 的一组基础解系为 $\begin{bmatrix}1\\1\\1\end{bmatrix}$，所以 $\boldsymbol{A}$ 对应于特征值 1 的全部特征向量是 $k_1\begin{bmatrix}1\\1\\1\end{bmatrix}$（$k_1$ 为任意非零常数）.

对于特征值 $\lambda_2=\lambda_3=2$，求得齐次线性方程组 $(2\boldsymbol{E}-\boldsymbol{A})\boldsymbol{X}=\boldsymbol{O}$ 的一组基础解系为 $\begin{bmatrix}-2\\-1\\1\end{bmatrix}$，所以 $\boldsymbol{A}$ 对应于特征值 2 的全部特征向量是 $k_2\begin{bmatrix}-2\\-1\\1\end{bmatrix}$（$k_2$ 为任意非零常数）.

因此，矩阵 $\boldsymbol{A}$ 的线性无关的特征向量的个数为 2，小于 $\boldsymbol{A}$ 的阶数 3.

【例 3.4】 设 $\boldsymbol{A}=\begin{bmatrix}1 & -3\\ 1 & 2\end{bmatrix}$，求 $\boldsymbol{A}$ 的特征值.

【解】 $|\lambda \boldsymbol{E}-\boldsymbol{A}|=\begin{vmatrix}\lambda-1 & 3\\ -1 & \lambda-2\end{vmatrix}=\lambda^2-3\lambda+5.$

由于此特征多项式无实根，所以在实数范围内无特征值.

三、特征值与特征向量的性质

性质 3-1 n 阶矩阵 $\boldsymbol{A}$ 与它的转置矩阵 $\boldsymbol{A}^{\mathrm{T}}$ 有相同的特征值.

性质 3-2 设 $\boldsymbol{A}=(a_{ij})$ 是 n 阶矩阵，则

$$f(\lambda)=|\lambda \boldsymbol{E}-\boldsymbol{A}|=\begin{vmatrix}\lambda-a_{11} & -a_{12} & \cdots & -a_{1n}\\ -a_{21} & \lambda-a_{22} & \cdots & -a_{2n}\\ \vdots & \vdots & \ddots & \vdots\\ -a_{n1} & -a_{n2} & \cdots & \lambda-a_{nn}\end{vmatrix}$$

$$=\lambda^n-\left(\sum_{i=1}^{n}a_{ii}\right)\lambda^{n-1}+\cdots+(-1)^kS_k\lambda^{n-k}+\cdots+(-1)^n|\boldsymbol{A}|.$$

其中，S_k 是 $\boldsymbol{A}$ 的全体 k 阶主子式的和. 设 $\lambda_1,\lambda_2,\cdots,\lambda_n$ 是 $\boldsymbol{A}$ 的 n 个特征值，则由 n 次代数方程的根与系数的关系知，有：

(1) $\lambda_1+\lambda_2+\cdots+\lambda_n=a_{11}+a_{22}+\cdots+a_{nn}$；

(2)$\lambda_1\lambda_2\cdots\lambda_n=|\boldsymbol{A}|$.

其中,$\boldsymbol{A}$ 的全体特征值的和 $a_{11}+a_{22}+\cdots+a_{nn}$ 称为矩阵 $\boldsymbol{A}$ 的**迹**,记为 $\mathrm{tr}(\boldsymbol{A})$.

性质 3-3　n 阶矩阵 $\boldsymbol{A}$ 的互不相等的特征值 $\lambda_1,\cdots,\lambda_m$ 对应的特征向量 $p_1,p_2,\cdots,p_m$ 线性无关.

§3.2　相似矩阵及应用

一、相似矩阵的概念

相似矩阵的定义:设 $\boldsymbol{A}$ 与 $\boldsymbol{B}$ 都是 n 阶方阵,若存在一个 n 阶可逆方阵 $\boldsymbol{P}$ 使得

$$\boldsymbol{B}=\boldsymbol{P}^{-1}\boldsymbol{A}\boldsymbol{P},$$

则称 $\boldsymbol{B}$ 相似于 $\boldsymbol{A}$(或称 $\boldsymbol{A}$ 与 $\boldsymbol{B}$ 是相似的),记作 $\boldsymbol{A}\sim\boldsymbol{B}$.

如果一个复杂矩阵能相似于一个对角矩阵,则可以利用其相似矩阵简化一些计算.例如,已知:

$$\boldsymbol{A}=\begin{bmatrix}4&6&0\\-3&-5&0\\-3&6&1\end{bmatrix},\quad \boldsymbol{P}=\begin{bmatrix}-1&0&2\\1&0&1\\1&1&0\end{bmatrix},$$

要计算 $\boldsymbol{A}^{100}$,直接计算可知 $\boldsymbol{P}^{-1}\boldsymbol{A}\boldsymbol{P}=\begin{bmatrix}-2&&\\&1&\\&&1\end{bmatrix}$,即 $\boldsymbol{A}\sim\begin{bmatrix}-2&&\\&1&\\&&1\end{bmatrix}$.

$$\underbrace{\boldsymbol{P}^{-1}\boldsymbol{A}\boldsymbol{P}\cdot\boldsymbol{P}^{-1}\boldsymbol{A}\boldsymbol{P}\cdot\cdots\cdot\boldsymbol{P}^{-1}\boldsymbol{A}\boldsymbol{P}}_{100\text{个}}=\begin{bmatrix}-2&&\\&1&\\&&1\end{bmatrix}^{100}.$$

即
$$\boldsymbol{P}^{-1}\boldsymbol{A}^{100}\boldsymbol{P}=\begin{bmatrix}(-2)^{100}&&\\&1^{100}&\\&&1^{100}\end{bmatrix}=\begin{bmatrix}2^{100}&&\\&1&\\&&1\end{bmatrix}.$$

于是
$$\boldsymbol{A}^{100}=\boldsymbol{P}\begin{bmatrix}2^{100}&&\\&1&\\&&1\end{bmatrix}\boldsymbol{P}^{-1}=\begin{bmatrix}-2^{100}+2&-2^{101}+2&0\\2^{100}-1&2^{101}-1&0\\2^{100}-1&2^{101}-2&1\end{bmatrix}.$$

这样比直接计算要简单得多.

二、相似对角化

在矩阵相似的概念中,我们当然希望一个复杂的矩阵能相似于一个简单形式的矩阵,这样既有利于计算,也有利于矩阵某些性质的描述.对角矩阵就是一种典型的简单矩阵,它的许多性质及计算都比较简单.因此,我们想到的是对于一个普通方阵能否相似于对角阵呢?接下来我们有如下分析的过程.

若 $\boldsymbol{A}$ 有 n 个线性无关的特征向量 $\boldsymbol{p}_1,\boldsymbol{p}_2,\cdots,\boldsymbol{p}_n$,其对应的特征值分别为 $\lambda_1,\lambda_2,\cdots,\lambda_n$.令

$\boldsymbol{P}=(\boldsymbol{p}_1,\boldsymbol{p}_2,\cdots,\boldsymbol{p}_n)$，则：

$$\boldsymbol{AP}=\boldsymbol{A}(\boldsymbol{p}_1,\boldsymbol{p}_2,\cdots,\boldsymbol{p}_n)=(\boldsymbol{Ap}_1,\boldsymbol{Ap}_2,\cdots,\boldsymbol{Ap}_n)=(\lambda_1\boldsymbol{p}_1,\lambda_2\boldsymbol{p}_2,\cdots,\lambda_n\boldsymbol{p}_n)$$

$$=(\boldsymbol{p}_1,\boldsymbol{p}_2,\cdots,\boldsymbol{p}_n)\begin{bmatrix}\lambda_1 & & & \\ & \lambda_2 & & \\ & & \ddots & \\ & & & \lambda_n\end{bmatrix}=\boldsymbol{P\Lambda}.$$

则 $\boldsymbol{P}^{-1}\boldsymbol{AP}=\boldsymbol{\Lambda}$，其中，$\boldsymbol{\Lambda}$ 为特征值组成的对角矩阵. 因此，我们得出矩阵相似对角化的原理及方法.

相似对角化：

(1)n 阶矩阵 $\boldsymbol{A}$ 与对角矩阵相似的充要条件是 $\boldsymbol{A}$ 有 n 个线性无关的特征向量.

(2) 若 $\boldsymbol{A}$ 有 n 个线性无关的特征向量 $\boldsymbol{p}_1,\boldsymbol{p}_2,\cdots,\boldsymbol{p}_n$，其对应的特征值分别为 $\lambda_1,\lambda_2,\cdots,\lambda_n$，只要令 $\boldsymbol{P}=(\boldsymbol{p}_1,\boldsymbol{p}_2,\cdots,\boldsymbol{p}_n)$，$\boldsymbol{\Lambda}=\begin{bmatrix}\lambda_1 & & & \\ & \lambda_2 & & \\ & & \ddots & \\ & & & \lambda_n\end{bmatrix}$，则 $\boldsymbol{P}^{-1}\boldsymbol{AP}=\boldsymbol{\Lambda}$.

【注】 不是所有的方阵都能相似对角化的，例如例 3.3 中的矩阵 $\boldsymbol{A}$ 没有三个线性无关的特征向量，所以就不能相似对角化.

【例 3.5】 判断矩阵 $\boldsymbol{A}=\begin{bmatrix}1 & 0 & 0\\ -2 & 5 & -2\\ -2 & 4 & -1\end{bmatrix}$ 是否相似于对角阵？如相似，求出变换矩阵 $\boldsymbol{P}$.

【解】 首先求 $\boldsymbol{A}$ 的特征值：

$$|\lambda\boldsymbol{E}-\boldsymbol{A}|=\begin{vmatrix}\lambda-1 & 0 & 0\\ 2 & \lambda-5 & 2\\ 2 & -4 & \lambda+1\end{vmatrix}=(\lambda-1)^2(\lambda-3)=0.$$

因此 $\boldsymbol{A}$ 的特征值为 $\lambda=1,1,3$.

令 $\lambda=1$，得齐次线性方程组为 $\begin{bmatrix}0 & 0 & 0\\ 2 & -4 & 2\\ 2 & -4 & 2\end{bmatrix}\begin{bmatrix}x_1\\ x_2\\ x_3\end{bmatrix}=\begin{bmatrix}0\\ 0\\ 0\end{bmatrix}$，解得其一个基础解系为 $\begin{bmatrix}2\\ 1\\ 0\end{bmatrix}$，$\begin{bmatrix}-1\\ 0\\ 1\end{bmatrix}$.

令 $\lambda=3$，也可求得齐次线性方程组为 $\begin{bmatrix}2 & 0 & 0\\ 2 & -2 & 2\\ 2 & -4 & 4\end{bmatrix}\begin{bmatrix}x_1\\ x_2\\ x_3\end{bmatrix}=\begin{bmatrix}0\\ 0\\ 0\end{bmatrix}$，解得其一个基础解系为 $\begin{bmatrix}0\\ 1\\ 1\end{bmatrix}$.

则 $\begin{bmatrix}2\\1\\0\end{bmatrix}$，$\begin{bmatrix}-1\\0\\1\end{bmatrix}$，$\begin{bmatrix}0\\1\\1\end{bmatrix}$ 为 $\boldsymbol{A}$ 的三个线性无关的特征向量，可知矩阵 $\boldsymbol{A}$ 与对角矩阵相似.

令 $\boldsymbol{P}=\begin{bmatrix}2&-1&0\\1&0&1\\0&1&1\end{bmatrix}$（注意 $\boldsymbol{P}$ 的列向量就是 $\boldsymbol{A}$ 的特征向量），这时候可求得：

$$\boldsymbol{P}^{-1}=\begin{bmatrix}1&-1&1\\1&-2&2\\-1&2&-1\end{bmatrix}.$$

不难验证 $\boldsymbol{P}^{-1}\boldsymbol{AP}=\begin{bmatrix}1&0&0\\0&1&0\\0&0&3\end{bmatrix}$ （注意主对角线上的元素正好是 $\boldsymbol{A}$ 的特征值）.

所以矩阵 $\boldsymbol{A}$ 相似于对角矩阵 $\begin{bmatrix}1&&\\&1&\\&&3\end{bmatrix}$. 对应的相似变换矩阵为 $\boldsymbol{P}=\begin{bmatrix}2&-1&0\\1&0&1\\0&1&1\end{bmatrix}$.

在上一节中，例 3.1、例 3.2 都有 3 个线性无关的特征向量，因此矩阵 $\boldsymbol{A}=\begin{bmatrix}1&-1&1\\1&3&-1\\1&1&1\end{bmatrix}$ 相似于对角矩阵 $\begin{bmatrix}1&&\\&2&\\&&2\end{bmatrix}$，矩阵 $\boldsymbol{A}=\begin{bmatrix}1&0&0\\0&-1&2\\-1&1&-2\end{bmatrix}$ 相似于对角矩阵 $\begin{bmatrix}0&&\\&1&\\&&-3\end{bmatrix}$. 而例 3.3 只有 2 个线性无关的特征向量，所以矩阵 $\boldsymbol{A}=\begin{bmatrix}3&-2&0\\-1&3&-1\\-5&7&-1\end{bmatrix}$ 不与对角矩阵相似.

这里特别指出，并不是任意 n 阶方阵都有 n 个线性无关的特征向量，因此不是任意 n 阶方阵都能与对角矩阵相似. 但是如果 $\boldsymbol{A}$ 是 n 阶实对称矩阵，它肯定有 n 个线性无关的特征向量，从而它必与对角矩阵相似，即存在以 $\boldsymbol{A}$ 的特征向量为列向量的满秩矩阵 $\boldsymbol{P}$，使 $\boldsymbol{P}^{-1}\boldsymbol{AP}$ 为对角形.

三、应用举例

（一）人口迁移模型

在生态学、经济学和工程学等许多领域中经常需要对随时间变化的动态系统进行数学建模，此类系统中的某些量常按离散时间间隔来测量，这样就产生了与时间间隔相应的向量序列 $\boldsymbol{x}_0,\boldsymbol{x}_1,\boldsymbol{x}_2,\cdots$. 其中，$\boldsymbol{x}_k$ 表示第 k 次测量时系统状态的有关信息，而 $\boldsymbol{x}_0$ 常被称为初始向量.

如果存在矩阵 $\boldsymbol{A}$，并给定初始向量 $\boldsymbol{x}_0$，使得 $\boldsymbol{x}_1=\boldsymbol{Ax}_0$，$\boldsymbol{x}_2=\boldsymbol{Ax}_1$，$\cdots$，即

$$\boldsymbol{x}_{n+1}=\boldsymbol{Ax}_n\quad(n=0,1,2,\cdots),\tag{3-6}$$

则称方程(3-6)为一个线性差分方程或者递归方程.

人口迁移模型考虑的问题是人口的迁移或人群的流动. 但是这个模型还可以广泛应用

于生态学、经济学和工程学的许多领域.这里我们考察一个简单的模型,即某城市及其周边郊区在若干年内的人口变化的情况.该模型显然可用于研究我国当前农村的城镇化与城市化过程中农村人口与城市人口的变迁问题.

【解】 设定一个初始的年份,比如说2002年,用 r_0,s_0 分别表示这一年城市和农村的人口.设 $\boldsymbol{x}_0$ 为初始人口向量,即 $\boldsymbol{x}_0=\begin{bmatrix}r_0\\s_0\end{bmatrix}$,对2003年以及后面的年份,我们用向量

$$\boldsymbol{x}_1=\begin{bmatrix}r_1\\s_1\end{bmatrix},\quad \boldsymbol{x}_2=\begin{bmatrix}r_2\\s_2\end{bmatrix},\quad \boldsymbol{x}_3=\begin{bmatrix}r_3\\s_3\end{bmatrix},\quad \cdots,$$

表示出每一年城市和农村的人口.我们的目标是用数学公式表示出这些向量之间的关系.

假设每年大约有5%的城市人口迁移到农村(95%仍然留在城市),有12%的农村人口迁移到城市(88%仍然留在农村),如图3-1所示,忽略其他因素对人口规模的影响,则一年之后,城市与农村人口的分布分别为:

$$r_0\begin{bmatrix}0.95\\0.05\end{bmatrix}\begin{matrix}\text{留在城市}\\\text{移居农村}\end{matrix},\qquad s_0\begin{bmatrix}0.12\\0.88\end{bmatrix}\begin{matrix}\text{移居城市}\\\text{留在农村}\end{matrix}.$$

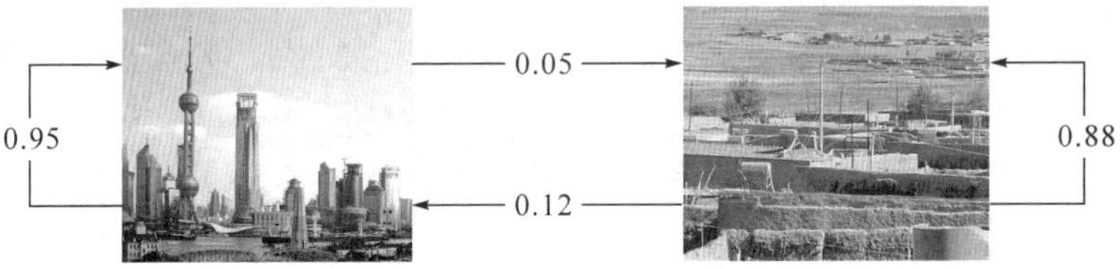

图3-1

因此,2003年全部人口的分布为:

$$\begin{bmatrix}r_1\\s_1\end{bmatrix}=r_0\begin{bmatrix}0.95\\0.05\end{bmatrix}+s_0\begin{bmatrix}0.12\\0.88\end{bmatrix}=\begin{bmatrix}0.95&0.12\\0.05&0.88\end{bmatrix}\begin{bmatrix}r_0\\s_0\end{bmatrix},$$

即 $$\boldsymbol{x}_1=\boldsymbol{M}\boldsymbol{x}_0.$$

其中,$\boldsymbol{M}=\begin{bmatrix}0.95&0.12\\0.05&0.88\end{bmatrix}$称为迁移矩阵.

如果人口迁移的百分比保持不变,则可以继续得到2004年、2005年……的人口分布公式:
$$\boldsymbol{x}_2=\boldsymbol{M}\boldsymbol{x}_1,\quad \boldsymbol{x}_3=\boldsymbol{M}\boldsymbol{x}_2,\quad \cdots.$$

一般地,有

$$\boldsymbol{x}_{n+1}=\boldsymbol{M}\boldsymbol{x}_n\quad (n=0,1,2,\cdots).$$

这里,向量序列$\{\boldsymbol{x}_0,\boldsymbol{x}_1,\boldsymbol{x}_2,\cdots\}$描述了城市与郊区人口在若干年内的分布变化.

【注】 如果一个人口迁移模型经验证基本符合实际情况的话,我们就可以利用它进一步预测未来一段时间内人口分布变化的情况,从而为政府决策提供有力的依据.

(二)区域人口迁移预测问题

使用人口迁移模型的数据,忽略其他因素对人口规模的影响,计算2022年的人口分布.

【解】 迁移矩阵 $\boldsymbol{M}=\begin{bmatrix}0.95&0.12\\0.05&0.88\end{bmatrix}$的全部特征值是 $\lambda_1=1$,$\lambda_2=0.83$,其对应的特征

向量分别是：$\boldsymbol{p}_1=\begin{bmatrix}2.4\\1\end{bmatrix}$，$\boldsymbol{p}_2=\begin{bmatrix}1\\-1\end{bmatrix}$.

因为 $\lambda_1\neq\lambda_2$，故 $\boldsymbol{M}$ 可对角化.

令 $\boldsymbol{P}=(\boldsymbol{p}_1,\boldsymbol{p}_2)=\begin{bmatrix}2.4&1\\1&-1\end{bmatrix}$，有 $\boldsymbol{P}^{-1}\boldsymbol{MP}=\begin{bmatrix}1&0\\0&0.83\end{bmatrix}=\boldsymbol{\Lambda}$，则 $\boldsymbol{M}=\boldsymbol{P}\begin{bmatrix}1&0\\0&0.83\end{bmatrix}\boldsymbol{P}^{-1}$.

因 2002 年的初始人口为 $\boldsymbol{x}_0=\begin{bmatrix}5000000\\7800000\end{bmatrix}$，故对 2022 年，有：

$$\begin{aligned}\boldsymbol{x}_{20}&=\boldsymbol{M}\boldsymbol{x}_{19}=\cdots=\boldsymbol{M}^{20}\boldsymbol{x}_0=\boldsymbol{P}\boldsymbol{\Lambda}^{20}\boldsymbol{P}^{-1}\boldsymbol{x}_0\\&=\begin{bmatrix}2.4&1\\1&-1\end{bmatrix}\begin{bmatrix}1&0\\0&0.83^{20}\end{bmatrix}\begin{bmatrix}2.4&1\\1&-1\end{bmatrix}^{-1}\begin{bmatrix}5000000\\7800000\end{bmatrix}\approx\begin{bmatrix}8938145\\3861855\end{bmatrix}.\end{aligned}$$

即 2022 年城市人口约为 8938145 人，农村人口约为 3861855 人.

（三）教师职业转换预测问题

某城市有 15 万人具有本科以上学历，其中有 1.5 万人是教师. 据调查，平均每年有 10% 的人从教师职业转为其他职业，只有 1% 的人从其他职业转为教师职业. 试预测 10 年以后这 15 万人中还有多少人在从事教育职业.

【解】 用 $\boldsymbol{x}_n$ 表示第 n 年后做教师职业和其他职业的人数，则 $\boldsymbol{x}_0=\begin{bmatrix}1.5\\13.5\end{bmatrix}$. 用矩阵 $\boldsymbol{A}=(a_{ij})=\begin{bmatrix}0.90&0.01\\0.10&0.99\end{bmatrix}$ 表示教师职业和其他职业间的转移，其中，$a_{11}=0.90$ 表示每年有 90% 的人原来是教师现在还是教师；$a_{21}=0.10$ 表示每年有 10% 的人从教师职业转为其他职业. 显然有：

$$\boldsymbol{x}_1=\boldsymbol{A}\boldsymbol{x}_0=\begin{bmatrix}0.90&0.01\\0.10&0.99\end{bmatrix}\begin{bmatrix}1.5\\13.5\end{bmatrix}=\begin{bmatrix}1.485\\13.515\end{bmatrix},$$

即一年以后，从事教师职业和其他职业的人数分别为 1.485 万和 13.515 万. 又因为：

$$\boldsymbol{x}_2=\boldsymbol{A}\boldsymbol{x}_1=\boldsymbol{A}^2\boldsymbol{x}_0,\quad\cdots,\quad\boldsymbol{x}_n=\boldsymbol{A}\boldsymbol{x}_{n-1}=\boldsymbol{A}^n\boldsymbol{x}_0,$$

所以 $\boldsymbol{x}_{10}=\boldsymbol{A}^{10}\boldsymbol{x}_0$. 为计算 $\boldsymbol{A}^{10}$ 先需要把 $\boldsymbol{A}$ 对角化.

$$\begin{aligned}|\lambda\boldsymbol{E}-\boldsymbol{A}|&=\begin{vmatrix}\lambda-0.9&-0.01\\-0.1&\lambda-0.99\end{vmatrix}=(\lambda-0.9)(\lambda-0.99)-0.001\\&=\lambda^2-1.89\lambda+0.891-0.001=\lambda^2-1.89\lambda+0.890=0.\end{aligned}$$

$\lambda_1=1$，$\lambda_2=0.89$，$\lambda_1\neq\lambda_2$，故 $\boldsymbol{A}$ 可对角化.

将 $\lambda_1=1$ 代入 $(\lambda\boldsymbol{E}-\boldsymbol{A})\boldsymbol{x}=\boldsymbol{O}$，得其对应特征向量 $\boldsymbol{p}_1=\begin{bmatrix}1\\10\end{bmatrix}$.

将 $\lambda_2=0.89$ 代入 $(\lambda\boldsymbol{E}-\boldsymbol{A})\boldsymbol{x}=\boldsymbol{O}$，得其对应特征向量 $\boldsymbol{p}_2=\begin{bmatrix}1\\-1\end{bmatrix}$.

令 $\boldsymbol{P}=(\boldsymbol{p}_1,\boldsymbol{p}_2)=\begin{bmatrix}1&1\\10&-1\end{bmatrix}$，有

$$\boldsymbol{P}^{-1}\boldsymbol{AP}=\boldsymbol{\Lambda}=\begin{bmatrix}1&0\\0&0.89\end{bmatrix},\quad\boldsymbol{A}=\boldsymbol{P}\boldsymbol{\Lambda}\boldsymbol{P}^{-1},\quad\boldsymbol{A}^{10}=\boldsymbol{P}\boldsymbol{\Lambda}^{10}\boldsymbol{P}^{-1}.$$

而 $$\boldsymbol{P}^{-1}=-\frac{1}{11}\begin{bmatrix}-1 & -1\\-10 & 1\end{bmatrix}=\frac{1}{11}\begin{bmatrix}1 & 1\\10 & -1\end{bmatrix};$$

$$\boldsymbol{x}_{10}=\boldsymbol{P}\boldsymbol{\Lambda}^{10}\boldsymbol{P}^{-1}\boldsymbol{x}_0=\frac{1}{11}\begin{bmatrix}1 & 1\\10 & -1\end{bmatrix}\begin{bmatrix}1 & 0\\0 & 0.89^{10}\end{bmatrix}\begin{bmatrix}1 & 1\\10 & -1\end{bmatrix}\begin{bmatrix}1.5\\13.5\end{bmatrix}$$

$$=\frac{1}{11}\begin{bmatrix}1 & 1\\10 & -1\end{bmatrix}\begin{bmatrix}1 & 0\\0 & 0.311817\end{bmatrix}\begin{bmatrix}1 & 1\\10 & -1\end{bmatrix}\begin{bmatrix}1.5\\13.5\end{bmatrix}=\begin{bmatrix}1.5425\\13.4575\end{bmatrix}.$$

所以 10 年后，在 15 万人中有 1.54 万人仍是教师，有 13.45 万人从事其他职业.

（四）捕食者与被捕食者系统

某森林中，猫头鹰以鼠为食. 记猫头鹰和鼠在时间 n 的数量为 $\boldsymbol{x}_n=\begin{bmatrix}O_n\\M_n\end{bmatrix}$. 其中，$n$ 是以月份为单位的时间，O_n 是研究区域中的猫头鹰的数量（单位：只），M_n 是鼠的数量（单位：千只）. 假定生态学家已建立了猫头鹰与鼠的自然系统模型：

$$\begin{cases}O_{n+1}=0.4O_n+0.3M_n\\M_{n+1}=-pO_n+1.2M_n\end{cases}. \tag{3-7}$$

其中，p 是一个待定的正参数. 第一个方程中的 $0.4O_n$ 表明，如果没有鼠做食物，每个月只有 40% 的猫头鹰可以存活，第二个方程中的 $1.2M_n$ 表明，如果没有猫头鹰捕食，鼠的数量每个月会增加 20%. 如果鼠的数量充足，猫头鹰的数量将会增加 $0.3M_n$，负项 $-pO_n$ 用以表示猫头鹰的捕食所导致鼠的死亡数（即平均每个月一只猫头鹰吃掉鼠约 $1000p$ 只）. 当捕食参数 $p=0.325$ 时，则两个种群都会增长. 试估计这个长期增长率及猫头鹰与鼠的最终比值.

【解】 当 $p=0.325$ 时，式(3-7) 的系数矩阵 $\boldsymbol{A}=\begin{bmatrix}0.4 & 0.3\\-0.325 & 1.2\end{bmatrix}$，求得 $\boldsymbol{A}$ 的全部特征值 $\lambda_1=0.55$，$\lambda_2=1.05$，其对应的特征向量分别是 $\boldsymbol{p}_1=\begin{bmatrix}2\\1\end{bmatrix}$，$\boldsymbol{p}_2=\begin{bmatrix}6\\13\end{bmatrix}$.

初始向量 $\boldsymbol{x}_0=c_1\boldsymbol{p}_1+c_2\boldsymbol{p}_2$. 令 $\boldsymbol{P}=(\boldsymbol{p}_1,\boldsymbol{p}_2)=\begin{bmatrix}2 & 6\\1 & 13\end{bmatrix}$，当 $n\geqslant 0$ 时，则：

$$\boldsymbol{x}_n=\boldsymbol{P}\boldsymbol{\Lambda}^n\boldsymbol{P}^{-1}\boldsymbol{x}_0=\begin{bmatrix}2 & 6\\1 & 13\end{bmatrix}\begin{bmatrix}0.55^n & 0\\0 & 1.05^n\end{bmatrix}\begin{bmatrix}2 & 6\\1 & 13\end{bmatrix}^{-1}\boldsymbol{x}_0$$

$$=c_1 0.55^n\begin{bmatrix}2\\1\end{bmatrix}+c_2 1.05^n\begin{bmatrix}6\\13\end{bmatrix}.$$

假定 $c_2>0$，则对足够大的 n，0.55^n 趋于 0，进而：

$$\boldsymbol{x}_n\approx c_2 1.05^n\begin{bmatrix}6\\13\end{bmatrix}. \tag{3-8}$$

n 越大，式(3-8) 的近似程度越高，故对于充分大的 n，有：

$$\boldsymbol{x}_{n+1}\approx c_2 1.05^{n+1}\begin{bmatrix}6\\13\end{bmatrix}=1.05\boldsymbol{x}_n. \tag{3-9}$$

式(3-9) 的近似表明，最后 $\boldsymbol{x}_n$ 的每个元素（猫头鹰和鼠的数量）几乎每个月都近似地增长了

0.05 倍，即有 5% 的月增长率. 由式(3-8)知，$\boldsymbol{x}_n$ 约为 $(6,13)^{\mathrm{T}}$ 的倍数，所以 $\boldsymbol{x}_n$ 中元素的比值约为 6 : 13，即每 6 只猫头鹰对应着约 13000 只鼠.

习题三

一、填空题

1. 已知三阶方阵 $\boldsymbol{A}$ 的特征值为 $-1,1,2$，则：

(1) $\boldsymbol{A}^3$ 的特征值为________.

(2) $\boldsymbol{A}^{-1}$ 的特征值为________.

(3) $|\boldsymbol{A}|$ 等于________.

(4) $|\boldsymbol{A}^{-1}|$ 等于________.

(5) $f(\boldsymbol{A})=\boldsymbol{A}^2-\boldsymbol{A}+\boldsymbol{E}$ 的特征值为________.

(6) 行列式 $|\boldsymbol{A}^2-\boldsymbol{A}+\boldsymbol{E}|=$________.

2. 矩阵 $\boldsymbol{A}=\begin{bmatrix}-2&1&1\\0&a&0\\-4&1&3\end{bmatrix}$，若 $\boldsymbol{A}$ 的特征值为 $2,2,-1$，则 $a=$________.

3. 若 $\boldsymbol{A}^2=\boldsymbol{E}$，则 $\boldsymbol{A}$ 的特征值为________.

二、计算题

1. 求下列矩阵的特征值及特征向量：

(1) $\boldsymbol{A}=\begin{bmatrix}2&1\\1&2\end{bmatrix}$；

(2) $\boldsymbol{A}=\begin{bmatrix}5&6&-3\\-1&0&1\\1&2&1\end{bmatrix}$；

(3) $\boldsymbol{A}=\begin{bmatrix}1&2&3\\2&1&3\\3&3&6\end{bmatrix}$；

(4) $\boldsymbol{A}=\begin{bmatrix}-1&1&0\\-4&3&0\\1&0&2\end{bmatrix}$.

2. 已知 $\boldsymbol{A}=\begin{bmatrix}2&0&0\\0&1&1\\0&1&x\end{bmatrix}$，$\boldsymbol{B}=\begin{bmatrix}2&0&2\\0&y&0\\0&0&-1\end{bmatrix}$ 相似，求 x,y 的值.

3. 把矩阵 $\boldsymbol{A}=\begin{bmatrix}2&1&1\\1&2&1\\1&1&2\end{bmatrix}$ 相似对角化，并求出相似变换矩阵与对角矩阵.

4. 若 $\boldsymbol{A}=\begin{bmatrix}2&0&1\\3&1&x\\4&0&5\end{bmatrix}$ 可相似对角化，求 x 的值.

5. 设 3 阶方阵 $\boldsymbol{A}$ 的特征值分别为 $\lambda_1=1,\lambda_2=-1,\lambda_3=0$，对应的特征向量依次为 $\boldsymbol{p}_1=\begin{bmatrix}1\\2\\1\end{bmatrix}$，$\boldsymbol{p}_2=\begin{bmatrix}0\\-2\\1\end{bmatrix}$，$\boldsymbol{p}_3=\begin{bmatrix}1\\1\\2\end{bmatrix}$，求 $\boldsymbol{A}$.

6. 某一地区有三个加油站，根据汽油的价格，顾客会从一个加油站换到另一个加油站. 在每个月底，顾客迁移的概率矩阵 $\boldsymbol{A}$ 为：

$$\boldsymbol{A}=\begin{bmatrix}0.44 & 0.35 & 0.35\\0.14 & 0.35 & 0.10\\0.42 & 0.30 & 0.55\end{bmatrix}.$$

其中，a_{ij} 表示一个顾客从第 j 个加油站迁移到第 i 个加油站的概率.

(1) 求矩阵 $\boldsymbol{A}$ 的特征值与特征向量；

(2) 如果 4 月 1 日，顾客去加油站 Ⅰ，Ⅱ，Ⅲ 的市场份额为 $\begin{bmatrix}\frac{1}{3}\\\frac{1}{2}\\\frac{1}{6}\end{bmatrix}$，请计算出当年 5 月 1 日、12 月 1 日顾客去加油站 Ⅰ，Ⅱ，Ⅲ 的市场份额.

7. 假设在一个大城市中的总人口是固定的，人口的分布则因居民在市区和郊区之间迁移而变化. 每年有 6% 的居民从市区搬到郊区去住，而有 2% 的郊区居民搬到市区去住. 假设一开始有 70% 的居民居住在郊区，有 30% 的居民居住在市区，问：

(1)10 年后市区和郊区的居民人口比例是多少？

(2)30 年、50 年后该比例如何？

(3) 足够多年以后，城市和郊区的人口比例会收敛吗？如果收敛，其市区和郊区的人口比例极限值是多少？

三、证明题

1. 设 λ 为方阵 $\boldsymbol{A}$ 的特征值，则 λ^m 是 $\boldsymbol{A}^m$ 的特征值.

2. 设 $\boldsymbol{A},\boldsymbol{B}$ 为 n 阶方阵，$\boldsymbol{A},\boldsymbol{B}$ 互逆，且 $\boldsymbol{A}\sim\boldsymbol{B}$，则 $\boldsymbol{A}^{-1}\sim\boldsymbol{B}^{-1}$.

第二部分

概　率

数学文化与应用拓展资源(二)

数学文化 2-1　概率的起源

数学文化 2-2　伯努利的故事

数学文化 2-3　概率学家贝叶斯

数学文化 2-4　数学家泊松

数学文化 2-5　高斯与正态分布的由来

数学文化 2-6　三门问题

数学文化 2-7　星期二的男孩

数学文化 2-8　彭尼的游戏

数学文化 2-9　艾滋病检测

数学文化 2-10　友谊悖论

应用拓展 2-1　概率在彩票中的应用案例

应用拓展 2-2　概率在工业生产中的应用案例

应用拓展 2-3　概率在保险中的应用案例

应用拓展 2-4　概率在医学诊断中的应用案例

应用拓展 2-5　数字特征应用案例收益与风险

第四章　随机事件与概率

在我们生活的客观世界中所呈现的自然现象和社会现象各种各样，但这些现象大体可分为两类：一类是确定性现象，即在一定条件下必然发生或不发生的现象. 例如，太阳会从东边升起；在市场经济条件下，某商品供过于求，其价格必不会上涨，等等. 另一类为随机现象，其特点是在一定条件下可能出现某种结果，但也可能出现其他结果. 也就是说，在试验和观察之前是不能预先知道确切的结果的. 例如，抛掷骰子出现的点数；明天的股票指数可能上涨也可能下跌，等等. 概率论就是研究随机现象的数量规律的学科，是统计学的理论基础. 事件和概率是概率论中最基本的两个概念. 在这一章中，我们将以深入浅出的方式介绍这些概念，以及条件概率和事件独立性的概念，并将介绍概率计算的几个基本公式：加法公式、乘法公式、全概率公式、贝叶斯公式.

§4.1　随机事件

一、随机现象和统计规律性

在现实世界中，我们经常遇到两类不同的现象：一类是确定性现象，即在一定条件下，必然会发生某一种结果或者必然不发生某一种结果的现象；另一类是随机现象，即在同样的条件下，多次进行同一试验，所得结果并不完全一样，而且事先无法预言将发生什么结果的现象. 当我们对某事物的某种特征进行一次观察都可以认为是一种试验，比如：

例 ①：抛掷一枚硬币，必往下落.

例 ②：抛掷一枚硬币，落下后，可能正面向上，也可能反面向上.

例 ③：太阳从东边升起.

例 ④：某篮球运动员投篮一次，其结果可能命中，可能不命中.

例 ⑤：从某厂的一批产品中，随机抽取 4 件进行检查，抽到的次品数可能是 0,1,2,3,4.

其中，例 ① 和例 ③ 是**确定性现象**，例 ②、例 ④ 和例 ⑤ 是**随机现象**.

随机现象是偶然性和必然性的辩证统一，其偶然性表现在每一次试验前，不能准确地预言发生哪种结果；其必然性表现在相同条件下进行大量重复试验时，结果呈现出统计规律性. 而概率论与数理统计就是研究随机现象统计规律性的数学学科. 由于随机现象的普遍性，使得概率论与数理统计在工农业生产、国民经济和现代科学技术各领域具有广泛的应用，而这些应用同时也推动着概率论与数理统计这门学科不断地发展和完善.

二、随机试验和样本空间

为了研究随机现象，就要对客观事物进行观察. 观察的过程称为试验. 下面有如下试验：

E_1：抛一枚硬币，观察正面 H、反面 T 出现的情况.

E_2：掷一枚骰子，观察出现的点数.

E_3：记录 110 报警台一天接到的报警次数.

E_4：在一批灯泡中任意抽取一个，测试它的寿命.

上面的试验概括起来有如下三个特点：

(1) 在相同的条件下，试验可以重复进行.

(2) 每次试验的结果具有多种可能性，而且在试验之前可以明确试验的所有可能结果.

(3) 在每次试验前不能准确地预言该次试验将出现哪一种结果.

在概率论中，将具有上述三个特点的试验称为**随机试验**，简称**试验**. 我们是通过随机试验来研究随机现象的.

对随机试验，我们首先关心的是它可能出现的结果有哪些. 随机试验的每一个可能出现的结果称为一个**样本点**，用字母 ω 表示，而把试验 E 的所有可能结果的集合称为 E 的**样本空间**，并用字母 Ω 表示. 也就是说，样本空间就是样本点的全体所构成的集合，样本空间的元素就是试验的每个结果. 上面四个试验所对应的样本空间依次为 $\Omega_1 = \{H, T\}$；$\Omega_2 = \{1, 2, 3, 4, 5, 6\}$；$\Omega_3 = \{0, 1, 2, 3, \cdots\}$；$\Omega_4 = \{t \mid t \geqslant 0\}$. 值得注意的是，样本空间的元素可以是数，也可以不是数；样本空间所含的样本点可以是有限多个，也可以是无限多个.

三、随机事件

我们把随机试验的结果，称为**随机事件**，简称**事件**，用大写字母 A, B, C 等表示. 随机事件可以用样本空间的子集来表示.

例如，在试验 E_2 中，令 A 表示“出现奇数点”，A 就是一个随机事件；还可以表示为 $A = \{1, 3, 5\}$，它是样本空间 Ω_2 的一个子集.

在试验 E_4 中，令 B 表示“灯泡的寿命大于 1000 小时”，B 也是一个随机事件，可表示为 $B = \{t \mid t > 1000\}$，B 也是样本空间 Ω_4 的一个子集.

因此从集合的角度来讲，我们称试验 E 所对应的样本空间 Ω 的子集为 E 的一个**随机事件**. 样本空间 Ω 的仅含一个样本点 ω 的单元素集合 $\{\omega\}$ 也是一个随机事件，这种随机事件称为**基本事件**. 如试验 E_1 中 $\{H\}$ 表示“正面朝上”，这是基本事件；在试验 E_2 中，“出现 3 点”，也是一个基本事件.

样本空间 Ω 包含所有的样本点，它是 Ω 自身的子集，在每次试验中它一定发生，称为**必然事件**，仍记作 Ω. 空集不包含任何样本点，它也作为样本空间 Ω 的子集. 在每次试验中必然不发生，称为**不可能事件**，记作 $\varnothing$. 如在试验 E_2 中，事件“掷出的点数不超过 6”就是必然事件，事件“掷出的点数大于 6”就是不可能事件.

四、事件的关系和运算

在某些问题的研究中，我们讨论的往往不只是一个事件，而是多个事件，而这些事件又存在着一定的联系。为了用较简单的事件表示较复杂的事件，下面引进事件之间的几种主要关系以及作用在事件上的运算.

（一）包含关系

如果事件 A 发生必然导致事件 B 发生，则称事件 B 包含事件 A，或称事件 A 被事件 B 所包含，记作 $A \subset B$ 或 $B \supset A$.

例如抛骰子，若事件 A 表示“出现 3 点”，事件 B 表示“出现奇数点”，则 $A \subset B$.

包含关系具有以下性质：

(1) $A \subset A$.

(2) 若 $A \subset B$，$B \subset C$，则 $A \subset C$.

(3) $\varnothing \subset A \subset \Omega$.

（二）相等关系

如果事件 B 包含事件 A，同时事件 A 包含事件 B，即 $A \subset B$ 和 $B \subset A$ 同时成立，则称事件 A 与事件 B 相等，记作 $A = B$，即两事件包含的基本事件完全相同.

例如抛骰子，若事件 A 表示“出现 1 点”，事件 B 表示“出现的点数小于 2”，则 $A = B$.

（三）事件的和（并）

事件 A 和事件 B 至少有一个发生，即“A 或 B”，称为事件 A 与事件 B 之和，记作 $A+B$ 或 $A \cup B$.

例如，抛两枚硬币，若事件 $A =$“恰好一个正面朝上”，事件 $B =$“恰好两个正面朝上”，事件 $C =$“至少一个正面朝上”，则 $C = A + B$.

这里应该注意的是，$A+B$ 表示“A 和 B 至少有一个发生”，与“A 和 B 恰有一个发生”（即 A 发生，B 不发生或者 B 发生，A 不发生）是不同的.

事件和的概念，可以推广到 n 个事件的情况. 事件 $A_1 + A_2 + \cdots + A_n$，称为事件 $A_1, A_2, \cdots, A_n$ 之和，表示 n 个事件 $A_1, A_2, \cdots, A_n$ 至少有一个发生.

（四）事件的积（交）

事件 A 和事件 B 同时发生，即“A 且 B”，称为事件 A 和事件 B 之积，记作 AB 或 $A \cap B$.

例如，甲、乙两人射击同一目标，当两人同时击中时，目标才被击毁，设 $A =$“甲击中目标”，$B =$“乙击中目标”，$C =$“目标被击毁”，则 $C = AB$.

事件积的概念，也可以推广到 n 个事件的情况. 事件 $A_1A_2\cdots A_n$，称为事件 $A_1, A_2, \cdots, A_n$ 之积，表示 n 个事件 $A_1, A_2, \cdots, A_n$ 同时发生.

（五）事件的差

事件 A 发生而事件 B 不发生，称为事件 A 与事件 B 的差，记作 $A - B$. 可以得出：

$$A - B = A - AB = A\overline{B}.$$

例如抛骰子，若事件 B 表示“出现 3 点”，事件 A 表示“出现奇数点”，则 $A-B$ 表示“出现

1 点或 5 点”.

（六）互不相容(互斥)事件

如果事件 A 和事件 B 不能同时发生，即 $AB=\varnothing$，则称事件 A 和事件 B 是互不相容的.

例如抛骰子，若事件 A 表示“出现 2 点”，事件 B 表示“出现的点数大于 3”，则 $AB=\varnothing$，事件 A 和事件 B 是互不相容的.

所谓 n 个事件互不相容，指的是其中任意两个事件都是互不相容的. 值得注意的是，三个事件 A,B,C 即使满足 $ABC=\varnothing$，也不一定互不相容.

（七）对立(互逆)事件

如果事件 A 与事件 B 满足：$A+B=\Omega, AB=\varnothing$，则称 A,B 互为对立事件，记作 $B=\overline{A}$.

显然，A 的对立事件 $\overline{A}$，表示 A 不发生，且有

$$A\overline{A}=\varnothing,\quad A+\overline{A}=\Omega,\quad \overline{A}=\Omega-A,\quad \overline{\overline{A}}=A.$$

由定义可知，A,B 互为对立事件，要求 $A+B=\Omega$ 与 $AB=\varnothing$，两个等式同时成立；而 A 和 B 两事件互不相容，仅要求后一个等式成立. 所以，对立事件一定是互不相容事件，但互不相容事件未必是对立事件.

例如抛骰子，若事件 A 表示“出现 3 点”，事件 B 表示“出现奇数点”，事件 C 表示“出现偶数点”，则 B 与 C 互为对立事件，但 A 与 C 仅为互不相容事件.

（八）完备事件组

若事件 $A_1,A_2,\cdots,A_n$ 为两两互不相容的事件，并且 $A_1+A_2+\cdots+A_n=\Omega$，称 $A_1,A_2,\cdots,A_n$ 构成一个完备事件组.

（九）事件的运算规律

与集合论中集合的运算一样，事件之间的运算也满足以下运算规律：

(1) 交换律：$A\cup B=B\cup A, A\cap B=B\cap A$.

(2) 结合律：$A\cup(B\cup C)=(A\cup B)\cup C$；$A\cap(B\cap C)=(A\cap B)\cap C$.

(3) 分配律：$A\cup(B\cap C)=(A\cup B)\cap(A\cup C)$；$A\cap(B\cup C)=(A\cap B)\cup(A\cap C)$.

(4) 对偶律：$\overline{A\cup B}=\overline{A}\cap\overline{B}, \overline{A\cap B}=\overline{A}\cup\overline{B}$.

【注】 上述各运算规律可以推广到有限多个事件上去.

为了直观，人们经常用图形表示事件. 一般地，用平面上某一个矩形区域表示必然事件，矩形内的一些封闭图形表示一些随机事件. 各事件的关系和运算规则如图 4-1 所示.

【例 4.1】 抛掷一枚骰子的试验，观察出现的点数：事件 A 表示“奇数点”；事件 B 表示“点数小于 5”；事件 C 表示“小于 5 的偶数点”. 用集合的列举法表示下列事件：

$$\Omega, A, B, C, A+B, A-B, B-A, AB, AC, \overline{A}+B.$$

【解】 $\Omega=\{1,2,3,4,5,6\}$；　$A=\{1,3,5\}$；　$B=\{1,2,3,4\}$；

$C=\{2,4\}$；　$A+B=\{1,2,3,4,5\}$；　$A-B=\{5\}$；

$B-A=\{2,4\}$；　$AB=\{1,3\}$；　$AC=\varnothing$；

$C-A=\{2,4\}$；　$\overline{A}+B=\{1,2,3,4,6\}$.

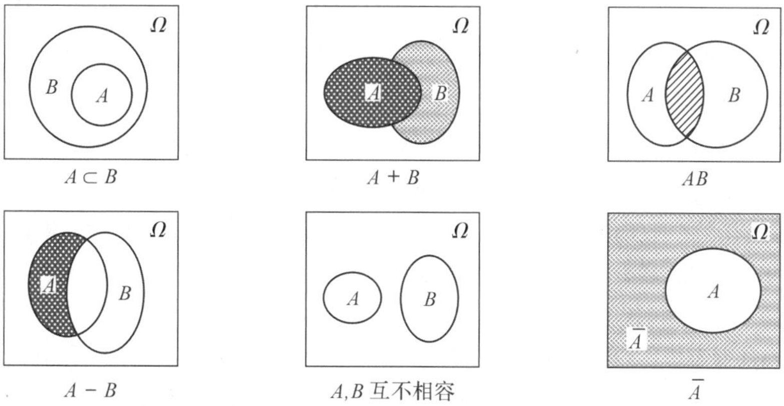

图 4-1

【例 4.2】 设 A,B,C 为三事件,试用事件的运算表示下列事件:

(1)A 发生,B,C 不发生;　(2)B,C 发生,A 不发生;

(3)A,B,C 恰好有一个发生;　(4)A,B,C 至少有一个发生;

(5)A,B,C 一个也不发生;　(6)A,B,C 恰好有两个发生;

(7)A 发生,B 与 C 中任意一个发生,但不同时发生;　(8)A,B,C 都发生.

【解】 (1)$A\bar{B}\bar{C}$;　(2)$\bar{A}BC$;

(3)$A\bar{B}\bar{C}+\bar{A}B\bar{C}+\bar{A}\bar{B}C$;　(4)$A+B+C$;

(5)$\bar{A}\bar{B}\bar{C}$;　(6)$AB\bar{C}+A\bar{B}C+\bar{A}BC$;

(7)$AB\bar{C}+A\bar{B}C$;　(8)ABC.

§4.2　事件的概率

概率论研究的是随机现象量的规律性.因此,仅仅知道试验中可能出现哪些事件是不够的,有时候还需要知道某些事件发生的可能性大小.例如,商业保险机构为了获得较大利润,就必须研究个别意外事件发生的可能性的大小,并由此去计算保险费用和赔偿金额.因此,我们必须要研究怎样去对这些随机事件发生的可能性进行量的描述.本节先介绍一些预备知识,然后再介绍概率的统计定义及古典定义.

一、预备知识

(一)分类加法计数原理

(1)原理:完成一件事有两类不同方案,在第1类方案中有 m 种不同的方法,在第2类方案中有 n 种不同的方法.那么,完成这件事共有 $N=m+n$ 种不同的方法.

(2)一般结论:完成一件事有 n 类不同方案,在第1类方案中有 m_1 种不同的方法,在第2类方案中有 m_2 种不同的方法,…,在第 n 类方案中有 m_n 种不同的方法.那么,完成这件事共有 $N=m_1+m_2+\cdots+m_n$ 种不同的方法.

完成这件事的任何一种方法必属于某一类，并且属于不同类的两种方法是不同的方法，只有满足这些条件，即做到“不重不漏”，才能用分类计数原理.

(二) 分步乘法计数原理

(1) 原理：完成一件事需要两个步骤，做第1步有 m 种不同的方法，做第2步有 n 种不同的方法. 那么，完成这件事共有 $N = m \times n$ 种不同的方法.

(2) 一般结论：完成一件事需要 n 个步骤，做第1步有 m_1 种不同的方法，做第2步有 m_2 种不同的方法，…，做第 n 步有 m_n 种不同的方法. 那么，完成这件事共有 $N = m_1 \times m_2 \times \cdots \times m_n$ 种不同的方法.

在分步乘法计数原理中，完成一件事分为若干个有联系的步骤，只有前一个步骤完成后，才能进行下一个步骤. 当各个步骤都依次完成后，这件事才算完成. 但每个步骤中可以有多种不同的方法，而这些方法之间是相互独立的.

(三) 排列及计算公式

从 n 个不同元素中，任取 $m(m \leqslant n)$ 个元素按照一定的顺序排成一列，叫作从 n 个不同元素中取出 m 个元素的一个排列；从 n 个不同元素中取出 $m(m \leqslant n)$ 个元素的所有排列的个数，叫作从 n 个不同元素中取出 m 个元素的排列数，用符号 A_n^m 表示.

$$A_n^m = n(n-1)(n-2)\cdots(n-m+1) = \frac{n!}{(n-m)!}.$$

其中，规定：$0! = 1$.

(四) 组合及计算公式

从 n 个不同元素中，任取 $m(m \leqslant n)$ 个元素并成一组，叫作从 n 个不同元素中取出 m 个元素的一个组合；从 n 个不同元素中取出 $m(m \leqslant n)$ 个元素的所有组合的个数，叫作从 n 个不同元素中取出 m 个元素的组合数，用符号 C_n^m 表示.

$$C_n^m = \frac{A_n^m}{A_m^m} = \frac{n!}{m!(n-m)!}.$$

特别地：$C_n^n = C_n^0 = 1$.

排列与组合是既有联系又有区别的两类问题，它们都是从 n 个不同元素中任取 m 个不同元素. 但是前者要求将元素排成一个顺序，后者对此不做要求. 若不理解排列问题和组合问题的区别，在分析实际问题时就会犯错误.

二、概率的统计定义

前面提到随机事件在一次试验中是否发生是不确定的，但在大量的重复试验中，它的发生却具有统计规律性，所以应从大量试验出发来研究它. 历史上，有人做过抛掷硬币的试验，其结果如表4-1所示.

表 4-1

试验者	投掷次数	“正面向上”次数 μ	“正面向上”频率 $\frac{\mu}{n}$
蒲丰	4040	2048	0.5069

续表

试验者	投掷次数	“正面向上”次数 μ	“正面向上”频率 $\frac{\mu}{n}$
皮尔逊	12000	6019	0.5016
皮尔逊	24000	12012	0.5005
维尼	30000	14994	0.4998

容易看出，随着抛掷次数的增加，正面向上的频率$\frac{\mu}{n}$围绕着一个确定的常数0.5做幅度越来越小的摆动. 正面向上的频率稳定于0.5附近，是一个客观存在的事实，不随人们主观意志为转移. 这一规律，就是频率的稳定性.

一般地，在大量重复试验中，事件A发生的频率$\frac{\mu}{n}$总是在一个确定的常数p附近摆动，且具有稳定性. 这个数值p就是在一次试验中对事件A发生的可能性大小的数量描述，称为**事件A的概率**，记作$P(A)$. 例如，用0.5来描述抛掷一枚匀称的硬币“正面向上”出现的可能性.

三、概率的古典定义

设有40件同类产品，其中37件合格品、3件废品，现从中随机地抽取一件进行检查. 这里，所谓“随机地抽取”，指的就是各件产品被抽到的可能性是相同的. 由于40件产品中有3件废品，故即使不进行大量的试验，我们也会认为抽到废品的可能性为$\frac{3}{40}$.

从上例中，我们看到一种简单而又直观的计算概率的方法. 但在应用这个方法时，要求随机试验具备以下两个特点：

(1) 所有可能的试验结果(即基本事件)只有有限个；

(2) 每个基本事件发生是等可能的.

具备上述两点的随机试验模型，称为**古典概型**. 在古典概型中，若总的基本事件数为n，而事件A包含了m个基本事件，则事件A的概率为：

$$P(A)=\frac{m}{n}.$$

这种概率的定义，称为**概率的古典定义**. 由等可能性的假设，不难理解这个定义确实客观地反映了随机事件发生的可能性的大小.

由古典概率的定义，容易得到概率的几条基本性质：

(1) 任何事件的概率都在0与1之间，即$0\leqslant P(A)\leqslant 1$；

(2) 必然事件的概率为1，即$P(\Omega)=1$；

(3) 不可能事件的概率为0，即$P(\varnothing)=0$.

【例4.3】　同时抛掷两枚硬币，求落下后“恰有一枚正面向上”的概率.

【解】　用A表示“恰有一枚正面向上”这一事件.

抛掷两枚硬币，等可能的基本事件有4个，即(正，正)、(正，反)、(反，正)、(反，反)，而随

机事件 A 由其中的 2 个基本事件(正,反)、(反,正)组成,故 $P(A)=\frac{2}{4}=\frac{1}{2}$.

这道例题告诉我们,在应用概率的古典定义计算时,必须慎重判断等可能性. 如果认为此例中等可能的基本事件为"全正""一正一反""全反",就会得出 $P(A)=\frac{1}{3}$ 的错误结论来.

【例 4.4】 袋内装有 5 个白球、3 个黑球,从中任取两个球,计算取出的两个球都是白球的概率.

【解】 设事件 A 表示"取出的两个球都是白球". 基本事件总数为 $n=C_8^2=28$,若取出的两个球都是白球,则两个球必须在 5 个白球中去取,那么事件 A 包含的基本事件数为 $m=C_5^2=10$,则:

$$P(A)=\frac{C_5^2}{C_8^2}=\frac{5}{14}.$$

【例 4.5】 有 10 件产品,其中 2 件次品,无放回地取出 3 件,求:

(1) 这三件产品全是正品的概率;

(2) 这三件产品中恰有一件次品的概率;

(3) 这三件产品中至少有一件次品的概率.

【解】 设 A 表示"全是正品",B 表示"恰有一件次品",C 表示"至少有一件次品",则:

(1) $P(A)=\frac{C_8^3}{C_{10}^3}=\frac{56}{120}=\frac{7}{15}$;

(2) $P(B)=\frac{C_8^2C_2^1}{C_{10}^3}=\frac{56}{120}=\frac{7}{15}$;

(3) $P(C)=\frac{C_8^2C_2^1+C_8^1C_2^2}{C_{10}^3}=\frac{64}{120}=\frac{8}{15}$ 或 $P(C)=1-\frac{C_8^3}{C_{10}^3}=1-\frac{7}{15}=\frac{8}{15}$.

【例 4.6】 从 6 双不同的手套中任取 4 只,求恰有一双配对的概率.

【解】 设事件 A 表示"恰有一双配对",则:

$$P(A)=\frac{C_6^1C_5^2C_2^1C_2^1}{C_{12}^4}=\frac{16}{33}.$$

分母 C_{12}^4 易于理解,分子可理解为:先从 6 双手套中任取一双(题目要求的配对),有 C_6^1 种取法;剩下要取的 2 只必须分布在两双里,即从剩下的 5 双中任取 2 双,有 C_5^2 种取法;选出两双后,从每双中任取一只,有 $C_2^1C_2^1$ 种取法. 故共有 $C_6^1C_5^2C_2^1C_2^1$ 种取法,此即为分子.

【例 4.7】 现有 10 个人分别佩戴从 1 号到 10 号的纪念章,从中任选 3 个人,记录其纪念章的号码. 求:

(1) 最小号码是 5 的概率;

(2) 最大号码是 5 的概率;

(3) 中间号码是 5 的概率;

(4) 正好有一个号码是 5 的概率;

(5) 没有一个号码是 5 的概率.

【解】 这是一个古典概型问题,$n=C_{10}^3=120$. 号码为 1,2,3,4,5,6,7,8,9,10,号码 5 前面有 4 个号码,后面有 5 个号码,5 以外有 9 个号码. 若设题中 5 个事件分别为 A,B,C,D,E,则:

(1) $m_A = C_5^2 = 10$, $P(A) = \frac{C_5^2}{C_{10}^3} = \frac{1}{12}$;

(2) $m_B = C_4^2 = 6$, $P(B) = \frac{C_4^2}{C_{10}^3} = \frac{1}{20}$;

(3) $m_C = C_4^1 C_5^1 = 20$, $P(C) = \frac{C_4^1 C_5^1}{C_{10}^3} = \frac{1}{6}$;

(4) $m_D = C_9^2 = 36$, $P(D) = \frac{C_9^2}{C_{10}^3} = \frac{3}{10}$;

(5) $m_E = C_9^3 = 84$, $P(E) = \frac{C_9^3}{C_{10}^3} = \frac{7}{10}$.

【例 4.8】 在 7 位数的电话号码中,求每数字各不相同的电话号码概率.

【解】 设事件 A 表示"7 位数字各不相同的电话号码",则基本事件总数为 $n = 10^7$,事件 A 相当于从 10 个元素中任取 7 个进行排列,其包含的基本事件数为 $m = A_{10}^7 = 10 \times 9 \times 8 \times 7 \times 6 \times 5 \times 4$,则:

$$P(A) = \frac{A_{10}^7}{10^7} = \frac{10 \times 9 \times 8 \times 7 \times 6 \times 5 \times 4}{10^7} = 0.06048.$$

§4.3 概率论的基本公式

一、概率的加法公式

加法公式:任意两个事件 A 与 B 之和的概率等于其概率之和减去积 AB 的概率:

$$P(A+B) = P(A) + P(B) - P(AB).$$

公式的理解如图 4-2(a) 所示,将 $P(A+B)$ 看作 $A+B$ 的面积,它等于 A 的面积 $P(A)$ 加上 B 的面积 $P(B)$,由于其中 AB 的面积 $P(AB)$ 被加了两次,所以再减去 AB 的面积 $P(AB)$.

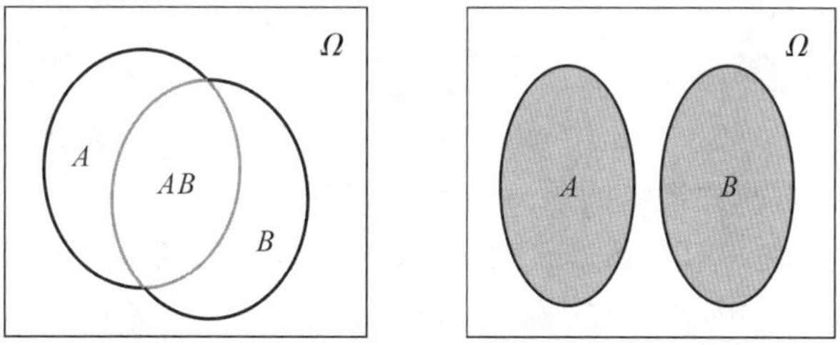

(a) (b)

图 4-2

事件的和方面还有以下几个常见情况:

(1) 当事件 A,B 互不相容时,$P(AB) = P(\varnothing) = 0$,所以当 A,B 互不相容时:

$$P(A+B) = P(A) + P(B).$$

此公式可以结合图 4-2(b) 来理解.

(2) 对三个事件 A,B,C，有：

$$P(A+B+C)=P(A)+P(B)+P(C)-P(AB)-P(AC)-P(BC)+P(ABC).$$

此公式可以结合图 4-3(a) 来理解.

(3) 对立事件有：

$$P(\bar{A})=1-P(A).$$

此公式可以结合图 4-3(b) 来理解.

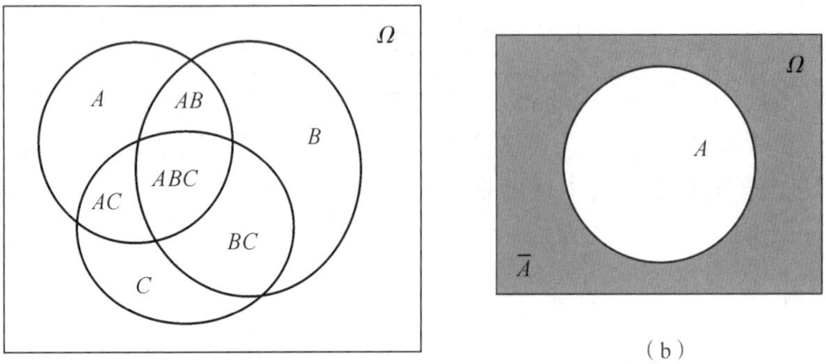

(a) (b)

图 4-3

(4) 如果 n 个事件 $A_1,A_2,\cdots,A_n$ 两两互不相容，则：

$$P(A_1+A_2+\cdots+A_n)=P(A_1)+P(A_2)+\cdots+P(A_n).$$

此公式可以结合图 4-4 来理解.

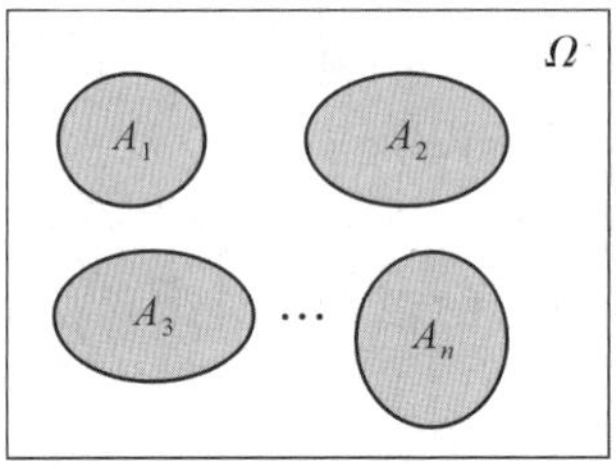

图 4-4

【例 4.9】 某城市有 50% 住户订日报，有 65% 的住户订晚报，有 85% 的住户至少订两种报的一种，求同时订这两种报纸的住户概率是多少？

【解】 设 A 表示“住户订日报”，B 表示“住户订晚报”. 则 $A+B$ 表示“住户至少订两种报的一种”，根据加法公式 $P(A+B)=P(A)+P(B)-P(AB)$ 有：

$$P(AB)=P(A)+P(B)-P(A+B)=0.5+0.65-0.85=0.3.$$

即同时订两种报纸的住户概率为 0.3.

【例 4.10】 产品分一等品、二等品与废品三种，若一等品的概率为 0.73，二等品的概率为 0.21，求产品的合格率和废品率.

【解】 分别用 A_1,A_2,A 表示“一等品”“二等品”和“合格品”，则 $\bar{A}$ 表示“废品”，且$A = A_1 + A_2$.

因为 A_1, A_2 互不相容,所以:

$$P(A) = P(A_1 + A_2) = P(A_1) + P(A_2) = 0.73 + 0.21 = 0.94;$$
$$P(\overline{A}) = 1 - P(A) = 1 - 0.94 = 0.06.$$

【例 4.11】 一个袋内装有大小相同的 7 个球,其中 4 个是白球,3 个是黑球.从中一次抽取 3 个球,计算至少有两个白球的概率.

【解】 设事件 A_i 表示"抽到的 3 个球中有 i 个白球"($i = 0,1,2,3$),用 A 表示"至少有两个白球".

方法1:利用古典概率计算.

$$P(A) = \frac{C_4^2 C_3^1 + C_4^3}{C_7^3} = \frac{18+4}{35} = \frac{22}{35}.$$

方法2:利用概率的加法公式计算.

显然 A_2 与 A_3 互不相容,则所求的概率为 $P(A_2 + A_3)$,则:

$$P(A_2) = \frac{C_4^2 C_3^1}{C_7^3} = \frac{18}{35}, \qquad P(A_3) = \frac{C_4^3}{C_7^3} = \frac{4}{35},$$

$$P(A_2 + A_3) = P(A_2) + P(A_3) = \frac{18}{35} + \frac{4}{35} = \frac{22}{35}.$$

方法3:利用对立事件的概率公式计算.

A 的对立事件$\overline{A}$ 表示"最多有一个白球",即 $\overline{A} = A_0 + A_1$,显然,A_0 与 A_1 互不相容,则:

$$P(\overline{A}) = P(A_0 + A_1) = P(A_0) + P(A_1) = \frac{C_3^3}{C_7^3} + \frac{C_4^1 C_3^2}{C_7^3} = \frac{1}{35} + \frac{12}{35} = \frac{13}{35},$$

$$P(A) = 1 - P(\overline{A}) = 1 - \frac{13}{35} = \frac{22}{35}.$$

在应用公式 $P(A+B) = P(A) + P(B)$ 时,一定要验证 A,B 互不相容.如果不注意这个条件,就会犯错误.如:甲、乙两门炮同时向一架敌机射击,击中的概率分别为 0.5 和 0.6,求敌机被击中的概率.若分别用 A,B 表示"甲击中" 和"乙击中" 这两个事件,则"敌机被击中" 就可以用 $A + B$ 表示,代入公式则有:

$$P(A + B) = P(A) + P(B) = 0.5 + 0.6 = 1.1.$$

结果所求概率大于 1,显然是荒谬的.导致这个错误的原因在于我们忽略了"甲、乙两炮同时击中敌机" 的可能,由于 A,B 相容,因此不能用上述公式进行计算.本题在介绍事件的独立性以后再进行分析与求解.

【例 4.12】 已知 $P(A) = 0.4, P(B) = 0.3, P(A + B) = 0.6$,试求 $P(A\overline{B})$.

【解】 **方法1**:由加法公式 $P(A + B) = P(A) + P(B) - P(AB)$,可得:

$$P(AB) = 0.4 + 0.3 - 0.6 = 0.1.$$

由事件之间的运算关系知:

$$A = A\Omega, \qquad \overline{B} + B = \Omega,$$
$$A\Omega = A(\overline{B} + B) = A\overline{B} + AB = A.$$

则有 $$P(A\overline{B}) + P(AB) = P(A).$$

即 $$P(A\overline{B}) = P(A) - P(AB) = 0.4 - 0.1 = 0.3.$$

方法2：如图 4-5 所示，用图形的面积 S 表示对应事件的概率.

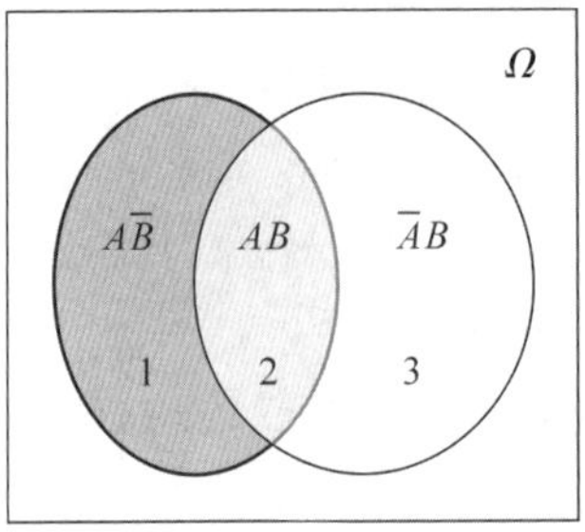

图 4-5

则由题意，可得：

$$P(A) = S_1 + S_2 = 0.4,$$
$$P(B) = S_2 + S_3 = 0.3,$$
$$P(A+B) = S_1 + S_2 + S_3 = 0.6.$$

所以 $$P(AB) = S_2 = 0.4 + 0.3 - 0.6 = 0.1,$$
$$P(A\bar{B}) = S_1 = 0.4 - 0.1 = 0.3.$$

二、概率的乘法公式

(一) 条件概率

先通过具体的引例分析之后，再给出条件概率公式的定义.

【引例 4.1】 甲、乙两个工厂生产同类产品，结果如表 4-2 所示.

表 4-2

工厂	合格品数	废品数	合计
甲厂产品数	67	3	70
乙厂产品数	28	2	30
合计	95	5	100

从这 100 件产品中随机地抽取一件，用 A 表示“取到的是甲厂产品”，B 表示“取到的是合格品”，则 $\bar{A}$ 表示“取到的是乙厂产品”，$\bar{B}$ 表示“取到的是废品”. 由概率的古典定义，可知：

$$P(A) = \frac{70}{100},\quad P(B) = \frac{95}{100},\quad P(AB) = \frac{67}{100}.$$

现在要问：如果已知取到的是合格品，那么这件产品是甲厂生产的概率是多少呢？这实质上是求在事件 B 已经发生的前提下，事件 A 发生的概率. 我们称在事件 B 发生的条件下事件 A 发生的概率为事件 A 在给定 B 下的条件概率，简称为 A 对 B 的**条件概率**，记为 $P(A \mid B)$. 相应地，我们把 $P(A)$ 称为无条件概率或原概率. 由于一共有 95 件合格品，而其中甲厂的产品有 67 件，故 $P(A \mid B) = \frac{67}{95}$.

类似地，可以求出 $P(\bar{A} \mid B) = \frac{28}{95}$，$P(B \mid A) = \frac{67}{70}$，$P(\bar{B} \mid A) = \frac{3}{70}$ 等. 由此可见，$P(A)$

与 $P(A \mid B)$、$P(B)$ 与 $P(B \mid A)$ 的含义都是不相同的.

同时,我们注意到 $P(A \mid B)=\frac{67}{95}=\frac{\frac{67}{100}}{\frac{97}{100}}=\frac{P(AB)}{P(B)}$,事实上容易验证该种情况具有一般性,由此我们得到条件概率公式.

条件概率公式:设 A,B 是两个事件,且 $P(B)\neq 0$,则称

$$P(A \mid B)=\frac{P(AB)}{P(B)} \quad (P(B)\neq 0),$$

为在事件 B 发生的条件下,事件 A 发生的条件概率公式.相反,在事件 A 发生的条件下,事件 B 发生的条件概率公式为:

$$P(B \mid A)=\frac{P(AB)}{P(A)} \quad (P(A)\neq 0).$$

【例 4.13】 在市场上供应的灯泡中,甲厂产品占 70%,乙厂占 30%,甲厂产品的合格率为 95%,乙厂的合格率为 80%.若用事件 $A,\bar{A}$ 分别表示甲、乙两厂的产品,B 表示合格品,试写出有关事件的概率.

【解】 依题意,有:$P(A)=70\%$, $P(\bar{A})=30\%$,

$P(B \mid A)=95\%$, $P(B \mid \bar{A})=80\%$.

进一步可得: $P(\bar{B} \mid A)=5\%$, $P(\bar{B} \mid \bar{A})=20\%$.

【例 4.14】 一批产品中有 N 件正品、M 件次品,无放回地抽取两次,每次取一件,求:

(1) 在第一次取到正品的条件下,第二次取到正品的概率;

(2) 在第一次取到次品的条件下,第二次取到正品的概率.

【解】 用 A 表示"第一次取到正品",B 表示"第二次取到正品".

(1) 原有 $N+M$ 件产品,其中 N 件正品.第一次取到正品后,还有 $N+M-1$ 件产品,其中 $N-1$ 件正品.故:

$$P(B \mid A)=\frac{N-1}{N+M-1}.$$

(2) 原有 $N+M$ 件产品,其中 N 件正品.第一次取到次品后,还有 $N+M-1$ 件产品,其中 N 件正品.故:

$$P(B \mid \bar{A})=\frac{N}{N+M-1}.$$

【例 4.15】 全年级 100 名学生中,有男生(以事件 A 表示)80 人、女生 20 人;来自北京的(以事件 B 表示)有 20 人,其中男生 12 人、女生 8 人;免修英语的(用事件 C 表示)有 40 人,其中男生 32 名、女生 8 名.试写出 $P(A)$,$P(B)$,$P(A \mid B)$,$P(B \mid A)$,$P(C \mid A)$,$P(AB)$,$P(C)$,$P(\bar{A} \mid \bar{B})$,$P(AC)$.

【解】 依题意,有:

$P(A)=80/100=0.8$, $P(B)=20/100=0.2$,

$P(B \mid A)=12/80=0.15$, $P(A \mid B)=12/20=0.6$,

$P(AB)=12/100=0.12$, $P(C)=40/100=0.4$,

$P(C \mid A)=32/80=0.4$, $P(\bar{A} \mid \bar{B})=12/80=0.15$,

$$P(AC)=32/100=0.32.$$

(二) 概率乘法公式

计算事件乘积的概率公式称为概率的乘法公式，该公式可以很容易地由条件概率公式转换过来.

概率乘法公式：两个事件乘积的概率，等于其中一个事件的概率(不等于零)乘以另一个事件在已知前一个事件发生条件下的条件概率. 即：

$$P(AB)=P(A)P(B\mid A)\qquad (P(A)\neq 0),$$

或

$$P(AB)=P(B)P(A\mid B)\qquad (P(B)\neq 0).$$

相应地，关于 n 个事件 $A_1,A_2,\cdots,A_n$ 的乘法公式为：

$$P(A_1A_2\cdots A_n)=P(A_1)P(A_2\mid A_1)P(A_3\mid A_1A_2)\cdots P(A_n\mid A_1\cdots A_{n-1}).$$

【例 4.16】 求例 4.13 中从市场上买到的一个灯泡是甲厂生产的合格灯泡的概率.

【解】 要计算从市场上买到的灯泡既是甲厂生产的(事件 A 发生)，又是合格的(事件 B 发生)概率，也就是求 A 与 B 同时发生的概率. 由乘法公式，有：

$$P(AB)=P(A)P(B\mid A)=0.7\times 0.95=0.665.$$

用同样的方法还可以计算出从市场上买到一个乙厂合格灯泡的概率是 0.24. 读者还可以计算买到一个灯泡是乙厂生产的废品的概率以及市场上供应的灯泡的合格率.

【例 4.17】 已知 100 件产品中有 10 件次品，无放回地抽取 3 次，每次取一件，求全是次品的概率.

【解】 **方法1**：概率的古典定义.

设事件 A 表示“全是次品”，则：

$$P(A)=\frac{C_{10}^1C_9^1C_8^1}{C_{100}^1C_{99}^1C_{98}^1}=\frac{10\times 9\times 8}{100\times 99\times 98}=\frac{2}{2695}.$$

方法2：乘法公式.

用 A_i 表示“第 i 次取到次品”($i=1,2,3$)，B 表示“全是次品”，则：

$$P(A_1)=\frac{10}{100},\qquad P(A_2\mid A_1)=\frac{9}{99},\qquad P(A_3\mid A_1A_2)=\frac{8}{98},$$

$$\begin{aligned}P(B)&=P(A_1A_2A_3)=P(A_1)P(A_2\mid A_1)P(A_3\mid A_1A_2)\\&=\frac{10}{100}\times\frac{9}{99}\times\frac{8}{98}=\frac{2}{2695}.\end{aligned}$$

三、全概率定理与逆概率公式

先来计算一个具体的实例.

【例 4.18】 计算例 4.13 中市场上灯泡的合格率.

【解】 由于 $B=AB+\overline{A}B$，并且 AB 与 $\overline{A}B$ 互不相容，由概率的加法公式及乘法公式有：

$$\begin{aligned}P(B)&=P(AB+\overline{A}B)=P(AB)+P(\overline{A}B)\\&=P(A)P(B\mid A)+P(\overline{A})P(B\mid \overline{A})\\&=0.7\times 0.95+0.3\times 0.80\\&=0.905.\end{aligned}$$

进一步,可以计算买到的合格灯泡恰是甲厂生产的概率 $P(A\mid B)$:

$$P(A\mid B)=\frac{P(AB)}{P(B)}=\frac{P(A)P(B\mid A)}{P(A)P(B\mid A)+P(\overline{A})P(B\mid \overline{A})}$$

$$=\frac{0.7\times 0.95}{0.7\times 0.95+0.3\times 0.8}\approx 0.735.$$

将这道题的解法一般化,就可以得到全概率公式和贝叶斯公式.

全概率公式:若 $A_1,A_2,\cdots,A_n$ 构成完备事件组,则对任一事件 B,皆有

$$P(B)=\sum_{i=1}^{n}P(A_i)P(B\mid A_i).$$

【证】 $B=B\Omega=B(A_1+A_2+\cdots+A_n)=BA_1+BA_2+\cdots+BA_n.$

由于 $A_1,A_2,\cdots,A_n$ 两两互不相容,则:

$$\begin{aligned}P(B)&=P(BA_1+BA_2+\cdots+BA_n)\\&=P(BA_1)+P(BA_2)+\cdots+P(BA_n)\\&=P(A_1)P(B\mid A_1)+P(A_2)P(B\mid A_2)+\cdots+P(A_n)P(B\mid A_n)\\&=\sum_{i=1}^{n}P(A_i)P(B\mid A_i).\end{aligned}$$

逆概率公式:若 $A_1,A_2,\cdots,A_n$ 构成完备事件组,则对任一事件 $B(P(B)\neq 0)$,皆有

$$P(A_k\mid B)=\frac{P(A_k)P(B\mid A_k)}{\sum_{i=1}^{n}P(A_i)P(B\mid A_i)}\quad(k=1,2,\cdots,n).$$

该公式又称**贝叶斯公式**.

【例 4.19】 某工厂有甲、乙、丙三个车间生产同一种产品,产量依次占全厂的 45%,35%,20%.各车间的次品率依次为 4%、2%、5%.

(1) 若一用户买了该厂的一件产品,求该件产品是次品的概率?

(2) 有一用户买了该厂的产品,其中1件为次品,对该用户造成了重大损失,用户按规定对该厂进行了索赔.现厂长要追究生产车间的责任,但该产品是哪个车间生产的标志已经脱落,问该厂长应该如何追究生产车间的责任?

【解】 设事件 A_1,A_2,A_3 分别表示"产品为甲、乙、丙车间生产的",B 表示"产品为次品".显然,A_1,A_2,A_3 构成一个完备事件组.依题意有:

$$P(A_1)=45\%,\quad P(A_2)=35\%,\quad P(A_3)=20\%,$$

$$P(B\mid A_1)=4\%,\quad P(B\mid A_2)=2\%,\quad P(B\mid A_3)=5\%.$$

(1) 购买一件产品是次品的概率等于整个工厂产品的次品率,所以该件产品是次品的概率为:

$$\begin{aligned}P(B)&=P(A_1)P(B\mid A_1)+P(A_2)P(B\mid A_2)+P(A_3)P(B\mid A_3)\\&=45\%\times 4\%+35\%\times 2\%+20\%\times 5\%\\&=0.035.\end{aligned}$$

(2) 由贝叶斯公式,有:

$$P(A_1 \mid B)=\frac{P(A_1)P(B \mid A_1)}{\sum_{i=1}^{3}P(A_i)P(B \mid A_i)}$$
$$=\frac{45\% \times 4\%}{45\% \times 4\% + 35\% \times 2\% + 20\% \times 5\%}\approx 0.514;$$

$$P(A_2 \mid B)=\frac{P(A_2)P(B \mid A_2)}{\sum_{i=1}^{3}P(A_i)P(B \mid A_i)}$$
$$=\frac{35\% \times 2\%}{45\% \times 4\% + 35\% \times 2\% + 20\% \times 5\%}= 0.200;$$

$$P(A_3 \mid B)=\frac{P(A_3)P(B \mid A_3)}{\sum_{i=1}^{3}P(A_i)P(B \mid A_i)}$$
$$=\frac{20\% \times 5\%}{45\% \times 4\% + 35\% \times 2\% + 20\% \times 5\%}\approx 0.286.$$

即甲、乙、丙三个车间所负责任比例分别为 0.514,0.200,0.286. 由此可见甲车间所负责任最大,超过 50%.

【例 4.20】 B公司在 B_1 厂和 B_2 厂生产电视显像管,每周生产 3000 个. 其中,B_1 厂生产 1800 个,有 1% 为次品;B_2 厂生产 1200 个,有 2% 为次品. 现从每周的产品中任选一个,求下列事件的概率:

(1) 选出的产品是次品;

(2) 已知选出的产品是次品,它是由 B_1 厂生产的;

(3) 已知选出的产品是正品,它是由 B_1 厂生产的.

【解】 设事件 A_1,A_2 分别表示"产品为 B_1 厂和 B_2 厂生产的",B 表示"产品为次品",则 $\overline{B}$ 表示"产品为正品". 显然,A_1,A_2 构成一个完备事件组. 依题意有:

$$P(A_1)=\frac{1800}{3000}=60\%,\quad P(A_2)=\frac{1200}{3000}=40\%,\quad P(B \mid A_1)=1\%,$$
$$P(B \mid A_2)=2\%,\quad P(\overline{B} \mid A_1)=99\%,\quad P(\overline{B} \mid A_2)=98\%.$$

(1) $P(B)$ 为所求,则:

$$P(B)=P(A_1)P(B \mid A_1)+P(A_2)P(B \mid A_2)$$
$$=0.60 \times 0.01 + 0.40 \times 0.02 = 0.014.$$

(2) $P(A_1 \mid B)$ 为所求,则:

$$P(A_1 \mid B)=\frac{P(A_1)P(B \mid A_1)}{\sum_{i=1}^{2}P(A_i)P(B \mid A_i)}=\frac{60\% \times 1\%}{60\% \times 1\% + 40\% \times 2\%}\approx 0.429.$$

(3) $P(A_1 \mid \overline{B})$ 为所求,则:

$$P(A_1 \mid \overline{B})=\frac{P(A_1)P(\overline{B} \mid A_1)}{\sum_{i=1}^{2}P(A_i)P(\overline{B} \mid A_i)}=\frac{60\% \times 99\%}{60\% \times 99\% + 40\% \times 98\%}\approx 0.602.$$

§4.4 事件的独立性

一、事件的独立性

(一) 两个事件的独立性

如果事件 A 发生的可能性不受事件 B 发生与否的影响，即 $P(A \mid B)=P(A)$，则称事件 A 对于事件 B 独立. 显然，若 A 对于 B 独立，则 B 对于 A 也一定独立，称事件 A 与事件 B **相互独立**.

(二) 多个事件的独立性

如果 $n(n>2)$ 个事件 $A_1,A_2,\cdots,A_n$ 中任何一个事件发生的可能性都不受其他一个或几个事件发生与否的影响，则称 $A_1,A_2,\cdots,A_n$ 相互独立.

(三) 关于独立性的几个结论

(1) 两个独立事件乘积的概率，等于它们概率的乘积. 即若 A,B 相互独立，则

$$P(AB)=P(A)P(B).$$

【证】 因为 $P(AB)=P(A)P(B \mid A)$，而 A,B 独立，即 $P(A \mid B)=P(A)$，故有：

$$P(AB)=P(A)P(B).$$

(2) 若事件 A 与 B 相互独立，则事件 $\overline{A}$ 与 B、事件 A 与 $\overline{B}$、事件 $\overline{A}$ 与 $\overline{B}$ 皆相互独立.

【证】 因为 $B=\Omega B=(A+\overline{A})B=AB+\overline{A}B$，而 AB 与 $\overline{A}B$ 互不相容，于是：

$$P(B)=P(AB)+B(\overline{A}B),$$

$$P(\overline{A}B)=P(B)-P(AB)=P(B)-P(A)P(B)$$
$$=[1-P(A)]P(B)=P(\overline{A})P(B).$$

即 $\overline{A}$ 与 B 相互独立，其余仿此可证.

(3) 若 A,B 独立，则：

$$P(A+B)=P(A)+P(B)-P(A)P(B),$$

或

$$P(A+B)=1-P(\overline{A})P(\overline{B}).$$

第一个式子可由 $P(AB)=P(A)P(B)$ 及任意事件的加法公式推得，现证第二个式子.

$$P(A+B)=1-P(\overline{A+B})=1-P(\overline{A}\overline{B})=1-P(\overline{A})P(\overline{B}).$$

(4) 对于相互独立的 n 个事件 $A_1,A_2,\cdots,A_n$，有：

$$P(A_1A_2\cdots A_n)=P(A_1)P(A_2)\cdots P(A_n),$$

$$P(A_1+A_2+\cdots+A_n)=1-P(\overline{A_1})P(\overline{A_2})\cdots P(\overline{A_n}).$$

【例 4.21】 甲、乙两人向同一个目标射击，击中目标的概率分别为 0.7，0.8. 两人同时射击，并假定击中与否是独立的. 求：

(1) 两人都中靶的概率； (2) 甲中乙不中的概率；

(3) 甲不中乙中的概率； (4) 目标被击中的概率.

【解】 设事件 A 表示“甲击中”，事件 B 表示“乙击中”.

(1) 事件“两个都中靶”可表示为 AB，且 A,B 相互独立，则：

$$P(AB)=P(A)P(B)=0.7\times 0.8=0.56.$$

(2) 事件“甲中乙不中”可表示为 $A\bar{B}$，且 $A,\bar{B}$ 相互独立，则：

$$P(A\bar{B})=P(A)P(\bar{B})=0.7\times(1-0.8)=0.14.$$

(3) 事件“甲不中乙中”可表示为 $\bar{A}B$，且 $\bar{A},B$ 相互独立，则：

$$P(\bar{A}B)=P(\bar{A})P(B)=(1-0.7)\times 0.8=0.24.$$

(4) 事件“目标被击中”可表示为 $A+B$，且 A,B 相互独立，则：

$$P(A+B)=P(A)+P(B)-P(A)P(B)$$
$$=0.7+0.8-0.7\times 0.8=0.94.$$

或

$$P(A+B)=1-P(\bar{A})P(\bar{B})=1-(1-0.7)(1-0.8)$$
$$=1-0.06=0.94.$$

需要指出：A,B 相互独立与 A,B 互不相容，是两个不同的概念，我们切不可将其混淆起来. 所谓 A,B 相互独立，其实质是事件 A 发生的概率与事件 B 是否发生毫无关系；所谓 A,B 互不相容，其实质是事件 B 的发生，必然导致事件 A 的不发生，从而事件 A 发生的概率与事件 B 发生与否密切相关. 如图 4-6 所示.

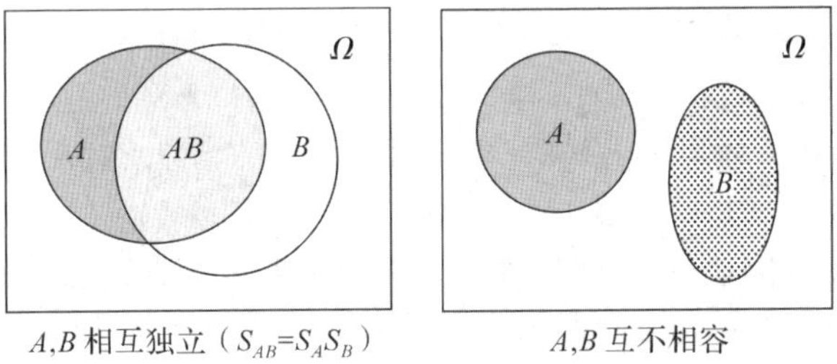

图 4-6

【例 4.22】 若 $P(A)\neq 0,P(B)\neq 0$，则 A,B 独立与 A,B 互不相容不能同时成立.

【证】 (1) 若 A,B 独立，则 $P(AB)=P(A)P(B)\neq 0$，故有 $AB\neq\varnothing$，即 A,B 相容.

(2) 若 A,B 互不相容，则 $P(AB)=P(\varnothing)=0$，而 $P(A)\neq 0,P(B)\neq 0$，故有 $P(AB)\neq P(A)P(B)$，即 A,B 不独立.

【例 4.23】 在如图 4-7 所示的电路中，3 个开关闭合与否是相互独立的. 假定 3 个开关闭合的概率分别为 0.6，0.7，0.8，求灯亮的概率.

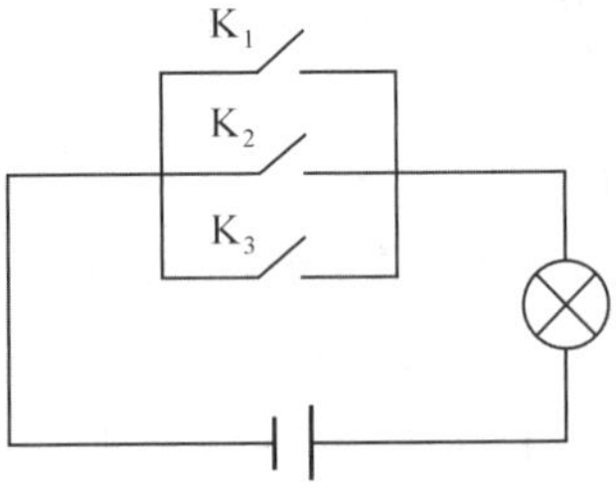

图 4-7

【解】 设 A_i 表示“K_i 闭合$(i=1,2,3)$”，B 表示“灯亮”. A_1,A_2,A_3 相互独立. 故有：

$$P(B)=P(A_1+A_2+A_3)$$

$$
\begin{aligned}
&= P(A_1)+P(A_2)+P(A_3)-P(A_1)P(A_2)-P(A_1)P(A_3)- \\
&\quad P(A_2)P(A_3)+P(A_1)P(A_2)P(A_3) \\
&= 0.6+0.7+0.8-0.6\times0.7-0.6\times0.8-0.7\times0.8+ \\
&\quad 0.6\times0.7\times0.8 \\
&= 0.976.
\end{aligned}
$$

或

$$
\begin{aligned}
P(B) &= P(A_1+A_2+A_3) = 1-P(\overline{A_1})P(\overline{A_2})P(\overline{A_3}) \\
&= 1-(1-0.6)(1-0.7)(1-0.8) \\
&= 1-0.4\times0.3\times0.2 = 0.976.
\end{aligned}
$$

【例 4.24】 用步枪射击飞机，每支步枪的命中率为 0.004. 求用 300 支步枪同时各发射一弹而击中飞机的概率.

【解】 用 A_i 表示“第 i 支步枪击中飞机”($i=1,2,\cdots,300$)，B 表示“飞机被击中”. 则 $P(A_i)=0.004(i=1,2,\cdots,300)$，且 $A_1,A_2,\cdots,A_{300}$ 相互独立. 故有：

$$
\begin{aligned}
P(B) &= P(A_1+A_2+\cdots+A_{300}) \\
&= 1-P(\overline{A_1})P(\overline{A_2})\cdots P(\overline{A_{300}}) \\
&= 1-(1-0.004)^{300} \\
&\approx 0.70.
\end{aligned}
$$

结果表明，虽然一支步枪击中飞机的概率很小，但在大量步枪同时射击时，飞机被击中的概率就不小了.

【例 4.25】 用步枪射击飞机，每支步枪的命中率为 0.004，问至少需要多少支步枪同时各发射一弹，才能保证以 99% 的概率击中飞机？

【解】 设需要 n 支步枪.

用 A_i 表示“第 i 支步枪击中飞机”($i=1,2,\cdots,300$)，B 表示“飞机被击中”. 则 $P(A_i)=0.004(i,=1,2,\cdots,300)$，且 $A_1,A_2,\cdots,A_{300}$ 相互独立. 故有：

$$
\begin{aligned}
P(B) &= P(A_1+A_2+\cdots+A_{300}) \\
&= 1-P(\overline{A_1})P(\overline{A_2})\cdots P(\overline{A_{300}}) \\
&= 1-(1-0.004)^n \geqslant 99\%,
\end{aligned}
$$

即

$$(0.996)^n \leqslant 0.01.$$

故

$$n \geqslant \frac{\ln 0.01}{\ln 0.996} \approx 1148.99.$$

取 $n=1149$，即至少需 1149 支步枪，才能以 99% 的概率击中飞机.

二、重复独立试验

对许多随机试验事件，我们关心的是某事件 A 是否发生. 例如，抛硬币时，关注的是正面是否朝上；产品抽样检查时，关注的是抽出的产品是否为次品；射手向目标射击时，关注的是目标是否被命中，等等. 这类试验有其共同点：

(1) 试验只有两个结果 A 和 $\overline{A}$，而且已知 $P(A)=p(0<p<1)$；

(2) 试验可以独立重复地进行.

如果进行了 n 次这样的试验，则称为 ***n* 重独立试验**，又称 ***n* 重贝努利试验**. 此类试验的概率模型称为贝努利概型.

重复独立试验公式:

对于 n 重贝努利试验,我们最关心的是在 n 次独立重复试验中,事件 A 恰好发生 $k(0 \leqslant k \leqslant n)$ 次的概率 $P_n(k)$. 在 n 重贝努利试验中,设每次试验中事件 A 的概率为 $p(0 < p < 1)$,则事件 A 恰好发生 k 次的概率为:

$$P_n(k) = C_n^k p^k (1-p)^{n-k} \qquad (k = 0,1,2,\cdots,n).$$

事实上,在指定的 k 次试验中发生,而在其余 $n-k$ 次试验中不发生的概率为 $p^k(1-p)^{n-k}$,又由于结果 A 的发生可以有各种排列顺序,n 次试验中恰有 k 次 A 发生,相当于在 n 个位置中选出 k 个,在这 k 个位置处 A 发生,由排列组合知识可知共有 C_n^k 种选法. 而这 C_n^k 种选法所对应的 C_n^k 个事件又是互不相容的,且这 C_n^k 个事件的概率都是 $p^k(1-p)^{n-k}$,按概率的可加性得到 $P_n(k) = C_n^k p^k (1-p)^{n-k}$.

若记 $q = 1-p$,则 $P_n(k) = C_n^k p^k q^{n-k}$. 由于 $C_n^k p^k q^{n-k}$ 恰好是 $(p+q)^k$ 的展开式中的第 $k+1$ 项,所以称此公式为**二项概率公式**.

【例 4.26】 一射手对一目标独立射击 4 次,每次射击的命中率为 0.8,求:

(1) 恰好命中两次的概率; (2) 至少命中一次的概率.

【解】 因每次射击是相互独立的,故此问题可看做 4 重贝努利试验,$p = 0.8$.

(1) 设事件 A_2 表示"4 次射击恰好命中两次",则所求概率为:

$$P(A_2) = P_4(2) = C_4^2(0.8)^2(0.2)^2 = 0.1536.$$

(2) 设事件 B 表示"4 次射击中至少命中一次",A_0 表示"4 次射击都未命中",则:

$$P(B) = P(\overline{A_0}) = 1 - P(A_0) = 1 - P_4(0).$$

故所求概率为 $1 - P(A_0) = 1 - P_4(0) = 1 - C_4^0(0.8)^0(0.2)^4 = 0.9984$.

【例 4.27】 一车间有 5 台同类型且独立工作的机器. 假设在任一时刻 t,每台机器出故障的概率为 0.1,问在同一时刻:

(1) 没有机器出故障的概率是多少?

(2) 至多有一台机器出故障的概率是多少?

【解】 在同一时刻观察 5 台机器,它们是否出故障是相互独立的,故可看作 5 重贝努利试验,$p = 0.1, q = 0.9$. 设 A_0 表示"没有机器出故障",A_1 表示"有一台机器出故障",B 表示"至多有一台机器出故障",则 $B = A_0 \cup A_1$,于是有:

(1) 所求概率 $P(A_0) = P_5(0) = C_5^0(0.1)^0(0.9)^5 = 0.59049$.

(2) 所求概率
$$\begin{aligned}P(B) &= P(A_0) + P(A_1) = P_5(0) + P_5(1) \\ &= 0.59049 + C_5^1(0.1)^1(0.9)^4 = 0.91854.\end{aligned}$$

【例 4.28】 用转炉炼钢,每一炉钢的合格率为 0.7. 现有若干台转炉同时冶炼. 若要求至少能够炼出一炉合格钢的把握为 0.99,问同时至少要有几台转炉炼钢?

【解】 设有 n 个转炉同时炼钢,各炉是否炼出合格钢是相互独立的,可看作 n 重贝努利试验,$p = 0.7, q = 0.3$.

至少炼出一炉合格钢的概率为 $1 - P_n(0) = 1 - C_n^0 p^0 q^n = 1 - q^n$.

由题意,要求 $1 - q^n \geqslant 0.99$,即 $0.3^n \leqslant 0.01$,则 $n \geqslant 4$. 故至少要有 4 台转炉同时炼钢才能满足要求.

习题四

1. 将一枚均匀的硬币抛两次,事件 A,B,C 分别表示"第一次出现正面""两次出现同一面""至少有一次出现正面". 试写出样本空间及事件 A,B,C 中的样本点.

2. 在掷两颗骰子的试验中,事件 A,B,C,D 分别表示"点数之和为偶数""点数之和小于5""点数相等""至少有一颗骰子的点数为 3". 试写出样本空间及事件 AB, $A+B$, $\overline{A}C$, BC, $A-B-C-D$ 中的样本点.

3. 以 A,B,C 分别表示某城市居民订阅日报、晚报和体育报. 试用 A,B,C 表示以下事件:

(1) 只订阅日报;
(2) 只订日报和晚报;
(3) 只订一种报;
(4) 正好订两种报;
(5) 至少订阅一种报;
(6) 不订阅任何报;
(7) 至多订阅一种报;
(8) 三种报纸都订阅;
(9) 三种报纸不全订阅.

4. 甲、乙、丙三人各射击一次,事件 A_1, A_2, A_3 分别表示甲、乙、丙射中. 试说明下列事件所表示的结果: $\overline{A_2}$, A_2+A_3, $\overline{A_1A_2}$, $\overline{A_1+A_2}$, $A_1A_2\overline{A_3}$, $A_1A_2+A_2A_3+A_1A_3$.

5. 设事件 A,B,C 满足 $ABC \neq \varnothing$,试把下列事件表示为一些互不相容的事件的和: $A+B+C$, $AB+C$, $B-AC$.

6. 若事件 A,B,C 满足 $A+C=B+C$,试问 $A=B$ 是否成立?举例说明.

7. 对于事件 A,B,C,试问 $A-(B-C)=(A-B)+C$ 是否成立?举例说明.

8. 设 $P(A)=\dfrac{1}{3}$, $P(B)=\dfrac{1}{2}$,试就以下三种情况分别求 $P(B\overline{A})$:

(1) $AB=\varnothing$; (2) $A\subset B$; (3) $P(AB)=\dfrac{1}{8}$.

9. 已知: $P(A)=P(B)=P(C)=\dfrac{1}{4}$, $P(AC)=P(BC)=\dfrac{1}{16}$, $P(AB)=0$. 求事件 A, B, C 全不发生的概率.

10. 某单位订阅甲、乙、丙三种报纸,据调查,职工中 40% 读甲报,26% 读乙报,24% 读丙报,8% 兼读甲、乙报,5% 兼读甲、丙报,4% 兼读乙、丙报,2% 兼读甲、乙、丙报. 现从职工中随机地抽查一人,问该人至少读一种报纸的概率是多少?不读报的概率是多少?

11. 从 0,1,2,…,9 中任意选出 3 个不同的数字,试求下列事件的概率:

$A_1=\{$三个数字中不含 0 与 5$\}$, $A_2=\{$三个数字中不含 0 或 5$\}$.

12. 从 0,1,2,…,9 中任意选出 4 个不同的数字,计算它们能组成一个 4 位偶数的概率.

13. 一个宿舍中住有 6 位同学,计算下列事件的概率:

(1) 6 人中至少有 1 人生日在 10 月份;
(2) 6 人中恰有 4 人生日在 10 月份;
(3) 6 人中恰有 4 人生日在同一月份.

14. 从一副扑克牌(52 张)中任取 3 张(不重复),计算取出的 3 张牌中至少有 2 张花色相同的概率.

15. 由长期统计资料得知，某一地区在4月份下雨(记作事件A)的概率为4/15，刮风(记作事件B)的概率为7/15，既刮风又下雨的概率为1/10，求$P(A/B)$，$P(B/A)$，$P(A+B)$.

16. 假设一批产品中一、二、三等品各占60%，30%，10%，从中任取一件，结果不是三等品，求取到的是一等品的概率.

17. 设10件产品中有4件不合格品，从中任取2件，已知所取2件产品中有1件是不合格品，求另一件也是不合格品的概率.

18. 为了防止意外，在矿井内同时装有两种报警系统Ⅰ和Ⅱ. 两种报警系统单独使用时，系统Ⅰ和Ⅱ有效的概率分别0.92和0.93，在系统Ⅰ失灵的条件下，系统Ⅱ仍有效的概率为0.85，求：

(1) 两种报警系统Ⅰ和Ⅱ都有效的概率；

(2) 系统Ⅱ失灵而系统Ⅰ有效的概率；

(3) 在系统Ⅱ失灵的条件下，系统Ⅰ仍有效的概率.

19. 10个考签中有4个难签，3人参加抽签考试，不重复地抽取，每人一次，甲先、乙次、丙最后，证明3人抽到难签的概率相等.

20. 设事件A与B相互独立，两个事件只有A发生的概率与只有B发生的概率都是$\frac{1}{4}$，求$P(A)$和$P(B)$.

21. 甲、乙、丙三台机床独立工作，在同一段时间内它们不需要工人照顾的概率分别为0.7，0.8和0.9. 求在这段时间内，最多只有一台机床需要工人照顾的概率.

22. 甲、乙两人向同一个目标射击，击中目标的概率分别为0.7，0.8. 两人同时射击，并假定击中与否是独立的. 求：

(1) 两人都中靶的概率；

(2) 甲中、乙不中的概率；

(3) 甲不中、乙中的概率；

(4) 目标被击中的概率.

23. 三个人独立地破译一个密码，他们译出的概率分别为0.6，0.7，0.8，问此密码能译出的概率为多少？

24. 证明：若$P(A)>0$，$P(B)>0$，则有：

(1) 当A与B独立时，A与B相容；

(2) 当A与B不相容时，A与B不独立.

25. 已知：事件A，B，C相互独立，求证：$A\cup B$与C也独立.

26. 现有一大批电子元件，其合格率为80%，若从中任取6件，试求：

(1) 恰有两个合格品的概率；

(2) 次品不多于两个的概率；

(3) 全为正品的概率.

27. 一大批产品的优质品率为30%，每次任取1件，连续抽取5次，计算下列事件的概率：

(1) 取到的5件产品中恰有2件是优质品；

(2) 在取到的5件产品中已发现有1件是优质品，这5件中恰有2件是优质品.

28. 设一批产品共100件，其中98件正品，2件次品，从中任意抽取3件(分三种情况：一次拿3件；每次拿1件，取后放回，拿3次；每次拿1件，取后不放回，拿3次)，试求：

(1) 取出的 3 件中恰有 1 件是次品的概率；

(2) 取出的 3 件中至少有 1 件是次品的概率.

29. 10 张奖券中含有 4 张中奖的奖券，每人购买 1 张，试求：

(1) 前三人中恰有一人中奖的概率； (2) 第二人中奖的概率.

30. 在肝癌诊断中，有一种甲胎蛋白法，用这种方法能够检查出 95% 的真实患者，但也有可能将 10% 的人误诊. 根据以往的记录，每 10000 人中有 4 人患有肝癌，试求：

(1) 某人经此检验法诊断患有肝癌的概率；

(2) 已知某人经此检验法检验患有肝癌，而他确实是肝癌患者的概率.

31. 假设一厂家生产的仪器，可以直接出厂的概率为 0.70，需进一步调试的概率为 0.30，经调试后可以出厂的概率为 0.80，不合格品的概率为 0.20，且不能出厂. 现该厂新生产了 $n(n \geqslant 2)$ 台仪器(假设各台仪器的生产过程相互独立)，求：

(1) 全部能出厂的概率； (2) 其中恰有 2 件不能出厂的概率；

(3) 其中至少有 2 件不能出厂的概率.

32. 对飞机进行 3 次独立射击，第一次射击命中率为 0.4，第二次为 0.5，第三次为 0.7. 击中飞机一次而飞机被击落的概率为 0.2，击中飞机两次而飞机被击落的概率为 0.6，若被击中三次，则飞机必被击落. 求射击三次飞机未被击落的概率.

33. 在秋菜运输中，某汽车可能到甲、乙、丙三地去拉菜. 设到此三处拉菜的概率分别为 0.2，0.5，0.3，而在各处拉到一级菜的概率分别为 0.1，0.3，0.7.

(1) 求汽车拉到一级菜的概率；

(2) 已知汽车拉到一级菜，求该车菜是乙地拉来的概率.

34. 在市场供应的热水瓶中，甲厂产品占 50%，乙厂产品占 30%，丙厂产品占 20%. 甲厂产品的合格率为 90%，乙厂产品的合格率为 85%，丙厂产品的合格率为 80%. 若已知买到的一个热水瓶是合格品，求这个合格品是甲厂生产的概率.

35. 进行一系列独立试验，每次试验成功的概率均为 p，试求以下事件的概率：

(1) 直到第 r 次才成功；

(2) 第 r 次成功之前恰失败 k 次；

(3) 在 n 次中取得 $r(1 \leqslant r \leqslant n)$ 次成功；

(4) 直到第 n 次才取得 $r(1 \leqslant r \leqslant n)$ 次成功.

第五章　随机变量及其分布

第五章的主要研究对象为随机事件，由于随机事件是集合，因此无法用微积分的工具对它加以研究. 从本章开始，我们引入随机变量，从而使概率论的研究对象由随机事件扩大为随机变量. 随机变量的概念的建立是概率论发展史上的重大突破. 对于随机变量的分布函数，我们能够用微积分作为工具进行研究，这大大拓展了我们研究随机现象的手段，从而使概率论的发展进入了一个新阶段.

本章主要介绍随机变量、分布函数、随机变量的分布（包括离散型和连续型）、常用的离散型和连续性分布.

§5.1　离散型随机变量及其分布列

一、随机变量

随机事件是按试验结果而确定出现与否的事件，它是一种“定性”的概念. 为了进一步研究有关随机试验的问题，还需要引进一种“定量”的概念，即根据试验结果取什么值的变量，我们称这种变量为**随机变量**.

通俗地讲，随机变量就是由试验结果而定的量，随试验结果而变的量. 通常用希腊字母 ξ,η 或大写字母 X,Y 表示.

【例 5.1】　某人从甲地出差去乙地，可以坐船去，也可以坐火车或坐飞机去，其差旅费分别为 200 元、400 元和 1000 元. 由于种种因素的制约，用这三种方式前往的概率分别为 0.35，0.50 和 0.15，则差旅费 X 就是一个随机变量. X 是随着试验结果的不同而变化的，当试验结果确定后，X 的值也就相应地确定了.

“$X=200$”表示坐船去，其出现的概率为 0.35；

“$X=400$”表示坐火车去，其出现的概率为 0.50；

“$X=1000$”表示坐飞机去，其出现的概率为 0.15.

【例 5.2】　电话交换台在一小时内接到的电话用户的呼唤次数 X 是一个随机变量.

若用“$X=k$”表示收到 k 次呼唤，则其出现的概率为 $\frac{\lambda^k e^{-\lambda}}{k!}$，$k=0,1,2,\cdots$（其中 λ 是一个参数）.

【例 5.3】 测试电子管使用寿命，若用 ξ 表示该电子管的使用寿命，则 ξ 是个随机变量，其取值范围为 $[0,+\infty)$，而且通过试验可以知道 ξ 在某个范围内取值的概率.

【例 5.4】 抛掷一枚硬币，结果有两种："正面向上" 和"反面向上"，这种试验的结果不是由数量表示的. 这时可以人为地取一些数来表示其结果. 通常令：

"$X=1$" 表示正面向上，其出现的概率为 0.5；

"$X=0$" 表示反面向上，其出现的概率为 0.5.

建立这种数量化的关系，实际上是引入了一个随机变量 X，对于试验的两种结果，X 的值分别规定为 1 和 0. 当试验结果确定后，X 的值也就相应地确定了.

这种变量不胜枚举，如：某商店在一天内接待的顾客数、室内的温度、某块麦田的年产量等.

以上各例中提到的量，尽管它们的具体内容不同，但从数学的观点来看，却表现了同一情况：每个变量都可以随机地取得不同的数值. 随机变量究竟取哪一个数值，要看随机试验的结果而定，因此随机变量不是自变量，而是函数，它的自变量是随机事件. 因此，我们也可以这样来定义随机变量：

随机变量的定义：设 Ω 是随机试验的样本空间. 如果对于试验的每一种可能结果（样本点）$\omega\in\Omega$，存在唯一的实数 $X(\omega)$ 与之对应，则称 $X(\omega)$ 是定义在 Ω 上的随机变量. 也就是说，随机变量就是定义在样本空间 Ω 上的单值实函数.

随机变量的引入，使我们能用随机变量来描述各种随机现象，使我们有可能利用数学分析的方法对随机试验的结果进行深入广泛的研究和探讨.

二、离散型随机变量及其分布列

若随机变量只能取得有限多个或无穷可列个数值，则称为**离散型随机变量**，如前面的例 5.1、例 5.2 和例 5.4.

要掌握一个离散型随机变量 X 的统计规律，不仅要知道 X 的所有可能取的值，还要知道 X 取每一个可能值的概率. 例如投掷骰子的试验中，X 只可能取 $1,2,\cdots,6$，而且由于等可能性，X 取每一个值的概率都是 $\frac{1}{6}$.

离散型随机变量的分布列：若随机变量 X 可在无穷可列个点 $x_1,x_2,\cdots,x_k,\cdots$ 上取值，X 取这些值的概率依次是 $p_1,p_2,\cdots,p_k,\cdots$，则称 X 为可列点分布.

$$P\{X=x_k\}=p_k\quad(k=1,2,\cdots),$$

称为 X 的**概率分布**（或分布列或分布律）.

可列点分布的分布列也可以写成表格的形式：

X	x_1	x_2	$\cdots$	x_k	$\cdots$
P	p_1	p_2	$\cdots$	p_k	$\cdots$

它直观地表示了随机变量 X 取各个值的概率规律.

若随机变量 X 只在有限个点 $x_1,x_2,\cdots,x_n$ 上取值，且 X 取这些值的概率依次是 $p_1,p_2,\cdots,p_n$，则称 X 为有限点分布.

$$P\{X=x_k\}=p_k \quad (k=1,2,\cdots,n),$$

称为 X 的**概率分布或分布列**.

有限点分布的分布列也可以写成为表格形式：

X	x_1	x_2	$\cdots$	x_n
P	p_1	p_2	$\cdots$	p_n

如例 5.1 的分布列表示为：

X	200	400	1000
P	0.35	0.50	0.15

【例 5.5】 某市场根据以往零售某种蔬菜的经验知道，进货后，第一天售出的概率为 50%，每 10 千克的毛利为 3 元；第二天售出的概率为 30%，每 10 千克的毛利为 1 元；第三天售出的概率为 20%，每 10 千克的毛利为 −1 元. 求每 10 千克所得毛利 X 的分布列.

【解】 X 的分布列和概率分布图分别如下：

X	−1	1	3
P	0.2	0.3	0.5

【例 5.6】 重复独立地抛掷一枚硬币，至出现正面向上为止，求抛掷次数 X 的分布列.

【解】 用“$X=k$”表示前 $k-1$ 次都是反面向上，而第 k 次为正面向上，于是有：

$$P\{X=k\}=\left(\frac{1}{2}\right)^{k-1}\cdot\left(\frac{1}{2}\right)=\left(\frac{1}{2}\right)^{k}.$$

因此，X 的分布列为：

$$P\{X=k\}=\left(\frac{1}{2}\right)^{k} \quad (k=1,2,\cdots).$$

【例 5.7】 某小组有 6 名男生与 4 名女生，任选 3 个人去参观，求所选 3 个人中男生数目 X 的分布列.

【解】 随机变量 X 的所有可能取值为 0,1,2,3，根据古典概率计算公式计算 X 取这些值的概率.

事件“$X=0$”表示所选 3 个人中恰好有 0 名男生，即所选 3 个人都是女生，其概率为：

$$P\{X=0\}=\frac{C_4^3}{C_{10}^3}=\frac{1}{30};$$

事件“$X=1$”表示所选 3 个人中恰好有 1 名男生，即所选 3 个人中有 1 名男生与 2 名女生，其概率为：

$$P\{X=1\}=\frac{C_6^1C_4^2}{C_{10}^3}=\frac{3}{10};$$

事件“$X=2$”表示所选 3 个人中恰好有 2 名男生，即所选 3 个人中有 2 名男生与 1 名女生，其概率为：

$$P\{X=2\}=\frac{C_6^2C_4^1}{C_{10}^3}=\frac{1}{2};$$

事件“$X=3$”表示所选 3 个人中恰好有 3 名男生，即所选 3 个人都是男生，其概率为：

$$P\{X=3\}=\frac{C_6^3}{C_{10}^3}=\frac{1}{6}.$$

所以 X 的分布列为：

X	0	1	2	3
P	$\frac{1}{30}$	$\frac{3}{10}$	$\frac{1}{2}$	$\frac{1}{6}$

由此可见，若知道离散型随机变量的分布列，就掌握了它在各个范围内取值的概率. 因此，分布列全面地描述了离散型随机变量的统计规律性. 以后，我们说求一个离散型随机变量的概率分布，就是求它的分布列.

三、分布列的性质

考虑到随机变量是随机事件的单值函数，而任意随机事件的概率值都大于或等于零，所有事件的概率之和为 1. 因此，对于任何分布列具有以下两个基本性质：

性质 5-1 $p_k\geqslant 0\quad (k=1,2,3,\cdots)$.

性质 5-2 $\sum\limits_{k=1}^{\infty}p_k=1$.

分布列一定具有以上两个性质. 反之，若一个函数 $P\{X=x_k\}=p_k(k=1,2,\cdots)$ 具有上述两条性质，则它必定是某个离散型随机变量的分布列.

【例 5.8】 判定以下各表所表示的函数能否作为某个离散型随机变量的分布列.

(1)

X	-2	-1	0
P	$\frac{1}{2}$	$\frac{3}{10}$	$\frac{2}{5}$

(2)

X	1	2	$\cdots$	k	$\cdots$
P	$\frac{2}{3}$	$\frac{2}{3^2}$	$\cdots$	$\frac{2}{3^k}$	$\cdots$

【解】 (1) 显然 $p_k>0(k=1,2,3)$，且有：

$$\sum_{k=1}^{3}p_k=\frac{1}{2}+\frac{3}{10}+\frac{2}{5}=\frac{6}{5}\neq 1.$$

因此，此函数不能作分布列.

(2) $p_k=\frac{2}{3^k}>0(k=1,2,\cdots)$，且有：

$$\sum_{k=1}^{\infty}p_k=\frac{2}{3}+\frac{2}{3^2}+\cdots+\frac{2}{3^k}+\cdots=\frac{\frac{2}{3}}{1-\frac{1}{3}}=1.$$

因此,此函数能作为分布列.

【例 5.9】 设随机变量 X 的分布列为:

$$P\{X=k\}=c\left(\frac{2}{3}\right)^{k}\quad(k=1,2,3).$$

试确定系数 c.

【解】 $\sum_{k=1}^{3}p_k=c\times\frac{2}{3}+c\times\left(\frac{2}{3}\right)^2+c\times\left(\frac{2}{3}\right)^3=\frac{38}{27}c=1,$

所以 $c=\frac{27}{38}.$

【例 5.10】 设随机变量 X 只能取 $-\sqrt{3},-\frac{1}{2},0,\pi$ 四个值,且取每个值的概率均相同,试写出其分布列,并求 $P\{-1\leqslant X\leqslant 1\}$;$P\{X>-\sqrt{2}\}$;$P\{X<4\}$.

【解】 X 的分布列为:

X	$-\sqrt{3}$	$-\frac{1}{2}$	0	π
P	$\frac{1}{4}$	$\frac{1}{4}$	$\frac{1}{4}$	$\frac{1}{4}$

$$P\{-1\leqslant X\leqslant 1\}=P\left\{X=-\frac{1}{2}\right\}+P\{X=0\}=\frac{1}{4}+\frac{1}{4}=\frac{1}{2};$$

$$\begin{aligned}P\{X>-\sqrt{2}\}&=P\left\{X=-\frac{1}{2}\right\}+P\{X=0\}+P\{X=\pi\}\\&=\frac{1}{4}+\frac{1}{4}+\frac{1}{4}=\frac{3}{4};\end{aligned}$$

$$\begin{aligned}P\{X<4\}&=P\{X=-\sqrt{3}\}+P\left\{X=-\frac{1}{2}\right\}+P\{X=0\}+P\{X=\pi\}\\&=\frac{1}{4}+\frac{1}{4}+\frac{1}{4}+\frac{1}{4}=1.\end{aligned}$$

四、常见的离散型随机变量及其分布列

下面介绍三种重要的常用离散型随机变量.

(一) 二点分布

若随机变量 X 只可能取 0 和 1 两个值,它的分布列是:

$$P\{X=k\}=p^k(1-p)^{1-k}\quad(k=0,1),$$

其中,参数 p 满足:$0<p<1$,则称 X 服从**二点分布**(或 **0—1 分布**).

二点分布的分布列也可以写成:

X	0	1
P	$1-p$	p

$(0<p<1).$

【注】 为书写简便，常用 q 表示 $1-p$，以后在离散型分布中出现 q，即表示 $q=1-p$，不再另做说明.

二点分布虽很简单，但却很有用. 当一次试验只可能出现两种结果时，就能确定一个服从二点分布的随机变量. 如：对新生婴儿进行性别登记、检查产品的质量是否合格、某单位的电力消耗是否超过负荷、电路是"通路"还是"断路"等.

其实在 n 重贝努利试验中，每次试验只观察 A 是否发生，定义随机变量 X 如下：

$$X=\begin{cases}1, & \text{当 } A \text{ 发生}\\ 0, & \text{当 } A \text{ 不发生}\end{cases}.$$

因为 $P\{X=0\}=P(\overline{A})=1-p$，$P\{X=1\}=P(A)=p$，所以 X 服从 0—1 分布.

【例 5.11】 100 件相同的产品中，有 4 件次品和 96 件正品，现从中任取一件，求取到的正品数 X 的分布列.

【解】 X 的分布列为：

X	0	1
P	0.04	0.96

（二）二项分布

若随机变量 X 满足

$$P\{X=k\}=C_n^k p^k(1-p)^{n-k}\quad(k=0,1,2,\cdots,n;0<p<1),$$

则称 X 服从参数为 n,p 的**二项分布**，记为 $X\sim B(n,p)$. 二项分布的实际背景是贝努利试验：设在单次试验中，事件 A 发生的概率是 $p(0<p<1)$，那么在 n 次试验中 A 发生 k 次的概率就服从二项分布.

显然，当 $n=1$ 时，二项分布化为：

$$P\{X=k\}=p^k(1-p)^{1-k}\quad(k=0,1;0<p<1).$$

这就是二点分布.

【注】 由二项式定理可知，$C_n^k p^k q^{n-k}$ 恰好是 $(q+p)^n$ 展开式中的第 $k+1$ 项，二项分布由此得名.

【例 5.12】 袋中有 4 个白球和 6 个黑球，现在有放回地取 3 次，每次取 1 个球. 设 3 次取到白球的总次数为随机变量 X，求 X 的分布列.

【解】 设 A 为在一次试验中取到的是白球，则 $P(A)=0.4$，$X\sim B(3,0.4)$.

于是，X 的分布列为：

$$P\{X=k\}=C_3^k(0.4)^k(0.6)^{3-k}\quad(k=0,1,2,3).$$

其列表形式如下：

X	0	1	2	3
P	0.22	0.43	0.29	0.06

【例 5.13】 按照规定,某种型号灯管的使用寿命超过5000小时的为一级品.现已知某一大批此种灯管中的一级品率为0.2,现从中任意抽取10只,问这10只灯管中恰好有k个灯管为一级品的概率是多少?

【解】 这是不放回抽样,但由于这批灯管数量很大,而抽取的灯管数相对于总数而言很小,因此可以当作放回抽样来处理.当然会出现一些误差,但误差不大.因此,若设10只灯管中出现的一级品为随机变量X,则$X \sim B(10,0.2)$.于是有:

$$P\{X=k\}=C_{10}^{k}(0.2)^{k}(0.8)^{10-k} \quad (k=0,1,2,\cdots,10).$$

对不同的k计算结果和分布列如下:

$P\{X=0\}=0.107$; $P\{X=1\}=0.268$; $P\{X=2\}=0.302$;

$P\{X=3\}=0.201$; $P\{X=4\}=0.088$; $P\{X=5\}=0.026$;

$P\{X=6\}=0.006$; 当$k \geqslant 7$时,$P\{X=k\}<0.001$.

X	0	1	2	3	4	5	6	$\geqslant 7$
P	0.107	0.268	0.302	0.201	0.088	0.026	0.006	<0.001

由此看出,当k增加时,概率$P\{X=k\}$先随之增加,直至达到最大值,之后单调减少.一般地,对于固定的n和p,二项分布$B(n,p)$都具有此性质.如本例,当$X=2$时,所对应的概率最大.

【例 5.14】 某企业聘请了7名专家对一经济项目的可行性进行决策,已知每位专家给出正确意见的概率是0.8,企业个别征求专家的意见,并按多数专家的意见,做出决策,求做出正确决策的概率.

【解】 依题意,各专家的意见是相互独立的.设X表示"7位专家中提供正确意见的人数",则X服从参数为$n=7$,$p=0.8$的二项分布,即$X \sim B(7,0.8)$."企业个别征求专家的意见,并按多数专家的意见做出决策",也就是说"至少有4个及以上的专家提供正确的意见",所以"做出正确决策的概率"就是"至少有4个专家提供正确意见的概率".则做出正确决策的概率为:

$$P=\sum_{m=4}^{7} C_7^m 0.8^m 0.2^{7-m} \approx 0.967.$$

(三) 泊松分布

若随机变量X满足

$$P\{X=k\}=\frac{\lambda^k}{k!}e^{-\lambda} \quad (k=0,1,2,\cdots;\lambda>0),$$

则称X服从参数为λ的**泊松分布**,记为$X \sim P(\lambda)$.

对于那些试验次数n很大,事件A在每次试验中发生的概率p又很小,且np等于或近似等于某个常数的一类随机事件,事件A发生的次数通常被看作是服从泊松分布的随机变量.自然界中有很多此类现象,如:一段时间内到某商店的顾客数、一页书上印刷的错误数、每公尺布的疵点数、显微镜下某观察范围内的微生物数等随机变量,都服从泊松分布.

【例 5.15】 电话交换台每分钟接到的呼唤数X为随机变量,设$X \sim P(3)$,求:

(1) 一分钟内呼唤次数不超过1的概率;

(2) 一分钟内呼唤次数超过2的概率.

【解】 (1)$X \sim P(3)$.

因为 $$P\{X=k\}=\frac{3^k}{k!}e^{-3} \quad (k=0,1,2,\cdots),$$

于是 $$P\{X\leqslant 1\}=P\{X=0\}+P\{X=1\}=e^{-3}+3e^{-3}\approx 0.199.$$

(2) $$P\{X>2\}=1-P\{X\leqslant 2\}=1-P\{X=0\}-P\{X=1\}-P\{X=2\}$$
$$=1-e^{-3}-3e^{-3}-\frac{9}{2}e^{-3}=1-\frac{17}{2}e^{-3}.$$

可以证明,当 n 很大、p 很小时,有以下近似公式:

$$C_n^k p^k q^{n-k}\approx \frac{\lambda^k}{k!}e^{-\lambda} \quad (\lambda=np).$$

在实际计算中,当 $n\geqslant 10$,$p\leqslant 0.1$,且精度要求不太高时,就可以用上述近似公式.

【例 5.16】 某汽车维修站指定 4 位工人负责某一品牌的 600 辆汽车的维修工作.这种品牌的汽车每辆车发生故障的概率为 0.005,求汽车发生故障后都能及时得到维修的概率(假设每辆发生故障的汽车只需要 1 名工人维修).

【解】 用 X 表示 600 辆汽车中同时发生故障的辆数.只要 $X\leqslant 4$,发生故障的车到站即可得到维修.因此该题所求的是 $P\{0\leqslant X\leqslant 4\}$.

$$P\{0\leqslant X\leqslant 4\}=P\{X=0\}+P\{X=1\}+P\{X=2\}+P\{X=3\}+P\{X=4\}.$$

显然,对每辆汽车要么发生故障需要维修,要么没有发生故障,因此 X 服从 $n=600$ 和 $p=0.005$ 的二项分布,即 $X\sim B(600,0.005)$,可以用二项分布公式计算出来,但计算量就比较大.

由于此问题 n 很大、p 很小,所以可以认为 X 近似地服从泊松分布.由于 $\lambda=np=600\times 0.005=3$,利用公式 $C_n^k p^k q^{n-k}\approx \frac{\lambda^k}{k!}e^{-\lambda}$ 得:

$$P\{0\leqslant X\leqslant 4\}\approx \frac{3^0}{0!}e^{-3}+\frac{3^1}{1!}e^{-3}+\frac{3^2}{2!}e^{-3}+\frac{3^3}{3!}e^{-3}+\frac{3^4}{4!}e^{-3}$$
$$=(1+3+4.5+4.5+3.375)e^{-3}\approx 0.815.$$

§5.2 连续型随机变量

连续型随机变量 X 可以取某区间上的所有值,这时考虑 X 取某个值的概率,往往意义不大,而是考察 X 在此区间上的某一子区间上取值的概率.例如,在打靶时,我们并不想知道某个射手击中靶上某一点的概率,而是希望知道他击中某一环的概率.若把弹着点和靶心的距离看作随机变量 X,则击中某一环即表示 X 在此环所对应的区间内取值,于是,我们所讨论的问题就成了讨论 $P\{a<X\leqslant b\}$ 的问题.

一、密度函数的概念

对于随机变量 X,若存在一个定义在$(-\infty,+\infty)$内的非负函数 $f(x)$,使对任意的

$a,b(a<b)$ 皆有

$$P\{a<X\leqslant b\}=\int_a^b f(x)\mathrm{d}x$$

成立，则称 X 为**连续型随机变量**，称 $f(x)$ 为 X 的**概率密度函数**，简称**密度函数**或**概率密度**. 用直角坐标系表示密度函数的图像，称为 X 的**密度曲线**.

这里，应注意以下几个问题：

(1) 由于 $\int_a^a f(x)\mathrm{d}x=0$，所以连续型随机变量 X 取区间内任一值的概率为零，即 $P\{X=c\}=0$，c 为任意常数；

(2) 连续型随机变量 X 在任一区间上取值的概率与是否包含区间端点无关，即：

$$P\{a<X<b\}=P\{a\leqslant X<b\}=P\{a<X\leqslant b\}=P\{a\leqslant X\leqslant b\}=\int_a^b f(x)\mathrm{d}x;$$

(3) 密度函数在某一点处的值，并不表示 X 在此点处的概率，而表示 X 在此点处概率分布的密集程度.

由定积分的几何意义可知，连续型随机变量在某一区间 $(a,b]$ 上取值的概率 $P\{a<X\leqslant b\}$ 等于其密度函数在该区间上的定积分，也就是该区间上密度曲线与 x 轴所围曲边梯形的面积. 如图 5-1 所示.

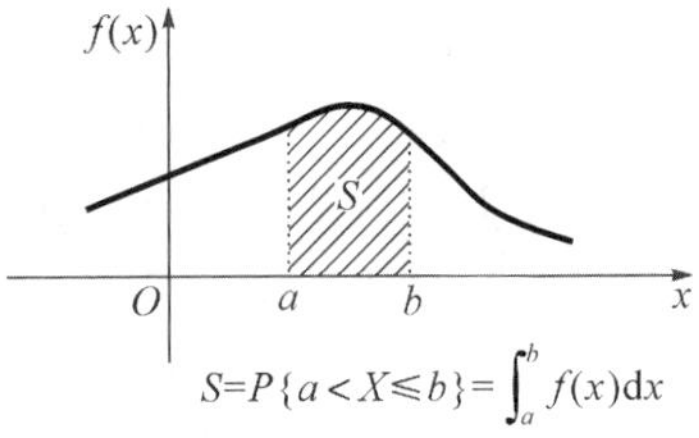

图 5-1

由以上所述可知，若已知连续型随机变量 X 的密度函数，则 X 在任一区间上取值的概率皆可以通过定积分求出. 因此说，密度函数全面地描述了连续型随机变量的统计规律. 以后，我们说求某个连续型随机变量的概率分布，指的就是求它的密度函数.

【例 5.17】 设 X 的密度函数为：

$$f(x)=\begin{cases}\dfrac{1}{2}x, & 0\leqslant x\leqslant 2\\ 0, & 其他\end{cases}.$$

(1) 绘出密度曲线；

(2) 求 $P\{0<X<1\}$，$P\{-1<X<1\}$，$P\{X<3\}$.

【解】 (1) 密度曲线如图 5-2 所示.

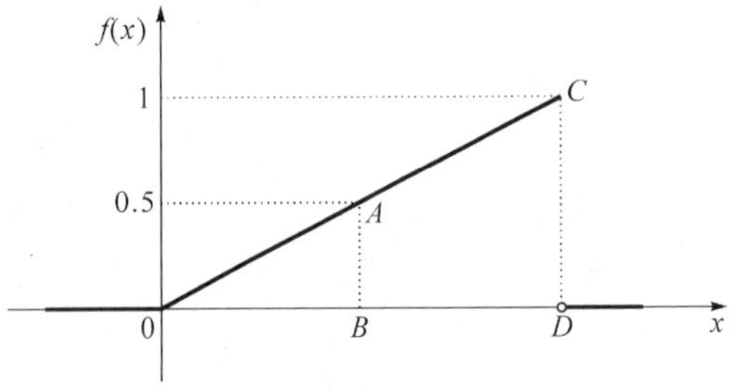

图 5-2

(2) **方法1**：

$$P\{0<X<1\}=\int_0^1 f(x)\mathrm{d}x=\int_0^1 \frac{1}{2}x\mathrm{d}x=\frac{1}{4}x^2\Big|_0^1=\frac{1}{4};$$

$$P\{-1<X<1\}=\int_{-1}^0 f(x)\mathrm{d}x+\int_0^1 f(x)\mathrm{d}x=0+\int_0^1\frac{1}{2}x\mathrm{d}x=\frac{1}{4}x^2\Big|_0^1=\frac{1}{4};$$

$$P\{X<3\}=\int_{-\infty}^0 f(x)\mathrm{d}x+\int_0^2 f(x)\mathrm{d}x+\int_2^3 f(x)\mathrm{d}x=0+\int_0^2\frac{1}{2}x\mathrm{d}x+0$$

$$=\frac{1}{4}x^2\Big|_0^2=1.$$

方法2：由定积分的几何意义知：

$$P\{0<X<1\}=P\{-1<X<1\}=S_{\Delta OAB}=\frac{1}{2}\times 0.5\times 1=\frac{1}{4};$$

$$P\{X<3\}=S_{\Delta OCD}=\frac{1}{2}\times 1\times 2=1.$$

【例 5.18】 某型号的电子管的寿命(单位:小时)为随机变量 X,其密度函数为：

$$f(x)=\begin{cases}\dfrac{100}{x^2}, & x>100\\ 0, & x\leqslant 100\end{cases}.$$

现有一电子仪器上装有三个这种电子管,问这仪器在使用中的前200小时内不需要更换这种电子管的概率是多少?(假定这种电子管在这段时间内更换的事件是相互独立的)

【解】 “仪器在使用中的前200小时内不需要更换这种电子管”相当于每个电子管的使用寿命都超过200小时. 设 A_i 表示“第 i 个电子管在使用中的前200个小时内不需要更换”($i=1,2,3$),A 表示“三个电子管在这段时间内都不需要更换”. 则：

$$P(A_i)=P\{X\geqslant 200\}=\int_{200}^{+\infty}f(x)\mathrm{d}x=\int_{200}^{+\infty}\frac{100}{x^2}\mathrm{d}x=0.5\quad(i=1,2,3);$$

$$P(A)=P(A_1A_2A_3)=P(A_1)P(A_2)P(A_3)=(0.5)^3=0.125.$$

二、密度函数的性质

显然,密度函数 $f(x)$ 具有下列性质：

性质 5-3 $f(x)\geqslant 0\quad(-\infty<x<+\infty)$.

性质 5-4 $\int_{-\infty}^{+\infty}f(x)\mathrm{d}x=1$.

反之,若一个函数具有上述两条性质,则它一定是某个连续型随机变量的密度函数.

【例 5.19】 设 X 的密度函数为：

$$f(x)=\begin{cases}Ax^2, & 0<x<1\\ 0, & \text{其他}\end{cases}.$$

(1) 试确定常数 A； (2) 绘出密度曲线；

(3) 求 $P\{-1<X<0.5\}$.

【解】 (1) 因为$\int_{-\infty}^{+\infty}f(x)\mathrm{d}x=1$,故有：

$$\int_0^1 Ax^2\mathrm{d}x = 1,$$

解得 $A = 3.$

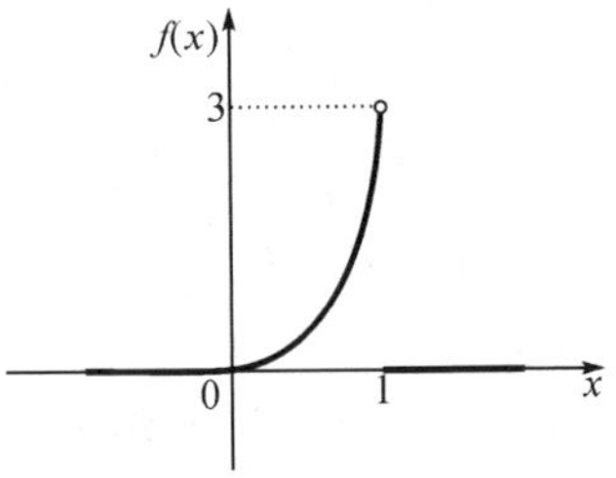

图 5-3

(2) 密度曲线如图 5-3 所示：

$$f(x) = \begin{cases} 3x^2, & 0 < x < 1 \\ 0, & 其他 \end{cases}.$$

(3) $P\{-1 < X < 0.5\} = \int_{-1}^{0.5} f(x)\mathrm{d}x = \int_{-1}^{0} 0\mathrm{d}x + \int_0^{0.5} 3x^2\mathrm{d}x = 0 + 0.125 = 0.125.$

§5.3 分布函数

一、分布函数的概念

设 X 是一个随机变量，x 为任意实数，称函数

$$F(x) = P\{X \leqslant x\} \quad x \in (-\infty, +\infty),$$

为随机变量 X 的**分布函数**.

值得注意的是：

(1)“$X \leqslant x$”表示一个事件，而“$P\{X \leqslant x\}$”表示该事件的概率，根据概率的概念有：$0 \leqslant P\{X \leqslant x\} \leqslant 1$. 因此，$F(x)$ 是一个定义在 $(-\infty, +\infty)$ 内的普通实函数，它的值域为 $[0,1]$.

(2) $F(x)$ 的值不是 $X = x$ 时的概率，而是 X 在 $(-\infty, x]$ 整个区间上取值的“累计概率”的值.

(3) 对于任意两个实数 $a, b(a < b)$，由于事件“$X \leqslant b$”可看成是两个互不相容的事件“$X \leqslant a$”与“$a < X \leqslant b$”的和，因此

$$P\{X \leqslant b\} = P\{X \leqslant a\} + P\{a < X \leqslant b\}.$$

于是有

$$P\{a < X \leqslant b\} = P\{X \leqslant b\} - P\{X \leqslant a\} = F(b) - F(a).$$

这表明：随机变量 X 在任一半开区间 $(a, b]$ 上取值的概率等于 X 的分布函数在该区间上的增量. 因此，分布函数从另一个角度刻画了随机变量的概率分布，它不仅适用于连续型随机变量，也适用于离散型随机变量.

分布函数的引入，使得某些概率论方面的问题有可能得到简化而转为普通函数的运算，从而微积分中的许多结果可以作为讨论随机变量概率规律性的有力工具.

二、分布函数的性质

设 $F(x)$ 为随机变量 X 的分布函数，则 $F(x)$ 有下列性质：

性质 5-5 $F(x)$ 是个不减函数.

性质 5-6 $0 \leqslant F(x) \leqslant 1$.

性质 5-7　$F(-\infty)=\lim\limits_{x\to-\infty}F(x)=0, F(+\infty)=\lim\limits_{x\to+\infty}F(x)=1$.

性质 5-8　$F(x)$ 右连续，即 $F(x+0)=F(x)$. 若 X 为连续型随机变量，则 $F(x)$ 处处连续.

性质 5-5、性质 5-6、性质 5-7 是显然的，对于性质 5-8，将在本节后面的叙述中进行说明.

【例 5.20】　设 X 的分布函数为：

$$F(x)=\begin{cases}A(1-e^{-x}), & x\geqslant 0\\ 0, & x<0\end{cases},$$

求常数 A 与 $P\{-1<X\leqslant 3\}$.

【解】　根据分布函数的性质，得出：

$$\lim_{x\to+\infty}F(x)=\lim_{x\to+\infty}A(1-e^{-x})=A=1;$$

$$P\{-1<X\leqslant 3\}=F(3)-F(-1)=1-e^{-3}-0=1-\frac{1}{e^{3}}.$$

三、离散型随机变量的分布函数

【例 5.21】　设 X 的分布列为：

X	0	1	2
P	0.3	0.5	0.2

(1) 求 X 的分布函数 $F(x)$；　　(2) 绘出 $F(x)$ 的图像.

【解】　(1) 当 $x<0$ 时，$F(x)=P\{X<0\}=0$；

当 $0\leqslant x<1$ 时，$F(x)=P\{X<1\}=P\{X=0\}=0.3$；

当 $1\leqslant x<2$ 时，$F(x)=P\{X<2\}=P\{X=0\}+P\{X=1\}=0.3+0.5=0.8$；

当 $x\geqslant 2$ 时，$F(x)=P\{X\leqslant 2\}=P\{X=0\}+P\{X=1\}+P\{X=2\}=0.3+0.5+0.2=1$.

因此得

$$F(x)=\begin{cases}0, & -\infty<x<0\\ 0.3, & 0\leqslant x<1\\ 0.8, & 1\leqslant x<2\\ 1, & x\geqslant 2\end{cases}.$$

(2) $F(x)$ 的图像如图 5-4 所示.

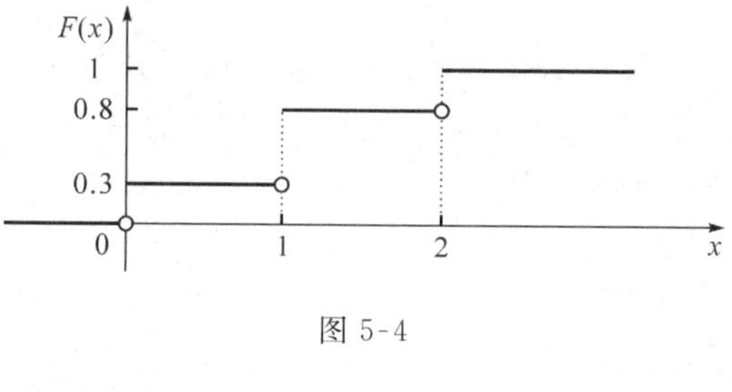

图 5-4

一般地，若 X 的分布列为

$$P\{X=x_k\}=p_k\quad (k=1,2,\cdots),$$

则 $$F(x)=P\{X\leqslant x\}=\sum_{x_k\leqslant x}p_k.$$

$F(x)$ 是分布函数，其定义域 $(-\infty,+\infty)$ 分为若干段，仅最左边的那段是开区间，其余皆为左闭右开区间. $F(x)$ 的图形皆为阶梯形，其分界点即 X 的取值点.

对于离散型随机变量 X，在用其分布函数求概率时，需注意 X 所取区间的端点是否包含在内.

【例 5.22】 设 X 的分布函数为 $F(x)=\begin{cases}0, & x<0\\ 1-p, & 0\leqslant x<1\\ 1, & x\geqslant 1\end{cases}$ $(0<p<1)$，求 X 的分布列.

【解】 $F(x)$ 是分段函数，分界点为 $x=0$ 和 $x=1$，即 X 的取值为 0,1.

$$P\{X=0\}=P\{X\leqslant 0\}=F(0)=1-p,$$

$$P\{X=1\}=F(1)-F(0)=1-(1-p)=p.$$

于是得 X 的分布列为：

X	0	1
P	$1-p$	p

$(0<p<1)$

四、连续型随机变量的分布函数

若 X 的密度函数为 $f(x)$，则有：

$$F(x)=\int_{-\infty}^{x}f(x)\mathrm{d}x,\quad x\in(-\infty,+\infty).$$

且在 $f(x)$ 的连续点有 $F'(x)=f(x)$.

事实上，根据密度函数的概念有：

$$P\{a<X\leqslant b\}=\int_a^b f(x)\mathrm{d}x,$$

于是有 $$F(x)=P\{X\leqslant x\}=\int_{-\infty}^{x}f(x)\mathrm{d}x.$$

可见，连续型随机变量的分布函数 $F(x)$ 是以 $f(x)$ 为被积函数的变上限的广义积分. 因而当 $f(x)$ 给定时，通过逐段积分的方法即可求得它的分布函数 $F(x)$，而且求得的分布函数必是 x 的连续函数.

反之，由于在 $f(x)$ 的连续点上有 $F'(x)=f(x)$，故当分布函数 $F(x)$ 给定时，通过逐段求导的方法可求得相应的概率分布，此时实际上是 $f(x)$ 的原函数.

【例 5.23】 设 X 的密度函数为：

$$f(x)=\begin{cases}\dfrac{1}{8}, & -3\leqslant x\leqslant 5\\ 0, & \text{其他}\end{cases}.$$

(1) 求 X 的分布函数 $F(x)$； (2) 绘出 $F(x)$ 的图像；

(3) 利用 $F(x)$ 求 $P\{-4\leqslant X<0\}$.

【解】 (1) 根据 $F(x)=\int_{-\infty}^{x}f(x)\mathrm{d}x$ 有：

当 $x<-3$ 时，$F(x)=0$；

当 $-3\leqslant x\leqslant 5$ 时，$F(x)=\int_{-3}^{x}\frac{1}{8}\mathrm{d}x=\frac{x+3}{8}$；

当 $x>5$ 时，$F(x)=\int_{-3}^{5}\frac{1}{8}\mathrm{d}x=1$.

因此得：

$$F(x)=\begin{cases}0, & x<-3\\ \dfrac{x+3}{8}, & -3\leqslant x\leqslant 5.\\ 1, & x>5\end{cases}$$

(2)$F(x)$ 的图像如图 5-5 所示.

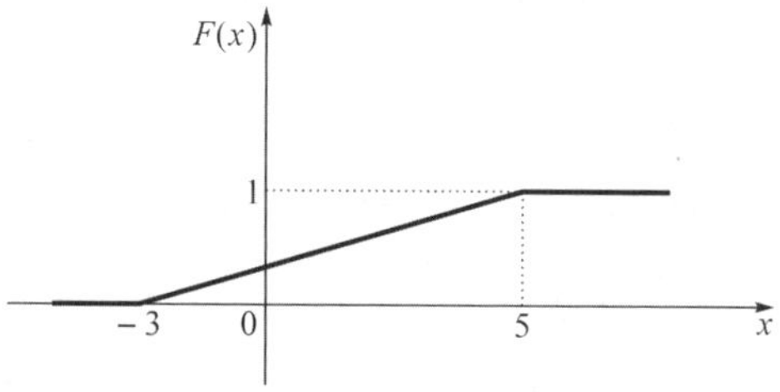

图 5-5

(3)$P\{-4\leqslant X<0\}=F(0)-F(-4)=\frac{0+3}{8}-0=\frac{3}{8}$.

从上例看出，对连续型随机变量 X，尽管 X 的密度函数 $f(x)$ 可能有间断点、分布函数 $F(x)$ 也可能是分段函数，但 $F(x)$ 却是处处连续的. 由于 $F(x)$ 是 $f(x)$ 的可变上限的定积分，因此一般总有 $F(x)$ 处处连续，这正表明了分布函数的性质 5-8.

【例 5.24】 设 X 的分布函数为：

$$F(x)=\begin{cases}1-\mathrm{e}^{-\lambda x}, & x\geqslant 0\\ 0, & x<0\end{cases}\quad(\lambda>0).$$

求 X 的密度函数 $f(x)$.

【解】 当 $x<0$ 时，$f(x)=F'(x)=0$.

当 $x>0$ 时，$f(x)=F'(x)=\lambda\mathrm{e}^{-\lambda x}$.

当 $x=0$ 时，$F'(-0)=0$，$F'(+0)=\lambda$，即 $F(x)$ 在这点不可导. 这时，我们可以定义 $f(0)$ 为 0 或 λ 中的任一个. 若定义 $f(0)=\lambda$，则：

$$f(x)=\begin{cases}\lambda\mathrm{e}^{-\lambda x}, & x\geqslant 0\\ 0, & x<0\end{cases}\quad(\lambda>0).$$

综上所述，由分布列或密度函数求分布函数，或由分布函数求分布列或密度函数，只要已知函数是分段表达的，就要“分段来求，合起来写”.

五、随机变量函数的分布

在某些试验中，我们关心的随机变量的统计规律不能通过直接观测得到，它可能是另一个或几个能直接观测的随机变量的函数. 在前面的课程中，我们讨论过随机变量函数的分布问题，对一般的随机变量当然也存在同样的问题. 例如，若已知随机变量 X 的分布规律，需要研究新的随机变量 Y（如 $Y=X^2$）的分布规律，这个新出现的随机变量 Y 就是原来的随机变量 X 的一个函数.

下面通过具体的例子介绍求随机变量函数分布的一般方法.

【例 5.25】 设离散型随机变量 X 的概率分布为：

X	-2	-1	0	1	2
P	$\frac{1}{5}$	$\frac{1}{6}$	$\frac{1}{5}$	$\frac{1}{15}$	$\frac{11}{30}$

求随机变量 $Y=X^2$ 的概率分布.

【解】 Y 可能的取值为 4,1,0. 注意到：

$$P\{Y=4\}=P\{X=-2\}+P\{X=2\};$$

$$P\{Y=1\}=P\{X=-1\}+P\{X=1\};$$

$$P\{Y=0\}=P\{X=0\}.$$

故 Y 的概率分布为：

Y	0	1	4
P	$\frac{1}{5}$	$\frac{7}{30}$	$\frac{17}{30}$

【例 5.26】 设连续型随机变量 X 的概率密度函数为：

$$f_X(x)=\begin{cases}6x(1-x), & 0<x<1\\ 0, & \text{其他}\end{cases}.$$

求 $Y=2X+1$ 的概率密度函数.

【解】 设 Y 的分布函数为 $F_Y(y)$，先求其分布函数，则：

$$F_Y(y)=P\{Y\leqslant y\}=P\{2X+1\leqslant y\}=P\left\{X\leqslant\frac{y-1}{2}\right\}$$

$$=\int_0^{\frac{y-1}{2}}6x(1-x)\mathrm{d}x\quad\left(0<\frac{y-1}{2}<1\right)$$

$$=\int_0^{\frac{y-1}{2}}6x(1-x)\mathrm{d}x\quad(1<y<3).$$

两边对 y 求导，有：

$$f_Y(y)=\frac{3}{4}(y-1)(3-y)\quad(1<y<3).$$

故
$$f_Y(y)=\begin{cases}\frac{3}{4}(y-1)(3-y), & 1<y<3\\ 0, & \text{其他}\end{cases}.$$

§5.4 常用连续分布

本节主要介绍三个常用的连续随机变量的概率分布及其性质.

一、均匀分布

若随机变量 X 的密度函数为：

$$f(x)=\begin{cases}\dfrac{1}{b-a}, & a\leqslant x\leqslant b\\ 0, & \text{其他}\end{cases}\quad(a<b),$$

则称 X 在区间 $[a,b]$ 上服从**均匀分布**,记为 $X\sim U(a,b)$,也称**等概率分布**.

从均匀分布的概念可知:X 仅在有限区间 $[a,b]$ 上取值,而且落在区间 $[a,b]$ 中的任意长度的子区间内的可能性是相同的,或者说它落在区间 $[a,b]$ 的子区间内的概率只依赖于子区间的长度而与子区间的位置无关.

我们可以通过积分求出均匀分布的分布函数 $F(x)$.

当 $x<a$ 时,$F(x)=0$;

当 $a\leqslant x<b$ 时,$F(x)=\int_{-\infty}^{x}\dfrac{1}{b-a}\mathrm{d}x=\int_{a}^{x}\dfrac{1}{b-a}\mathrm{d}x=\dfrac{x-a}{b-a}$;

当 $x\geqslant b$ 时,$F(x)=\int_{-\infty}^{x}\dfrac{1}{b-a}\mathrm{d}x=\int_{a}^{b}\dfrac{1}{b-a}\mathrm{d}x=1$.

所以

$$F(x)=\begin{cases}0, & x<a\\ \dfrac{x-a}{b-a}, & a\leqslant x<b.\\ 1, & x\geqslant b\end{cases}$$

均匀分布的密度函数和分布函数的图像如图 5-6 所示.

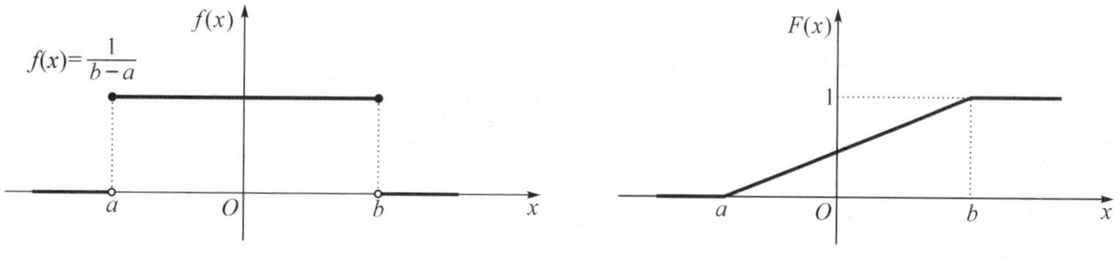

(a) 均匀分布的密度函数　　(b) 均匀分布的分布函数

图 5-6

【例 5.27】 已知:在某公共汽车的起点站上,每隔 8 分钟发出一辆汽车;一个乘客在任一时刻到达车站是等可能的.

(1) 求此乘客候车时间 X 的分布;　　(2) 绘出 X 的密度曲线;

(3) 求此乘客候车时间超过 5 分钟的概率.

【解】 (1)X 服从 $[0,8]$ 上的均匀分布,其密度函数为:

$$f(x)=\begin{cases}0.125, & 0\leqslant x\leqslant 8\\ 0, & \text{其他}\end{cases}.$$

(2) X 的密度曲线如图 5-7 所示.

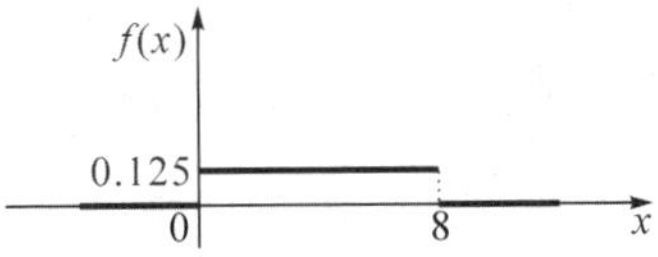

图 5-7

(3) $P\{X>5\}=\int_5^{+\infty}f(x)\mathrm{d}x=\int_5^8 0.125\mathrm{d}x=0.375.$

从例题可以看出，生活中我们乘公共汽车、地铁的候车时间都可以认为是均匀分布的. 计算中四舍五入所造成的误差、看钟表时秒钟所处的位置等，都服从均匀分布.

二、指数分布

若随机变量 X 的密度函数为

$$f(x)=\begin{cases}\lambda \mathrm{e}^{-\lambda x}, & x\geqslant 0\\ 0, & x<0\end{cases}\quad(\lambda>0),$$

则称 X 服从参数为 λ 的**指数分布**，记为 $X\sim \mathrm{e}(\lambda)$.

指数分布的密度曲线如图 5-8 所示.

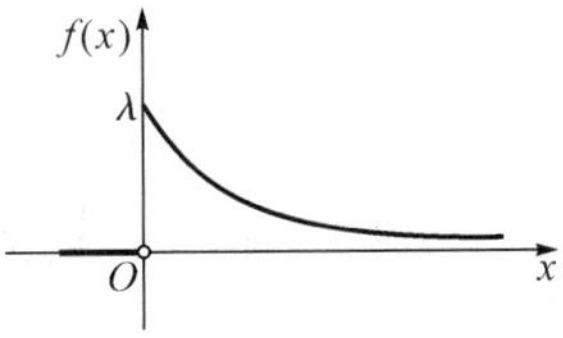

图 5-8

【例 5.28】 某电子计算机的使用寿命 X(单位：小时) 服从参数为 0.01 的指数分布.

(1) 绘出 X 的密度曲线；

(2) 求此计算机能使用 100 小时以上的概率；

(3) 求 3 台计算机中恰有一台能使用 100 小时以上的概率.

【解】 (1) X 的密度曲线如图 5-9 所示.

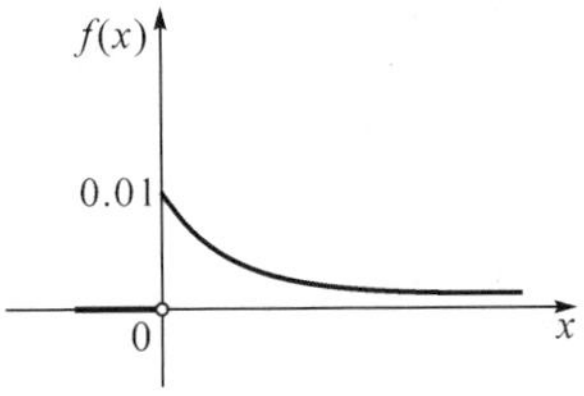

图 5-9

(2) $P\{X>100\}=\int_{100}^{+\infty}f(x)\mathrm{d}x=\int_{100}^{+\infty}0.01\mathrm{e}^{-0.01x}\mathrm{d}x=\frac{1}{\mathrm{e}}\approx 0.368.$

(3) 设 3 台计算机中恰有 Y 台能使用 100 小时以上，根据二项分布计算公式得：

$$P\{Y=1\}=C_3^1\left(\frac{1}{\mathrm{e}}\right)^1\left(1-\frac{1}{\mathrm{e}}\right)^2=3\left(\frac{1}{\mathrm{e}}\right)^1\left(1-\frac{1}{\mathrm{e}}\right)^2.$$

指数分布是可靠性理论中常见的一种分布，又称**寿命分布**. 如电子元件的使用寿命、电路中的保险丝的寿命、一些动植物的寿命等，都服从指数分布.

三、正态分布

(一) 一般正态分布的密度函数

考察函数 $f(x)=\frac{1}{\sqrt{2\pi}\sigma}e^{-\frac{(x-\mu)^2}{2\sigma^2}},-\infty<x<+\infty\quad(\sigma>0)$,

显然有: $f(x)>0$,

$$\int_{-\infty}^{+\infty}f(x)\mathrm{d}x=\int_{-\infty}^{+\infty}\frac{1}{\sqrt{2\pi}\sigma}e^{-\frac{(x-\mu)^2}{2\sigma^2}}\mathrm{d}x=1,$$

所以此函数是某个随机变量 X 的密度函数.

若连续型随机变量 X 的密度函数为:

$$f(x)=\frac{1}{\sqrt{2\pi}\sigma}e^{-\frac{(x-\mu)^2}{2\sigma^2}},-\infty<x<+\infty\quad(\sigma>0),$$

则称 X 服从参数为 μ,σ 的**正态分布**(或称**高斯分布**),记为 $X\sim N(\mu,\sigma^2)$.

正态分布的密度曲线称为正态曲线.

正态分布的密度函数 $f(x)$,不仅具有密度函数的全部性质,而且利用导数讨论函数性质的方法,$f(x)$ 还具有下列性质:

(1) $f(x)$ 在 $(-\infty,+\infty)$ 内处处连续.

(2) $f(\mu-x)=f(\mu+x)$,即图像关于直线 $x=\mu$ 对称.

(3) $f(x)$ 在点 $x=\mu$ 处有最大值 $\frac{1}{\sqrt{2\pi}\sigma}$.

(4) $f(x)$ 在点 $x=\mu\pm\sigma$ 处,曲线有拐点.

(5) x 轴为 $f(x)$ 曲线的水平渐进线.

(6) σ 越大,曲线的峰顶 $\frac{1}{\sqrt{2\pi}\sigma}$ 越低,曲线越平坦,即分布越分散;σ 越小,曲线的峰顶越高,曲线越陡峭,即分布越集中. 如图 5-10 所示.

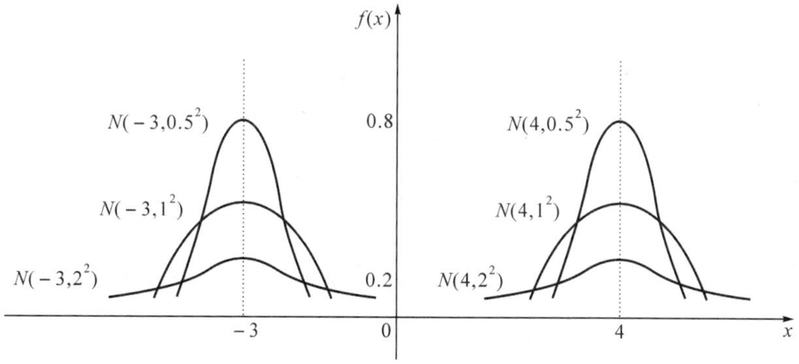

图 5-10

从图 5-10 中还可以看出：参数 μ 决定曲线的中心位置，而不影响曲线的形状. 当 σ 固定时，μ 增大则曲线向右平移，μ 减少则曲线向左平移；参数 σ 决定曲线的形状而不影响曲线的中心位置，它反映了随机变量 X 所取数据的离散程度.

(二) 标准正态分布的密度函数

当 $\mu = 0, \sigma = 1$ 时的正态分布 $N(0,1)$ 称为**标准正态分布**. 标准正态分布的密度函数记为 $\varphi(x)$，显然

$$\varphi(x) = \frac{1}{\sqrt{2\pi}}\mathrm{e}^{-\frac{x^2}{2}}, -\infty < x < +\infty$$

标准正态分布是一种特别重要的分布，它的密度函数 $\varphi(x)$ 经常使用. $\varphi(x)$ 不仅具有密度函数的所有性质，而且还具有下列性质：

(1) $\varphi(x)$ 在 $(-\infty, +\infty)$ 内处处连续；

(2) $\varphi(x)$ 为偶函数，图像关于 y 轴对称；

(3) 当 $x = 0$ 时，$\varphi(x)$ 有最大值 $\varphi(0) = \dfrac{1}{\sqrt{2\pi}} \approx 0.399$；

(4) 在 $x = \pm 1$ 处，曲线有拐点；

(5) x 轴为曲线的水平渐近线.

$\varphi(x)$ 的图像，称为标准正态曲线. 如图 5-11 所示.

由于 $P\{a < X \leqslant b\} = \int_a^b \varphi(x)\mathrm{d}x$，在图像上就是图 5-11 中的阴影部分的面积 S. 因此对于同一长度的区间 $(a,b]$，若这区间越靠近点 $x = 0$，则其对应的曲边梯形的面积也越大，即随机变量取值的概率越大. 这说明，标准正态分布的分布规律是"中间多，两头少".

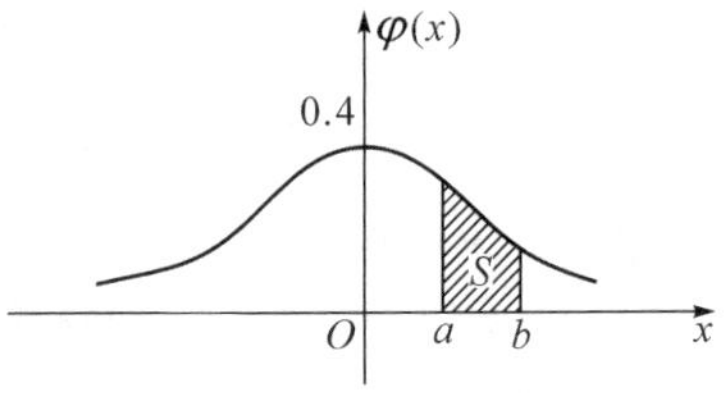

图 5-11

(三) 标准正态分布的概率计算

分布函数：若标准正态分布的分布函数用专门的符号 $\Phi(x)$ 表示，则

$$\Phi(x) = P\{X \leqslant x\} = \int_{-\infty}^{x} \frac{1}{\sqrt{2\pi}}\mathrm{e}^{-\frac{x^2}{2}}\mathrm{d}x.$$

在几何上表现为：图 5-12 中阴影部分的面积.

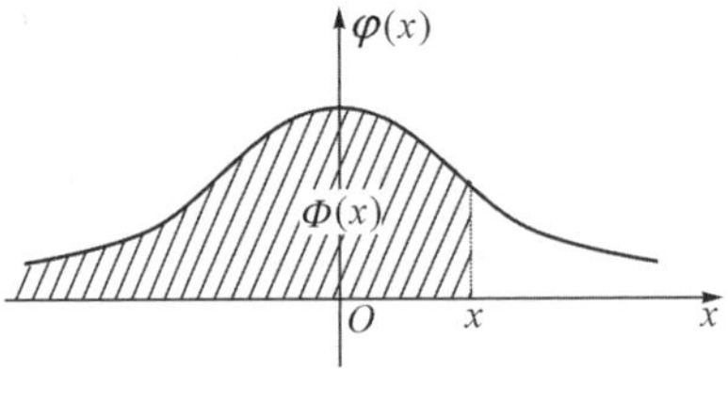

图 5-12

显然，$\Phi(x)$ 不仅具有分布函数的全部性质，而且在性质 5-5、性质 5-8 方面，进一步表现在 $(-\infty, +\infty)$ 内单调递增、处处可导的特点.

正态分布表：$\Phi(x)$ 不是初等函数，计算它的值是困难的，但却又经常需要用到它的值.为此，人们编制了 $\Phi(x)$ 的函数值表，称为正态分布表，见附表 3. 对附表 3 有以下两点说明：

(1) 表中 x 的取值范围为 $[0,4)$，对于 $x \geqslant 4$ 的情况，可取 $\Phi(x) \approx 1$.

(2) 若 $x < 0$，则可根据公式 $\Phi(x) = 1 - \Phi(-x)$，计算后查表或查表后计算，再确定其值. 此公式可以从图 5-13 直观地看出来.

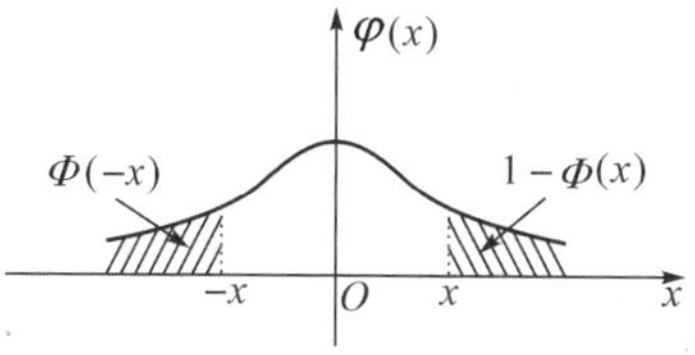

图 5-13

图 5-13 中左边阴影部分面积为 $\Phi(-x)$，右边阴影部分面积为 $1-\Phi(x)$，由于关于 y 轴对称，于是有：

$$\Phi(-x) = 1 - \Phi(x) \quad (x > 0).$$

(四) 利用正态分布表计算概率的公式

(1) $P\{a < X < b\} = P\{a \leqslant X < b\} = P\{a \leqslant X \leqslant b\} = P\{a < X \leqslant b\} = \Phi(b) - \Phi(a)$；

(2) $P\{X < b\} = P\{X \leqslant b\} = \Phi(b)$；

(3) $P\{X \geqslant a\} = P\{X > a\} = 1 - \Phi(a)$；

(4) $P\{|X| < k\} = P\{|X| \leqslant k\} = 2\Phi(k) - 1$.

【例 5.29】 设 $X \sim N(0,1)$，求：$P\{X = 1.23\}$，$P\{X < 2.08\}$，$P\{X \geqslant -0.09\}$，$P\{2.15 \leqslant X < 5.12\}$，$P\{|X| < 1.96\}$.

【解】

$$P\{X = 1.23\} = 0;$$
$$P\{X < 2.08\} = \Phi(2.08) = 0.9812;$$
$$P\{X \geqslant -0.09\} = 1 - \Phi(-0.09) = \Phi(0.09) = 0.5359;$$
$$P\{2.15 \leqslant X \leqslant 5.12\} = \Phi(5.12) - \Phi(2.15) = 1 - 0.9842 = 0.0158;$$
$$P\{|X| < 1.96\} = 2\Phi(1.96) - 1 = 2 \times 0.9750 - 1 = 0.9500.$$

【例 5.30】 设 $X \sim N(0,1)$，求下列各式中的 x：

(1) $P\{X \leqslant x\} = 0.6331$； (2) $P\{X < x\} = 0.0102$；

(3) $P\{X > x\} = 0.4054$； (4) $P\{|X| \leqslant x\} = 0.9990$.

【解】 (1) 由于 $P\{X \leqslant x\} = \Phi(x) = 0.6331$，查表得 $x = 0.34$.

(2) 由于 $P\{X < x\} = \Phi(x) = 0.0102$，$1 - \Phi(x) = \Phi(-x) = 0.9898$，查表得 $-x = 2.32$，于是 $x = -2.32$.

(3) 由于 $P\{X > x\} = 1 - \Phi(x) = 0.4054$，$\Phi(x) = 0.5946$，查表得 $x = 0.24$.

(4) 由于 $P\{|X| \leqslant x\} = 2\Phi(x) - 1 = 0.9990$，$\Phi(x) = 0.9995$，查表得 $x = 3.3$.

(五) 正态分布的概率计算

若 $X \sim N(\mu, \sigma^2)$，则其分布函数为：

$$F(x)=\int_{-\infty}^{x} f(t)\mathrm{d}t=\int_{-\infty}^{x}\frac{1}{\sqrt{2\pi}\sigma}\mathrm{e}^{-\frac{(t-\mu)^2}{2\sigma^2}}\mathrm{d}t$$

$$\xlongequal{\text{令 } u=\frac{t-\mu}{\sigma}}\int_{-\infty}^{\frac{x-\mu}{\sigma}}\frac{1}{\sqrt{2\pi}}\mathrm{e}^{-\frac{u^2}{2}}\mathrm{d}u=\Phi\left(\frac{x-\mu}{\sigma}\right).$$

根据上述推导,便得出一个重要结论.

一般正态分布与标准正态分布的计算关系:若 $X\sim N(\mu,\sigma^2)$,则随机变量 $Y=\frac{X-\mu}{\sigma}$ 服从标准正态分布,显然有:

(1) $P\{X<b\}=P\{X\leqslant b\}=\Phi\left(\frac{b-\mu}{\sigma}\right)$;

(2) $P\{a<X<b\}=P\{a\leqslant X<b\}=P\{a\leqslant X\leqslant b\}=P\{a<X\leqslant b\}$

$$=\Phi\left(\frac{b-\mu}{\sigma}\right)-\Phi\left(\frac{a-\mu}{\sigma}\right);$$

(3) $P\{X\geqslant a\}=P\{X>a\}=1-\Phi\left(\frac{a-\mu}{\sigma}\right)$;

(4) $P\{|X|<k\}=P\{|X|\leqslant k\}=\Phi\left(\frac{k-\mu}{\sigma}\right)-\Phi\left(\frac{-k-\mu}{\sigma}\right)$.

【例 5.31】 设 $X\sim N(-1,4^2)$,求 $P\{-5\leqslant X\leqslant 2\}$,$P\{|X+1|\leqslant 8\}$.

【解】
$$P\{-5\leqslant X\leqslant 2\}=\Phi\left(\frac{2+1}{4}\right)-\Phi\left(\frac{-5+1}{4}\right)$$
$$=\Phi(0.75)-\Phi(-1)=0.7734-0.1578=0.6147;$$
$$P\{|X+1|\leqslant 8\}=P\{-8\leqslant X+1\leqslant 8\}=P\{-9\leqslant X\leqslant 7\}$$
$$=\Phi\left(\frac{7+1}{4}\right)-\Phi\left(\frac{-9+1}{4}\right)=\Phi(2)-\Phi(-2)=2\Phi(2)-1$$
$$=2\times 0.9772-1=0.9544,$$

或
$$P\{|X+1|\leqslant 8\}=P\left\{\left|\frac{X-(-1)}{4}\right|\leqslant\frac{8}{4}\right\}=\Phi(2)-\Phi(-2)=0.9544.$$

【例 5.32】 设 $X\sim N(500,10^2)$,则:

(1) $P\{X<x\}=0.90$,求 x;　　(2) $P\{X>y\}=0.04$,求 y.

【解】 (1) $P\{X<x\}=\Phi\left(\frac{x-500}{10}\right)=0.90$,查表得 $\frac{x-500}{10}=1.28$,解得 $x=512.8$.

(2) $P\{X>y\}=0.04$,于是 $\Phi\left(\frac{y-500}{10}\right)=0.96$,查表得 $\frac{y-500}{10}=1.75$,解得 $y=517.5$.

【例 5.33】 设 $X\sim N(\mu,\sigma^2)$,求 $P\{\mu-\sigma<X\leqslant\mu+\sigma\}$,$P\{\mu-2\sigma<X\leqslant\mu+2\sigma\}$,$P\{\mu-3\sigma<X\leqslant\mu+3\sigma\}$.

【解】
$$P\{\mu-\sigma<X\leqslant\mu+\sigma\}=\Phi\left(\frac{\mu+\sigma-\mu}{\sigma}\right)-\Phi\left(\frac{\mu-\sigma-\mu}{\sigma}\right)$$
$$=\Phi(1)-\Phi(-1)=0.6826;$$
$$P\{\mu-2\sigma<X\leqslant\mu+2\sigma\}=\Phi(2)-\Phi(-2)=0.9544;$$
$$P\{\mu-3\sigma<X\leqslant\mu+3\sigma\}=\Phi(3)-\Phi(-3)=0.9973.$$

因此看出:X 的取值几乎全部落在区间$(\mu-3\sigma,\mu+3\sigma]$内,落在以 μ 为中心、3σ 为半径的区间外的概率不到 0.003.

从理论上来讲,服从正态分布的随机变量 X 的取值范围是$(-\infty,+\infty)$,实际上 X 取区间$(\mu-3\sigma,\mu+3\sigma)$ 外的数值的可能性微乎其微.因此,往往认为它的取值是个有限区间,即区间$(\mu-3\sigma,\mu+3\sigma)$.这是使用中的三倍标准差规则,也叫 3σ 规则.在企业管理中,经常应用这个规则进行质量检查和工艺过程控制.

四、应用举例

【例 5.34】 (超产奖的产量)童趣玩具厂装配车间准备实行计件超产奖,为此需要对生产定额做出规定.根据以往的统计资料可知,各个工人每月装配的产品件数 X 服从正态分布 $X\sim N(4000,200^2)$.车间主任希望 10% 的工人获得超产奖,那么定额标准应该是多少件?即工人每个月需要装配多少件产品以上才能获得奖金?

【解】 设 x_0 为定额标准,那么 $P\{X\geqslant x_0\}=0.1$,则:

$$P\{X<x_0\}=1-P\{X\geqslant x_0\}=0.9,$$

$$P\{X<x_0\}=P\left\{\frac{X-4000}{200}<\frac{x_0-4000}{200}\right\}=\Phi\left(\frac{x_0-4000}{200}\right)=0.9,$$

查表得$\frac{x_0-4000}{200}=1.28$,所以 $x_0=4000+1.28\times200=4256$(件).也就是说,工人每月必须装配产品 4256 件才能获得超产定额奖.

【例 5.35】 (公共汽车的车门高度)据说公共汽车的车门高度是根据成年男子与车门碰头的机会在 0.01 以下的标准来设计的.根据统计资料,成年男子的身高服从正态分布 $X\sim N(168,7^2)$,那么车门的高度应该是多少厘米?

【解】 设车门的高度为 a,那么应确定 a 使其满足 $P\{X\geqslant a\}\leqslant0.01$.

由于 $X\sim N(168,7^2)$,则$\frac{X-168}{7}$ 服从 $N(0,1)$ 分布,于是:

$$P\{X\geqslant a\}=1-P\{X<a\}=1-P\left\{\frac{X-168}{7}<\frac{a-168}{7}\right\}$$

$$=1-\Phi\left(\frac{a-168}{7}\right)\leqslant0.01,$$

从而 $\Phi\left(\frac{a-168}{7}\right)\geqslant0.99$.因此有$\frac{a-168}{7}\geqslant2.33$(查表得出),故

$$a\geqslant168+7\times2.33=184.31,$$

由此可知,车门的高度至少应为 184.31 厘米.

§ 5.5 二维随机变量及其概率分布

到现在为止,我们只讨论了一维随机变量及其分布,但有些随机变量用一个随机变量来描述还不够,而需要用几个随机变量来描述.例如,在打靶时,以靶心为原点建立直角坐

标系，命中点的位置是由一对随机变量(X,Y)来确定的. 又如考察某地区的气候，通常要同时考察气温X_1、气压X_2、风力X_3、湿度X_4这四个随机变量，记为(X_1,X_2,X_3,X_4). 为研究这类随机现象的统计规律，还必须引入多维随机变量的概念. 当在随机试验中，其结果需要用两个随机变量(X,Y)来描述时，我们称(X,Y)为二维随机变量. 本节只简单介绍有关二维随机变量的基本内容，其许多结果可以推广到多维随机变量中去.

一、二维随机变量的分布函数

设(X,Y)是二维随机变量，对任意实数x,y，二元函数

$$F(x,y)=P\{X\leqslant x,Y\leqslant y\}$$

称为二维随机变量(X,Y)的**分布函数**或称为随机变量X和Y的**联合分布函数**.

称函数

$$F_X(x)=P\{X\leqslant x\}=P\{X\leqslant x,Y<+\infty\},$$

$$F_Y(y)=P\{Y\leqslant y\}=P\{X<+\infty,Y\leqslant y\},$$

为$F(x,y)$的**边缘分布函数**，即分别为随机变量X,Y的分布函数.

如果将二维随机变量(X,Y)看成是平面上随机点的坐标，则分布函数$F(x,y)$的函数值就是随机点(X,Y)在$X\leqslant x,Y\leqslant y$所构成的区域内的概率和. 如图 5-14 所示.

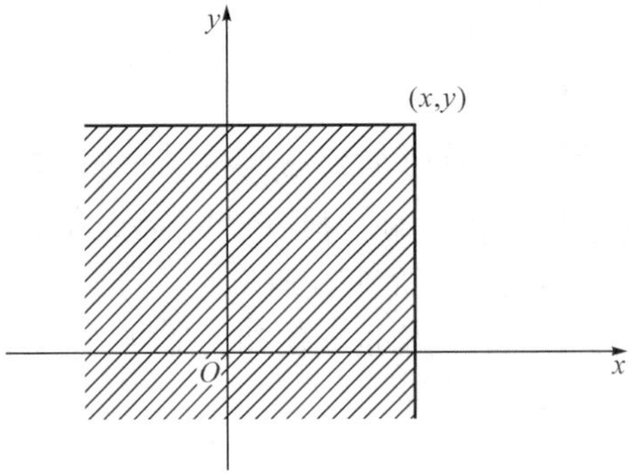

图 5-14

联合分布函数的性质：

(1) $0\leqslant F(x,y)\leqslant 1$，且有：

对任意固定的y，$F(-\infty,y)=0$；

对任意固定的x，$F(x,-\infty)=0$；

$F(-\infty,-\infty)=0$，$F(+\infty,+\infty)=1$.

(2) $F(x,y)$关于x和y均为单调非减函数，即：

对任意固定的y，当$x_2>x_1$时，$F(x_2,y)\geqslant F(x_1,y)$；

对任意固定的x，当$y_2>y_1$时，$F(x,y_2)\geqslant F(x,y_1)$.

二、二维离散型随机变量

若二维随机变量(X,Y)只取有限多对或可列无穷多对$(x_i,y_i)(i,j=1,2,\cdots)$，则称$(X,Y)$为**二维离散型随机变量**.

设二维随机变量(X,Y)的所有可能取值为$(x_i,y_i)(i,j=1,2,\cdots)$，$(X,Y)$在各个可能取值的概率为$P\{X=x_i,Y=y_i\}=p_{ij}(i,j=1,2,\cdots)$，则称$P\{X=x_i,Y=y_i\}=p_{ij}(i,j=1,2,\cdots)$为$(X,Y)$的**分布律**或称为**联合概率分布**.

(X,Y)的分布律还可以写成如下表格形式：

X	Y				
	y_1	y_2	$\cdots$	y_j	$\cdots$
x_1	p_{11}	p_{12}	$\cdots$	p_{1j}	$\cdots$
x_2	p_{21}	p_{22}	$\cdots$	p_{2j}	$\cdots$
$\vdots$	$\vdots$	$\vdots$	$\vdots$	$\vdots$	$\vdots$
x_i	p_{i1}	p_{i2}	$\cdots$	p_{ij}	$\cdots$
$\vdots$	$\vdots$	$\vdots$	$\vdots$	$\vdots$	$\vdots$

(X,Y)的分布律具有下列性质：

(1) $p_{ij}\geqslant 0\quad(i,j=1,2,\cdots)$；

(2) $\sum\limits_i\sum\limits_j p_{ij}=1$.

【注】 对离散型随机变量而言，联合概率分布不仅比联合分布函数更加直观，而且能够更加方便地确定(X,Y)取值于任何区域D上的概率，即

$$P\{(X,Y)\in D\}=\sum_{(x_i,y_j)\in D}p_{ij}.$$

特别地，由联合概率分布可以确定联合分布函数：

$$F(x,y)=P\{X\leqslant x,Y\leqslant y\}=\sum_{x_i\leqslant x,y_j\leqslant y}p_{ij}.$$

【例 5.36】 设(X,Y)的分布律为：

X	Y		
	1	2	3
-1	$\frac{1}{3}$	$\frac{a}{6}$	$\frac{1}{4}$
1	0	$\frac{1}{4}$	a^2

求a的值与$F(0,2)$.

【解】 由分布律性质知： $\frac{1}{3}+\frac{a}{6}+\frac{1}{4}+\frac{1}{4}+a^2=1$，

则解得$a=\frac{1}{3}$或$a=-\frac{1}{2}$(负值舍去)，所以$a=\frac{1}{3}$. 由分布函数的定义得：

$$F(0,2)=P\{X\leqslant 0,Y\leqslant 2\}=P\{x=-1,y=1\}+P\{x=-1,y=2\}$$
$$=\frac{1}{3}+\frac{a}{6}=\frac{7}{18}.$$

【例 5.37】 设随机变量 X 在 1,2,3,4 四个整数中等可能地取一个值,另一个随机变量 Y 在 $1 \sim X$ 中等可能地取一整数值,试求(X,Y)的分布律.

【解】 由乘法公式容易求得(X,Y)的分布律.易知$\{X=i,Y=j\}$的取值情况是:$i=1,2,3,4$,j 取不大于 i 的正整数,且

$$P\{X=i,Y=j\}=P\{Y=j \mid X=i\}P\{X=i\}=\frac{1}{i}\cdot\frac{1}{4},$$

$$i=1,2,3,4,j\leqslant i,$$

于是(X,Y)的分布律为:

Y	X			
	1	2	3	4
1	1/4	1/8	1/12	1/16
2	0	1/8	1/12	1/16
3	0	0	1/12	1/16
4	0	0	0	1/16

【例 5.38】 设二维随机变量的联合概率分布为:

X	Y		
	−2	0	1
−1	0.3	0.1	0.1
1	0.05	0.2	0
2	0.2	0	0.05

求 $P\{X\leqslant 1,Y\geqslant 0\}$ 及 $F(0,0)$.

【解】 $P\{X\leqslant 1,Y\geqslant 0\}=P\{X=-1,Y=0\}+P\{X=-1,Y=1\}+$

$$P\{X=1,Y=0\}+P\{X=1,Y=1\}$$

$$=0.1+0.1+0.2+0=0.4.$$

$$F(0,0)=P\{X=-1,Y=-2\}+P\{X=-1,Y=0\}=0.3+0.1=0.4.$$

【例 5.39】 设(X,Y)的分布律由下表给出,求 $P\{X\neq 0,Y=0\}$,$P\{X\leqslant 0,Y\leqslant 0\}$,$P\{XY=0\}$,$P\{X=Y\}$,$P\{|X|=|Y|\}$.

X	Y		
	−1	0	2
0	0.1	0.2	0
1	0.3	0.05	0.1
2	0.15	0	0.1

【解】 $P\{X\neq 0,Y=0\}=P\{X=1,Y=0\}+P\{X=2,Y=0\}=0.05+0=0.05,$

$P\{X\leqslant 0,Y\leqslant 0\}=P\{X=0,Y=-1\}+P\{X=0,Y=0\}=0.1+0.2=0.3,$

$$P\{XY=0\}=P\{X=0,Y=-1\}+P\{X=0,Y=0\}+P\{X=0,Y=2\}+ P\{X=1,Y=0\}+P\{X=2,Y=0\}=0.35,$$

$$P\{X=Y\}=P\{X=0,Y=0\}+P\{X=2,Y=2\}=0.2+0.1=0.3,$$

$$P\{|X|=|Y|\}=P\{X=0,Y=0\}+P\{X=1,Y=-1\}+P\{X=2,Y=2\} =0.2+0.3+0.1=0.6.$$

由(X,Y)的分布律，可求出X,Y各自的分布律：

$$p_{i\cdot}=P\{X=x_i\}=\sum_j p_{ij}\quad (i=1,2,\cdots),$$

$$p_{\cdot j}=P\{Y=y_j\}=\sum_i p_{ij}\quad (j=1,2,\cdots).$$

分别称$p_{i\cdot}(i=1,2,\cdots)$和$p_{\cdot j}(j=1,2,\cdots)$为$(X,Y)$关于$X$和$Y$的**边缘概率分布**.

【注】 $p_{i\cdot}$和$p_{\cdot j}$分别等于(X,Y)的分布律表的行和与列和.

【例 5.40】 把一枚均匀硬币抛掷三次，设X为三次抛掷中正面出现的次数，而Y为正面出现次数与反面出现次数之差的绝对值，求(X,Y)的分布律及(X,Y)关于X,Y的边缘概率分布.

【解】 (X,Y)可取值为：$(0,3)$，$(1,1)$，$(2,1)$，$(3,3)$.

$$P\{X=0,Y=3\}=(1/2)^3=1/8,$$

$$P\{X=1,Y=1\}=3\times(1/2)^3=3/8,$$

$$P\{X=2,Y=1\}=3/8,$$

$$P\{X=3,Y=3\}=1/8,$$

故(X,Y)的分布律如下表. 从分布律表不难求得(X,Y)关于X,Y的边缘概率分布.

$$P\{X=0\}=1/8, P\{X=1\}=3/8,$$

$$P\{X=2\}=3/8, P\{X=3\}=1/8,$$

$$P\{Y=1\}=3/8+3/8=6/8,$$

$$P\{Y=3\}=1/8+1/8=2/8,$$

从而得下表：

X	Y		$P_{i\cdot}$
	1	3	
0	0	1/8	1/8
1	3/8	0	3/8
2	3/8	0	3/8
3	0	1/8	1/8
$P_{\cdot j}$	6/8	2/8	

三、二维连续型随机变量

设(X,Y)为二维随机变量，$F(x,y)$为其分布函数，若存在一个非负可积的二元函数

$f(x,y)$，使对任意实数(x,y)，有

$$F(x,y)=\int_{-\infty}^{x}\int_{-\infty}^{y}f(s,t)\mathrm{d}s\mathrm{d}t,$$

则称(X,Y)为二维连续型随机变量，并称$f(x,y)$为(X,Y)的**概率密度(密度函数)**，或X,Y的**联合概率密度(联合密度函数)**.

并称 $f_X(x)=\int_{-\infty}^{+\infty}f(x,y)\mathrm{d}y$，$f_Y(y)=\int_{-\infty}^{+\infty}f(x,y)\mathrm{d}x$ 分别为随机变量X与Y的**边缘密度函数**.

概率密度函数的性质：

(1) $f(x,y)\geqslant 0$；

(2) $\int_{-\infty}^{\infty}\int_{-\infty}^{\infty}f(x,y)\mathrm{d}x\mathrm{d}y=F(+\infty,+\infty)=1$；

(3) 设D是xOy平面上的区域，点(X,Y)落入D内的概率为：

$$P\{(x,y)\in D\}=\iint_D f(x,y)\mathrm{d}x\mathrm{d}y;$$

(4) 若$f(x,y)$在点(x,y)处连续，则有$\dfrac{\partial^2F(x,y)}{\partial x\partial y}=f(x,y)$.

【例 5.41】 设随机变量(X,Y)概率密度为：

$$f(x,y)=\begin{cases}k(6-x-y), & 0<x<2,2<y<4\\ 0, & \text{其他}\end{cases}.$$

(1) 确定常数k； (2) 求$P\{X<1,Y<3\}$；

(3) 求$P\{X<1.5\}$； (4) 求$P\{X+Y\leqslant 4\}$.

【解】 (1) 因为 $1=\int_{-\infty}^{+\infty}\int_{-\infty}^{+\infty}f(x,y)\mathrm{d}x\mathrm{d}y=\int_0^2\int_2^1 k(6-x-y)\mathrm{d}y\mathrm{d}x$，所以 $k=\dfrac{1}{8}$.

(2) $P\{X<1,\ Y<3\}=\int_0^1\mathrm{d}x\int_2^3\dfrac{1}{8}(6-x-y)\mathrm{d}y=\dfrac{3}{8}$.

(3) $P\{X\leqslant 1.5\}=P\{X\leqslant 1.5,Y<\infty\}=\int_0^{1.5}\mathrm{d}x\int_2^4\dfrac{1}{8}(6-x-y)\mathrm{d}y=\dfrac{27}{32}$.

(4) $P\{X+Y\leqslant 4\}=\int_0^2\mathrm{d}x\int_0^{4-x}\dfrac{1}{8}(6-x-y)\mathrm{d}y=\dfrac{2}{3}$.

【例 5.42】 设二维随机变量(X,Y)具有概率密度

$$f(x,y)=\begin{cases}2\mathrm{e}^{-(2x+y)}, & x>0,y>0\\ 0, & \text{其他}\end{cases}.$$

(1) 求分布函数$F(x,y)$； (2) 求概率$P\{Y\leqslant X\}$.

【解】 (1) $F(x,y)=\int_{-\infty}^{y}\int_{-\infty}^{x}f(x,y)\mathrm{d}x\mathrm{d}y=\begin{cases}\int_0^y\int_0^x 2\mathrm{e}^{-(2x+y)}\mathrm{d}x\mathrm{d}y, & x>0,y>0\\ 0, & \text{其他}\end{cases}$,

即有 $$F(x,y)=\begin{cases}(1-\mathrm{e}^{-2x})(1-\mathrm{e}^{-y}), & x>0,y>0\\ 0, & \text{其他}\end{cases}.$$

(2) 将(X,Y)看作是平面上随机点的坐标，即有$\{Y\leqslant X\}=\{(X,Y)\in G\}$，其中，$G$为$xOy$平面上直线$y=x$及其下方的部分. 于是有：

$$P\{Y\leqslant X\}=P\{(x,y)\in G\}=\iint_G f(x,y)\mathrm{d}x\mathrm{d}y=\int_0^{+\infty}\int_y^{+\infty}2\mathrm{e}^{-(2x+y)}\mathrm{d}x\mathrm{d}y$$
$$=\int_{-\infty}^{+\infty}\mathrm{d}y\int_y^{+\infty}2\mathrm{e}^{-(2x+y)}\mathrm{d}x=\int_{-\infty}^{+\infty}\mathrm{e}^{-y}\left[-\mathrm{e}^{-2x}\right]\Big|_y^{+\infty}\mathrm{d}y$$
$$=\int_{-\infty}^{+\infty}\mathrm{e}^{-3y}\mathrm{d}y=\frac{1}{3}.$$

【例 5.43】 设随机变量(X,Y)的概率密度为：

$$f(x,y)=\begin{cases}b\mathrm{e}^{-(x+y)}, & 0<x<1,0<y<+\infty\\ 0, & \text{其他}\end{cases}.$$

(1) 试确定常数b；　　(2) 求边缘概率密度$f_X(x)$，$f_Y(y)$.

【解】 (1)$1=\int_{-\infty}^{+\infty}\int_{-\infty}^{+\infty}f(x,\ y)\mathrm{d}y\ \mathrm{d}x=\int_0^1\int_0^{+\infty}b\mathrm{e}^{-(x+y)}\mathrm{d}y\ \mathrm{d}x=b[1-\mathrm{e}^{-1}]$，

所以　$b=\dfrac{1}{1-\mathrm{e}^{-1}}$.

(2)$$f_X(x)=\int_{-\infty}^{+\infty}f(x,\ y)\mathrm{d}y=\begin{cases}0, & x\leqslant 0\text{ 或 }x\geqslant 1\\ \int_0^{+\infty}b\mathrm{e}^{-(x+y)}\mathrm{d}y=\dfrac{\mathrm{e}^{-x}}{1-\mathrm{e}^{-1}}, & 0<x<1\end{cases};$$

$$f_Y(y)=\int_{-\infty}^{+\infty}f(x,\ y)\mathrm{d}x=\begin{cases}0, & y\leqslant 0\\ \int_0^1 b\mathrm{e}^{-(x+y)}\mathrm{d}x=\mathrm{e}^{-y}, & y>0\end{cases}.$$

四、随机变量的相互独立性

对于任何实数，若二维随机变量(X,Y)的联合分布函数$F(x,y)$等于其各自边缘分布函数的乘积，即

$$F(x,y)=F_X(x)\cdot F_Y(y),$$

则称随机变量与相互独立.

对于离散型随机变量(X,Y)，X与Y相互独立的充分必要条件为：对于(X,Y)的所有可能取值(x_i,y_j)，都有$p_{ij}=P\{X=x_i,Y=y_i\}=P\{X=x_i\}\cdot P\{Y=y_j\}=p_{i\cdot}\cdot p_{\cdot j}$.

对于连续型随机变量(X,Y)，X与Y相互独立的充分必要条件为：对于(X,Y)的所有可能取值(x,y)，有$f(x,y)=f_X(x)\cdot f_Y(y)$.

我们可以验证，例 5.40 中的随机变量X与Y不是相互独立的，例 5.43 中的随机变量X与Y是相互独立的.

习题五

1. 若离散型随机变量的分布列为

X	1	2	3	4
P	0.4	0.2	λ	0.1

，求λ.

2. 设为随机变量，且 $P\{X=k\}=\frac{1}{2^k}(k=1,2,\cdots)$，则：

(1) 判断上面的式子是否为 X 的概率分布；

(2) 若是，试求 $P\{X$ 为偶数$\}$ 和 $P\{X\geqslant 5\}$.

3. 设一次试验成功的概率为 $p(0<p<1)$，不断进行重复试验，直到首次成功为止. 用随机变量 X 表示试验的次数，求 X 的概率分布.

4. 设自动生产线在调整以后出现废品的概率为 $p=0.1$，当生产过程中出现废品时立即进行调整，X 代表在两次调整之间生产的合格品数，试求：

(1) X 的概率分布；　　(2) $P\{X\geqslant 5\}$.

5. 一张考卷上有 5 道选择题，每道题列出 4 个可能答案，其中有 1 个答案是正确的. 求某学生靠猜测能答对至少 4 道题的概率是多少？

6. 某类灯泡使用时数超过 1000 小时的概率为 0.2，现有 3 个这种类型的灯泡. 求：

(1) 使用时数超过 1000 小时的灯泡个数 X 的分布列；

(2) 最多只有一个灯泡使用时数超过 1000 小时的概率.

7. 为了保证设备正常工作，需要配备适当数量的维修人员. 根据经验每台设备发生故障的概率为 0.01，各台设备工作情况相互独立.

(1) 若由 1 人负责维修 20 台设备，求设备发生故障后不能及时维修的概率；

(2) 设有设备 100 台，1 台发生故障由 1 人处理，问至少需配备多少维修人员，才能保证设备发生故障而不能及时维修的概率不超过 0.01？

8. 设随机变量 X 服从参数为 λ 的泊松(Poisson) 分布，且 $P\{X=0\}=\frac{1}{2}$. 求：

(1) λ；　　(2) $P\{X>1\}$.

9. 设书籍上每页的印刷错误的个数 X 服从泊松(Poisson) 分布. 经统计发现在某本书上，有一个印刷错误与有两个印刷错误的页数相同，求任意检验 4 页，每页上都没有印刷错误的概率.

10. 某急救中心每天收到紧急呼救的次数服从参数为 2 的泊松分布，求：

(1) 某一天没有收到紧急呼救的概率；

(2) 某一天收到 3 次及以上紧急呼救的概率.

11. 已知随机变量 X 的概率分布为：$P\{X=1\}=0.2$，$P\{X=2\}=0.3$，$P\{X=3\}=0.5$. 试求：X 的分布函数；$P\{0.5\leqslant X\leqslant 2\}$；画出 $F(x)$ 的曲线.

12. 设连续型随机变量的分布函数为：

$$F(x)=\begin{cases}0, & x<-1\\ 0.4, & -1\leqslant x<1\\ 0.8, & 1\leqslant x<3\\ 1, & x\geqslant 3\end{cases}.$$

试求：(1) X 的概率分布；　　(2) $P\{X<2 \mid X\neq 1\}$.

13. 从家到学校的途中有 3 个交通岗，假设在各个交通岗遇到红灯的概率是相互独立的，且概率均是 0.4，设 X 为途中遇到红灯的次数，试求：

(1) X 的概率分布；　　(2) X 的分布函数.

14. 设连续型随机变量的概率密度曲线如下所示.

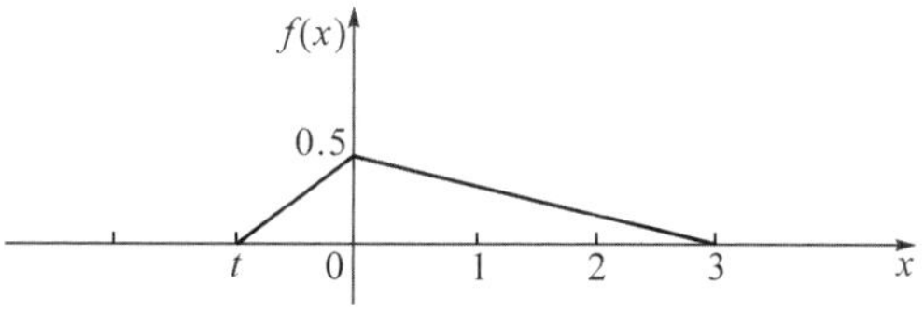

试求:(1)t 的值; (2)X 的概率密度; (3)$P\{-2<X\leqslant 2\}$.

15. 设连续型随机变量 X 的概率密度为:

$$f(x)=\begin{cases}\sin x, & 0\leqslant x\leqslant a\\ 0, & \text{其他}\end{cases}.$$

试确定常数 a,并求 $P\left\{X>\dfrac{\pi}{6}\right\}$.

16. 设连续型随机变量 X 的分布函数为 $F(x)=\begin{cases}0, & x<0\\ Ax^2, & 0\leqslant x<1\\ 1, & x\geqslant 1\end{cases}.$

试求:(1) 常数 A; (2) 密度函数 $f(x)$; (3)$P\left\{X<\dfrac{1}{2}\right\}$.

17. 随机变量 $X\sim N(\mu,\sigma^2)$,其概率密度函数为:

$$f(x)=\frac{1}{\sqrt{6\pi}}\mathrm{e}^{-\frac{x^2-4x+4}{6}}\quad(-\infty<x<+\infty).$$

试求:μ,σ^2. 若已知$\int_C^{+\infty}f(x)\mathrm{d}x=\int_{-\infty}^{C}f(x)\mathrm{d}x$,求 C.

18. 设连续型随机变量的概率密度为:

$$f(x)=\begin{cases}2x, & 0\leqslant x\leqslant 1\\ 0, & \text{其他}\end{cases}.$$

以 Y 表示对 X 的三次独立重复试验中"$X\leqslant\dfrac{1}{2}$"出现的次数,试求概率 $P\{Y=2\}$.

19. 设 X 的密度函数为:$f(x)=\begin{cases}x, & 0\leqslant x<1\\ 2-x, & 1\leqslant x\leqslant 2\\ 0, & \text{其他}\end{cases}.$

(1) 求 $P\{0<X<1\}$,$P\{-1<X<2\}$,$P\{X<3\}$;

(2) 求 X 的分布函数.

20. 设连续型随机变量 X 的分布函数为:

$$F(x)=\begin{cases}A+B\mathrm{e}^{-2x}, & x>0\\ 0, & x\leqslant 0\end{cases}.$$

试求:(1)A,B 的值; (2)$P\{-1<X<1\}$; (3) 概率密度函数 $f(x)$.

21. 设随机变量 X 服从$[-1,5]$上的均匀分布,试求 $P\{0<X<10\}$.

22. 若某电子元件的使用寿命(小时)服从 $\lambda=0.1$ 的指数分布,求:

(1) 电子元件使用寿命超过 10 小时的概率;

(2)5 个电子元件恰有两个使用寿命超过 10 小时的概率.

23. 设顾客排队等待服务的时间(单位:分钟)服从 $\lambda = \frac{1}{2}$ 的指数分布.某顾客等待服务,若超过10分钟,他就离开.他一个月要去等待服务5次,以Y表示一个月内他未等到服务而离开的次数,试求 Y 的概率分布和 $P\{Y \geqslant 1\}$.

24. 设 $X \sim N(-1,16)$,试计算:

(1)$P\{X < 2.44\}$;　　(2)$P\{X > -1.5\}$;

(3)$P\{|X| < 4\}$;　　(4)$P\{|X-1| > 1\}$.

25. 假设袋装大米的重量(单位:千克)近似地服从正态分布 $N(50,2^2)$,试求:

(1) 袋装重量在 $48 \sim 52$ 千克的概率;　　(2) 袋装重量超过 49 千克的概率.

26. 某科目统考成绩 X 近似服从正态分布 $N(70,10)^2$,第100名的成绩为60分,问第20名的成绩约为多少分?

27. 设随机变量 X 和 Y 均服从正态分布,$X \sim N(\mu,4^2)$,$Y \sim N(\mu,5^2)$,而 $p_1 = P\{x \leqslant \mu - 1\}$,$p_2 = P\{Y \geqslant \mu + 5\}$,试证明:$p_1 = p_2$.

28. 已知 X 的概率分布为:

X	-2	-1	0	1	2	3
P	$2a$	$\frac{1}{10}$	$3a$	a	a	$2a$

试求:(1)a;　　(2)$Y = X^2 - 1$ 的概率分布.

29. 设随机变量 X 服从$[a,b]$上的均匀分布,令 $Y = cX + d(c \neq 0)$,试求随机变量的密度函数.

30. 设随机变量(X,Y)只取下列数组中的值:$(0,0)$,$\left(-1,1\right)$,$\left(-1,\frac{1}{3}\right)$,$(2,0)$,且相应的概率依次为$\frac{1}{6}$,$\frac{1}{3}$,$\frac{1}{12}$,$\frac{5}{12}$.求随机变量$(X,Y)$的分布律与关于 X,Y 的边缘分布律.

31. 一只口袋中装有四只球,球上分别标有数字1,2,2,3.从此袋中任取一只球,取后不放回,再从袋中任取一只球.分别以X与Y表示第一次、第二次取到的球上标有的数字,求X与Y的联合分布律与关于X,Y的边缘分布律.

32. 设随机变量(X,Y)分布律为:

X	Y		
	1	2	3
1	c	1/9	a
2	1/3	b	1/9

(1)a,b,c 为何值时,X 与 Y 相互独立?

(2) 写出(X,Y)的分布律与边缘分布律.

33. 设随机变量 X 在 1,2,3,4 四个整数中等可能地取值，而随机变量 Y 在 $1 \sim X$ 中等可能地取一个整数. 求：

(1) $X=2$ 时，Y 的条件分布律；　　(2) $Y=1$ 时，X 的条件分布律.

34. 设随机变量 (X,Y) 的概率密度为：

$$f(x,y)=\begin{cases} ce^{-2(x+y)}, & 0 \leqslant x \leqslant +\infty, 0 \leqslant y \leqslant +\infty \\ 0, & \text{其他} \end{cases}.$$

试求：(1) 常数 c；　(2) (X,Y) 的分布函数 $F(x,y)$；　(3) $P\{X+Y \leqslant 1\}$.

35. 设随机变量 (X,Y) 的概率密度为：

$$f(x,y)=\begin{cases} 4.8y(2-x), & 0 \leqslant x \leqslant 1, 0 \leqslant y \leqslant x \\ 0, & \text{其他} \end{cases}.$$

求：关于 X,Y 的边缘概率密度.

36. 设随机变量 (X,Y) 在 G 上服从均匀分布，其中 G 由 x 轴、y 轴及直线 $y=2x+1$ 所围成. 试求：

(1) (X,Y) 的概率密度 $f(x,y)$；　　(2) 关于 X,Y 的边缘概率密度.

第六章　随机变量的数字特征

分布函数能完整地描述随机变量的统计规律性，但在许多实际问题中，分布函数很难求. 事实上，也并不一定需要我们全面考虑随机变量的变化情况，而只需要知道它的某些特征就够了. 例如，知道某地区的平均某产值就能大致反映出该地区的生产水平. 又如，检查某一批棉花的质量，并不需要知道每朵棉花的纤维长度，而只要知道纤维的平均长度就能反映出棉花质量的一个方面. 若此批棉花的纤维平均长度相差不大，即其偏离程度较小，而纤维的平均长度又较长，则这批棉花的质量就较好. 设棉花的纤维长度为随机变量，则它的平均长度及偏离程度就能描述出在某些方面的重要特征.

表示随机变量某些特征的数字称为随机变量的数字特征，其中最重要的是数学期望和方差. 随机变量的数字特征在理论上和实践上都具有重要的意义.

§6.1　数学期望

一、离散型随机变量的数学期望

【例 6.1】　某农场有甲、乙、丙三个水稻品种，其播种面积和亩产量如表 6-1 所示.

表 6-1

品　种	甲	乙	丙
面积(亩)	30	50	20
亩产(千克)	450	500	650

求平均亩产.

【解】　$$\text{平均亩产} = \frac{\text{总产量}}{\text{总面积}} = \frac{450 \times 30 + 500 \times 50 + 650 \times 20}{30 + 50 + 20}$$
$$= 450 \times 0.3 + 500 \times 0.5 + 650 \times 0.2$$
$$= 515(\text{千克}).$$

假定每亩仅种一个品种，现从该农场的稻田中任取一亩，则取到的一亩的产量 X 是个随机变量. 根据概率的古典定义，其分布列为：

X	450	500	650
P	0.3	0.5	0.2

X 的所有取值与其相应的概率的乘积之和为：

$$450\times 0.3+500\times 0.5+650\times 0.2=515(\text{千克}),$$

这正是平均亩产量.

一般地，设离散型随机变量 X 的分布列为：

$$P\{X=x_k\}=p_k\quad(k=1,2,\cdots).$$

若级数 $\sum\limits_{k=1}^{\infty}x_kp_k$ 绝对收敛，则称级数 $\sum\limits_{k=1}^{\infty}x_kp_k$ 为 X 的**数学期望**，简称**期望**或**均值**，记为 $E(X)$，即

$$E(X)=\sum_{k=1}^{\infty}x_kp_k.$$

显然，若 X 为有限点分布，则**数学期望**为：

$$E(X)=\sum_{k=1}^{n}x_kp_k.$$

【例 6.2】 甲、乙两个工人生产同一种产品，日产量相等，在一天中出现的废品数分别为 X 和 Y，其分布列各为：

X	0	1	2	3	4
P	0.4	0.3	0.2	0.1	0
Y	0	1	2	3	4
P	0.5	0.1	0.2	0.1	0.1

试比较这两个工人的技术情况.

【解】 $E(X)=0\times 0.4+1\times 0.3+2\times 0.2+3\times 0.1+4\times 0=1$；

$$E(Y)=0\times 0.5+1\times 0.1+2\times 0.2+3\times 0.1+4\times 0.1=1.2.$$

这表明从数学期望(均值)而言，乙每天出现的废品数比甲多，从这个意义上说，甲的技术比乙好些.

【例 6.3】 设 X 服从二点分布，求 $E(X)$.

【解】 由于 X 的分布列为：

$$P\{X=k\}=p^k(1-p)^{1-k}\quad(k=0,1),$$

于是 $$E(X)=\sum_{k=0}^{1}kp^k(1-p)^{1-k}=p.$$

【例 6.4】 设 $X\sim P(\lambda)$，求 $E(X)$.

【解】 由于 X 的分布列为：

$$P\{X=k\}=\frac{\lambda^k\cdot e^{-\lambda}}{k!}\quad(k=0,1,2,\cdots;\lambda>0).$$

于是 $$E(X)=\sum_{k=0}^{\infty}k\cdot\frac{\lambda^k\cdot e^{-\lambda}}{k!}=\sum_{k=1}^{\infty}\frac{\lambda^{k-1}}{(k-1)!}\lambda e^{-\lambda}=e^{\lambda}\cdot\lambda e^{-\lambda}=\lambda.$$

二、连续型随机变量的数学期望

设随机变量 X 的密度函数为 $f(x)$，若积分 $\int_{-\infty}^{+\infty} xf(x)\mathrm{d}x$ 绝对收敛，则称积分 $\int_{-\infty}^{+\infty} xf(x)\mathrm{d}x$ 为 X 的**数学期望**，即：

$$E(X)=\int_{-\infty}^{+\infty} xf(x)\mathrm{d}x.$$

【例 6.5】 设 X 在 $[a,b]$ 上服从均匀分布，求 $E(X)$.

【解】 由于 X 的密度函数为：

$$f(x)=\begin{cases}\dfrac{1}{b-a}, & a\leqslant x\leqslant b\\ 0, & \text{其他}\end{cases},$$

于是 $$E(X)=\int_{-\infty}^{+\infty} xf(x)\mathrm{d}x=\int_a^b \frac{x}{b-a}\mathrm{d}x=\frac{1}{2(b-a)}x^2\Big|_a^b$$

$$=\frac{1}{2(b-a)}(b^2-a^2)=\frac{1}{2}(a+b).$$

【例 6.6】 设 X 服从参数为 λ 的指数分布，求 $E(X)$.

【解】 由于 X 的密度函数为：

$$f(x)=\begin{cases}\lambda \mathrm{e}^{-\lambda x}, & x\geqslant 0\\ 0, & x<0\end{cases}\quad(\lambda>0),$$

于是 $$E(X)=\int_{-\infty}^{+\infty} xf(x)\mathrm{d}x=\int_0^{+\infty} x\lambda \mathrm{e}^{-\lambda x}\mathrm{d}x=\frac{1}{\lambda}.$$

【例 6.7】 设 $X\sim N(0,1)$，求 $E(X)$.

【解】 由于 X 的密度函数为：

$$\varphi(x)=\frac{1}{\sqrt{2\pi}}\mathrm{e}^{-\frac{x^2}{2}}\quad(-\infty<x<+\infty),$$

所以 $$E(X)=\int_{-\infty}^{+\infty} x\varphi(x)\mathrm{d}x=\int_{-\infty}^{+\infty}\frac{x}{\sqrt{2\pi}}\mathrm{e}^{-\frac{x^2}{2}}\mathrm{d}x=0.$$

【例 6.8】 设 X 的密度函数为：

$$f(x)=\begin{cases}\dfrac{1}{\pi\sqrt{1-x^2}}, & |x|<1\\ 0, & |x|\geqslant 1\end{cases}.$$

求 $E(X)$.

【解】 $$E(X)=\int_{-\infty}^{+\infty} xf(x)\mathrm{d}x=\int_{-1}^{1}\frac{x}{\pi\sqrt{1-x^2}}\mathrm{d}x=0\quad\left(\frac{x}{\pi\sqrt{1-x^2}}\text{为奇函数}\right).$$

三、随机变量函数的数学期望

(1) 设随机变量 X 是离散型的，其分布列为：

$$P\{X=x_k\}=p_k\quad(k=1,2,\cdots).$$

又设 $y=g(x)$ 为连续函数，且 $\sum_{k=1}^{\infty}g(x_k)p_k$ 绝对收敛，则 $Y=g(X)$ 的数学期望为：

$$E(Y)=E[g(X)]=\sum_{k=1}^{\infty}g(x_k)p_k.$$

(2) 设随机变量 X 是连续型的，其密度函数为 $f(x)$，又设 $y=g(x)$ 为连续实函数，且 $\int_{-\infty}^{+\infty}g(x)f(x)\mathrm{d}x$ 绝对收敛，则 $Y=g(X)$ 的数学期望为：

$$E(Y)=E[g(X)]=\int_{-\infty}^{+\infty}g(x)f(x)\mathrm{d}x.$$

【注】 这两个公式使我们不必先求出 Y 的分布，就可以求出 Y 的均值. 由于证明比较繁琐，故略去.

【例 6.9】 设 X 在 $[0,\pi]$ 上服从均匀分布，求 $E(X^2)$，$E(\sin X)$.

【解】 由于 X 的密度函数为：

$$f(x)=\begin{cases}\dfrac{1}{\pi}, & 0\leqslant x\leqslant\pi\\ 0, & \text{其他}\end{cases},$$

于是

$$E(X^2)=\int_{-\infty}^{+\infty}x^2f(x)\mathrm{d}x=\int_0^{\pi}x^2\cdot\frac{1}{\pi}\mathrm{d}x=\frac{1}{3}\pi^2;$$

$$E(\sin X)=\int_{-\infty}^{+\infty}\sin xf(x)\mathrm{d}x=\int_0^{\pi}\sin x\cdot\frac{1}{\pi}\mathrm{d}x=\frac{2}{\pi}.$$

四、数学期望的性质

以下性质均假定 $E(X)$，$E(Y)$ 存在，故有：

(1) 若 c 为常数，则 $E(c)=c$.

事实上，此随机变量 X 仅取一个值 c，其分布列为 $p\{X=c\}=1$.

于是 $E(X)=1\cdot c=c$，这种分布也称为单点分布.

(2) 若 a 为常数，则 $E(aX)=aE(X)$.

(3) 线性性质：若 a,b 为常数，则 $E(aX+b)=aE(X)+b$.

(4) 可加(减)性：$E(X\pm Y)=E(X)\pm E(Y)$，此式可推广到几个随机变量的情况.

由于连续型随机变量的均值是用积分运算表达的，离散型随机变量的均值是用求和运算表达的，而积分与求和这两种运算都具备线性性质和可加(减)性，因此这些性质是容易理解和证明的.

【例 6.10】 设 X 的分布列为：

X	-1	0	1
P	$\frac{1}{2}$	$\frac{1}{4}$	$\frac{1}{4}$

求 $E(X)$，$E(X^2)$，$E(2X-1)$.

【解】 $E(X)=-1\times\frac{1}{2}+0\times\frac{1}{4}+1\times\frac{1}{4}=-\frac{1}{4}$;

$$E(X^2)=\sum_{k=1}^{3}x_k^2p_k=(-1)^2\times\frac{1}{2}+0^2\times\frac{1}{4}+1^2\times\frac{1}{4}=\frac{3}{4};$$

$$E(2X-1)=2E(X)-1=2\times\left(-\frac{1}{4}\right)-1=-\frac{3}{2}.$$

【注】 对数学期望(均值)的理解:

(1) 任何一个随机变量的均值已不再是随机变量,而是某个确定的常数.

(2) 一般情况下,$E(X^2)\neq(EX)^2$. 通常将$(EX)^2$ 记为 E^2X 或 $E^2(X)$.

五、应用举例

【例 6.11】 (保险问题) 据统计,一位 40 岁左右的健康者(一般体检未发生病症),在 5 年之内仍然活着和自杀的概率为 $p(0<p<1, p$ 已知),在 5 年内死亡(非自杀死亡)的概率为 $1-p$. 保险公司开办 5 年的人寿保险,条件是参加者需交保险费 a 元(a 已知),若 5 年之内死亡,保险公司赔偿 b 元($b>a$),那么 b 应定为何值才能使保险公司期望获利?若有 m 人参加保险,保险公司可期望从中获利多少?

【解】 设 X 表示保险公司从一个参加者身上所得的利润,则 b 是一个随机变量,其分布为:

X	a	$a-b$
P	p	$1-p$

保险公司期望获利为 $E(X)>0$,即

$$E(X)=ap+(a-b)(1-p)=a-b(1-p)>0.$$

所以有 $a<b<\frac{a}{1-p}$.

若有 m 人参加保险,保险公司可期望从中获利为:

$$mE(X)=ma-mb(1-p).$$

【例 6.12】 (决策问题) 某企业为了提高经济效益,决定开发某种新产品,产品开发生产需要对设备投资规模作决策. 设有三种可供选择的策略:

S_1:购买大型设备;S_2:购买中型设备;S_3:购买小型设备.

未来市场对这种产品的需求情况也有三种:

N_1:需求量较大;N_2:需求量中等;N_3:需求量较小.

经估计,各种方案在不同的需求情况下其收益值如表 6-2 所示.

表 6-2

$f(S_i,N_j)$	N_1 $P(N_1)=0.3$	N_2 $P(N_2)=0.4$	N_3 $P(N_3)=0.3$
S_1	50	20	-20
S_2	30	25	-10
S_3	10	10	10

表6-2中数据 $f(S_i,N_j)$ 出现负数，表示该企业将亏损. 现问企业应选取何种策略，可使其收益最大？

【解】 根据表6-2，可以分别求出采用策略 S_1,S_2,S_3 的效益期望值 $E(S_1),E(S_2),E(S_3)$：

$$E(S_1)=50\times0.3+20\times0.4+(-20)\times0.3=17;$$
$$E(S_2)=30\times0.3+25\times0.4+(-10)\times0.3=16;$$
$$E(S_3)=10\times0.3+10\times0.4+10\times0.3=10.$$

如果我们采用"收益期望值"最大作为决策的准则，那么就选取策略 S_1，即购买大型设备作为决策方案.

这种通过计算出各个策略的收益期望值，按照大小作为决策标准的决策准则，我们称为**期望值准则**.

【例6.13】 （进货问题）设某种商品每周的需求量 X 是服从区间[10,30]上均匀分布的随机变量，而经销商店的进货量为区间[10,30]中的某一个整数，商店每销售一单位商品可获利500元. 若供大于求，则削价处理，每处理一单位商品亏损100元；若供不应求，则从外部调剂供应，此时每一单位商品仅获利300元. 为使商店所获利润期望值不少于9280元，试确定最小进货量.

【解】 设商店获得的利润为 T，进货量为 y，则：

$$T=g(X)=\begin{cases}500y+(X-y)\times300, & y<X\leqslant30\\500X-(y-X)\times100, & 10\leqslant X\leqslant y\end{cases}$$
$$=\begin{cases}300X+200y, & y<X\leqslant30\\600X-100y, & 10\leqslant X\leqslant y\end{cases}.$$

由题意知：

$$9280\leqslant ET=\int_{-\infty}^{+\infty}g(x)f(x)\mathrm{d}x$$
$$=\frac{1}{20}\left[\int_{10}^{y}(600x-100y)\mathrm{d}x+\int_{y}^{30}(300x+200y)\mathrm{d}x\right]$$
$$=-7.5y^2+350y+5250.$$

即
$$7.5y^2-350y+4030\leqslant0.$$

解不等式得：

$$20\frac{2}{3}\leqslant y\leqslant26,$$

即使利润的期望值不少于9280元的最少进货量为21个单位.

【例6.14】 （情报价值问题）某投资者打算以10000元来投资三种证券中的一种，当前他所获得的信息如表6-3所示，请问该投资者应投资哪一类证券？假定投资者花费200元可以买到有关经济形势好坏的情报，请问投资者是否有必要购买这些信息？

表 6-3 （单位：元）

决策	经济形势好	经济形势一般	经济形势差
	0.3	0.5	0.2
投资证券 A	800	550	300
投资证券 B	650	600	500
投资证券 C	250	400	1000

【解】 我们可以计算投资三种证券各自的期望收益，如表 6-4 所示.

表 6-4 （单位：元）

决策	经济形势好	经济形势一般	经济形势差	期望收益
	0.3	0.5	0.2	
投资证券 A	800	550	300	575
投资证券 B	650	600	500	595
投资证券 C	250	400	1000	475

根据最大期望准则，我们应选择投资证券 B.

若完全情报认为经济形势好，投资者选择投资证券 A，获得收益 800 元；

若完全情报认为经济形势一般，投资者选择投资证券 B，获得收益 600 元；

若完全情报认为经济形势差，投资者选择投资证券 C，获得收益 1000 元；

完全情报下的期望受益：$EPPL = 800 \times 0.3 + 600 \times 0.5 + 1000 \times 0.2 = 740$；

最大期望受益值：$EMV = 595$；

完全情报价值：$EVPI = 740 - 595 = 145$；

所以投资者花 200 元购买这个完全情报不合算.

【注】 完全情报的价值(EVPI)的经济学解释：当决策者耗费了一定经费进行调研，获得了各事件发生概率的信息，应采用“随机应变”的战术. 这时所得的期望收益称为完全情报的期望收益，记作 EPPL. 这时收益至少应当大于等于最大期望收益，即 $EPPL \geqslant EMV$. 则 $EPPL - EMV = EVPI$，称为完全情报的价值. 这就说明获取情报的费用不能超过 EVPI 值，否则就没有增加收入. 实际应用时考虑费用构成很复杂，这里仅说明完全情报价值的概念及其意义.

§6.2 方　　差

数学期望从一个方面反映了随机变量取值的重要特征，但在很多情况下，仅知道均值是不够的. 例如，用某种方法生产一批 8 瓦的小日光灯管，现在从灯管的长度来评定这种加工方法是否较好. 规定灯管的长度在 29.9 ～ 30.1cm 之间的为合格品，若仅知道生产的灯管的平均长度为 30cm，这并不能说明生产的灯管都合格；而若又知生产的灯管的长度与平均长度之差都很小，绝大部分不超过 ±0.1cm，则生产的灯管成品率就高，这种加工方法就较好. 若把生产的灯管的长度作为随机变量 X, 则任一灯管的长度平均值之差 $X-E(X)$ 也是一个随机变量. 我们很自然地想到用 $X-E(X)$ 的均值来度量偏离程度的大小, 但这是行不通的, 因为 $E(X-E(X))\equiv 0$. 于是我们想到用 $E(X-E(X))^2$ 来度量随机变量与其均值之间的偏离程度.

一、方差的概念

设 X 是一个随机变量, 若 $E(X-E(X))^2$ 存在, 则称 $E(X-E(X))^2$ 为 X 的**方差**, 记为 $D(X)$, 即

$$D(X)=E(X-E(X))^2.$$

显然 $D(X)\geqslant 0$, 在应用中还常用到 $\sqrt{DX}$, 称为 X 的**标准差**或**均方差**.

二、方差的计算公式

(1) 若 X 是离散型随机变量, 其分布列为:

$$P\{X=x_k\}=p_k \quad (k=1,2,\cdots),$$

则

$$D(X)=\sum_{k=1}^{\infty}(x_k-E(X))^2 p_k.$$

(2) 若 X 是连续性随机变量, 其密度函数为 $f(x)$, 则

$$D(X)=\int_{-\infty}^{+\infty}(x-E(X))^2 f(x)\mathrm{d}x.$$

由于 $D(X)$ 是随机变量 $Y=(X-E(X))^2$ 的均值, 因此上述两个公式显然成立.

(3) 考虑到 $D(X)=E(X-E(X))^2=E(X^2-2XE(X)+E^2(X))$

$$=E(X^2)-2E(X)E(X)+E^2(X)=E(X^2)-E^2(X),$$

因此, 在求方差时一般采用如下计算公式:

$$D(X)=E(X^2)-E^2(X).$$

【例 6.15】 设 X 服从二点分布, 求 $D(X)$.

【解】 由于 X 的分布列为 $P\{X=k\}=p^k(1-p)^{1-k} \quad (k=0,1)$,

且 $E(X)=p$,

由于 $E(X^2)=1^2\cdot p+0^2\cdot(1-p)=p$,

于是得 $D(X)=E(X^2)-E^2(X)=p-p^2=p(1-p)$.

【例 6.16】 设 $X\sim P(\lambda)$, 求 $D(X)$.

【解】 由于 X 的分布列为 $P\{X=k\}=\dfrac{\lambda^k}{k!}\mathrm{e}^{-\lambda} \quad (k=0,1,2,\cdots;\lambda>0)$,

且 $E(X)=\lambda$,

由于

$$E(X^2)=E[X(X-1)]+EX=\lambda+\sum_{k=0}^{\infty}\frac{k(k-1)\lambda^k}{k!}\mathrm{e}^{-\lambda}$$

$$=\lambda+\sum_{k=2}^{\infty}\frac{k(k-1)\lambda^k}{k!}\mathrm{e}^{-\lambda}=\lambda+\lambda^2,$$

于是得 $D(X)=E(X^2)-E^2(X)=\lambda+\lambda^2-\lambda^2=\lambda$.

【例 6.17】 设 X 在 $[a,b]$ 上服从均匀分布，求 $D(X)$.

【解】 由于 X 的密度函数为 $f(x)=\begin{cases}\dfrac{1}{b-a}, & a\leqslant x\leqslant b\\ 0, & \text{其他}\end{cases}$,

且 $$E(X)=\frac{1}{2}(a+b),$$

由于 $$E(X^2)=\int_{-\infty}^{+\infty}x^2f(x)\mathrm{d}x=\int_a^b x^2\frac{1}{b-a}\mathrm{d}x=\frac{1}{3}(b^2+ab+a^2),$$

于是得 $$D(X)=E(X^2)-E^2X=\frac{1}{3}(b^2+ab+a^2)-\frac{1}{4}(a+b)^2=\frac{1}{12}(b-a)^2.$$

【例 6.18】 设 X 服从参数为 λ 的指数分布，求 $D(X)$.

【解】 由于 X 的密度函数为：

$$f(x)=\begin{cases}\lambda e^{-\lambda x}, & x\geqslant 0\\ 0, & x<0\end{cases}\quad(\lambda>0),$$

且 $$E(X)=\frac{1}{\lambda},$$

由于 $$E(X^2)=\int_{-\infty}^{+\infty}x^2f(x)\mathrm{d}x=\int_0^{+\infty}x^2\lambda e^{-\lambda x}\mathrm{d}x=\frac{2}{\lambda^2},$$

于是得 $$D(X)=E(X^2)-E^2(X)=\frac{2}{\lambda^2}-\frac{1}{\lambda^2}=\frac{1}{\lambda^2}.$$

【例 6.19】 设 $X\sim N(0,1)$，求 $D(X)$.

【解】 由于 X 的密度函数为：

$$\varphi(x)=\frac{1}{\sqrt{2\pi}}e^{-\frac{x^2}{2}}\quad(-\infty<x<+\infty),$$

且 $$E(X)=\int_{-\infty}^{+\infty}x\varphi(x)\mathrm{d}x=\int_{-\infty}^{+\infty}\frac{x}{\sqrt{2\pi}}e^{-\frac{x^2}{2}}\mathrm{d}x=0,$$

所以 $$D(X)=E(X^2)-E^2(X)=\int_{-\infty}^{+\infty}\frac{x^2}{\sqrt{2\pi}}e^{-\frac{x^2}{2}}\mathrm{d}x-0=1.$$

【注】 书中介绍的6个常用概率分布的数学期望和方差可在附录2的附表1中去查阅.

三、方差的性质

假定 $D(X)$ 存在，则方差具有以下基本性质：

性质 6-1 若 c 为常数，则 $D(c)=0$.

【证】 $D(c)=E(c-Ec)^2=E(c-c)^2=0$.

性质 6-2 若 b 为常数，则 $D(X+b)=D(X)$.

【证】 $$D(X+b)=E[(X+b)-E(X+b)]^2=E[X+b-E(X)-b]^2=E[X-E(X)]^2=D(X).$$

性质 6-3 若 a 为常数，则 $D(aX)=a^2D(X)$.

【证】 $D(aX)=E[aX-E(aX)]^2=E[aX-aE(X)]^2=E[a^2(X-E(X))^2]=a^2D(X)$.

性质 6-4 若 a,b 为常数,则 $D(aX+b)=a^2D(X)$.

【证】 $D(aX+b)=D(aX)=a^2D(X)$.

【例 6.20】 设 $E(X)=-3,E(X^2)=11$,求 $E(2-4X),D(2-4X)$.

【解】 $E(2-4X)=2-4E(X)=2-4\times(-3)=14$.

由于 $$D(X)=E(X^2)-E^2(X)=11-(-3)^2=2,$$

于是得 $$D(2-4X)=(-4)^2D(X)=16\times 2=32.$$

【例 6.21】 已知离散型随机变量 X 的概率分布为 $P\{X=1\}=0.2,P\{X=2\}=0.3,P\{X=3\}=0.5$.

(1) 写出 X 的分布函数; (2) 求 X 的数学期望和方差.

【解】 (1) $F(x)=P\{X\leqslant x\}=\begin{cases}0, & x\leqslant 1\\ 0.2, & 1\leqslant x<2\\ 0.5, & 2\leqslant x<3\\ 1, & x\geqslant 3\end{cases}$.

(2) $E(X)=1\times 0.2+2\times 0.3+3\times 0.5=2.3$,

$E(X^2)=1^2\times 0.2+2^2\times 0.3+3^2\times 0.5=5.9$,

$D(X)=E(X^2)-E^2(X)=5.9-2.3^2=0.61$.

【例 6.22】 盒中有 5 个球,其中有 3 个白球,2 个黑球.从中任取两个球,求白球数 X 的数学期望和方差.

【解】 由题意,X 的取值为 0,1,2,其分布列为:

$$P\{X=0\}=\frac{C_3^0C_2^2}{C_5^2}=0.1,$$

$$P\{X=1\}=\frac{C_3^1C_2^1}{C_5^2}=0.6,$$

$$P\{X=2\}=\frac{C_3^2}{C_5^2}=0.3,$$

于是 $$E(X)=0\times 0.1+1\times 0.6+2\times 0.3=1.2,$$

$$E(X^2)=0^2\times 0.1+1^2\times 0.6+2^2\times 0.3=1.8,$$

$$D(X)=E(X^2)-E^2(X)=1.8-1.2^2=0.36.$$

四、方差的应用

【例 6.23】 (生产决策)一生产企业生产某产品的日产量可以 600,700,800 和 900 件,根据历史资料知道这种产品的日需求量为 600,700,800 和 900 件的概率分别为 0.1,0.4,0.3,0.2,各种规模生产时的日总获利(单位:百元)如表 6-5 所示.根据最大期望原则确定采用哪种规模生产最好?

表 6-5

产量(件)	利润	日需求量(百元)			
		600 (0.1)	700 (0.4)	800 (0.3)	900 (0.2)
600	X_1	9	9	9	9
700	X_2	8.4	9.6	9.6	9.6
800	X_3	7.8	9	10.2	10.2
900	X_4	7.2	8.4	9.6	11.2

【解】 这是个风险型决策问题.一般情况下,根据期望利润最大的原则进行决策.

$E(X_1) = 9 \times 0.1 + 9 \times 0.4 + 9 \times 0.3 + 9 \times 0.2 = 9$(百元);

$E(X_2) = 8.4 \times 0.1 + 9.6 \times 0.4 + 9.6 \times 0.3 + 9.6 \times 0.2 = 9.48$(百元);

$E(X_3) = 7.8 \times 0.1 + 9 \times 0.4 + 10.2 \times 0.3 + 10.2 \times 0.2 = 9.48$(百元);

$E(X_4) = 7.2 \times 0.1 + 8.4 \times 0.4 + 9.6 \times 0.3 + 11.2 \times 0.2 = 9.2$(百元).

由于 $E(X_2)$ 与 $E(X_3)$ 均为最大值,通常应选择利润方差(风险)最小的方案.

$D(X_2) = E(X_2^2) - E^2(X_2) = 90 - 9.48^2 = 0.1296$;

$D(X_3) = E(X_3^2) - E^2(X_3) = 90.504 - 9.48^2 = 0.6363$.

由于 $D(X_2) < D(X_3)$,所以选择第二种方案,即日生产 700 件.

【例 6.24】 (仪器的优劣)仪器的优劣以及其使用价值对于生产厂家来说是很重要的一个因素,同时也是企业完成生产任务的保障,因此,数学期望与方差这一数字特征给商家选购仪器提供了参考.

例如,分别用 A,B 两种测量仪器多次测量某一零件的直径,结果如表 6-6 所示.

表 6-6

仪器 A	118	119	120	121	122
概率 P	0.06	0.14	0.60	0.15	0.05
仪器 B	118	119	120	121	122
概率 P	0.09	0.15	0.52	0.16	0.08

试比较这两种仪器的优劣.

【解】 用随机变量 A 和 B 的数学期望与方差来做比较:

$$E(A) = 118 \times 0.06 + 119 \times 0.14 + 120 \times 0.60 + 121 \times 0.15 + 122 \times 0.05 = 119.9,$$

$$D(A) = E(A^2) - E^2(A) = 14398.3;$$

$$E(B) = 118 \times 0.09 + 119 \times 0.15 + 120 \times 0.52 + 121 \times 0.16 + 122 \times 0.08 = 119.9,$$

$$D(B) = E(B^2) - E^2(B) = 14398.6.$$

因为在均值相等的情况下，A 的方差小于 B 的方差，说明 A 仪器更稳定，相对来说要可靠一些.

五、标准化的随机变量

若随机变量 X 的均值为 μ，方差为 $\sigma^2(\sigma>0)$，则称 $Y=\dfrac{X-\mu}{\sigma}$ 为 X 的**标准化的随机变量**.

对 X 的标准化的随机变量 Y，必有 $E(Y)=0, D(Y)=1$. 事实上，

$$E(Y)=E\left(\frac{X-\mu}{\sigma}\right)=\frac{1}{\sigma}E(X-EX)=0,$$

$$D(Y)=D\left(\frac{X-\mu}{\sigma}\right)=\frac{1}{\sigma^2}D(X-\mu)=\frac{DX}{\sigma^2}=\frac{\sigma^2}{\sigma^2}=1.$$

【注】 方差实际上描述的是随机变量 X 的分布与均值 $E(X)$ 之间的离散程度，任何随机变量方差 $D(X)\geqslant 0$. 当 $D(X)$ 越小，说明随机变量 X 的分布越集中在 $E(X)$ 左右. 本书只给出了部分常见分布的数学期望和方差的计算过程，其他常见分布的数学期望和方差请参考附表 1.

§6.3 协方差与相关系数

对多维随机变量，随机变量的数学期望和方差只反映了各自的平均值与偏离程度，并没能反映随机变量之间的关系. 本节将要讨论的协方差及相关系数是反映随机变量之间依赖关系的一个数字特征.

一、协方差的定义

设 (X,Y) 为二维随机变量，若 $E\{[X-E(X)][Y-E(Y)]\}$ 存在，则称其为随机变量 X 和 Y 的协方差，记为 $\mathrm{cov}(X,Y)$，即

$$\mathrm{cov}(X,Y)=E\{[X-E(X)][Y-E(Y)]\}.$$

按定义，协方差实质上就是数学期望，利用数学期望的性质，易将协方差的计算化简为：

$$\begin{aligned}\mathrm{cov}(X,Y)&=E\{[X-E(X)][Y-E(Y)]\}\\&=E(XY)-E(X)E(Y)-E(Y)E(X)+E(X)E(Y)\\&=E(XY)-E(X)E(Y).\end{aligned}$$

二、协方差的性质

(一) 协方差的基本性质

(1) $\mathrm{cov}(X,X)=D(X)$；

(2) $\mathrm{cov}(X,Y)=\mathrm{cov}(Y,X)$；

(3) $\mathrm{cov}(aX,bY)=ab\,\mathrm{cov}(X,Y)$，其中 a,b 为常数；

(4) $\text{cov}(C,X)=0$，C 为任意常数；

(5) $\text{cov}(X_1+X_2,Y)=\text{cov}(X_1,Y)+\text{cov}(X_2,Y)$.

(二) 随机变量和的方差与协方差的关系

随机变量和的方差与协方差的关系为：

$$D(X+Y)=D(X)+D(Y)+2\text{cov}(X,Y).$$

【例 6.25】 已知离散型随机向量 (X,Y) 的概率分布为：

X	Y		
	−1	0	2
0	0.1	0.2	0
1	0.3	0.05	0.1
2	0.15	0	0.1

求 $\text{cov}(X,Y)$.

【解】 容易求得 X 的概率分布为：$P\{X=0\}=0.3$，$P\{X=1\}=0.45$，$P\{X=2\}=0.25$；

Y 的概率分布为：$P\{Y=-1\}=0.55$，$P\{Y=0\}=0.25$，$P\{Y=2\}=0.2$.

于是 $$E(X)=0\times0.3+1\times0.45+2\times0.25=0.95,$$

$$E(Y)=(-1)\times0.55+0\times0.25+2\times0.2=-0.15.$$

计算得 $$\begin{aligned}E(XY)=&0\times(-1)\times0.1+0\times0\times0.2+0\times2\times0+1\times(-1)\times0.3+\\&1\times0\times0.5+1\times2\times0.1+2\times(-1)\times0.15+2\times0\times0+\\&2\times2\times0.1\\=&0.\end{aligned}$$

于是 $$\text{cov}(X,Y)=E(XY)-E(X)E(Y)=0.95\times0.15=0.1425.$$

三、相关系数的定义与性质

设 (X,Y) 为二维随机变量，$D(X)>0$，$D(Y)>0$，称

$$\rho_{XY}=\frac{\text{cov}(X,Y)}{\sqrt{D(X)D(Y)}}$$

为随机变量 X 和 Y 的**相关系数**. 有时也记 ρ_{XY} 为 ρ. 特别地，当 $\rho_{XY}=0$ 时，称 X 与 Y 不相关.

例如，例 6.25 中根据计算公式可以得出其相关系数为：

$$\rho_{XY}=\frac{\text{cov}(X,Y)}{\sqrt{D(X)D(Y)}}=\frac{0.1425}{\sqrt{0.5475\times1.3275}}=0.16715.$$

相关系数的性质：

(1) $|\rho_{XY}|\leqslant1$.

(2) 若 $D(X)>0$，$D(Y)>0$，则 $|\rho_{XY}|=1$ 当且仅当存在常数 $a,b(a\neq0)$，使 $P\{Y=aX+b\}=1$，而且当 $a>0$ 时，$\rho_{XY}=1$；当 $a<0$ 时，$\rho_{XY}=-1$.

(3) 若随机变量 Y 与 X 之间相互独立，则可以推出 $E(XY)=E(X)E(Y)$，从而得出 $\text{cov}(X,Y)=0$，进一步可以得出 $\rho_{XY}=0$，即 Y 与 X 一定不相关；但是若 Y 与 X 不相关，并不能得出 Y 与 X 之间相互独立.

【注】 相关系数 ρ_{XY} 刻画了随机变量 Y 与 X 之间的"线性相关"程度.
$|\rho_{XY}|$ 的值越接近 1,Y 与 X 的线性相关程度越高;
$|\rho_{XY}|$ 的值越接近 0,Y 与 X 的线性相关程度越弱.
当 $|\rho_{XY}|=1$ 时,Y 与 X 的变化可完全由 X 的线性函数给出.
当 $\rho_{XY}=0$ 时,Y 与 X 之间不存在线性关系,简称不相关.

【例 6.26】 设(X,Y)的分布律为:

Y	X				$P\{Y=y_j\}$
	-2	-1	1	2	
1	0	1/4	1/4	0	1/2
4	1/4	0	0	1/4	1/2
$P\{X=x_i\}$	1/4	1/4	1/4	1/4	1

易知 $E(X)=0$,$E(Y)=5/2$,$E(XY)=0$,于是 $\rho_{XY}=0$,则 X,Y 不相关.这表示 X,Y 不存在线性关系.事实上,X 和 Y 具有关系:$Y=X^2$,Y 的值完全可由 X 的值所确定.

四、应用举例

【例 6.27】 (投资组合问题)表 6-7 给出了四种状况下,"成熟股"A 和"成长股"B 两项资产相应可能的收益率和发生的概率,假设对两种股票的投资额相同.

表 6-7

经济状况	出现概率	成熟股(%)	成长股(%)
差	0.1	-3	2
稳定	0.3	3	4
适度增长	0.4	7	10
繁荣	0.2	10	20

试求:(1) 计算两只股票的期望收益率;
(2) 计算两只股票各自的标准差;
(3) 已知两只股票的相关系数为 0.89,计算两只股票之间的协方差;
(4) 计算两只股票的投资组合收益率;
(5) 计算两只股票的投资组合标准差.

【解】 (1) 成熟股票的期望收益率:$E(A)=0.1\times(-3\%)+0.3\times3\%+0.4\times7\%+0.2\times10\%=5.4\%$;

成长股票的期望收益率:$E(B)=0.1\times2\%+0.3\times4\%+0.4\times10\%+0.2\times20\%=9.4\%$;

(2) 成熟股票的标准差:

$$\sqrt{D(A)}=\sqrt{(-3\%-5.4\%)^2\times0.1+(3\%-5.4\%)^2\times0.3+(7\%-5.4\%)^2\times0.4+0.2\times(10\%-5.4\%)^2}$$
$$=3.75\%;$$

成长股票的标准差：

$$\sqrt{D(B)}=\sqrt{(2\%-9.4\%)^2\times0.1+(4\%-9.4\%)^2\times0.3+(10\%-9.4\%)^2\times0.4+0.2\times(20\%-9.4\%)^2}$$
$$=6.07\%.$$

(3) 两只股票之间的协方差：

$\mathrm{cov}(A,B)=0.89\times3.75\%\times6.07\%=0.2026\%.$

(4) 因为对两只股票的投资额相同，所以投资比重为 50%，则：

投资组合收益率 $E=0.5E(A)+0.5E(B)=0.5\times5.4\%+0.5\times9.4\%=7.4\%.$

(5) 投资组合标准差：

$$\sqrt{D(0.5A+0.5B)}=\sqrt{D(0.5A)+D(0.5B)+2\mathrm{cov}(0.5A,0.5B)}$$
$$=\sqrt{(3.75\%\times0.5)^2+(6.0\%\times0.5)^2+2\times(3.75\%\times0.5)\times(6.07\%\times0.5)\times0.89}$$
$$=4.78\%.$$

§6.4 大数定理与中心极限定理

前面主要讨论了随机变量的统计规律性，而随机现象的统计规律性是在相同条件下进行大量重复试验呈现出来的. 例如，在概率的统计定义中，曾提到频率具有稳定性，即：当试验次数无限增大时，事件发生的频率在某种收敛意义下逼近某一常数(事件的概率). 这就是最早的一个大数定律. 另外，在一定的条件下，当 $n\to\infty$ 时，独立随机变量之和的极限分布会呈正态分布，这类数学原理统称为中心极限定理. 本节中所介绍的大数定律及中心极限定理是后续数理统计不可欠缺的理论依据.

一、切比雪夫不等式

我们知道方差 $D(X)$ 是用来描述随机变量 X 的取值在其数学期望 $E(X)$ 附近的分散程度的，因此，对任意的正数 ε，事件 $|X-E(X)|\geqslant\varepsilon$ 发生的概率应该与 $D(X)$ 有关，而这种关系用数学形式表示出来，就是下面我们要学习的切比雪夫不等式.

切比雪夫(Chebyshev) 不等式：设随机变量 X 的数学期望 $E(X)$ 与方差 $D(X)$ 存在，则对于任意正数 ε，不等式

$$P\{|X-E(X)|\geqslant\varepsilon\}\leqslant\frac{D(X)}{\varepsilon^2}\tag{6-1}$$

或

$$P\{|X-E(X)|<\varepsilon\}\geqslant1-\frac{D(X)}{\varepsilon^2}\tag{6-2}$$

都成立. 不等式(6-1) 和(6-2) 称为切比雪夫不等式.

切比雪夫不等式给出了在随机变量 X 的分布未知的情况下，只利用 X 的数学期望和方差即可对 X 的概率分布进行估值的方法，这就是切比雪夫不等式的重要性所在.

我们来分析切比雪夫不等式的含义：当 ε 很小时，区间 $(E(X)-\varepsilon,E(X)+\varepsilon)$ 也很小，切比雪夫不等式用于估计 X 落入区间 $(E(X)-\varepsilon,E(X)+\varepsilon)$ 的概率. 当方差 $D(X)$ 很小时，$1-\dfrac{D(X)}{\varepsilon^2}$ 会很大，即当 $D(X)$ 很小时，X 落入区间 $(E(X)-\varepsilon,E(X)+\varepsilon)$ 是大概率事件. 即

X 的概率分布集中在期望 $E(X)$ 附近，这也说明方差描述随机变量的概率分布对期望的分散程度. 以上事实相反的说法是：当 $D(X)$ 很小时，X 落入区间 $(E(X)-\varepsilon, E(X)+\varepsilon)$ 之外是小概率事件. 根据实际推断原理，当 $D(X)$ 很小时，X 落入区间 $(E(X)-\varepsilon, E(X)+\varepsilon)$ 之外几乎一定不发生.

【例 6.28】 已知在正常男性成人血液中，每毫升含白细胞数的平均值是 7300，均方差是 700，利用切比雪夫不等式估计每毫升血液含白细胞数在 5200 ～ 9400 之间的概率.

【解】 设 X 表示每毫升血液中含白细胞个数，则

$$E(X)=7300, \sigma(X)=\sqrt{D(X)}=700,$$

而
$$P\{5200 \leqslant X \leqslant 9400\}=P\{|X-7300| \leqslant 2100\}=1-P\{|X-7300| \geqslant 2100\}.$$

又因为
$$P\{|X-7300| \geqslant 2100\} \leqslant \frac{700^2}{2100^2}=\frac{1}{9},$$

所以
$$P\{5200 \leqslant X \leqslant 9400\} \geqslant \frac{8}{9}.$$

二、大数定理

先介绍独立随机变量序列的概念. 若对于任意的 $n>1$，$X_1, X_2, \cdots, X_n$ 是相互独立的，则称序列 $X_1, X_2, \cdots, X_n$ 是相互独立序列.

大数定理：设随机变量 $X_1, X_2, \cdots, X_n$ 是相互独立的，且具有相同的的数学期望和方差：

$$E(X_i)=\mu, \qquad D(X_i)=\sigma^2.$$

记 $Y_n=\frac{1}{n}\sum_{i=1}^{n} X_i$，则对于任意的正数 ε，有

$$\lim_{n \to \infty} P\{|Y_n-\mu|<\varepsilon\}=\lim_{n \to \infty} P\left\{\left|\frac{1}{n}\sum_{i=1}^{n} X_i-\mu\right|<\varepsilon\right\}=1. \tag{6-3}$$

该定理又称**切比雪夫定理**，定理说明独立同分布的随机变量序列 $X_1, X_2, \cdots, X_n$，算术平均后得到的随机变量 $\overline{X}=Y_n=\frac{1}{n}\sum_{i=1}^{n} X_i$，当 n 充分大时，它的值将比较紧密地聚集在它的数学期望 $E(\overline{X})$ 的附近，这就是大数定理的统计意义. 即均值依概率收敛于自身的数学期望 μ，记为 $\overline{X} \xrightarrow{P} \mu$.

值得读者注意的是，虽然我们这里用 $E(X_i)=\mu, D(X_i)=\sigma^2$ 来记载数学期望与方差，但没有限制 X_i 就一定要是正态分布. 实际上，X_i 为任意分布都是满足以上定理的. 下面我们接着介绍的定理也类似.

三、中心极限定理

正态分布在概率论与数理统计中占有很重要的地位，在自然界与工程实践中经常遇到大量的随机变量都是服从或近似服从正态分布的. 在某些条件下，即使原来并不服从正态分布的一些随机变量，当随机变量的个数无限增加时它们的和的分布也趋于正态分布. 在概率论中，把有关论证随机变量和的极限分布为正态分布的一类定理称为中心极限定理.

在客观实际中有许多随机变量，它们由大量的、相互独立的随机因素综合影响而形成，

而其中每一个个别因素在总的影响中所起的作用都是微小的,这种随机变量往往近似服从正态分布.这种现象就是中心极限定理的客观背景.本节内容回答了为什么在自然界中广泛存在着正态分布.

中心极限定理:设随机变量 $X_1,X_2,\cdots,X_n$ 是独立同分布的随机变量序列,且具有相同的数学期望和方差:$E(X_i)=\mu,D(X_i)=\sigma^2(i=1,2,\cdots)$.记随机变量

$$Y_n=\frac{\sum_{i=1}^{n}X_i-E\left(\sum_{i=1}^{n}X_i\right)}{\sqrt{D\left(\sum_{i=1}^{n}X_i\right)}}=\frac{\sum_{i=1}^{n}X_i-n\mu}{\sqrt{n}\sigma},$$

对于任意 x,有

$$\lim_{n\to\infty}F_n(x)=\lim_{x\to\infty}P\{Y_n\leqslant x\}=\lim_{n\to\infty}P\left\{\frac{\sum_{k=1}^{n}X_k-n\mu}{\sqrt{n}\sigma}\leqslant x\right\}$$
$$=\int_{-\infty}^{x}\frac{1}{\sqrt{2\pi}}e^{-\frac{t^2}{2}}dt=\Phi(x).$$

该定理又称为 **林德贝格-勒维(Lindeberg-Levy)中心极限定理**,该定理的表达和证明都有点复杂,但我们可以从其结论可知,当 n 充分大时,近似地有

$$\frac{\sum_{i=1}^{n}X_i-n\mu}{\sqrt{n\sigma^2}}\sim N(0,1),\quad 即\quad \frac{\overline{X}-\mu}{\sigma/\sqrt{n}}\sim N(0,1).$$

或者说,当 n 充分大时,近似地有

$$\sum_{i=1}^{n}X_i\sim N(n\mu,n\sigma^2),\quad 或\quad \overline{X}\sim N(\mu,\sigma^2/n).$$

如果用 $X_1,X_2,\cdots,X_n$ 表示相互独立的各随机因素,假定它们都服从相同的分布(不论服从什么分布),且都有有限的期望与方差(每个因素的影响有一定限度),那么作为总和的 $\sum_{i=1}^{n}X_i$ 这个随机变量,当 n 充分大时,便近似地服从正态分布.

考虑 $X_1,X_2,\cdots,X_n$ 的平均值 $\overline{X}=\frac{1}{n}\sum_{i=1}^{n}X_i$,有

$$E(\overline{X})=\frac{1}{n}\sum_{i=1}^{n}E(X_i)=\frac{1}{n}n\mu=\mu,$$

$$D(\overline{X})=\frac{1}{n^2}\sum_{i=1}^{n}D(X_i)=\frac{1}{n^2}n\sigma^2=\frac{\sigma^2}{n}.$$

它的标准化随机变量为 $\frac{\overline{X}-\mu}{\frac{\sigma}{\sqrt{n}}}$,即为上述的 Y_n,因此 $\frac{\overline{X}-\mu}{\frac{\sigma}{\sqrt{n}}}$ 的分布函数即是上述的 $F_n(x)$,所以有 $\lim\limits_{n\to\infty}F_n(x)=\int_{-\infty}^{x}\frac{1}{\sqrt{2\pi}}e^{-\frac{t^2}{2}}dt=\Phi(x)$.

由此可见,当 n 充分大时,独立同分布随机变量的平均值 $\overline{X}=\frac{1}{n}\sum_{i=1}^{n}X_i$ 的分布近似于正

态分布 $N\left(\mu,\frac{\sigma^2}{n}\right)$. 这是独立同分布中心极限定理的另一表达形式. 这一结论在数理统计中有重要的应用,是数理统计不可欠缺的理论基础.

【例 6.29】 对敌人的防御地段进行 100 次射击,每次射击时命中目标的炮弹数是一个随机变量,其数学期望是 2,均方差是 1.5. 求在 100 次射击中有 180 ~ 220 颗炮弹命中目标的概率.

【解】 设 X_i 为第 i 次射击时命中目标的炮弹数($i=1,2,\cdots,100$),则 $X=\sum_{i=1}^{100}X_i$ 为 100 次射击中命中目标的炮弹总数,而且 $X_1,X_2,\cdots,X_{100}$ 同分布且相互独立,故有:

$$E(X_i)=2,\sqrt{D(X_i)}=1.5$$

由林德贝格-勒维中心极限定理知,随机变量 $Y_{100}=\frac{X-200}{15}$ 近似服从正态分布,故有

$$\begin{aligned}P\{180\leqslant X\leqslant 220\}&=P\left\{\frac{180-200}{15}\leqslant\frac{\sum_{i=1}^{100}X_i-100\times 2}{10\times 1.5}\leqslant\frac{220-200}{15}\right\}\\&=P\left\{-\frac{4}{3}\leqslant Y_{100}\leqslant\frac{4}{3}\right\}\\&\approx\Phi\left(\frac{4}{3}\right)-\Phi\left(-\frac{4}{3}\right)=\Phi\left(\frac{4}{3}\right)-\left[1-\Phi\left(\frac{4}{3}\right)\right]\\&=2\Phi\left(\frac{4}{3}\right)-1=0.8165.\end{aligned}$$

下面我们将中心极限定理应用到 n 重贝努利试验,设

$$X_i=\begin{cases}1, & \text{第 } i \text{ 次试验中 } A \text{ 发生}\\0, & \text{第 } i \text{ 次试验中 } A \text{ 不发生}\end{cases},$$

且　　$P\{X_i=1\}=p(0<p<1,i=1,2,\cdots,n)$.

则　　$X=\sum_{i=1}^{n}X_i\sim B(n,p),E(X)=np,D(X)=npq$.

于是我们得到下面的推论:

推论6-1 设随机变量 X 服从参数为 n,p 的二项分布,则对一切 x,有

$$\lim_{n\to\infty}P\left\{\frac{X-np}{\sqrt{npq}}\leqslant x\right\}=\int_{-\infty}^{x}\frac{1}{\sqrt{2\pi}}e^{-\frac{t^2}{2}}dt=\Phi(x),$$

即近似地有:

$$\frac{X-np}{\sqrt{npq}}\sim N(0,1).$$

该推论告诉我们,在贝努利试验中,若事件 A 发生的概率为 p,则当 n 充分大时,事件发生的次数 X 近似服从正态分布 $N(np,npq)$. 该推论是专门针对二项分布的,因此又称为"二项分布的正态近似". 与前面讲过的"二项分布的泊松近似"相比,一般情况,在 p 较小时,用泊松分布近似较好,而在 $np>5$ 或 $n(1-p)>5$ 时,用正态分布近似较好.

【例 6.30】 某车间有 200 台车床,在生产期间由于需要检修、调换刀具、变换位置及调换工作等常需停车. 设开工率为 0.6,并设每台车床的工作是独立的,且在开工时需电力 1 千

瓦.问应供应多少千瓦电力就能以99.9%的概率保证该车间不会因供电不足而影响生产?

【解】 对每台车床的观察作为一次试验,每次试验观察车床在某时刻是否工作,工作的概率为0.6,共进行200次试验.用X表示在某时刻工作着的车床数,依题意,有

$$X \sim B(200,\ 0.6).$$

现在的问题是:求满足$P\{X \leqslant N\} \geqslant 0.999$的最小的$N$.

由推论7-1知,$\dfrac{X-np}{\sqrt{np(1-p)}}$近似服从$N(0,1)$,其中,$np=120$,$np(1-p)=48$.

于是 $$P\{X \leqslant N\} \approx \Phi\left(\frac{N-120}{\sqrt{48}}\right).$$

由$\Phi\left(\dfrac{N-120}{\sqrt{48}}\right) \geqslant 0.999$,查正态分布函数表得$\Phi(3.1)=0.999$,故$\dfrac{N-120}{\sqrt{48}} \geqslant 3.1$,从中解得$N \geqslant 141.5$,即所求$N=142$.

也就是说,供应142千瓦电力就能以99.9%的概率保证该车间不会因供电不足而影响生产.

【例6.31】 某市保险公司开办一年人身保险业务,被保险人每年需交付保险费160元,若一年内发生重大人身事故,其本人或家属可获2万元赔金.已知该市人员一年内发生重大人身事故的概率为0.005,现有5000人参加此项保险,问保险公司一年内从此项业务所得到的总收益在20万到40万元之间的概率是多少?

【解】 记 $X_i = \begin{cases} 1, & \text{若第 } i \text{ 个被保险人发生重大事故} \\ 0, & \text{若第 } i \text{ 个被保险人未发生重大事故} \end{cases} \quad (i=1,2,\cdots,5000).$

于是X_i均服从参数为$p=0.005$的二点分布,且

$$p\{X_i=1\}=0.005,\quad np=25,\quad \sqrt{npq}=4.9874 \approx 5.$$

$X=\sum\limits_{i=1}^{5000} X_i$是5000个被保险人中一年内发生重大人身事故的人数,服从二项分布,根据大数定理有$\dfrac{X-np}{\sqrt{np(1-p)}}$近似服从$N(0,1)$,保险公司一年内从此项业务所得到的总收益为$0.016 \times 5000 - 2 \times \sum\limits_{i=1}^{5000} X_i$(万元).于是:

$$\begin{aligned}
&P\left\{20 \leqslant 0.016 \times 5000 - 2\sum_{i=1}^{5000} X_i \leqslant 40\right\} \\
&= P\left\{20 \leqslant \sum_{i=1}^{5000} X_i \leqslant 30\right\} \\
&= P\left\{-1 \leqslant \frac{x-25}{5} \leqslant 1\right\} \\
&= \Phi(1) - \Phi(-1) \\
&= 2\Phi(1) - 1 \\
&= 0.6826.
\end{aligned}$$

习题六

1. 设离散型随机变量 X 的分布律如下所示:

$X=x_i$	-5	2	3	4
p_i	0.4	0.3	0.1	0.2

求数学期望、方差.

2. 盒中有 5 个球,其中有 3 个白球、2 个黑球. 从中任取两个球,求白球数 X 的数学期望和方差.

3. 一批零件中有 9 件合格品与 3 件次品,往机器上安装时任取一件,若取到次品就弃置一边. 求在取到合格品之前已取到的次品数的数学期望、方差与均方差.

4. 设有 n 把看似完全相同的钥匙,只有一把能开保险柜的门锁,用它们去试开保险柜. 假设取到每把钥匙的可能性是等同的,且每把钥匙只试开一次,一把把试开,直到钥匙用完. 求:试开次数 X 的数学期望与方差.

5. 设离散型随机变量 X 的分布函数为 $F(x)=\begin{cases}0, & -\infty<x<0\\ 0.3, & 0\leqslant x<1\\ 0.8, & 1\leqslant x<2\\ 1, & x\geqslant 2\end{cases}$.

求:(1) X 的分布列; (2) $E(-2X+1)$, $D(3X-4)$.

6. 设连续型随机变量 X 的分布函数为 $F(x)=\begin{cases}0, & x<0\\ Ax^2, & 0\leqslant x<1.\\ 1, & x\geqslant 1\end{cases}$

求:(1) 常数 A; (2) $E(X)$ 和 $D(X)$.

7. 已知 $E(X)=30$, $D(X)=11$, $Y=\dfrac{1-X}{3}$,求:$E(X^2)$, $E(Y)$, $D(Y)$.

8. 设随机变量 X 的概率密度为 $f(x)=0.5\mathrm{e}^{-|x|}$, $-\infty<x<+\infty$,求 $E(X)$, $D(X)$.

9. 设随机变量 X 的概率密度为 $f(x)=\begin{cases}2(1-x), & 0\leqslant x\leqslant 1\\ 0, & \text{其他}\end{cases}$,求 $E(X)$ 与 $D(X)$.

10. 某路公共汽车起点站每 5 分钟发出一辆车,每个乘客到达起点站的时刻在发车间隔的 5 分钟内均匀分布. 求每个乘客候车时间的期望(假定汽车到站时,所有候车的乘客都能上车).

11. 某工厂生产的设备的寿命 X(单位:年)的概率密度为 $f(x)=\begin{cases}0.25\mathrm{e}^{-x/4}, & x>0\\ 0, & x<0\end{cases}$,工厂规定,出售的设备若在一年之内损坏可以调换. 若出售一台设备可赢利 100 元,调换一台设备厂方需花费 300 元,试求厂方出售一台设备净赢利的数学期望.

12. 某工厂计划开发一种新产品,预计这种产品出售一件将获利 500 元,而积压一件将损失 2000 元. 同时,预测到这种产品的销售量 Y(单位:件)服从指数分布 $E(0.0001)$. 问:要获得利润的数学期望最大,应生产多少件产品?

13. 设有甲、乙两只股票，今年的价格都是10元，一年后它们的价格及其分布如下所示：

X(元)	8.3	9	11.5	12.8	15
概率 P	0.2	0.2	0.3	0.2	0.1
Y(元)	5	7	9	18	28
概率 P	0.1	0.2	0.3	0.2	0.2

(1) 试比较购买这两只股票时的投资收益与风险.

(2) 你愿意投资哪只股票呢?请说出理由.

14. 某家电企业经调查预计明年向某地销售3000台洗衣机，计划与当地的一家维修部签订保修合同，委托维修部承包维修业务，保修期一年.

该企业与维修部对这批产品的保修有以下两个方案可供选择：

方案1：维修次数不限，一次性支付总维修费2000元.

方案2：维修次数少于300次，支付维修费1000元；若超过，每增加一次加付维修费5元.

另根据过去的经验及产品的质量情况估计，今后一年内洗衣机可能出现维修的次数及发生的概率为：

维修次数 $\leqslant$	300	400	500	600	700
概率 P	0.5	0.25	0.15	0.07	0.03

问：企业应选择哪种方案?

15. 设(X,Y)在区域G上服从均匀分布，其中G由x轴、y轴及直线$x+y=1$围成.

(1) 求EX,$E(3X+2Y)$,$E(XY)$；　　(2) 判断随机变量X与Y的独立性.

16. 在每次试验中，事件A发生的概率为0.5，利用切比雪夫不等式估计：在1000次独立试验中，事件A发生的次数X在400～600之间的概率.

17. 设在每次射击中，命中目标的炮弹数的均值为2、方差为1.5^2，求在100次独立射击中有180发到220发炮弹命中目标的概率.

18. 设有30个同类型的电子器件$D_1,D_2,\cdots,D_{30}$，若$D_i(i=1,2,\cdots,30)$的使用寿命服从参数为$\lambda=0.1$的指数分布，令T为30个器件各自正常使用的总计时间，求$P\{T>350\}$.

19. 在天平上重复称量一件物品，设各次称量结果相互独立且服从正态分布$N(\mu,0.2^2)$，若以$\overline{X_n}$表示n次称量结果的平均值.问n至少取多大，使得$P\{|\overline{X_n}-\mu|\geqslant 0.1\}<0.05$?

20. 设有一个由100个相互独立起作用的部件组成的系统，该系统在运行过程中每个部件能正常工作的概率都为90%.为了使整个系统能正常运行，至少必须有85%的部件在正常工作，求整个系统能正常运行的概率.

21. 某单位设置的电话总机，共有200门电话分机，每门电话分机有5%的时间要用外线通话，假设各门分机是否使用外线通话是相互独立的.问总机至少要配置多少条外线，才能以90%的概率保证每门分机要使用外线时，有外线可供使用?

22. 计算机在进行加法运算时，对每个加数取整(取为最接近于它的整数).设所有的取整误差相互独立，且都服从区间$(-0.5,0.5)$上的均匀分布.

(1) 求在1500个数相加时，误差总和的绝对值超过15的概率.

(2) 欲使误差总和的绝对值小于10的概率不小于90%，最多能允许几个数相加？

23. 设某公路段过往车辆发生交通事故的概率为0.0001，车辆间发生交通事故与否相互独立，若在某个时间区间内恰有10万辆车辆通过，试求在该时间内发生交通事故的次数不多于15次的概率的近似值.

24. 设某学校有1000名学生，在某一时间区间内每个学生去某阅览室自修的概率是0.05，且设每个学生去阅览室自修与否相互独立. 试问：该阅览室至少应设多少个座位才能以不低于0.95的概率保证每个来阅览室自修的学生均有座位？

第三部分

统　计

数学文化与应用拓展资源(三)

数学文化 3-1　生活中统计例子

数学文化 3-2　数据统计分析与市场营销

数学文化 3-3　大数据的故事

数学文化 3-4　置信区间和置信度的理解

数学文化 3-5　女士品茶与假设检验

应用拓展 3-1　标准分计算案例

应用拓展 3-2　渔业产量分析案例

应用拓展 3-3　区间估计综合案例

应用拓展 3-4　假设检验应用案例

第七章　数理统计基础

前面几章我们主要讲述了概率论的相关内容，概率论是在已知随机变量分布的条件下，研究与随机现象有关的概率问题及其应用的. 在实际问题中，随机变量的分布往往是未知的，但其分布是客观存在的. 因此通过合理地获取试验数据资料，根据所获得的数据资料，建立有效的统计方法，对研究对象的统计规律性做出估计与推断，这就是数理统计所研究的基本问题.

数理统计是应用非常广泛的一个数学分支，它是以概率论为基础，根据试验或观察得到的数据，来研究随机现象的统计规律性的数学学科，也是通过局部的研究去推断整体的一种数学方法. 本章在介绍总体与样本以及统计量的基础上，对常用统计量的分布进行了深入的探讨，是统计参数估计和假设检验中统计量构造的必备基础.

§7.1　总体与样本

一、总体与个体

在数理统计中，把具有一定共性的研究对象的全体称作**母体**或**总体**，组成总体的每一个基本单元称为**个体**. 总体中包含个体的个数称为**总体的容量**，容量有限的总体称为**有限总体**，容量无限的总体称为**无限总体**.

如研究某厂生产的电子元件的使用寿命，该厂生产的全部电子元件就构成了一个总体，每一个电子元件就是一个个体；研究某地区职工的年收入情况，该地区的全部职工为一个总体，每个职工为一个个体；又如，要调查某地区全体大学生的身高与体重，该地区的全体大学生构成一个总体，每一个大学生就是一个个体.

在实际问题中，我们所关心的并不是研究对象的所有特征，而仅仅是对研究对象的一个或若干个数量指标进行研究. 因此，确切地说，可以把研究对象的某项数量指标取值的全体作为总体，即总体是数量指标所有可能取值的集合. 在上面所举例子中，某厂生产的全部电子元件的使用寿命作为总体，每一个电子元件的使用寿命为个体；某地区全部职工的年收入为总体，每个职工的年收入为个体；某地区全体大学生的身高构成总体，每一个大学生的身高就是一个个体.

代表总体的这些指标实际上都可以看成前面讲过的随机变量 X，对总体的研究就归结

为讨论随机变量 X 的分布函数 $F(x)$ 及其主要数字特征的研究，通常简单地把研究对象的数量指标说成总体 X，随机变量 X 的分布称为**总体分布**. 如某厂生产的电子元件的使用寿命，设总体 X 服从参数为 λ 的指数分布，就是指电子元件的使用寿命服从参数为 λ 的指数分布.

二、抽样与样本

由于总体的分布一般来说是未知的，有时即使知道其分布的类型（如正态分布或泊松分布等），但并不知道这些分布中所含的参数（如 μ,σ^2,λ）. 数理统计的任务就是根据总体中部分个体的数据资料，来对总体的未知分布或已知分布类型中的未知参数进行统计推断.

为了判断总体服从何种分布或估计未知参数应取何值，最理想的办法是对每个个体逐个进行观察，即进行全面调查. 但实际上，这样做往往是不现实的. 其一是如果总体容量太大，全面检查成本过高，人力、物力和时间都不允许；其二是有些检验具有破坏性，例如，检验电子元件的使用寿命，一旦检验完了，电子元件也就报废了. 实际上，我们经常从总体中按机会均等的原则抽取若干个个体进行观察，然后根据所得数据推断总体的性质. 这种按照机会均等的原则选取一些个体进行观察和试验的过程称为**随机抽样**. 如果我们抽取了 n 个个体，n 个个体指标为 $(X_1,X_2,\cdots,X_n)$，则称这 n 个个体指标 $(X_1,X_2,\cdots,X_n)$ 为总体 X 的**子样**或**样本**，n 称为这个样本的**容量**. 一次抽样后，得到一组 $(X_1,X_2,\cdots,X_n)$ 的具体值 $(x_1,x_2,\cdots,x_n)$，称为**样本观测值**或**样本值**.

若 $X_1,X_2,\cdots,X_n$ 为从总体 X 中抽取的容量为 n 的随机样本，如果 $X_1,X_2,\cdots,X_n$ 相互独立，并且和总体 X 有相同的分布，则称 $X_1,X_2,\cdots,X_n$ 为来自总体 X 的**简单随机样本**，这种抽样方法称为**简单随机抽样**.

【注】 (1) 样本具有双重性，在理论上是随机变量，在具体问题中是数据.

(2) 从统计调查的意义上讲，抽样调查是一种非全面调查，同时与其他非全面调查不同. 例如，典型调查、重点调查一般有意识地选取部分单位进行调查研究，而抽样调查则是按随机原则来抽选的.

(3) 从总体中抽取样本可以有各种不同的方法，为了能使抽取的样本很好地反映总体的信息，又便于用概率论的理论去做推断，最常用的一种样本称为简单随机样本.

如无特别说明，后面章节所提到的样本，都是指简单随机样本，简称样本. 但是简单随机样本是一种非常理想化的样本，在实际应用中要获得严格意义上的简单随机样本并不容易. 对无限总体，只要随机抽取样本即可；对有限总体，若采用有放回式抽样就能得到简单随机样本. 但是有放回式抽样使用起来不方便，有时甚至无法放回，因此实际操作中通常采用无放回抽样. 当所考察总体的容量很大时，可以近似地把无放回抽样所得到的样本看成是一个简单随机样本.

【例 7.1】 啤酒厂生产的瓶装啤酒规定净含量为 640g，由于随机性，事实上不可能使所有的啤酒净含量均为 640g，现在从生产的啤酒中随机抽取 10 瓶测定其净含量，得到如下结果：

641　635　640　637　642　638　645　643　639　640

这是一个容量为 10 的样本，观测值为(641,635,640,637,642,638,645,643,639,640)，对应的总体是该厂生产的瓶装啤酒的净含量.

§7.2　常用统计量

总体和样本是数理统计中的两个基本概念.一方面,样本来自总体,自然带有总体的信息,从而可以从这些信息出发去研究总体的某些特征(分布或分布中的参数).另一方面,由样本研究总体可以省时省力(特别是针对破坏性的抽样试验而言).我们称通过总体 X 的一个样本 $X_1,X_2,\cdots,X_n$ 对总体 X 的分布进行推断的问题为**统计推断问题**.

总体、样本、样本值的关系如图 7-1 所示.

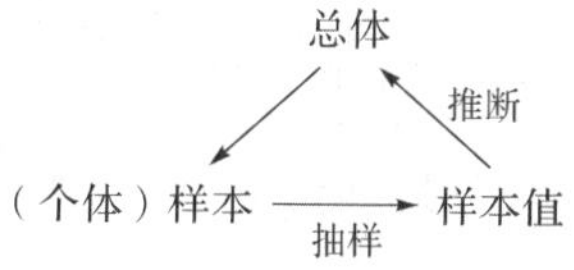

图 7-1

在实际应用中,总体的分布一般是未知的,或虽然知道总体分布所属的类型,但其中包含着未知参数.统计推断就是利用样本值对总体的分布类型、未知参数进行估计和推断.

为对总体进行统计推断,还需借助样本构造一些合适的统计量,即样本的函数,为此,我们首先介绍数理统计的一个重要概念——统计量.

一、统计量

统计量定义:设 $X_1,X_2,\cdots,X_n$ 是来自总体 X 的一个样本,$g(X_1,X_2,\cdots,X_n)$ 是样本的函数,若 g 中不含任何未知参数,则称 $g(X_1,X_2,\cdots,X_n)$ 是该样本的一个**统计量**.

统计量是样本的函数,也是一个随机变量,设 $(x_1,x_2,\cdots,x_n)$ 是对应于样本 $(X_1,X_2,\cdots,X_n)$ 的观测值,则称 $g(x_1,x_2,\cdots,x_n)$ 是 $g(X_1,X_2,\cdots,X_n)$ 的观测值.

例如,设总体 $X\sim N(\mu,\sigma^2)$,$X_1,X_2,\cdots,X_n$ 是来自总体 X 的一个样本,令

$$g(X_1,X_2,\cdots,X_n)=\frac{1}{n}\sum_{i=1}^{n}(X_i-\mu)^2.$$

若 μ 已知,则 $g(X_1,X_2,\cdots,X_n)$ 为统计量;若 μ 未知,则 $g(X_1,X_2,\cdots,X_n)$ 不是统计量.

二、常用的统计量

设 $X_1,X_2,\cdots,X_n$ 是来自总体 X 的一个样本,我们介绍以下常用的统计量.

(一) 样本均值

我们称样本的算术平均值 $\frac{1}{n}\sum_{i=1}^{n}X_i$ 为样本均值,一般用 $\overline{X}$ 表示,即

$$\overline{X}=\frac{X_1+X_2+\cdots+X_n}{n}=\frac{1}{n}\sum_{i=1}^{n}X_i.$$

【例 7.2】　某单位收集到 20 名青年某月的娱乐支出费用数据(单位:元):

79	84	84	88	92	93	94	97	98	99
100	101	101	102	102	108	110	113	118	125

则该月这 20 名青年的平均娱乐支出为 $\overline{X}=\frac{1}{20}(79+84+\cdots+125)=99.4$(元).

【注】 样本均值反映的是样本指标的平均水平，在统计中反映样本平均水平的还有加权平均数、几何平均数、中位数和众数等.

(二) 样本方差

我们称 $S_0^2=\frac{1}{n}\sum_{i=1}^{n}(X_i-\overline{X})^2$ 为**未修正的样本方差**. 样本方差是用来描述各个分量与样本均值的偏离程度的. 数理统计中更常用另一种定义，即

$$S^2=\frac{n}{n-1}S_0^2=\frac{1}{n-1}\sum_{i=1}^{n}(X_i-\overline{X})^2,$$

称为**修正的样本方差**.

由于 S^2 比 S_0^2 具有更好的统计性质，如 $E(S^2)=\sigma^2$（总体方差），而 $E(S_0^2)=\frac{n-1}{n}\sigma^2$，因而用 S^2 估计 σ^2 不会产生系统的偏差. 今后我们用的主要是修正的样本方差，修正的样本方差简称**样本方差**.

【注】 在上面的定义中，$\sum_{i=1}^{n}(X_i-\overline{X})^2$ 称为偏差平方和. 事实上，

$$\begin{aligned}\sum_{i=1}^{n}(X_i-\overline{X})^2&=\sum_{i=1}^{n}(X_i^2-2\overline{X}X_i+\overline{X}^2)=\sum_{i=1}^{n}X_i^2-2\overline{X}\sum_{i=1}^{n}X_i+n\overline{X}^2\\&=\sum_{i=1}^{n}X_i^2-2\overline{X}n\left(\frac{1}{n}\sum_{i=1}^{n}X_i\right)+n\overline{X}^2\\&=\sum_{i=1}^{n}X_i^2-n\overline{X}^2.\end{aligned}$$

(三) 样本标准差

我们称样本方差的算术平方根 $S=\sqrt{S^2}$ 为**样本标准差**. 相对样本方差而言，样本标准差通常更有实际意义，因为它与样本均值具有相同的度量单位.

在例 7.2 中，我们已经算得 $\overline{X}=99.4$，其样本方差与样本标准差为：

$$S^2=\frac{1}{20-1}[(79-99.4)^2+(84-99.4)^2+\cdots+(125-99.4)^2]=133.9368;$$

$$S=\sqrt{S^2}=\sqrt{133.9368}=11.5731.$$

【例 7.3】 设总体 X 服从参数为 λ 的泊松分布，$X_1,X_2,\cdots,X_n$ 为来自总体 X 的样本，求 $E(\overline{X}),D(\overline{X})$.

【解】 因为总体 X 服从参数为 λ 的泊松分布，所以 $E(X)=D(X)=\lambda$.

$$E(\overline{X})=E\left(\frac{1}{n}\sum_{i=1}^{n}X_i\right)=\frac{1}{n}\sum_{i=1}^{n}E(X_i)=\frac{1}{n}\times n\times E(X_i)=E(X_i)=\lambda;$$

$$D(\overline{X})=D\left(\frac{1}{n}\sum_{i=1}^{n}X_i\right)=\frac{1}{n^2}\sum_{i=1}^{n}D(X_i)=\frac{1}{n^2}\times n\times D(X_i)=\frac{1}{n}D(X_i)=\frac{\lambda}{n}.$$

【注】 样本方差和样本标准差都是反映样本指标的分散程度. 除此之外,统计中还有极差和变异系数来说明数据的分散程度.

(四) 样本原点矩

我们称 $A_k = \frac{1}{n}\sum_{i=1}^{n} X_i^k, k = 1,2,\cdots$ 为样本的 k 阶**原点矩**. 显然,一阶原点矩即为样本均值.

(五) 样本中心矩

我们称 $B_k = \frac{1}{n}\sum_{i=1}^{n}(X_i - \overline{X})^k, k = 1,2,\cdots$ 为样本的 k 阶**中心矩**.

特别地,$B_2 = S_0^2$,但 $B_2 \neq S^2$,由 S^2 与 B_2 的计算式可知:$B_2 = \frac{n-1}{n}S^2$. 当 $n \to \infty$ 时,$B_2 \to S^2$,所以也常利用 B_2 来近似计算 S^2.

§7.3 常用统计分布

为了对总体进行统计推断,当抽取样本后,往往针对不同的问题构造不同的统计量,然后利用相应的统计量去解决我们所要研究的问题. 所以对统计量分布的探讨成为数理统计的基本问题之一. 统计量的分布又称为抽样分布. 除在概率论中所提到的常用分布外,本节将主要介绍 χ^2 分布、t 分布、F 分布等几种常用的抽样分布.

一、分位数

在统计估计与推断中,分位数有着非常重要的作用,下面先给出分位数的定义与部分性质,这对于以后查阅常用统计分布表将非常有用.

单侧分位数:设随机变量 X 的分布函数为 $F(x)$,对给定的实数 $\alpha(0 < \alpha < 1)$,若实数 F_α 满足不等式

$$P\{X > F_\alpha\} = \alpha,$$

则称 F_α 为随机变量 X 的 α 水平的**上侧分位数**.

当 X 是连续型随机变量时,设其概率密度函数为 $f(x)$,则其 α 水平的上侧分位数 F_α 应满足

$$\int_{F_\alpha}^{+\infty} f(x)\mathrm{d}x = \alpha.$$

在几何上,介于密度函数曲线下方,x 轴上方与垂直直线 $x = F_\alpha$ 右方之间的阴影区域的面积恰好等于 α,如图 7-2 所示.

例如,标准正态分布 $N(0,1)$ 的 α 水平的上侧分位数通常记作 u_α,则 u_α 满足

$$1 - \Phi(u_\alpha) = \alpha, \quad 即 \quad \Phi(u_\alpha) = 1 - \alpha.$$

一般来讲,直接求解分位数是很困难的,在本书附表中给出了常见抽样分布的分布函数值表或分位数表,通过查表可以很方便地得到某些分位数的值. 例如,对给定的 α,查标准正态分布的分布函数值表可以得到 u_α 的值.

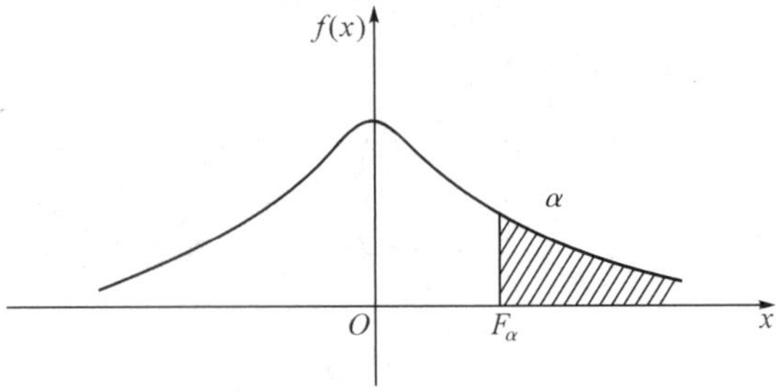

图 7-2

对于类似于标准正态分布的对称分布(概率密度函数为偶函数,关于 y 轴对称),概率统计中还用到另外一种分位数——双侧分位数.

双侧分位数:若实数 T_α 满足不等式

$$P\{|X|>T_{\frac{\alpha}{2}}\}=\alpha,$$

则称 $T_{\frac{\alpha}{2}}$ 为随机变量 X 的分布的 α 水平的双侧分位数.

若 X 的分布具有对称性,上式又可写成 $P\{X>T_{\frac{\alpha}{2}}\}=\frac{\alpha}{2}$ 或 $P\{X>-T_{\frac{\alpha}{2}}\}=1-\frac{\alpha}{2}$,因此 $T_{\frac{\alpha}{2}}=F_{\alpha/2}$,也称 $T_{\frac{\alpha}{2}}$ 为 X 的$\frac{\alpha}{2}$ 水平的上侧分位数.对于具有对称密度函数的随机变量的 α 水平的上侧分位数,恒有 $F_{\frac{\alpha}{2}}=-F_{1-\frac{\alpha}{2}}$.

【例 7.4】 设 $\alpha=0.05$,求标准正态分布的 α 水平的上侧分位数和双侧分位数.

【解】 由于 $\Phi(u_{0.05})=1-0.05=0.95$,查标准正态分布函数值表可得:$u_{0.05}=1.645$ 为 0.05 水平的上侧分位数.

而 0.05 水平的双侧分位数为 $u_{0.025}$,它满足:$\Phi(u_{0.025})=1-0.025=0.975$,查标准正态分布函数值表可得 $u_{0.025}=1.96$.

【注】 今后,分别记 u_α 与 $u_{\alpha/2}$ 为标准正态分布的上侧分位数与双侧分位数.

二、χ^2 分布

(一)χ^2 分布的定义

设 $X_1,X_2,\cdots,X_n$ 是取自总体 $N(0,1)$ 的样本,则称统计量

$$\chi^2=X_1^2+X_2^2+\cdots+X_n^2 \tag{7-1}$$

服从自由度为 n 的**卡方分布**,记为 $\chi^2\sim\chi^2(n)$.

这里,自由度是指式(7-1)右端所包含的独立变量的个数.$\chi^2(n)$ 分布的密度函数为:

$$f(x)=\begin{cases}\dfrac{1}{2^{n/2}\Gamma(n/2)}x^{\frac{n}{2}-1}\mathrm{e}^{-\frac{1}{2}x}, & x>0\\ 0, & x\leqslant 0\end{cases}.$$

其中,$\Gamma(\cdot)$ 为 Gamma 函数,$f(x)$ 的图形如图 7-3 所示.

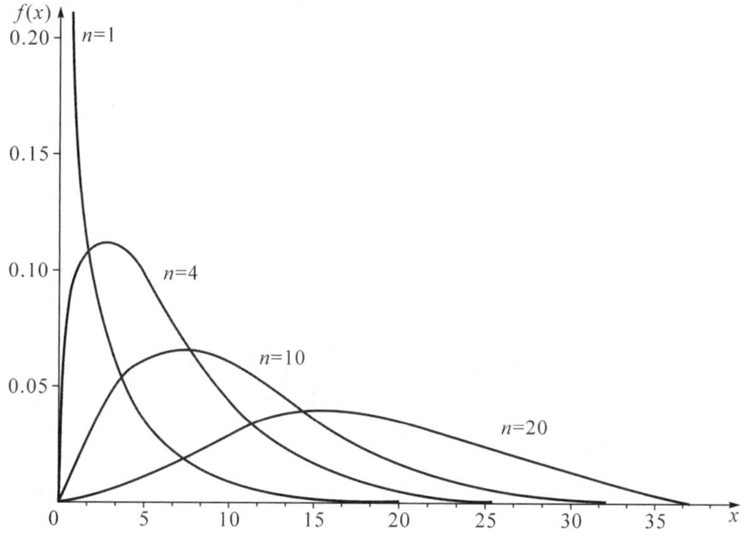

图 7-3

从图 7-3 可以看出 χ^2 分布具有如下特点：

(1) 分布的密度函数曲线的形状取决于其自由度的大小；

(2) 分布的密度函数值非负；

(3) 分布为不对称分布，但随着其自由度的增大，其图形逐渐趋于对称.

χ^2 分布具有以下性质：

(1) χ^2 分布的数学期望与方差：若 $\chi^2 \sim \chi^2(n)$，则 $E(\chi^2) = n, D(\chi^2) = 2n$.

(2) χ^2 分布的可加性：若 $\chi_1^2 \sim \chi^2(m), \chi_2^2 \sim \chi^2(n)$，且 χ_1^2, χ_2^2 相互独立，则 $\chi_1^2 + \chi_2^2 \sim \chi^2(m+n)$.

【例 7.5】 设 $X_1, \cdots, X_6$ 是来自总体 $N(0,1)$ 的样本，又设

$$Y = (X_1 + X_2 + X_3)^2 + (X_4 + X_5 + X_6)^2,$$

试求常数 C，使 CY 服从 χ^2 分布.

【解】 因为 $X_1 + X_2 + X_3 \sim N(0,3), \quad X_4 + X_5 + X_6 \sim N(0,3)$，

所以 $$\frac{X_1 + X_2 + X_3}{\sqrt{3}} \sim N(0,1), \quad \frac{X_4 + X_5 + X_6}{\sqrt{3}} \sim N(0,1),$$

且相互独立，于是

$$\left(\frac{X_1 + X_2 + X_3}{\sqrt{3}}\right)^2 + \left(\frac{X_4 + X_5 + X_6}{\sqrt{3}}\right)^2 \sim \chi^2(2).$$

故应取 $C = \frac{1}{3}$，则有 $\frac{1}{3}Y \sim \chi^2(2)$.

(二) χ^2 分布的分位数

设 $\chi^2 \sim \chi^2(n)$，对给定的实数 $\alpha (0 < \alpha < 1)$，称满足条件

$$P\{\chi^2 > \chi_\alpha^2(n)\} = \int_{\chi_\alpha^2(n)}^{+\infty} f(x)\mathrm{d}x = \alpha$$

的点 $\chi_{\alpha}^{2}(n)$ 为 $\chi^{2}(n)$ 分布的 α 水平的上侧分位数，简称为**上侧 α 分位数**. 如图 7-4 所示.

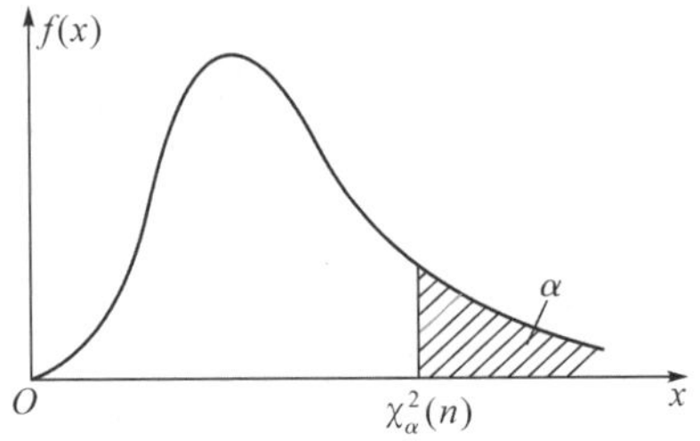

图 7-4

对不同的 α 与 n，分位数的值已经编制成表供查用(参见附表 5).

【例 7.6】 求满足 $P\{\chi^{2}(10)>a\}=0.025$，$P\{\chi^{2}(10)<b\}=0.05$ 的 a 和 b.

【解】 因为 $n=10$，$\alpha=0.025$，查附表 5 可得 $a=20.483$，即 $\chi_{0.025}^{2}(10)=20.483$.

对于 $P\{\chi^{2}(10)<b\}=0.05$ 无法直接查表，由于

$$P\{\chi^{2}(10)<b\}=1-P\{\chi^{2}(10)\geqslant b\}=0.05,$$

得 $P\{\chi^{2}(10)\geqslant b\}=0.95$. 查附表 5 得：$b=3.940$，即 $\chi_{0.95}^{2}(10)=3.940$.

【例 7.7】 设 $X_1,\cdots,X_6$ 为来自于总体 $N(0,4)$ 的样本，求 $P\left\{\sum_{i=1}^{6}X_i^2>6.45\right\}$.

【解】 因为 $X_1,\cdots,X_6$ 为来自于总体 $N(0,4)$ 的样本，故有

$$X_i\sim N(0,4),\quad \frac{X_i}{2}\sim N(0,1)\quad (i=1,2,\cdots,6)$$

由 χ^2 分布的定义有，$\sum_{i=1}^{6}\left(\frac{X_i}{2}\right)^2\sim\chi^2(6)$，从而

$$P\left\{\sum_{i=1}^{6}X_i^2>6.45\right\}=P\left\{\sum_{i=1}^{6}\left(\frac{X_i}{2}\right)^2>\frac{6.45}{4}\right\}=P\{\chi^2(6)>1.635\}.$$

从附表 5 内找最接近 1.635 的数所对应的概率为 0.95，即 $P\left\{\sum_{i=1}^{6}X_i^2>6.45\right\}=0.95$.

三、t 分布

(一)t 分布的定义

设 $X\sim N(0,1)$，$Y\sim\chi^2(n)$，且 X 与 Y 相互独立，则称

$$t=\frac{X}{\sqrt{Y/n}}$$

服从自由度为 n 的 t 分布，记为 $t\sim t(n)$.

$t(n)$ 分布的概率密度为：

$$h(t)=\frac{\Gamma[(n+1)/2]}{\sqrt{\pi n}\,\Gamma(n/2)}\left(1+\frac{t^2}{n}\right)^{-\frac{n+1}{2}}\quad(-\infty<t<+\infty).$$

t 分布具有如下性质：

(1)$h(t)$ 的图形(见图 7-5)关于 y 轴对称，且 $\lim\limits_{t\to\infty}h(t)=0$；

(2) 当 n 充分大时，t 分布近似于标准正态分布.

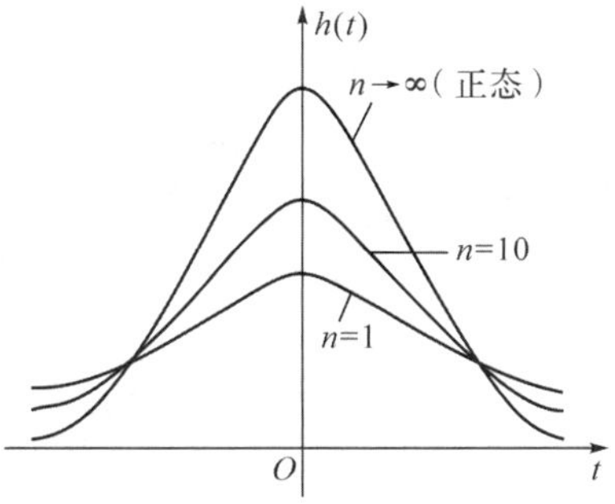

图 7-5

(二)t 分布的分位数

设 $T \sim t(n)$,对给定的实数 $\alpha(0 < \alpha < 1)$,称满足条件

$$P\{T > t_\alpha(n)\} = \int_{t_\alpha(n)}^{+\infty} h(t)\mathrm{d}t = \alpha$$

的点 $t_\alpha(n)$ 为 $t(n)$ 分布的 α 水平的上侧分位数. 由密度函数 $h(t)$ 的对称性,可得 $t_{1-\alpha}(n) = -t_\alpha(n)$,如图 7-6 所示.

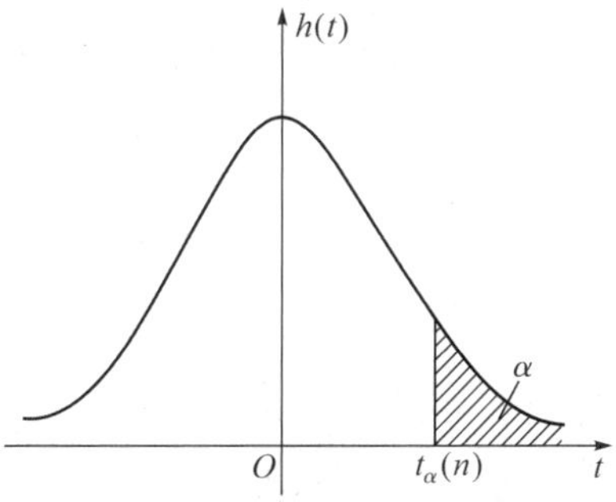

图 7-6

类似地,我们可以给出 t 分布的双侧分位数:

$$P\{|T| > t_{\alpha/2}(n)\} = \int_{-\infty}^{-t_{\alpha/2}(n)} h(t)\mathrm{d}t + \int_{t_{\alpha/2}(n)}^{+\infty} h(t)\mathrm{d}t = \alpha,$$

显然有 $P\{T > t_{\alpha/2}(n)\} = \dfrac{\alpha}{2}$;$P\{T < -t_{\alpha/2}(n)\} = \dfrac{\alpha}{2}$.

对不同的 α 与 n,t 分布的双侧分位数可从附表 4 查得.

例如,设 $X \sim t(10)$,取 $\alpha = 0.05$,查表可知,$t_{0.05}(10) = 1.812$,$t_{0.025}(10) = 2.228$,即 $P\{X > 1.812\} = 0.05$,$P\{|X| > 2.228\} = 0.05$.

【例 7.8】 设随机变量 $X \sim N(2,1)$,随机变量 Y_1,Y_2,Y_3,Y_4 均服从 $N(0,4)$,且 X,$Y_i(i = 1,2,3,4)$ 都相互独立,令

$$T = \frac{4(X-2)}{\sqrt{\sum_{i=1}^{4} Y_i^2}}.$$

试求 T 的分布,并确定 t_0 的值,使 $P\{|T| > t_0\} = 0.01$.

【解】 由于 $X - 2 \sim N(0,1)$,$Y_i/2 \sim N(0,1)$,$i = 1,2,3,4$,

故由 t 分布的定义知：

$$T=\frac{4(X-2)}{\sqrt{\sum_{i=1}^{4}Y_i^2}}=\frac{X-2}{\sqrt{\sum_{i=1}^{4}\left(\frac{Y_i}{4}\right)^2}}=\frac{X-2}{\sqrt{\frac{\sum_{i=1}^{4}\left(\frac{Y_i}{2}\right)^2}{4}}}\sim t(4).$$

即 T 服从自由度为 4 的 t 分布：$T\sim t(4)$.

由 $P\{|T|>t_0\}=0.01$，对于 $n=4,\alpha=0.01$ 查表，得 $t_{\alpha/2}=t_{0.005}(4)=4.6041$.

四、*F* 分布

(一) *F* 分布的定义

设 $X\sim\chi^2(m)$，$Y\sim\chi^2(n)$，且 X 与 Y 相互独立，则称

$$F=\frac{X/m}{Y/n}=\frac{nX}{mY}$$

服从自由度为 (m,n) 的 F 分布，记为 $F\sim F(m,n)$.

$F(m,n)$ 分布的概率密度为：

$$f(x)=\begin{cases}\dfrac{\Gamma[(m+n)/2]}{\Gamma(m/2)\Gamma(n/2)}\left(\dfrac{m}{n}\right)\left(\dfrac{m}{n}x\right)^{\frac{m}{2}-1}\left(1+\dfrac{m}{n}x\right)^{-\frac{1}{2}(m+n)}, & x>0\\ 0, & x\leqslant 0\end{cases}.$$

其密度数图如图 7-7 所示.

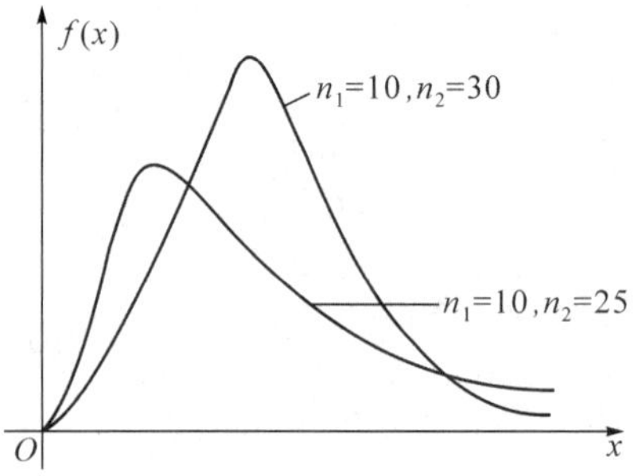

图 7-7

F 分布具有如下性质：

(1) 若 $X\sim t(n)$，则 $X^2\sim F(1,n)$；

(2) 若 $F\sim F(m,n)$，则 $\frac{1}{F}\sim F(n,m)$.

事实上，因为 $F\sim F(m,n)$，由定义知，F 可表示为 $F=\frac{X/m}{Y/n}=\frac{nX}{mY}$，其中 $X\sim\chi^2(m)$，$Y\sim\chi^2(n)$，因此 $\frac{1}{F}=\frac{Y/n}{X/m}\sim F(n,m)$.

(二) *F* 分布的分位数

设 $F\sim F(n,m)$，对给定的实数 $\alpha(0<\alpha<1)$，称满足条件

$$P\{F > F_{\alpha}(n,m)\} = \int_{F_{\alpha}(n,m)}^{+\infty} f(x)\mathrm{d}x = \alpha$$

的点 $F_{\alpha}(n,m)$ 为 $F(n,m)$ 分布的 α 水平的上侧分位数(见图 7-8),F 分布的上侧分位数可从附表 6 查得.

F 分布的分位数有一个重要性质:

$$F_{\alpha}(m,n) = \frac{1}{F_{1-\alpha}(n,m)}.$$

上式常常用来求 F 分布表中没有列出的某些上侧分位数.

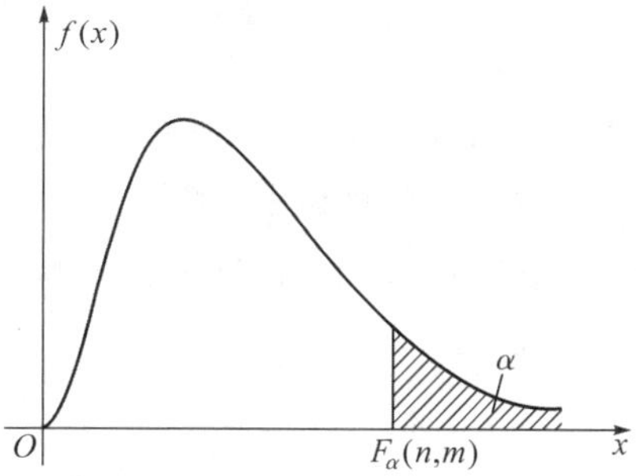

图 7-8

事实上,由 $P\{X > F_{\alpha}(m,n)\} = \alpha$,得 $P\left\{\frac{1}{X} < \frac{1}{F_{\alpha}(m,n)}\right\} = \alpha$,因此

$$P\left\{\frac{1}{X} > \frac{1}{F_{\alpha}(m,n)}\right\} = 1-\alpha.$$

又由 $\frac{1}{X} \sim F(n,m)$,所以 $\frac{1}{F_{\alpha}(m,n)}$ 为 $F(n,m)$ 的 $1-\alpha$ 水平的上侧分位数,即

$$F_{\alpha}(m,n) = \frac{1}{F_{1-\alpha}(n,m)}.$$

【例 7.9】 设 $F \sim F(10,15)$,求 λ_1,λ_2 使得 $P\{F > \lambda_1\} = 0.01, P\{F \leqslant \lambda_2\} = 0.01$.

【解】 查表得 $\lambda_1 = 3.80$,即 $F_{0.01}(10,15) = 3.80$.

$P\{F \leqslant \lambda_2\} = 0.01$ 中的 λ_2 无法直接查表得到,变形得,$P\{F \leqslant \lambda_2\} = P\left\{\frac{1}{F} \geqslant \frac{1}{\lambda_2}\right\} = 0.01$. 由 $\frac{1}{F} \sim F(15,10)$,查表得 $\frac{1}{\lambda_2} = 4.56$,即 $\lambda_2 = 0.293$,即 $F_{0.01}(15,10) = 4.56$.

【例 7.10】 设总体 X 服从标准正态分布,$X_1, X_2, \cdots, X_n$ 是来自总体 X 的一个简单随机样本,试问统计量

$$Y = \frac{\left(\frac{n}{5}-1\right)\sum_{i=1}^{5} X_i^2}{\sum_{i=6}^{n} X_i^2} \quad (n > 5)$$

服从何种分布?

【解】 因为 $X_i \sim N(0,1)$, $\sum_{i=1}^{5} X_i^2 \sim \chi^2(5)$, $\sum_{i=6}^{n} X_i^2 \sim \chi^2(n-5)$,

且 $\sum_{i=1}^{5} X_i^2$ 与 $\sum_{i=6}^{n} X_i^2$ 相互独立,所以

$$\frac{\sum_{i=1}^{5} X_i^2/5}{\sum_{i=6}^{n} X_i^2/(n-5)} \sim F(5,n-5),$$

再由统计量 Y 的表达式,即得 $Y \sim F(5,n-5)$.

五、抽样分布

在概率统计中,正态分布占据着十分重要的位置,一是因为许多统计量的概率分布或

者是正态分布，或者接近于正态分布；二是因为正态分布有许多优良性质，便于进行较深入的理论研究. 因此，要重点讨论正态分布总体下的抽样分布，其中最重要的统计量自然是样本均值 $\overline{X}$ 和样本方差 S^2. 接下来不加证明地给出样本均值与样本方差的分布情况.

样本均值与样本方差的分布：设总体 $X \sim N(\mu,\sigma^2)$，$X_1,X_2,\cdots,X_n$ 是取自 X 的一个样本，$\overline{X}$ 与 S^2 分别为该样本的样本均值与样本方差，则有：

(1) $\overline{X} \sim N(\mu,\sigma^2/n)$ 或者 $U = \dfrac{\overline{X}-\mu}{\sigma/\sqrt{n}} \sim N(0,1)$；

(2) $\chi^2 = \dfrac{n-1}{\sigma^2}S^2 = \dfrac{1}{\sigma^2}\sum\limits_{i=1}^{n}(X_i-\overline{X})^2 \sim \chi^2(n-1)$；

(3) $T = \dfrac{\overline{X}-\mu}{S/\sqrt{n}} \sim t(n-1)$.

【注】 这三种统计量的分布情况，在统计推断中常用到，希望读者对其记忆.

【例 7.11】 设 $X \sim N(21,2^2)$，$X_1,X_2,\cdots,X_{25}$ 为 X 的一个样本，求：

(1) 样本均值 $\overline{X}$ 的数学期望与方差； (2) $P\{|\overline{X}-21| \leqslant 0.24\}$.

【解】 (1) 由于 $X \sim N(21,2^2)$，样本容量 $n=25$，所以 $\overline{X} \sim N\left(21,\dfrac{2^2}{25}\right)$，于是

$$E(\overline{X}) = 21,D(\overline{X}) = \frac{2^2}{25} = 0.4^2.$$

(2) 由 $\overline{X} \sim N(21,0.4^2)$，得 $\dfrac{\overline{X}-21}{0.4} \sim N(0,1)$，故：

$$P\{|\overline{X}-21| \leqslant 0.24\} = P\left(\left|\frac{\overline{X}-21}{0.4}\right| \leqslant 0.6\right) = 2\Phi(0.6)-1 = 0.4514.$$

【例 7.12】 在设计导弹发射装置时，重要的事情之一是研究弹着点偏离目标中心的距离的方差. 对于这一类导弹发射装置，弹着点偏离目标中心的距离服从正态分布 $N(\mu,\sigma^2)$，这里 $\sigma^2 = 100\text{m}^2$. 现在进行了 25 次发射试验，用 S^2 表示在这 25 次试验中弹着点偏离目标中心的距离的样本方差. 试求 S^2 超过 50m^2 的概率.

【解】 根据公式 $\dfrac{(n-1)S^2}{\sigma^2} \sim \chi^2(n-1)$，于是

$$P\{S^2 > 50\} = P\left\{\frac{(n-1)S^2}{\sigma^2} > \frac{(n-1)\times 50}{\sigma^2}\right\} = P\left\{\chi^2(24) > \frac{24\times 50}{100}\right\}$$
$$= P\{\chi^2(24) > 12\} > P\{\chi^2(24) > 12.401\} = 0.975.\text{(查表)}$$

于是我们可以以超过 97.5% 的概率断言，S^2 超过 50m^2.

【例 7.13】 从正态总体 $N(\mu,0.5^2)$ 中抽取容量为 10 的样本 $X_1,X_2,\cdots,X_{10}$，$\overline{X}$ 是样本的均值，若 μ 未知，计算概率 $P\left\{\sum\limits_{i=1}^{10}(X_i-\mu)^2 > 1.68\right\}$ 与 $P\left\{\sum\limits_{i=1}^{10}(X_i-\overline{X})^2 < 2.85\right\}$.

【解】 计算与随机变量有关的事件的概率，必须知道该随机变量的分布.

若 μ 未知，由 $X \sim N(\mu,0.5^2)$，以及公式 $\dfrac{\overline{X}-\mu}{\sigma/\sqrt{n}} \sim N(0,1)$，有

$$(X_i-\mu)/0.5 \sim N(0,1),$$

$$\sum_{i=1}^{10}\left(\frac{X_i-\mu}{0.5}\right)^2=4\sum_{i=1}^{10}(X_i-\mu)^2\sim\chi^2(10),$$

$$\sum_{i=1}^{10}\left(\frac{X_i-\overline{X}}{0.5}\right)^2=4\sum_{i=1}^{10}(X_i-\overline{X})^2\sim\chi^2(9),$$

故

$$P\left\{\sum_{i=1}^{10}(X_i-\mu)^2>1.68\right\}=P\left\{4\sum_{i=1}^{10}(X_i-\mu)^2>6.72\right\},$$

$$P\left\{\sum_{i=1}^{10}(X_i-\overline{X})^2<2.85\right\}=1-P\left\{\sum_{i=1}^{10}(X_i-\overline{X})^2\geqslant 2.85\right\}$$

$$=1-P\left\{4\sum_{i=1}^{10}(X_i-\overline{X})^2\geqslant 11.4\right\}.$$

查 χ^2 分布表知：$\chi^2_{0.75}(10)=6.737,\chi^2_{0.25}(9)=11.4$，

所以

$$P\left\{\sum_{i=1}^{10}(X_i-\mu)^2>1.68\right\}=0.75,$$

$$P\left\{\sum_{i=1}^{10}(X_i-\overline{X})^2<2.85\right\}=1-0.25=0.75.$$

【例 7.14】 从正态总体 $X\sim N(\mu,\sigma^2)$ 中抽取容量为 16 的一个样本，$\overline{X},S^2$ 分别为样本的均值和方差. 若 μ,σ^2 均未知，求 S^2 的方差 $D(S^2)$ 及概率 $P\left\{\frac{S^2}{\sigma^2}\leqslant 2.041\right\}$.

【解】 因为 $X\sim N(\mu,\sigma^2)$，得

$$\frac{(n-1)S^2}{\sigma^2}=\sum_{i=1}^{n}\left(\frac{X_i-\overline{X}}{\sigma}\right)^2\sim\chi^2(n-1),$$

所以

$$E\left(\frac{(n-1)S^2}{\sigma^2}\right)=n-1,\quad D\left(\frac{(n-1)S^2}{\sigma^2}\right)=2(n-1),$$

于是

$$E(S^2)=\sigma^2,\quad D(S^2)=2\sigma^4/(n-1).$$

当 $n=16$ 时，$D(S^2)=2\sigma^4/15$，且

$$P\{S^2/\sigma^2\leqslant 2.041\}=P\{15S^2/\sigma^2\leqslant 30.615\}=1-P\{15S^2/\sigma^2>30.615\}$$

$$=1-0.01=0.99.\quad (\text{查表知 }\chi^2_{0.01}(15)=30.578)$$

【注】 在以下各章的习题中，$S^2=\frac{1}{n-1}\sum_{i=1}^{n}(X_i-\overline{X})^2$ 都表示样本方差，不再赘述.

习题七

1. 填空题：

(1) 设来自总体 X 的一个样本观察值为：2.1，5.4，3.2，9.8，3.5，则样本均值 = ________，样本方差 = ________；

(2) 在总体 $X\sim N(5,16)$ 中随机地抽取一个容量为 36 的样本，则均值 $\overline{X}$ 落在 4 与 6 之间的概率 = ________；

(3) 设某厂生产的灯泡的使用寿命 $X\sim N(1000,\sigma^2)$（单位：小时），抽取一个容量为 9 的样本，得到 $\overline{X}=940,S=100$，则 $P\{\overline{X}<940\}=$ ________；

(4) 设 $X_1,\cdots,X_7$ 为总体 $X \sim N(0,0.5^2)$ 的一个样本，则 $P\left\{\sum_{i=1}^{7} X_i^2 > 4\right\} =$ ________；

(5) 设 $X_1,\cdots,X_6$ 为总体 $X \sim N(0,1)$ 的一个样本，且 cY 服从 χ^2 分布，其中 $Y=(X_1+X_2+X_3)^2+(X_4+X_5+X_6)^2$，则 $c=$ ________；

(6) 设总体 $X \sim N(2,4^2)$，$X_1,X_2,\cdots,X_n$ 为总体 X 的一个样本，则 $\dfrac{\overline{X}-2}{4/\sqrt{n}}$ 服从 ________.

2. 从某一年龄段的学生中任意抽取 10 名，测得他们的身高为(单位：cm)：

123　124　126　129　120　132　123　123　129　128

(1) 在这个问题中，总体、个体、样本各是什么？样本容量为多少？

(2) 求样本均值、样本方差.

3. 查附表求下列各值：

(1) $U_{0.05}$；　　(2) $U_{0.01}$；

(3) $t_{0.01}(9)$；　　(4) $t_{0.025}(8)$；

(5) $\chi^2_{0.025}(20)$；　　(6) $\chi^2_{0.05}(20)$；

(7) $F_{0.05}(20,10)$；　　(8) $F_{0.95}(10,12)$.

4. 设 X_1,X_2,X_3 是总体 $X \sim N(\mu,\sigma^2)$ 的一个样本，其中 μ 已知而 $\sigma>0$ 未知，则以下的函数：① $X_1+X_2+X_3$；② $X_3+3\mu$；③ X_1；④ μX_2^2；⑤ $\dfrac{\sum_{i=1}^{3} X_i}{\sigma^2}$；⑥ $\max\{X_i\}$；⑦ $\sigma+X_3$ 中，哪些为统计量？为什么？

5. 设甲、乙两地某年 12 个月份的月平均气温(单位：℃)资料如下：

甲地：16，18，19，20，21，22，24，24，23，20，28，25；

乙地：－20，－15，20，29，34，35，40，32，30，29，18，5.

试比较甲、乙两地的气温状况.

6. 在总体 $X \sim N(52,6.3^2)$ 中随机地抽取一个容量为 36 的样本，求样本均值 $\overline{X}$ 落在 50.8 与 53.8 之间的概率.

7. 设 $X_1,\cdots,X_n$ 是总体 $X \sim P(8)$ 的一个样本，$\overline{X}$ 与 S^2 分别为其样本均值与样本方差，求 $E(\overline{X})$，$D(\overline{X})$ 与 $E(S^2)$.

8. 设 $X_1,\cdots,X_5$ 是总体 $X \sim N(12,4)$ 的一个样本，求：

(1) 样本均值与总体均值之差的绝对值大于 1 的概率；

(2) $P\{\max(X_1,\cdots,X_5)>15\}$，$P\{\min(X_1,\cdots,X_5)<10\}$.

9. 设 $X_1,\cdots,X_4$ 是来自正态总体 $N(0,4)$ 的样本，证明：统计量 Y 服从 $\chi^2(2)$ 分布，其中 $Y=0.05(X_1-2X_2)^2+0.01(3X_3-4X_4)^2$.

10. 设 $X_1,X_2,\cdots,X_9$ 是来自正态总体 X 的样本，$Y_1=\dfrac{1}{6}\sum_{i=1}^{6} X_i$，$Y_2=\dfrac{1}{3}\sum_{i=7}^{9} X_i$，$S^2=\dfrac{1}{2}\sum_{i=7}^{9}(X_i-Y_2)^2$，$Z=\dfrac{\sqrt{2}(Y_1-Y_2)}{S}$，证明：统计量 Z 服从自由度为 2 的 t 分布.

第八章　统计推断

在学习了抽样分布的相关理论之后，可以发现，在许多情况下总体的分布类型是未知的，有些情况下即使总体的分布类型已知，而其中往往又含有未知参数. 此时，需要利用样本信息对总体的未知分布或已知分布的未知参数进行统计推断. 统计推断是数理统计的核心内容，它包括统计估计和假设检验. 而统计估计和假设检验通常是在满足一定概率要求，即满足一定可靠性要求的前提下完成的，这种伴随一定概率要求的统计估计和统计假设检验通称为统计推断. 本章的主要内容为参数估计的概念与方法及假设检验的概念与相应的方法. 参数估计即根据样本来估计总体分布中的未知参数，可分为点估计和区间估计.

§8.1　参数的点估计

在利用数理统计方法解决实际问题时，经常遇到这样一类问题：已知总体分布的类型，而它的某些参数却是未知的. 例如，已知总体 X 服从正态分布 $N(\mu,1)$，μ 未知，只要对 μ 做出了估计，也就把握了总体的分布状况，这类问题称为参数估计问题. 再如，某纺织厂细纱机上的断头次数可用参数为 λ 的泊松分布来描述，而我们只知 $\lambda>0$，不知其具体值，为掌握每只纱锭在某一时间间隔内断头数为 k 的概率，需要对 λ 的具体取值做出估计，这也是参数估计问题.

参数估计主要有点估计和区间估计两种方法，我们首先来探讨点估计. 点估计常见的方法有矩估计和极大似然估计.

一、点估计概述

设总体 X 的分布函数的类型已知，但总体分布中含有未知参数 $\theta_1,\theta_2,\cdots,\theta_m$，为了估计参数 θ_i，我们需要借助来自总体 X 的样本 $X_1,X_2,\cdots,X_n$，构造一个适当的统计量 $\hat{\theta}_i(X_1,X_2,\cdots,X_n)$. 由样本的一组观测值 $x_1,x_2,\cdots,x_n$，得到 $\hat{\theta}_i(X_1,X_2,\cdots,X_n)$ 的观测值 $\hat{\theta}_i(x_1,x_2,\cdots,x_n)$，以此来估计 θ_i 的真值. 称 $\hat{\theta}_i(X_1,X_2,\cdots,X_n)$ 为 θ_i 的**估计量**，称它的观测值 $\hat{\theta}_i(x_1,x_2,\cdots,x_n)$ 为 θ_i 的**估计值**. 估计量是随机变量，它所取的具体值为估计值.

以后在不引起混淆的前提下，估计量与估计值统称为点估计，简称估计，记作 $\hat{\theta}_i$. 事实上，$\hat{\theta}_i$ 就是总体未知参数的近似值.

二、矩估计

矩估计是一种常用的点估计方法. 由大数定律知，当总体的 k 阶矩存在时，样本的 k 阶矩依概率收敛于总体的 k 阶矩. 所谓矩估计，就是在确定总体未知参数的估计量时，用样本矩估计相应的总体矩.

一般样本矩与总体矩记为：

总体的 k 阶原点矩 $\mu_k = E(X^k)$，　　样本的 k 阶原点矩 $A_k = \frac{1}{n}\sum_{i=1}^{n} X_i^k$；

总体的 k 阶中心矩 $\upsilon_k = E[X - E(X)]^k$，样本的 k 阶中心矩 $B_k = \frac{1}{n}\sum_{i=1}^{n}(X_i - \overline{X})^k$.

其中，$k = 1,2,\cdots$.

矩估计原理常指如下两句话：

(1) 用样本矩去替换总体矩，这里的矩可以是原点矩也可以是中心矩；

(2) 用样本矩的函数去替换相应的总体矩的函数.

矩法估计的统计思想(替换原理)十分简单明确，众人都能接受，使用场合甚广，它的实质是用经验分布函数去替换总体分布.

一般地，若总体的分布有 m 个参数 $\theta_1,\theta_2,\cdots,\theta_m$，按照近似原则，令各阶总体原点矩等于样本原点矩. 可得方程：

$$\begin{cases} A_1 = \mu_1(\theta_1,\theta_2,\cdots,\theta_m) \\ \quad\vdots \\ A_m = \mu_m(\theta_1,\theta_2,\cdots,\theta_m) \end{cases}.$$

若上述关于 $\theta_1,\theta_2,\cdots,\theta_m$ 的方程组有唯一解 $\hat{\theta}_1,\hat{\theta}_2,\cdots,\hat{\theta}_m$，则称 $\hat{\theta}_i$ 是 θ_i 的矩估计.

下面我们通过例子来说明矩估计方法.

【例 8.1】 设总体 X 的概率分布为：

X	1	2	3
p_i	θ^2	$2\theta(1-\theta)$	$(1-\theta)^2$

其中，$\theta(1 < \theta < 1)$ 为未知参数. 现抽的样本为：$x_1 = 1, x_2 = 2, x_3 = 1$，求 θ 的矩估计值.

【解】 总体的一阶原点矩为：

$$\mu_1 = E(X) = 1\times\theta^2 + 2\times 2\theta(1-\theta) + 3\times(1-\theta)^2 = 3 - 2\theta.$$

一阶样本矩为：

$$A_1 = \bar{x} = \frac{1}{3}(1+2+1) = \frac{4}{3}.$$

由 $E(X) = \bar{x}$，得到 $3 - 2\theta = \frac{4}{3}$，推出 θ 的估计值为 $\hat{\theta} = \frac{5}{6}$.

【例 8.2】 设总体 X 的概率密度为：

$$f(x) = \begin{cases} (\alpha+1)x^{\alpha}, & 0 < x < 1 \\ 0, & \text{其他} \end{cases},$$

其中，$\alpha > -1$ 是未知数，$X_1, X_2, \cdots, X_n$ 是取自 X 的样本，求参数 α 的矩估计量.

【解】 数学期望是一阶原点矩，则：

$$\mu_1 = E(X) = \int_0^1 x(\alpha+1)x^\alpha \mathrm{d}x = (\alpha+1)\int_0^1 x^{\alpha+1}\mathrm{d}x = \frac{\alpha+1}{\alpha+2}.$$

其样本矩为$\overline{X}$，令 $\overline{X} = \mu_1$，即 $\overline{X} = \dfrac{\alpha+1}{\alpha+2}$，而 $\hat{\alpha} = \dfrac{2\overline{X}-1}{1-\overline{X}}$，为 α 的矩估计量.

【例 8.3】 设总体 X 在$[a,b]$上服从均匀分布，a,b 未知，$X_1, X_2, \cdots, X_n$ 是来自 X 的样本. 试求 a,b 的矩估计量.

【解】 $\mu_1 = E(X) = (a+b)/2$,

$$\mu_2 = E(X^2) = D(X) + [E(X)]^2 = (b-a)^2/12 + (a+b)^2/4,$$

即
$$a+b = 2\mu_1, \quad b-a = \sqrt{12(\mu_2 - \mu_1^2)}.$$

解得
$$a = \mu_1 - \sqrt{3(\mu_2-\mu_1^2)}, b = \mu_1 + \sqrt{3(\mu_2-\mu_1^2)}.$$

注意到$\dfrac{1}{n}\sum\limits_{i=1}^n X_i^2 - \overline{X}^2 = \dfrac{1}{n}\sum\limits_{i=1}^n (X_i-\overline{X})^2$，以 A_1, A_2 代替 μ_1, μ_2，则 a,b 的矩估计量分别为：

$$\hat{a} = A_1 - \sqrt{3(A_2-A_1^2)} = \overline{X} - \sqrt{\frac{3}{n}\sum_{i=1}^n (X_i-\overline{X})^2},$$

$$\hat{b} = A_1 + \sqrt{3(A_2-A_1^2)} = \overline{X} + \sqrt{\frac{3}{n}\sum_{i=1}^n (X_i-\overline{X})^2}.$$

【例 8.4】 设总体 X 的均值 μ 及方差 σ^2 都存在，但 μ, σ^2 均未知，又设 $X_1, X_2, \cdots, X_n$ 是来自 X 的样本. 试求 μ, σ^2 的矩估计量.

【解】 $\mu_1 = E(X) = \mu, \mu_2 = E(X^2) = D(X) + [E(X)]^2 = \sigma^2 + \mu^2$,

得到
$$\mu = \mu_1, \quad \sigma^2 = \mu_2 - \mu_1^2.$$

以 A_1, A_2 代替 μ_1, μ_2，得 μ 和 σ^2 的矩估计量分别为：

$$\hat{\mu} = A_1 = \overline{X},$$

$$\hat{\sigma}^2 = A_2 - A_1^2 = \frac{1}{n}\sum_{i=1}^n X_i^2 - \overline{X}^2 = \frac{1}{n}\sum_{i=1}^n (X_i-\overline{X})^2.$$

三、极大似然估计

极大似然估计的基本思想是：一个随机试验如果有若干个可能的结果 $A, B, C, \cdots$，若在一次试验中，结果 A 出现，则一般认为试验条件对 A 出现有利，也即 A 出现的概率应该最大. 下面通过两个通俗的例子加以说明.

【例 8.5】 有甲、乙两个工人生产同一种产品，甲工人生产的一级品率为 90%，乙工人生产的一级品率为 20%. 现在甲、乙各加工一件产品，其中仅有一件是一级品，试问这件一级品是谁加工的？

【解】 显然这件合格品很可能是由甲工人生产的. 因为甲、乙两人生产一级品的概率相比较，甲生产的概率较大.

【例 8.6】 已知甲、乙两名射手命中靶心的概率分别为 0.9 及 0.4，现有一张靶纸上面的弹着点表明为 10 枪 6 中，已知这张靶纸肯定是甲、乙之一射手所射，问究竟是谁所射？

【解】 从直观上看，甲的枪法属上乘，命中靶心率为 0.9，看来这次射击成绩不至于这么差；而乙的枪法又似乎尚不足以打出这么好的成绩，但两者取一，还是更像乙所射.

我们来计算一下可能性. 为此，我们建立一个统计模型：设甲、乙射中与否分别服从参数为 $p_1 = 0.9$，$p_2 = 0.4$ 的二点分布，今有样本 $X_1, X_2, \cdots, X_{10}$，其中有 6 个观测值为 1，4 个为 0，由此估计总体的参数 p 是 0.9，还是 0.4. 我们不妨计算一下参数为哪个的可能性更大.

若是甲所射，即参数 $p_1 = 0.9$，则此事件发生的概率为：

$$P = C_{10}^{6} \times (0.9)^6 \times (0.1)^4 \approx 0.00005C_{10}^{6};$$

若是乙所射，即参数 $p_2 = 0.4$，则此事发生的概率为：

$$P = C_{10}^{6} \times (0.4)^6 \times (0.6)^4 \approx 0.0005C_{10}^{6}.$$

尽管是乙所射的可能也不大，但毕竟是甲所射概率的 10 倍，概率的最大值在 $p = 0.4$ 处发生，故我们更情愿认为是乙所射.

综上所述，极大似然估计的出发点是基于这样一个统计原理：在一次随机试验中，概率大的事件比概率小的事件易于发生. 而随机抽样得到的样本值 $x_1, x_2, \cdots, x_n$ 是已经发生的事情，可以认为它出现的概率最大. 因此，应选取使 $x_1, x_2, \cdots, x_n$ 发生的可能性最大的 $\hat{\theta}_1$，$\hat{\theta}_2, \cdots, \hat{\theta}_m$ 作为 $\theta_1, \theta_2, \cdots, \theta_m$ 的估计值. 这就是极大似然估计的基本思想.

在利用极大似然估计法求未知参数的估计量时，要用到样本的似然函数. 下面分别就离散型总体和连续型总体的情况加以讨论.

(一) 离散分布场合

设总体 X 是离散型随机变量，其概率分布为 $P\{X = x_i\} = p(x_i;\theta)$，其中，$\theta$ 是未知参数. 设 $X_1, X_2, \cdots, X_n$ 为取自总体 X 的样本. $X_1, X_2, \cdots, X_n$ 的联合概率函数为 $\prod_{i=1}^{n} p(X_i;\theta)$，其中，$\theta$ 是常量，$X_1, X_2, \cdots, X_n$ 是变量.

若我们已知样本取的值是 $x_1, x_2, \cdots, x_n$，则事件 $\{X_1 = x_1, X_2 = x_2, \cdots, X_n = x_n\}$ 发生的概率为 $\prod_{i=1}^{n} p(x_i;\theta)$，这一概率随 θ 的值而变化. 从直观上来看，既然样本值 $x_1, x_2, \cdots, x_n$ 出现了，它们出现的概率相对来说应比较大，应使 $\prod_{i=1}^{n} p(x_i;\theta)$ 取比较大的值. 换句话说，θ 应使样本值 $x_1, x_2, \cdots, x_n$ 的出现具有最大的概率，将上式看作 θ 的函数，并用 $L(\theta)$ 表示，就有：

$$L(\theta) = L(x_1, x_2, \cdots, x_n;\theta) = \prod_{i=1}^{n} p(x_i;\theta). \tag{8-1}$$

称 $L(\theta)$ 为**似然函数**. 极大似然估计就是在参数 θ 的可能取值范围内，选取使 $L(\theta)$ 达到最大的参数值 $\hat{\theta}$，作为参数 θ 的估计值. 即取 θ，使

$$L(\theta) = L(x_1, x_2, \cdots, x_n;\hat{\theta}) = \max_{\theta \in \Theta} L(x_1, x_2, \cdots, x_n;\theta). \tag{8-2}$$

因此，求总体参数 θ 的极大似然估计值的问题就是求似然函数 $L(\theta)$ 的最大值问题. 这可通过解下面的方程

$$\frac{\mathrm{d}L(\theta)}{\mathrm{d}\theta} = 0 \tag{8-3}$$

来解决. 因为 $\ln L$ 是 L 的增函数，所以 $\ln L$ 与 L 在 θ 的同一值处取得最大值. 我们称 $l(\theta) =$

$\ln L(\theta)$ 为**对数似然函数**. 因此，常将方程(8-3) 写成：

$$\frac{\mathrm{d}\ln L(\theta)}{\mathrm{d}\theta} = 0. \tag{8-4}$$

方程(8-4) 称为**似然方程**. 解方程(8-3) 或(8-4) 得到的 $\hat{\theta}$ 就是参数 θ 的极大似然估计值.

如果方程(8-4) 有唯一解，又能验证它是一个极大值点，则它必是所求的极大似然估计值. 但有时，直接用式(8-4) 行不通，这时必须回到原始定义式(8-2) 进行求解.

【例 8.7】 设总体 X 的概率分布为：

X	1	2	3
p_i	θ^2	$2\theta(1-\theta)$	$(1-\theta)^2$

其中，$\theta(1<\theta<1)$ 为未知参数. 现抽取一个样本 $x_1 = 1, x_2 = 2, x_3 = 1$，求 θ 的极大似然估计.

【解】 因为 $P\{X=1\} = \theta^2, P\{X=2\} = 2\theta(1-\theta), P\{X=3\} = (1-\theta)^2$，则建立似然函数为：

$$L(\theta) = (\theta^2)^2 \times (2\theta(1-\theta))^1 \times ((1-\theta)^2)^0 = 2\theta^5(1-\theta),$$

取自然对数得：

$$\ln L(\theta) = \ln 2 + 5\ln\theta + \ln(1-\theta).$$

令其导数为 0，得出：

$$\frac{\mathrm{d}\ln L(\theta)}{\mathrm{d}\theta} = \frac{5}{\theta} - \frac{1}{1-\theta} = 0,$$

即 θ 的极大似然估计值为 $\hat{\theta} = \frac{5}{6}$.

【例 8.8】 设某工序生产的产品的不合格率为 p，抽 n 个产品做检验，发现有 T 个不合格，试求 p 的极大似然估计.

【分析】 设 X 是抽查一个产品时的不合格品个数，则 X 服从参数为 p 的二点分布 $B(1,p)$. 抽查 n 个产品，则得样本 $X_1, X_2, \cdots, X_n$，其观察值为 $x_1, x_2, \cdots, x_n$. 已知样本有 T 个不合格，即表示 $x_1, x_2, \cdots, x_n$ 中有 T 个取值为 1，$n-T$ 个取值为 0. 按离散分布场合方法，求 p 的极大似然估计.

【解】 (1) 写出似然函数：$L(p) = \prod_{i=1}^{n} p^{x_i}(1-p)^{1-x_i}$.

(2) 对 $L(p)$ 取对数，得对数似然函数 $l(p)$：

$$\begin{aligned} l(p) &= \sum_{i=1}^{n}[x_i \ln p + (1-x_i)\ln(1-p)] \\ &= n\ln(1-p) + \sum_{i=1}^{n} x_i[\ln p - \ln(1-p)]. \end{aligned}$$

(3) 由于 $l(p)$ 对 p 的导数存在，故将 $l(p)$ 对 p 求导，令其为 0，得似然方程：

$$\begin{aligned} \frac{\mathrm{d}l(p)}{\mathrm{d}p} &= -\frac{n}{1-p} + \sum_{i=1}^{n} x_i\left(\frac{1}{p} + \frac{1}{1-p}\right) \\ &= -\frac{n}{1-p} + \frac{1}{p(1-p)}\sum_{i=1}^{n} x_i = 0. \end{aligned}$$

(4) 解似然方程得：$\hat{p}=\frac{1}{n}\sum_{i=1}^{n}x_i=\bar{x}$.

(5) 经验证，在 $\hat{p}=\bar{x}$ 时，$\frac{\mathrm{d}^2 l(p)}{\mathrm{d}p^2}<0$，这表明 $\hat{p}=\bar{x}$ 可使似然函数达到最大.

(6) 上述过程对任一样本观测值都成立，故用样本代替观察值便得 p 的极大似然估计量为：$\hat{p}=\bar{X}$.

将观察值代入，可得 p 的极大似然估计值为：$\hat{p}=\bar{x}=\frac{T}{n}$，其中，$T=\sum_{i=1}^{n}x_i$.

若总体 X 的分布中含有多个未知参数 $\theta_1,\theta_2,\cdots,\theta_k$ 时，似然函数 L 是这些参数的多元函数 $L(\theta_1,\cdots,\theta_k)$. 以此代替方程(8-3)，我们有方程组 $\frac{\partial(\ln L)}{\partial\theta_i}=0(i=1,2,\cdots,k)$，由这个方程组解得 $\hat{\theta}_1,\hat{\theta}_2,\cdots,\hat{\theta}_k$ 分别是参数 $\theta_1,\theta_2,\cdots,\theta_k$ 的极大似然估计值.

(二) 连续分布场合

设总体 X 是连续型随机变量，其概率密度函数为 $f(x;\theta)$，若取得样本观察值为 $x_1,x_2,\cdots,x_n$，则因为随机点 $(X_1,X_2,\cdots,X_n)$ 取值为 $(x_1,x_2,\cdots,x_n)$ 时联合密度函数值为 $\prod_{i=1}^{n}f(x_i;\theta)$. 所以，按极大似然法，应选择 θ 的值使联合密度函数值达到最大. 我们取似然函数为 $L(\theta)=\prod_{i=1}^{n}f(x_i;\theta)$，再按前述方法求参数的极大似然估计值.

【例 8.9】 设总体 X 服从指数分布，其概率密度函数为：

$$f(x,\lambda)=\begin{cases}\lambda e^{-\lambda x}, & x>0\\ 0, & x\leqslant 0\end{cases}.$$

其中，$\lambda>0$，是未知参数；$x_1,x_2,\cdots,x_n$ 是来自总体 X 的样本观察值. 求参数 λ 的极大似然估计值.

【解】 似然函数 $L(x_1,x_2,\cdots,x_n;\lambda)=\begin{cases}\lambda^n e^{-\lambda\sum_{i=1}^{n}x_i}, & x_i>0\\ 0, & \text{其他}\end{cases}$.

显然 $L(x_1,x_2,\cdots,x_n;\lambda)$ 的最大值点一定是 $L_1(x_1,x_2,\cdots,x_n;\lambda)=\lambda^n e^{-\lambda\sum_{i=1}^{n}x_i}$ 的最大值点，对其取对数得：

$$\ln L_1(x_1,x_2,\cdots,x_n;\lambda)=n\ln\lambda-\lambda\sum_{i=1}^{n}x_i.$$

由 $\frac{\mathrm{d}\ln L_1(x_1,x_2,\cdots,x_n;\lambda)}{\mathrm{d}\lambda}=\frac{n}{\lambda}-\sum_{i=1}^{n}x_i=0$，可得参数 λ 的最大似然估计值：

$$\hat{\lambda}=\frac{n}{\sum_{i=1}^{n}x_i}=\frac{1}{\bar{x}}.$$

【例 8.10】 设 $x_1,x_2,\cdots,x_n$ 是正态总体 $N(\mu,\sigma^2)$ 的样本观察值，其中 μ,σ^2 是未知参数，试求 μ 和 σ^2 的最大似然估计值.

【解】 记似然函数 $L(x_1,x_2,\cdots,x_n;\mu,\sigma^2)=L(\mu,\sigma^2)$，

则 $$L(\mu,\sigma^2)=\prod_{i=1}^{n}\left(\frac{1}{\sqrt{2\pi}\sigma}e^{-\frac{(x_i-\mu)^2}{2\sigma^2}}\right)=(\sqrt{2\pi})^{-n}(\sigma^2)^{-n/2}\exp\left\{-\frac{1}{2\sigma^2}\sum_{i=1}^{n}(x_i-\mu)^2\right\},$$

$$\ln L(\mu,\sigma^2)=-n\ln\sqrt{2\pi}-\frac{n}{2}\ln\sigma^2-\frac{1}{2\sigma^2}\sum_{i=1}^{n}(x_i-\mu)^2,$$

$$\frac{\partial\ln L}{\partial\mu}=\frac{1}{\sigma^2}\sum_{i=1}^{n}(x_i-\mu)=0,$$

$$\frac{\partial\ln L}{\partial\sigma^2}=\frac{1}{2\sigma^4}\sum_{i=1}^{n}(x_i-\mu)^2-\frac{n}{2\sigma^2}=0.$$

由此可得参数 μ 和 σ^2 的极大似然估计值分别为:

$$\hat{\mu}=\frac{1}{n}\sum_{i=1}^{n}x_i=\bar{x},\hat{\sigma}^2=\frac{1}{n}\sum_{i=1}^{n}(x_i-\bar{x})^2$$

即极大似然估计量为:

$$\hat{\mu}=\frac{1}{n}\sum_{i=1}^{n}X_i=\overline{X},\hat{\sigma}^2=\frac{1}{n}\sum_{i=1}^{n}(X_i-\overline{X})^2.$$

四、点估计的评价标准

我们已经看到,对同一个未知参数,点估计有各种不同的估计方法,会得到不同的估计量.估计量不同,估计的效果也会不同.我们自然会提出这样的疑问:在这些估计量中,应该选用哪一种估计量?评价一个估计量的好坏有什么标准?因此,需要有一个评价估计量的标准,即我们要探讨的无偏性、有效性.

(一) 无偏性

估计量是随机变量,对于不同的样本值会得到不同的估计值.一个自然的要求是希望估计值在未知参数真值的附近,不要偏高也不要偏低.由此引入 $\hat{\theta}$ 无偏性标准.

无偏估计量:设 $\hat{\theta}(X_1,\cdots,X_n)$ 是未知参数 θ 的估计量,若 $E(\hat{\theta})=\theta$,则称 $\hat{\theta}$ 为 θ 的无偏估计量.

【注】 无偏性是对估计量的一个常见而重要的要求,其实际意义是指估计量没有系统偏差,只有随机偏差.在科学技术中,称 $E(\hat{\theta})-\theta$ 为用 $\hat{\theta}$ 估计 θ 而产生的系统误差.

例如,用样本均值作为总体均值的估计时,虽无法说明一次估计所产生的偏差,但这种偏差随机地在 0 的周围波动,对同一统计问题大量重复使用不会产生系统偏差.

【例 8.11】 设 $X_1,X_2,\cdots,X_n$ 为总体 X 的一个样本,$E(X)=\mu$,试证明样本均值 $\overline{X}=\frac{1}{n}\sum_{i=1}^{n}X_i$ 是 μ 的无偏估计量.

【证】 因为 $E(X)=\mu$,所以 $E(X_i)=\mu,i=1,2,3,\cdots,n$,于是

$$E(\overline{X})=E\left(\frac{1}{n}\sum_{i=1}^{n}X_i\right)=\frac{1}{n}\sum_{i=1}^{n}E(X_i)=\mu.$$

所以 $\overline{X}$ 是 μ 的无偏估计量.

【例 8.12】 设有总体 X,$E(X)=\mu$,$D(X)=\sigma^2$,$X_1,X_2,\cdots,X_n$ 为从该总体中抽得的一

个样本，问：样本方差 S^2 及二阶样本中心矩 $B^2=\frac{1}{n}\sum_{i=1}^{n}(X_i-\overline{X})^2$ 是否为总体方差 σ^2 的无偏估计？

【解】 因为 $E(S^2)=\sigma^2$，所以 S^2 是 σ^2 的一个无偏估计，这也是我们称 S^2 为样本方差的理由. 由于

$$B^2=\frac{n-1}{n}S^2,$$

那么
$$E(B^2)=\frac{n-1}{n}E(S^2)=\frac{n-1}{n}\sigma^2.$$

所以 B^2 不是 σ^2 的无偏估计.

还需指出：一般说来无偏估计量的函数并不是未知参数相应函数的无偏估计量. 例如，当 $X\sim N(\mu,\sigma^2)$ 时，$\overline{X}$ 是 μ 的无偏估计量，但 $\overline{X}^2$ 不是 μ^2 的无偏估计量，事实上：

$$E(\overline{X}^2)=D(\overline{X})+[E(\overline{X})]^2=\frac{\sigma^2}{n}+\mu^2\neq\mu^2.$$

（二）有效性

一个参数 θ 常有多个无偏估计量，那么如何在无偏估计量中进行选择？直观的想法是希望该估计围绕参数真值的波动越小越好，波动的大小可以用方差来衡量，因此人们常用无偏估计的方差的大小作为度量无偏估计好坏的标准. 这就是有效性.

有效性比较：设 $\hat{\theta}_1=\hat{\theta}_1(X_1,\cdots,X_n)$ 和 $\hat{\theta}_2=\hat{\theta}_2(X_1,\cdots,X_n)$ 都是参数 θ 的无偏估计量，若

$$D(\hat{\theta}_1)<D(\hat{\theta}_2),$$

则称 $\hat{\theta}_1$ 较 $\hat{\theta}_2$ 有效.

【例 8.13】 设 $X_1,X_2,\cdots,X_n$ 为来自总体 X 的样本，$\overline{X},X_i(i=1,2,\cdots,n)$ 均为总体均值 $E(X)=\mu$ 的无偏估计量，问哪一个估计量有效？

【解】 由于 $E(\overline{X})=\mu,E(X_i)=\mu(i=1,2,\cdots,n)$，所以 $\overline{X},X_i(i=1,2,\cdots,n)$ 都为 μ 的无偏估计量，但

$$D(\overline{X})=D\left(\frac{1}{n}\sum_{i=1}^{n}X_i\right)=\frac{1}{n^2}\sum_{i=1}^{n}D(X_i)=\frac{\sigma^2}{n},D(X_i)=\sigma^2\quad(i=1,2,\cdots,n),$$

故 $\overline{X}$ 较 $X_i(i=1,2,\cdots,n)$ 更有效，即 $\overline{X}$ 较个别观测值 $X_i(i=1,2,\cdots,n)$ 有效.

实际当中也是如此，比如要估计某个班学生的平均成绩，可用两种方法进行估计：一种是在该班任意抽一个同学，就以该同学的成绩作为全班的平均成绩；另一种方法是在该班抽取 n 位同学，以这 n 个同学的平均成绩作为全班的平均成绩. 显然第二种方法比第一种方法好.

【注】 综合本节的讨论，在对参数进行点估计时，使用最多的是以下两个估计式：

(1) 用样本均值 $\overline{X}$ 估计总体均值 $E(X)$，可令 $E(X)=\overline{X}$；

(2) 用样本方差 S^2 估计总体方差 $D(X)$，可令 $D(X)=S^2$.

最后我们再通过一个例题来说明矩估计量的不唯一性及处理办法.

【例 8.14】 设总体为指数分布，其密度函数为

$$f(x,\lambda)=\begin{cases}\lambda e^{-\lambda x}, & x>0\\ 0, & x\leqslant 0\end{cases},$$

其中，$X_1,\cdots,X_n$ 是样本，求参数 λ 的矩估计.

【解】 此处参数个数 $k=1$，由于 $E(X)=\dfrac{1}{\lambda}$，即 $\lambda=\dfrac{1}{E(X)}$，故 λ 的矩法估计为：

$$\hat{\lambda}=\frac{1}{\overline{X}}.$$

另外，由于 $D(X)=\dfrac{1}{\lambda^2}$，其反函数为 $\lambda=\dfrac{1}{\sqrt{D(X)}}$. 因此，从原理来看，$\lambda$ 的矩法估计也可取为：

$$\hat{\lambda}=\frac{1}{S}.$$

这说明矩估计可能是不唯一的. 这是矩法估计的一个缺点，通常应该尽量采用低阶矩给出未知参数的估计.

§8.2 参数的区间估计

前面讨论了参数的点估计，它是用样本算出的一个值去估计未知参数. 即点估计值仅仅是未知参数的一个近似值，它没有给出这个近似值的误差范围.

例如，在估计某湖泊中鱼的数量的问题中，若根据一个实际样本，利用最大似然估计法估计出鱼的数量为 50000 条，这种估计结果使用起来把握不大. 实际上，鱼的数量的真值可能大于 50000 条，也可能小于 50000 条，且可能偏差较大.

若能给出一个估计区间，让我们能较大把握地(其程度可用概率来度量之) 相信鱼的数量的真值被含在这个区间内，这样的估计显然更有实用价值.

本节将要引入的另一类估计即为区间估计，在区间估计理论中，被广泛接受的一种观点是置信区间.

一、置信区间

(一) 置信区间的定义及含义理解

1. 置信区间的定义

设 θ 为总体分布的未知参数，$X_1,X_2,\cdots,X_n$ 是取自总体 X 的一个样本，对给定的数 $1-\alpha(0<\alpha<1)$，若存在统计量

$$\underline{\theta}=\underline{\theta}(X_1,X_2,\cdots,X_n),\quad \bar{\theta}=\bar{\theta}(X_1,X_2,\cdots,X_n),$$

使得 $P\{\underline{\theta}<\theta<\bar{\theta}\}=1-\alpha$，则称随机区间 $(\underline{\theta},\bar{\theta})$ 为 θ 的置信度为 $1-\alpha$ **双侧置信区间**，又分别称 $\underline{\theta}$ 与 $\bar{\theta}$ 为 θ 的双侧**置信下限**与双侧**置信上限**.

2. 置信区间的含义理解

(1) 置信区间的意义可作如下解释：θ 包含在随机区间 $(\underline{\theta},\bar{\theta})$ 中的概率为[$100\times(1-$

$\alpha)]\%$；或者说，随机区间$(\underline{\theta},\bar{\theta})$以$[100\times(1-\alpha)]\%$的概率包含$\theta$.

(2) 置信度$1-\alpha$的含义：在随机抽样中，若重复抽样多次，得到样本$X_1,X_2,\cdots,X_n$的多个样本值$(x_1,x_2,\cdots,x_n)$，对应每个样本值都确定了一个置信区间$(\underline{\theta},\bar{\theta})$，每个这样的区间要么包含了$\theta$的真值，要么不包含$\theta$的真值. 根据伯努利大数定理，当抽样次数充分大时，这些区间中包含θ的真值的频率接近于置信度(即概率)$1-\alpha$. 例如，若令$1-\alpha=0.95$，重复抽样100次，则其中大约有95个区间包含θ的真值，大约有5个区间不包含θ的真值. α常取的数值为0.05，0.01，此时置信度$1-\alpha$分别为0.95，0.99.

(3) 置信区间$(\underline{\theta},\bar{\theta})$也是对未知参数$\theta$的一种估计，区间的长度意味着误差，故区间估计与点估计是互补的两种参数估计.

(4) 置信度与估计精度是一对矛盾，置信度$1-\alpha$越大，置信区间$(\underline{\theta},\bar{\theta})$包含$\theta$的真值的概率就越大，但区间$(\underline{\theta},\bar{\theta})$的长度越大，对未知参数$\theta$的估计精度就越差. 反之，对参数的估计精度越高，置信区间$(\underline{\theta},\bar{\theta})$长度就越小，$(\underline{\theta},\bar{\theta})$包含$\theta$的真值的概率就越低，置信度$1-\alpha$就越小. 一般准则是：在保证置信度的条件下，尽可能提高估计精度.

(二) 寻求置信区间的方法与步骤

寻求置信区间的基本思想与方法：在点估计的基础上，构造合适的函数，并针对给定的置信度导出置信区间.

一般步骤：

(1) 选取未知参数θ的某个较优估计量$\hat{\theta}$；

(2) 围绕$\hat{\theta}$构造一个依赖于样本与参数θ的函数：

$$u=u(X_1,X_2,\cdots,X_n,\theta);$$

(3) 对给定的置信水平$1-\alpha$，确定λ_1与λ_2，使

$$P\{\lambda_1\leqslant u\leqslant\lambda_2\}=1-\alpha,$$

通常可选取满足$P\{u\leqslant\lambda_1\}=P\{u\geqslant\lambda_2\}=\dfrac{\alpha}{2}$的$\lambda_1$与$\lambda_2$，在常用分布情况下，这可由分位数表查得；

(4) 对不等式作恒等变形后化为：

$$P\{\underline{\theta}\leqslant\theta\leqslant\bar{\theta}\}=1-\alpha,$$

则$(\underline{\theta},\bar{\theta})$就是$\theta$的置信度为$1-\alpha$的双侧置信区间.

【例 8.15】 设总体$X\sim N(\mu,\sigma^2)$，σ^2为已知，μ为未知，设$X_1,X_2,\cdots,X_n$是来自X的样本，求μ的置信水平为$1-\alpha$的置信区间.

【解】 已知$\bar{X}$是μ的无偏估计，且$\dfrac{\bar{X}-\mu}{\sigma/\sqrt{n}}\sim N(0,1)$，而$N(0,1)$不依赖于任何未知参数. 按标准正态分布的双侧$\alpha$分位数的定义，有$P\left\{\left|\dfrac{\bar{X}-\mu}{\sigma/\sqrt{n}}\right|<u_{\alpha/2}\right\}=1-\alpha$，即

$$P\left\{\bar{X}-\frac{\sigma}{\sqrt{n}}u_{\alpha/2}<\mu<\bar{X}+\frac{\sigma}{\sqrt{n}}u_{\alpha/2}\right\}=1-\alpha.$$

这样，就得到了μ的一个置信水平为$1-\alpha$的置信区间$\left(\bar{X}-\dfrac{\sigma}{\sqrt{n}}u_{\alpha/2},\bar{X}+\dfrac{\sigma}{\sqrt{n}}u_{\alpha/2}\right)$常写成

$\left(\overline{X} \pm \frac{\sigma}{\sqrt{n}} u_{\alpha/2}\right)$

若取 $\alpha = 0.05$，即 $1 - \alpha = 0.95$，并假设 $\sigma = 1$，$n = 16$，查表得 $u_{\alpha/2} = u_{0.025} = 1.96$，则得到一个置信水平为 0.95 的置信区间($\overline{X} \pm 0.49$).

若由一个样本得到样本均值的观察值 $\bar{x} = 5.20$，则进一步得到一个置信水平为 0.95 的置信区间(5.20 ± 0.49) = (4.71,5.69).

这个区间的含义是：若反复抽样多次，每个样本值均确定一个区间，在这些区间中，包含 μ 的约占 95%，或者说该区间属于包含 μ 的区间的可信程度为 95%.

【注】 由于正态分布具有对称性，利用双侧分位数来计算未知参数的置信度为 $1-\alpha$ 的置信区间，其区间长度在所有这类区间中是最短的.

二、正态总体的置信区间

与其他总体相比，正态总体参数的置信区间是最完善的，也是应用最广泛的. 在构造正态总体参数的置信区间的过程中，t 分布、χ^2 分布、F 分布以及标准正态分布 $N(0,1)$ 扮演了重要角色. 下面主要介绍单正态总体均值的置信区间.

设总体 $X \sim N(\mu, \sigma^2)$，$X_1, X_2, \cdots, X_n$ 是取自总体 X 的一个样本. 对给定的置信水平 $1-\alpha$，讨论参数 μ 和 σ 的置信区间.

(一) 当方差 σ^2 已知，求 μ 的置信区间

【例 8.16】 例 8.15 就属于该类情况，在该题中已经得到 μ 的置信区间

$$\left(\overline{X} - u_{\alpha/2} \cdot \frac{\sigma}{\sqrt{n}}, \overline{X} + u_{\alpha/2} \cdot \frac{\sigma}{\sqrt{n}}\right).$$

事实上，对于给定的置信水平 $1-\alpha$，先求出 $\dfrac{\overline{X}-\mu}{\sigma/\sqrt{n}}$ 的置信区间，即找出 a, b，使得

$$P\left\{a < \frac{\overline{X}-\mu}{\sigma/\sqrt{n}} < b\right\} = 1-\alpha.$$

按定义，凡满足 $P\left\{a < \dfrac{\overline{X}-\mu}{\sigma/\sqrt{n}} < b\right\} = 1-\alpha$ 的区间 (a,b) 都是 $\dfrac{\overline{X}-\mu}{\sigma/\sqrt{n}}$ 的置信区间，但是在所有这类区间中仅当 $a=-b$ 时的区间长度最短. 利用双侧分位数，此时有 $a = -u_{\alpha/2}$，$b = u_{\alpha/2}$. 故 $P\left\{-u_{\alpha/2} < \dfrac{\overline{X}-\mu}{\sigma/\sqrt{n}} < u_{\alpha/2}\right\} = 1-\alpha$，变形有

$$P\left\{\overline{X} - \frac{\sigma}{\sqrt{n}} u_{\alpha/2} < \mu < \overline{X} + \frac{\sigma}{\sqrt{n}} u_{\alpha/2}\right\} = 1-\alpha.$$

这样，就得到了 μ 的一个置信水平为 $1-\alpha$ 的置信区间 $\left(\overline{X} - \dfrac{\sigma}{\sqrt{n}} u_{\alpha/2}, \overline{X} + \dfrac{\sigma}{\sqrt{n}} u_{\alpha/2}\right)$.

【例 8.17】 某旅行社为调查当地一旅游者的平均消费额，随机访问了 100 名旅游者，得知平均消费额 $\bar{x} = 80$ 元. 根据经验，已知旅游者消费服从正态分布，且标准差 $\sigma = 12$ 元，求该地旅游者平均消费额 μ 的置信度为 95% 的置信区间.

【解】 对于给定的置信度 $1-\alpha = 0.95$，$\alpha = 0.05$，$\alpha/2 = 0.025$，查标准正态分布表得

$u_{0.025}=1.96$.将数据 $n=100,\bar{x}=80,\sigma=12,u_{0.025}=1.96$,代入 $\bar{x}\pm u_{\alpha/2}\cdot\dfrac{\sigma}{\sqrt{n}}$ 计算得 μ 的置信度为 95% 的置信区间为(77.6,82.4).即在已知 $\sigma=12$ 情形下,可以 95% 的置信度认为每个旅游者的平均消费额在 77.6 元至 82.4 元之间.

【例 8.18】 设总体 $X\sim N(\mu,\sigma^2)$,其中 μ 未知,$\sigma^2=4$. $X_1,\cdots,X_n$ 为其样本.

(1) 当 $n=16$ 时,试求置信度分别为 0.9 及 0.95 的 μ 的置信区间的长度.

(2) n 多大方能使 μ 的 90% 置信区间的长度不超过 1?

(3) n 多大方能使 μ 的 95% 置信区间的长度不超过 1?

【解】 (1) 记 μ 的置信区间长度为 Δ,则

$$\Delta=(\bar{X}+u_{\alpha/2}\cdot\sigma/\sqrt{n})-(\bar{X}-u_{\alpha/2}\cdot\sigma/\sqrt{n})=2u_{\alpha/2}\frac{\sigma}{\sqrt{n}}.$$

于是当 $1-\alpha=90\%$ 时,$\Delta=2\times1.65\times2/\sqrt{16}=1.65$;

当 $1-\alpha=95\%$ 时,$\Delta=2\times1.96\times2/\sqrt{16}=1.96$.

(2) 欲使 $\Delta\leqslant1$,即 $2u_{\alpha/2}\cdot\sigma/\sqrt{n}\leqslant1$,必须 $n\geqslant(2\sigma u_{\alpha/2})^2$.于是,当 $1-\alpha=90\%$ 时,$n\geqslant(2\times2\times1.65)^2$,即 $n\geqslant44$.即 n 至少为 44 时,μ 的 90% 置信区间的长度不超过 1.

(3) 当 $1-\alpha=95\%$ 时,类似可得 $n\geqslant62$.

【注】 (1) 当样本容量一定时,置信度越高,则置信区间长度越长,对未知参数的估计精度越低.

(2) 在置信区间的长度及估计精度不变的条件下,要提高置信度,就须加大样本的容量以获得总体更多的信息.

(二) 当方差 σ^2 未知,求 μ 的置信区间

此时可用 σ^2 的无偏估计 S^2 代替 σ^2,构造统计量

$$T=\frac{\bar{X}-\mu}{S/\sqrt{n}},$$

从前面的公式知 $T=\dfrac{\bar{X}-\mu}{S/\sqrt{n}}\sim t(n-1)$.对给定的置信水平 $1-\alpha$,由

$$P\left\{-t_{\alpha/2}(n-1)<\frac{\bar{X}-\mu}{S/\sqrt{n}}<t_{\alpha/2}(n-1)\right\}=1-\alpha,$$

即
$$P\left\{\bar{X}-t_{\alpha/2}(n-1)\cdot\frac{S}{\sqrt{n}}<\mu<\bar{X}+t_{\alpha/2}(n-1)\cdot\frac{S}{\sqrt{n}}\right\}.$$

因此,均值 μ 的 $1-\alpha$ 置信区间为:

$$\left(\bar{X}-t_{\alpha/2}(n-1)\cdot\frac{S}{\sqrt{n}},\bar{X}+t_{\alpha/2}(n-1)\cdot\frac{S}{\sqrt{n}}\right).$$

【例 8.19】 某旅行社随机访问了 25 名旅游者,得知平均消费额 $\bar{x}=80$ 元,样本标准差 $s=12$ 元,已知旅游者消费额服从正态分布,求旅游者平均消费额 μ 的 95% 置信区间.

【解】 对于给定的置信度 95%($\alpha=0.05$),则 $t_{\alpha/2}(n-1)=t_{0.025}(24)=2.0639$.

将 $\bar{x}=80,s=12,n=25,t_{0.025}(24)=2.0639$,代入计算得 μ 的置信度为 95% 的置信

区间为(75.05,84.95).即在 σ^2 未知情况下,估计每个旅游者的平均消费额在 75.05 元至 84.95 元之间,这个估计的可靠度是 95%.

【注】 与例 8.16 相比,在标准差 σ 未知时,用样本的标准差 s 给出的置信区间偏差不太大.

【例 8.20】 有一大批袋装糖果,现从中随机地取 16 袋,称得重量(单位:克)如下:

506 508 499 503 504 510 497 512

514 505 493 496 506 502 509 496

设袋装糖果的重量近似地服从正态分布,试求总体均值 μ 的置信水平为 0.95 的置信区间.

【解】 $1-\alpha=0.95,\alpha/2=0.025,n-1=15,t_{0.025}(15)=2.1315,\bar{x}=503.75,s=6.2022$.可得到均值 μ 的一个置信水平为 0.95 的置信区间为$(503.75\pm2.1315\times6.2022/\sqrt{16})$,即(500.4,507.1).

这就是说,估计袋装糖果重量和均值在 500.4 克与 507.1 克之间,这个估计的置信程度为 95%.若以此区间内任一值作为 μ 的近似值,其误差不大于

$$2\times2.1315\times6.2022/\sqrt{16}=6.61(\text{克}).$$

这个误差估计的可信程度为 95%.

(三) 求 σ^2 的置信区间

前文给出了总体均值 μ 的区间估计,在实际问题中要考虑精度或稳定性时,需要对正态总体的方差 σ^2 进行区间估计.

设总体 $X\sim N(\mu,\sigma^2)$,其中,μ,σ^2 未知,$X_1,X_2,\cdots,X_n$ 是取自总体 X 的一个样本.求方差 σ^2 的置信度为 $1-\alpha$ 的置信区间.σ^2 的无偏估计为 S^2,从前面的定理知,

$$\frac{n-1}{\sigma^2}S^2\sim\chi^2(n-1).$$

对给定的置信水平 $1-\alpha$,由

$$P\left\{\chi^2_{1-\alpha/2}(n-1)<\frac{n-1}{\sigma^2}S^2<\chi^2_{\alpha/2}(n-1)\right\}=1-\alpha,$$

$$P\left\{\frac{(n-1)S^2}{\chi^2_{\alpha/2}(n-1)}<\sigma^2<\frac{(n-1)S^2}{\chi^2_{1-\alpha/2}(n-1)}\right\}=1-\alpha,$$

于是方差 σ^2 的 $1-\alpha$ 置信区间为:

$$\left(\frac{(n-1)S^2}{\chi^2_{\alpha/2}(n-1)},\frac{(n-1)S^2}{\chi^2_{1-\alpha/2}(n-1)}\right),$$

而标准差 σ 的 $1-\alpha$ 置信区间为:

$$\left(\sqrt{\frac{(n-1)S^2}{\chi^2_{\alpha/2}(n-1)}},\sqrt{\frac{(n-1)S^2}{\chi^2_{1-\alpha/2}(n-1)}}\right).$$

【例 8.21】 为考察某大学成年男性的胆固醇水平,现抽取了样本容量为 25 的一个样本,并测得样本均值 $\bar{x}=186$,样本标准差 $s=12$.假定所论胆固醇水平 $X\sim N(\mu,\sigma^2)$,μ 与 σ^2 均未知.试分别求出 μ 以及 σ 的 90% 置信区间.

【解】 μ 的置信度为 $1-\alpha$ 的置信区间为$(\bar{x}\pm t_{\alpha/2}(n-1)\cdot s/\sqrt{n})$.

按题设数据 $\alpha=0.1,\bar{x}=186,s=12,n=25$,查表得 $t_{0.1/2}(25-1)=1.7109$.

于是 $t_{\alpha/2}(n-1)\cdot s/\sqrt{n}=1.7109\times 12/\sqrt{25}=4.106$,即(181.89,190.11).

σ 的置信度为 $1-\alpha$ 置信区间为 $\left(\sqrt{\dfrac{(n-1)S^2}{\chi^2_{\alpha/2}(n-1)}},\sqrt{\dfrac{(n-1)S^2}{\chi^2_{1-\alpha/2}(n-1)}}\right)$.

查表得 $\chi^2_{0.1/2}(25-1)=36.42,\chi^2_{1-0.1/2}(25-1)=13.85$.于是,置信下限和置信上限分别为 $\sqrt{24\times 12^2/36.42}=9.74$,$\sqrt{24\times 12^2/13.85}=15.80$,所求 σ 的 90% 置信区间为(9.74,15.80).

三、单侧置信区间

前面讨论的置信区间 $(\underline{\theta},\bar{\theta})$ 称为双侧置信区间,但在有些实际问题中只要考虑选取满足 $P\{\underline{\theta}<\theta\}=1-\alpha$ 或 $P\{\theta<\bar{\theta}\}=1-\alpha$ 的 $\underline{\theta}$ 与 $\bar{\theta}$ 即可,从而得到形如 $(\underline{\theta},+\infty)$ 或 $(-\infty,\bar{\theta})$ 的置信区间.

例如,对产品设备、电子元件等来说,我们关心的是平均寿命的置信下限;而在讨论产品的废品率时,我们感兴趣的是其置信上限.于是我们引入单侧置信区间.

设 θ 为总体分布的未知参数,$X_1,X_2,\cdots,X_n$ 是取自总体 X 的一个样本,对给定的数 $1-\alpha(0<\alpha<1)$,若存在统计量 $\underline{\theta}=\underline{\theta}(X_1,X_2,\cdots,X_n)$ 满足 $P\{\underline{\theta}<\theta\}=1-\alpha$,则称 $(\underline{\theta},+\infty)$ 为 θ 的置信度为 $1-\alpha$ 的**单侧置信区间**,称 $\underline{\theta}$ 为 θ 的**单侧置信下限**;若存在统计量 $\bar{\theta}=\bar{\theta}(X_1,X_2,\cdots,X_n)$ 满足 $P\{\theta<\bar{\theta}\}=1-\alpha$,则称 $(-\infty,\bar{\theta})$ 为 θ 的置信度为 $1-\alpha$ 的**单侧置信区间**,称 $\bar{\theta}$ 为 θ 的**单侧置信上限**.

【例 8.22】 从一批灯泡中随机地抽取 5 只做寿命试验,其寿命如下(单位:h):

1050　　1100　　1120　　1250　　1280

已知这批灯泡寿命 $X\sim N(\mu,\sigma^2)$,求平均寿命的置信度为 95% 的单侧置信下限.

【解】 构造 $T=\dfrac{\bar{X}-\mu}{S/\sqrt{n}}\sim t(n-1)$,对于给定的置信度 $1-\alpha$,有 $P\left\{\dfrac{\bar{X}-\mu}{S/\sqrt{n}}<t_\alpha(n-1)\right\}=1-\alpha$,即 $P\left\{\mu>\bar{X}-t_\alpha(n-1)\dfrac{S}{\sqrt{n}}\right\}=1-\alpha$,可得 μ 的置信度为 $1-\alpha$ 的单侧置信下限为 $\bar{X}-t_\alpha(n-1)\dfrac{S}{\sqrt{n}}$.

由所得数据计算,有 $\bar{x}=1160,s=99.57,n=5,\alpha=0.05$,查表得 $t_{0.05}(4)=2.14$.

所以 μ 的置信度为 95% 的置信下限为 $\bar{x}-t_\alpha(n-1)\dfrac{s}{\sqrt{n}}=1064.56$.也就是说,该批灯泡的平均寿命至少在 1064.56h 以上,可靠程度为 95%.

【注】 若总体不是服从正态分布,则因为样本函数的分布不容易确定,所以要讨论总体分布中未知参数的区间估计就比较困难.但是,当样本容量 n 很大时,我们可以根据中心极限定理得到 $\dfrac{\bar{X}-\mu}{\sigma/\sqrt{n}}$ 近似地服从 $N(0,1)$,从而可以近似地解决该分布的未知参数区间估计问题.

§8.3 假设检验

参数估计和假设检验是统计推断的两种形式，它们都是利用样本对总体进行某种推断，然而推断的角度不同.参数估计是通过样本统计量来推断总体未知参数的取值范围，以及做出结论的可靠程度，总体参数在估计前是未知的.而在假设检验中，则是预先对总体参数的取值提出一个假设，然后利用样本数据检验这个假设是否成立，如果成立，我们就接受这个假设，如果不成立就拒绝原假设.当然由于样本的随机性，这种推断只能具有一定的可靠性.本节介绍假设检验的基本概念，以及假设检验的一般步骤，然后重点介绍常用的参数检验方法.非参数假设检验在这里就不作介绍了，读者可以参考其他书籍.

一、假设检验的基本概念

（一）原假设和备择假设

为了对假设检验的基本概念有一个直观的认识，不妨先看下面的例子.

【例 8.23】 某厂生产一种日光灯管，其寿命 X 服从正态分布 $N(\mu,200^2)$，从过去的生产经验看，灯管的平均寿命为 $\mu=1550$ 小时.现在采用新工艺后，在所生产的新灯管中抽取 25 只，测其平均寿命为 1650 小时.问采用新工艺后，灯管的寿命是否有显著变化？

这是一个均值的检验问题.灯管的寿命有没有显著变化呢？这有两种可能：一种是没有什么变化.即新工艺对均值没有影响，采用新工艺后，X 仍然服从 $N(1550,200^2)$，$\overline{X}=1650$ 和 $\mu_0=1550$ 之间的差异是随机原因导致的.另一种情况可能是，新工艺的确使均值发生了显著性变化.这样，$\overline{X}=1650$ 和 $\mu_0=1550$ 之间的差异就只能认为是采用新工艺的关系.究竟是哪种情况与实际情况相符合，这需要做检验.

在上面的例子中，我们可以把涉及的两种情况用统计假设的形式表示出来.第一个统计假设 $\mu=1550$ 表示采用新工艺后灯管的平均寿命没有显著变化.第二个统计假设 $\mu\neq1550$ 表示采用新工艺后灯管的平均寿命有显著变化.则第一个假设称为**原假设**（或零假设），记为 $H_0:\mu=1550$；第二个假设 $\mu\neq1550$ 称为**备择假设**，记为 $H_1:\mu\neq1550$.至于在两个假设中，采用哪一个作为原假设，哪一个作为备择假设，要看具体的研究目的和要求而定.假如我们的目的是希望从子样观察值对某一陈述取得强有力的支持，则把该陈述的否定作为原假设，该陈述本身作为备择假设.

（二）检验统计量

假设检验问题的一般提法是：在给定备择假设 H_1 下对原假设 H_0 做出判断，若拒绝原假设 H_0，那就意味着接受备择假设 H_1，否则就接受原假设 H_0.在拒绝原假设 H_0 或接受备择假设 H_1 之间做出某种判断，必须要从子样 $(X_1,X_2,\cdots,X_n)$ 出发，制定一个法则，一旦样本 $(x_1,x_2,\cdots,x_n)$ 的观察值确定之后，利用我们制定的法则做出判断：拒绝原假设 H_0，还是接受原假设 H_0.那么检验法则是什么呢？它应该是定义在样本空间上的一个函数为依据所构造的一个准则，这个函数一般称为**检验统计量**.如上面列举的原假设 $H_0:\mu=\mu_0$（$\mu_0=$

1550)，那么子样均值 $\overline{X}$ 就可以作为检验统计量. 有时还可以根据检验统计量的分布进一步加工，如样本均值服从正态分布时将其标准化，将 $U=\dfrac{\overline{X}-\mu_0}{\sigma/\sqrt{n}}$ 作为检验统计量，简称 U 检验量；或者在总体方差 σ^2 未知的条件下，将 $t=\dfrac{\overline{X}-\mu_0}{S/\sqrt{n}}$ 作为检验量，称为 t 检验量.

(三) 接受域和拒绝域

假设检验中接受或者拒绝原假设 H_0 的依据是假设检验的小概率原理. 所谓小概率原理，是指发生概率很小的随机事件，即"小概率事件"在一次试验中几乎是不可能发生的. 根据这一原理，就可以做出接受或是拒绝原假设的决定. 但概率小到什么程度才能算作"小概率事件"?显然，"小概率事件"的概率越小越好. 常记这个概率值为 α，称为检验的**显著性水平**. 对不同的问题，检验的显著性水平 α 不一定相同，但一般应取为较小的值，如 0.1，0.05 或 0.01 等. 如一家厂商声称其某种产品的合格率很高，可以达到 99%，那么从一批产品(如 100 件)中随机抽取一件，这一件恰好是次品的概率就非常之小，只有 1%. 如果把厂商的宣称，即产品的次品率仅为 1% 作为一种假设，并且认为是真的，那么由小概率原理可知，随机抽取一件是次品的情形就几乎是不可能发生的. 如果这种情形居然发生了，这就不能不使人们怀疑原来的假设，即产品的次品率仅为 1% 的假设的正确性，这时就可以做出原假设为伪的判断，即否定原假设.

接受域和拒绝域是在给定的显著性水平 α 下，由检验法则所划分的样本空间的两个互不相交的区域. 原假设 H_0 为真时的可以接受的可能范围称为**接受域**，另一区域是当原假设 H_0 为真时只有很小的概率发生，如果小概率事件确实发生，就要拒绝原假设，这一区域称为**拒绝域**(或否定域). 落入拒绝域是个小概率事件，一旦落入拒绝域，就要拒绝原假设而接受备择假设. 显著性水平 $\alpha=0.05$ 下 U 检验时的拒绝域和接受域，如图 8-1 所示.

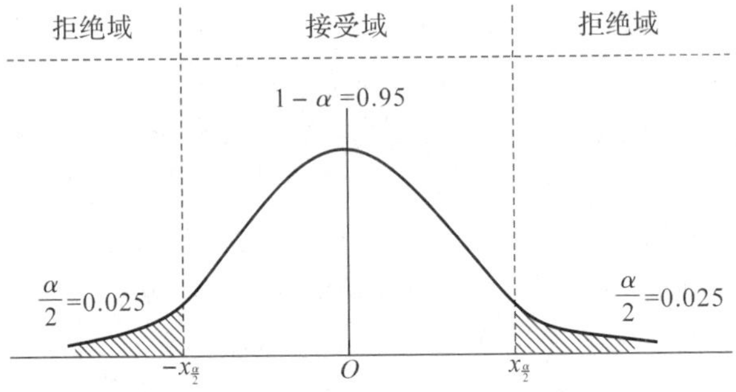

图 8-1

(四) 假设检验中的两类错误

由前面已知，假设检验是在子样观察值确定之后，根据小概率原理进行推断的. 由于样本的随机性，这种推断不可能有绝对的把握，不免要犯错误. 所犯错误的类型有两类：一类错误是原假设 H_0 为真时却被拒绝了. 这类错误称为**弃真错误**，犯这种错误的概率用 α 表示，所以也叫 α 错误或第一类错误. 另一类错误是指原假设 H_0 为伪时，却被人们接受而犯了错误. 这是一种**取伪错误**，这种错误发生的概率用 β 表示，故也称 β 错误或第二类错误. 在厂家出售产品给消费者时，通常要经过产品质量检验，生产厂家总是假定产品是合格的，但检验时厂家总要承担把合格产品误检为不合格产品的某些风险，生产者承担这些风险的概率就是 α，所以 α 也称为生产者风险. 而在消费者一方却担心把不合格产品误检为合格品而被接受，这是消费者承担的某些风险，其概率就是 β，因此第二类错误 β 也称为消费者风险. 正确的决策和犯错误的概率可以归纳为表 8-1.

表 8-1

	接受 H_0	拒绝 H_0，接受 H_1
H_0 为真	$1-\alpha$(正确决策)	α(弃真错误)
H_0 为伪	β(取伪错误)	$1-\beta$(正确决策)

自然，人们希望犯这两类错误的概率愈小愈好. 但对于一定的子样容量 n，不可能同时做到犯这两类错误的概率都很小. 通常的假设检验只规定第一类错误 α，即显著性水平，而不考虑第二类错误 β，并称这样的检验为显著性检验.

(五) 双边检验和单边检验

根据假设的形式，可以把检验分为双边检验和单边检验，单边检验又进一步分为右检验和左检验.

1. 双边检验

例如，检验的形式为：

$$H_0:\mu=\mu_0,\quad H_1:\mu\neq\mu_0.$$

由于我们在这里提出的原假设是 μ 等于某一数值 μ_0，所以只要 $\mu>\mu_0$ 或 $\mu<\mu_0$ 两者之中有一个成立，就可以否定原假设，这种假设检验称为**双边检验**. 它的拒绝域分为两个部分，有两个临界值，在给定显著性水平 α 下，每个拒绝域的面积为 $\alpha/2$.

2. 单边检验

在有些情况下，我们关心的假设问题带有方向性. 例如产品的次品率要求愈低愈好，它不能高于某一指标，当高于某一指标时就要拒绝原假设，这就是单边检验. 这时拒绝域的图形在右侧，称作单边**右侧检验**. 检验的形式可以写为：

$$H_0:\mu\leqslant\mu_0,\quad H_1:\mu>\mu_0.$$

又例如，灯管的使用寿命、药物的有效成分这类产品质量指标是愈高愈好，它不能低于某一标准，当低于某一标准时就要拒绝原假设，这时拒绝域的图形在左侧，称为单边**左侧检验**. 检验的形式为：

$$H_0:\mu\geqslant\mu_0,\quad H_1:\mu<\mu_0.$$

二、假设检验的一般步骤

一个完整的假设检验过程，一般包括以下五个主要步骤.

(一) 提出原假设和备择假设

确定是双边检验还是单边检验，例如双边检验为：

$$H_0:\mu=\mu_0,\quad H_1:\mu\neq\mu_0;$$

单边左侧检验为：

$$H_0:\mu \geqslant \mu_0,\quad H_1:\mu < \mu_0;$$

单边右侧检验为：

$$H_0:\mu \leqslant \mu_0,\quad H_1:\mu > \mu_0.$$

(二) 建立检验统计量

建立检验统计量是假设检验的重要步骤. 譬如在例 8.23 中，在总体 X 服从正态分布 $N(\mu,200^2)$ 的假定下，当原假设 $H_0:\mu=1550$ 成立时，建立检验统计量 $U=\dfrac{\overline{X}-1550}{200/\sqrt{n}}$，那么 U 就服从标准正态分布 $N(0,1)$.

在具体问题里，选择什么统计量作为检验统计量，需要考虑的因素与参数估计相同. 例如，用于进行检验的样本是大样本还是小样本、总体方差是已知还是未知等，在不同条件下应选择不同的检验统计量.

(三) 规定显著性水平 α，确定 H_0 的拒绝域

例如，当原假设 $H_0:\mu=\mu_0$ 成立时，检验统计量 U 服从标准正态分布 $N(0,1)$，那么给定显著性水平 $\alpha(0<\alpha<1)$，按双边检验，在标准正态分布表中查得临界值 $u_{\frac{\alpha}{2}}$，使得

$$P\{|U|\geqslant u_{\frac{\alpha}{2}}\}=\alpha,$$

或者

$$P\{-u_{\frac{\alpha}{2}}\leqslant U\leqslant u_{\frac{\alpha}{2}}=1-\alpha\}.$$

若由子样 $(X_1,X_2,\cdots,X_n)$ 的一组观察值 $(x_1,x_2,\cdots,x_n)$ 算得统计量 U 的值落在 $(-\infty,-u_{\frac{\alpha}{2}})$ 或 $(u_{\frac{\alpha}{2}},+\infty)$ 时，则拒绝或否定 H_0，$(-\infty,-u_{\frac{\alpha}{2}})$ 及 $(u_{\frac{\alpha}{2}},+\infty)$ 组成 H_0 的拒绝域，称 $u_{\frac{\alpha}{2}}$ 为临界值.

(四) 计算实际检验量

在例 8.23 中，

$$U=\frac{\overline{X}-\mu_0}{\sigma/\sqrt{n}}=\frac{1650-1550}{200/\sqrt{25}}=2.5.$$

(五) 判断

将实际检验量的数值与临界值比较，以确定接受或拒绝 H_0. 在例 8.23 中，取 $\alpha=0.1$，则临界值 $u_{0.05}=1.645$. 实际检验量 u 之值大于临界值 1.645，即落入拒绝域，故拒绝 $H_0:\mu=1550$，接受假设 $H_1:\mu\neq 1550$，即可认为采用新工艺后日光灯管的平均寿命有显著性变化.

三、单正态总体的假设检验

(一) 总体均值的假设检验

当检验关于总体均值 μ(数学期望) 的假设时，该总体中的另一个参数，即方差是否已知，会影响到对于检验统计量的选择，故下面分两种情形进行讨论.

1.方差 σ^2 已知的情形

其实,例 8.23 就是此类情形,在此再做简洁归纳.

设总体 $X \sim N(\mu,\sigma^2)$,其中总体方差 σ^2 已知,$X_1,X_2,\cdots,X_n$ 是取自总体 X 的一个样本,$\overline{X}$ 为样本均值.

(1) 检验假设:$H_0:\mu=\mu_0$,$H_1:\mu\neq\mu_0$,其中 μ_0 为已知常数.

当 H_0 为真时,

$$U=\frac{\overline{X}-\mu_0}{\sigma/\sqrt{n}}\sim N(0,1),$$

故用 U 检验法来检验.

因为 $\overline{X}$ 是 μ 的无偏估计量,当 H_0 成立时,$|u|$ 不应太大;当 H_1 成立时,$|u|$ 有偏大的趋势,故拒绝域形式为:

$$|u|=\left|\frac{\overline{x}-\mu_0}{\sigma/\sqrt{n}}\right|\geqslant k \quad (k\text{ 待定}).$$

对于给定的显著性水平 α,查标准正态分布表得 $k=u_{\alpha/2}$,使

$$P\{|U|\geqslant u_{\alpha/2}\}=\alpha,$$

由此即得拒绝域为:

$$|u|=\left|\frac{\overline{x}-\mu_0}{\sigma/\sqrt{n}}\right|\geqslant u_{\alpha/2},$$

即 $$W=(-\infty,-u_{\alpha/2})\cup(u_{\alpha/2},+\infty).$$

根据一次抽样后得到的样本观察值 $x_1,x_2,\cdots,x_n$ 计算出 U 的观察值 u,若 $|u|\geqslant u_{\alpha/2}$,则拒绝原假设 H_0,即认为总体均值与 μ_0 有显著差异;若 $|u|<u_{\alpha/2}$,则接受原假设 H_0,即认为总体均值与 μ_0 无显著差异.

类似地,对单侧检验有:

(2) 右侧检验:检验假设 $H_0:\mu\leqslant\mu_0$,$H_1:\mu>\mu_0$,其中 μ_0 为已知常数,可得拒绝域为:

$$u=\frac{\overline{x}-\mu_0}{\sigma/\sqrt{n}}>u_\alpha.$$

(3) 左侧检验:检验假设 $H_0:\mu\geqslant\mu_0$,$H_1:\mu<\mu_0$,其中 μ_0 为已知常数,可得拒绝域为:

$$u=\frac{\overline{x}-\mu_0}{\sigma/\sqrt{n}}<-u_\alpha.$$

【例 8.24】 某车间生产钢丝,用 X 表示钢丝的折断力,由经验判断 $X\sim N(\mu,\sigma^2)$,其中 $\mu=570$,$\sigma^2=8^2$.今换了一批材料,从性能上估计折断力的方差 σ^2 不会有什么变化(即仍有 $\sigma^2=8^2$),但不知折断力的均值 μ 和原先有无差别.现抽得样本,测得其折断力为:

578 572 570 568 572 570 570 572 596 584

取 $\alpha=0.05$,试检验折断力均值有无变化?

【解】 (1) 建立假设 $H_0:\mu=\mu_0=570$,$H_1:\mu\neq570$.

(2) 选择统计量:$U=\dfrac{\overline{X}-\mu_0}{\sigma/\sqrt{n}}\sim N(0,1)$.

(3) 对于给定的显著性水平 α，确定 k，使 $P\{|U|>k\}=\alpha$.

查正态分布表得 $k=u_{\alpha/2}=u_{0.025}=1.96$，从而拒绝域为 $|u|>1.96$.

(4) 由于 $\bar{x}=\frac{1}{10}\sum_{i=j}^{10}x_i=575.20, \sigma^2=64$，所以

$$|u|=\left|\frac{\bar{x}-\mu_0}{\sigma/\sqrt{n}}\right|=2.06>1.96,$$

故应拒绝 H_0，即认为折断力的均值发生了变化.

【例 8.25】 某厂生产一种耐高温的零件，根据质量管理资料，在以往一段时间里，零件抗热的平均温度是 1250℃，零件抗热温度的标准差是 150℃. 在最近生产的一批零件中，随机测试了 100 个零件，其平均抗热温度为 1200℃. 该厂能否认为最近生产的这批零件仍然符合产品质量要求，而承担的生产者风险为 0.05.

【解】 从题意分析知道，该厂检验的目的是希望这批零件的抗热温度高于 1250℃，而低于 1250℃ 的应予拒绝，因此这是一个左侧检验问题.

(1) 提出假设：$H_0: \mu \geqslant 1250, H_1: \mu < 1250$.

(2) 建立检验统计量为：$U=\frac{\bar{X}-\mu_0}{\sigma/\sqrt{n}} \sim N(0,1)$.

(3) 根据给定的显著性水平 $\alpha=0.05$，查表得临界值 $-u_{0.05}=-1.645$，因此拒绝域为 $(-\infty,-1.645)$.

(4) 计算检验量的数值：

$$U=\frac{\bar{X}-\mu_0}{\sigma/\sqrt{n}}=\frac{1200-1250}{150/\sqrt{100}}=-3.33.$$

因为 $-3.33\in(-\infty,-1.645)$，落入拒绝域，故拒绝原假设或接受备择假设，认为最近生产的这批零件的抗高温性能低于 1250℃，不能认为产品符合质量要求.

2. 方差 σ^2 未知的情形

设总体 $X\sim N(\mu,\sigma^2)$，其中总体方差 σ^2 未知，$X_1, X_2, \cdots, X_n$ 是取自 X 的一个样本，$\bar{X}$ 与 S^2 分别为样本均值与样本方差.

(1) 检验假设：$H_0: \mu=\mu_0, H_1: \mu\neq\mu_0$，其中 μ_0 为已知常数.

当 H_0 为真时，

$$T=\frac{\bar{X}-\mu_0}{S/\sqrt{n}}\sim t(n-1),$$

故用 T 检验法来检验.

由于 $\bar{X}$ 是 μ 的无偏估计量，S^2 是 σ^2 的无偏估计量，当 H_0 成立时，$|t|$ 不应太大；当 H_1 成立时，$|t|$ 有偏大的趋势，故拒绝域形式为：

$$|t|=\left|\frac{\bar{x}-\mu_0}{s/\sqrt{n}}\right|\geqslant k \quad (k \text{ 待定}).$$

对于给定的显著性水平 α，查分布表得 $k=t_{\alpha/2}(n-1)$，使

$$P\{|T|\geqslant t_{\alpha/2}(n-1)\}=\alpha,$$

由此即得拒绝域为：

$$|t|=\left|\frac{\bar{x}-\mu_0}{s/\sqrt{n}}\right|\geqslant t_{\alpha/2}(n-1),$$

即 $$W=(-\infty,-t_{\alpha/2}(n-1))\cup(t_{\alpha/2}(n-1),+\infty).$$

根据一次抽样后得到的样本观察值 $x_1,x_2,\cdots,x_n$ 计算出 T 的观察值 t,若 $|t|\geqslant t_{\alpha/2}(n-1)$,则拒绝原假设 H_0,即认为总体均值与 μ_0 有显著差异;若 $|t|<t_{\alpha/2}(n-1)$,则接受原假设 H_0,即认为总体均值与 μ_0 无显著差异.

类似地,对单侧检验有:

(2) 右侧检验:检验假设 $H_0:\mu\leqslant\mu_0$,$H_1:\mu>\mu_0$,其中 μ_0 为已知常数,可得拒绝域为:

$$t=\frac{\bar{x}-\mu_0}{s/\sqrt{n}}>t_{\alpha}(n-1).$$

(3) 左侧检验:检验假设 $H_0:\mu\geqslant\mu_0$,$H_1:\mu<\mu_0$,其中 μ_0 为已知常数,可得拒绝域为:

$$t=\frac{\bar{x}-\mu_0}{s/\sqrt{n}}<-t_{\alpha}(n-1).$$

【例 8.26】 某日用化工厂用一种设备生产香皂(假设香皂厚度服从正态分布),其厚度要求为 5cm. 今欲了解设备的工作性能是否良好,随机抽取 10 块香皂,测得平均厚度为 5.3cm、标准差为 0.3cm. 试分别以 0.01,0.05 的显著性水平检验设备的工作性能是否合乎要求.

【解】 根据题意,总体方差未知,这是一个总体均值的双边检验问题.

(1) 提出假设:$H_0:\mu=5$(合乎质量要求),$H_1:\mu\neq 5$(不合乎质量要求).

(2) 建立检验统计量:由题目的条件,检验统计量为:

$$T=\frac{\bar{X}-\mu_0}{S/\sqrt{n}}.$$

(3) 当 $\alpha=0.01$ 和自由度 $n-1=9$ 时,查表得 $t_{\alpha/2}(9)=3.2498$,拒绝域为 $(-\infty,-3.2498)$ 及 $(3.2498,\infty)$,接受域为 $(-3.2498,3.2498)$.

当 $\alpha=0.05$ 和自由度 $n-1=9$ 时,查表得 $t_{\alpha/2}(9)=2.2622$,拒绝域为 $(-\infty,-2.2622)$ 及 $(2.2622,\infty)$.

(4) 计算实际检验量的值:

$$t=\frac{\bar{x}-\mu_0}{s/\sqrt{n}}=\frac{5.3-5}{0.3/\sqrt{10}}=3.16.$$

当 $\alpha=0.01$ 时,$3.16\in(-3.2498,3.2498)$,落入接受域,故接受原假设 H_0,认为在 $\alpha=0.01$ 的显著性水平下,设备的工作性能尚属良好. 当 $\alpha=0.05$ 时,$3.16\in(2.2622,\infty)$,落入了拒绝域,因此要拒绝原假设 H_0,认为在 $\alpha=0.05$ 的显著性水平下,设备的性能与良好的要求有显著性差异.

(二) 总体方差的假设检验

设 $X\sim N(\mu,\sigma^2)$,$X_1,X_2,\cdots,X_n$ 是取自 X 的一个样本,$\bar{X}$ 与 S^2 分别为样本均值与样本方差.

(1) 检验假设:$H_0:\sigma^2=\sigma_0^2$,$H_1:\sigma^2\neq\sigma_0^2$,其中 σ_0 为已知常数.

当 H_0 为真时,

$$\chi^2 = \frac{n-1}{\sigma_0^2}S^2 \sim \chi^2(n-1),$$

故选取 χ^2 作为检验统计量.相应的检验法称为 χ^2 检验法.

由于 S^2 是 σ^2 的无偏估计量,当 H_0 成立时,S^2 应在 σ_0^2 附近;当 H_1 成立时,χ^2 有偏小或偏大的趋势,故拒绝域形式为:

$$\chi^2 = \frac{n-1}{\sigma_0^2}S^2 \leqslant k_1 \quad 或 \quad \chi^2 = \frac{n-1}{\sigma_0^2}S^2 \geqslant k_2 \quad (k_1, k_2 待定).$$

对于给定的显著性水平 α,查分布表得

$$k_1 = \chi^2_{1-\alpha/2}(n-1), \quad k_2 = \chi^2_{\alpha/2}(n-1),$$

使
$$P\{\chi^2 \leqslant \chi^2_{1-\alpha/2}(n-1)\} = \frac{\alpha}{2}, \quad P\{\chi^2 \geqslant \chi^2_{\alpha/2}(n-1)\} = \frac{\alpha}{2}.$$

由此即得拒绝域为:

$$\chi^2 = \frac{n-1}{\sigma_0^2}S^2 \leqslant \chi^2_{1-\alpha/2}(n-1) \quad 或 \quad \chi^2 = \frac{n-1}{\sigma_0^2}S^2 \geqslant \chi^2_{\alpha/2}(n-1),$$

即
$$W = [0, \chi^2_{1-\alpha/2}(n-1)) \cup (\chi^2_{\alpha/2}(n-1), +\infty).$$

根据一次抽样后得到的样本观察值 $x_1, x_2, \cdots, x_n$ 计算出 χ^2 的观察值,若 $\chi^2 \leqslant \chi^2_{1-\alpha/2}(n-1)$ 或 $\chi^2 \geqslant \chi^2_{\alpha/2}(n-1)$,则拒绝原假设 H_1;若 $\chi^2_{1-\alpha/2}(n-1) \leqslant \chi^2 \leqslant \chi^2_{\alpha/2}(n-1)$,则接受假设 H_0.

类似地,对单侧检验有:

(2) 右侧检验:检验假设 $H_0: \sigma^2 \geqslant \sigma_0^2, H_1: \sigma^2 < \sigma_0^2$,其中 σ_0 为已知常数,可得拒绝域为:

$$\chi^2 = \frac{n-1}{\sigma_0^2}S^2 \leqslant \chi^2_{1-\alpha}(n-1).$$

(3) 左侧检验:检验假设 $H_0: \sigma^2 \leqslant \sigma_0^2, H_1: \sigma^2 > \sigma_0^2$,其中 σ_0 为已知常数,可得拒绝域为:

$$\chi^2 = \frac{n-1}{\sigma_0^2}S^2 \geqslant \chi^2_{\alpha}(n-1).$$

【例 8.27】 某厂生产的某种型号的电池,其寿命长期以来服从方差 $\sigma^2 = 5000$(单位:h^2)的正态分布.现有一批这种电池,从它的生产情况来看,寿命的波动性有所改变,现随机抽取 26 只电池,测得其寿命的样本方差 $s^2 = 9200$(单位:h^2).问根据这一数据能否推断这批电池的寿命的波动性较以往有显著的变化(取 $\alpha = 0.02$)?

【解】 本题要求在 $\alpha = 0.02$ 下检验假设 $H_0: \sigma^2 = 5000, H_1: \sigma^2 \neq 5000$.

现在 $n = 26$,则:

$$\chi^2_{\alpha/2}(n-1) = \chi^2_{0.01}(25) = 44.314;$$
$$\chi^2_{1-\alpha/2}(n-1) = \chi^2_{0.99}(25) = 11.524.$$

故拒绝域为:

$$\frac{(n-1)S^2}{\sigma_0^2} > 44.314,$$

或
$$\frac{(n-1)S^2}{\sigma_0^2} < 11.524.$$

由观察值 $s^2 = 9200$ 得 $\frac{(n-1)s^2}{\sigma_0^2} = 46 > 44.314$,所以拒绝 H_0,认为这批电池寿命的波动性较以往有显著的变化.

【例 8.28】 今进行某项工艺革新，从革新后的产品中抽取 25 个零件，测量其直径，计算得样本方差为 $s^2 = 0.00066$，已知革新前零件直径的方差 $\sigma^2 = 0.0012$，设零件直径服从正态分布，问革新后生产的零件直径的方差是否显著减小（取 $\alpha = 0.05$）？

【解】 (1) 提出假设 $H_0: \sigma^2 \geqslant \sigma_0^2 = 0.0012$；$H_1: \sigma^2 < \sigma_0^2 = 0.0012$.

(2) 选取统计量：

$$\chi^2 = \frac{(n-1)S^2}{\sigma_0^2}.$$

$\chi^{*2} = \dfrac{(n-1)S^2}{\sigma^2} \sim \chi^2(n-1)$，且当 H_0 为真时，$\chi^{*2} \leqslant \chi^2$.

(3) 对于显著性水平 $\alpha = 0.05$，查 χ^2 分布表得：

$$\chi^2_{1-\alpha}(n-1) = \chi^2_{0.95}(24) = 13.848.$$

故拒绝域为：

$$\chi^2 < \chi^2_{1-\alpha}(n-1) = 13.848.$$

(4) 根据样本观察值计算 χ^2 的观察值：

$$\chi^2 = \frac{(n-1)s^2}{\sigma_0^2} = \frac{24 \times 0.00066}{0.0012} = 13.2.$$

(5) 作判断：由于 $\chi^2 = 13.2 < \chi^2_{1-\alpha}(n-1) = 13.848$，即 χ^2 落入拒绝域中，所以拒绝 H_0：$\sigma^2 \geqslant \sigma_0^2$，即认为革新后生产的零件直径的方差小于革新前生产的零件直径的方差.

最后我们指出，以上讨论的是在均值未知的情况下，对方差的假设检验，这种情况在实际问题中较多. 至于在均值已知的情况下，对方差的假设检验，其方法类似，只是所选的统计量为：

$$\chi^2 = \frac{\sum_{i=1}^{n}(X_i - \mu)^2}{\sigma_0^2}.$$

当 $\sigma^2 = \sigma_0^2$ 为真时，$\chi^2 \sim \chi^2(n)$.

习题八

1. 从某地区 14 岁的男中学生中随机抽取 9 人，测得其身高和体重值如下：

身高(cm)	160	157	153	158	157	154	154	163	156
体重(kg)	43	40	42	49	45	42	41	46	45

试分别对身高和体重的均值作矩估计.

2. 使用同一台仪器对某个零件的长度做了 12 次独立的测量，结果如下（单位：mm）：

232.50	232.48	232.15	232.53	232.45	232.30
232.48	232.05	232.45	232.60	232.47	232.30

试用矩估计法估计测量值的均值与方差（设仪器没有系统误差）.

3. 设总体具有如下分布列：

X	0	1	2	3
p	θ^2	$2\theta(1-\theta)$	θ^2	$1-2\theta$

其中，$\theta(0<\theta<0.5)$为未知参数. 已知取得了样本观测值：

$x_1=3,\quad x_2=1,\quad x_3=3,\quad x_4=0,\quad x_5=3,\quad x_6=1,\quad x_7=2,\quad x_8=3.$

试求θ的矩估计值和最大似然估计值.

4. 设X_1,X_2,X_3,X_4是来自均值为θ的指数分布总体的样本，其中θ未知. 设有估计量：

$$T_1=\frac{1}{6}(X_1+X_2)+\frac{1}{3}(X_3+X_4),$$

$$T_2=\frac{1}{5}(X_1+2X_2+3X_3+4X_4),$$

$$T_3=\frac{1}{4}(X_1+X_2+X_3+X_4).$$

(1) 指出T_1,T_2,T_3中，哪几个是θ的无偏估计量；

(2) 在上述θ的无偏估计中，指出哪一个较为有效.

5. 设$X\sim B(N,p)$，$0<p<1$，N为正整数，$X_1,\cdots,X_n$为其子样，求N及p的矩估计量.

6. 设总体X服从几何分布，它的分布律为$P\{X=k\}=(1-p)^{k-1}p$，$k=1,2,\cdots$，$X_1,\cdots,X_n$是来自总体X的一个样本，求p的矩估计量与极大似然估计量.

7. 设$X_1,\cdots,X_n$是来自总体$X\sim U(a,b)$的一个样本，求未知参数a,b的矩估计量与极大似然估计量.

8. 设总体X的密度函数为：$f(x,\theta)=\begin{cases}\dfrac{\theta}{x^{\theta+1}}, & x>1\\ 0, & x\leqslant 1\end{cases}$，其中未知参数$\theta>1$，$X_1,X_2,\cdots,X_n$为取自总体$X$的简单随机样本.

(1) 求X的数学期望$E(X)$；　　(2) 求参数θ的矩估计量.

9. 设X服从指数分布，其概率密度为：$f(x;\lambda)=\begin{cases}\lambda e^{-\lambda x}, & x\geqslant 0\\ 0, & x<0\end{cases}(\lambda>0)$，$X_1,\cdots,X_n$是来自总体$X$的一个样本，求未知参数$\lambda$的矩估计量与极大似然估计量.

10. 设总体X的概率密度为：$f(x)=\begin{cases}(\theta+1)x^{\theta}, & 0<x<1\\ 0, & \text{其他}\end{cases}$，$X_1,\cdots,X_n$是来自总体的一个样本，求未知参数$\theta$的矩估计量与极大似然估计量.

11. 某批钢球的重量$X\sim N(\mu,4)$，从中抽取了一个容量为$n=16$的样本，且测得$\bar{x}=22.5$，$s=3.98$(单位：g). 试在置信度$1-\alpha=0.95$下，求出μ的置信区间.

12. 从某种炮弹中随机地取9发做试验，测得炮口速度的样本标准差$s=11$(米/秒). 设炮口速度X服从$N(\mu,\sigma^2)$，求这种炮弹的炮口速度的标准差和方差的置信区间(取$\alpha=0.05$).

13. 设有一组来自正态总体$N(\mu,\sigma^2)$的样本观测值：

0.497　0.506　0.518　0.524　0.488　0.510　0.510　0.515　0.512

(1) 已知 $\sigma = 0.01$，求 μ 的置信区间；　(2) σ^2 未知，求 μ 的置信区间(置信度取 0.95)；

(3) 求 σ^2 的置信区间(置信度取 0.95).

14. 设某批电子管的使用寿命服从正态分布，从中抽出容量为 10 的样本，测得使用寿命的标准差 $s = 45$(单位：小时). 求这批电子管使用寿命的均方差的置信水平为 95% 的单侧置信下限.

15. 从正态总体 $N(3.4,\sigma^2)$ 中抽取容量为 n 的样本，如果要求其样本均值位于区间 $(1.4,5.4)$ 内的概率不小于 0.95，问样本容量 n 至少应取多少？

16. 假定每次试验时，事件 A 出现的概率 p 相同(但未知). 如果在 60 次独立试验中，事件 A 出现了 15 次，试求 p 的置信水平为 95% 的置信区间.

17. 已知某炼铁厂生产的铁水的含碳量在正常情况下服从正态分布 $N(4.55,0.108^2)$. 现在测定了 9 炉铁水，测得其平均含碳量为 4.484. 若方差没有变化，可否认为现在生产的铁水的平均含碳量仍为 4.55(取 $\alpha = 0.05$)？

18. 从一批灯泡中抽取 $n = 46$ 的样本，测得其使用寿命的样本均值为 $\bar{x} = 1900$ 小时，样本标准差为 $s = 490$ 小时. 可否认为这批灯泡的平均使用寿命为 2000 小时(取 $\alpha = 0.01$)？

19. 在某批木材中随机地抽出 100 根，测得胸径的平均值为 $\bar{x} = 11.2\text{cm}$，已知胸径的标准差为 $\sigma_0 = 2.6\text{cm}$. 可否认为这批木材的胸径在 12cm 以下(取 $\alpha = 0.05$)？

20. 五个小组彼此独立地测量同一块土地，测得的面积分别是：1.27，1.24，1.21，1.28，1.23(单位：km^2)，测量值服从正态分布. 依据这批数据在以下两种情形下检验 H_0：这块土地的实际面积为 1.23km^2(取 $\alpha = 0.05$).

(1) 总体方差 $\sigma^2 = 0.008$ 为已知；　(2) 总体方差 $\sigma^2(\sigma > 0)$ 为未知.

21. 有一批枪弹，出厂时测得枪弹射出枪口的初速度 V 服从 $N(950,\sigma^2)$(单位：m/s).

在储存较长时间后取出 9 发进行测试，得样本值：914，920，910，934，953，945，912，924，940. 假设储存后的枪弹射出枪口的初速度 V 仍服从正态分布，可否认为储存后的枪弹射出枪口的初速度 V 已经显著降低(取 $\alpha = 0.05$)？

22. 某批导线的电阻 $R \sim N(\mu,0.005^2)$(单位：Ω)，从中随机地抽取 9 根，测得其样本标准差 $s = 0.008\Omega$. 可否认为这批导线电阻的标准差仍为 0.005Ω(取 $\alpha = 0.05$)？

第四部分

数学模型与数学实验

数学文化与应用拓展资源(四)

数学文化 4-1　经济数学模型构建

数学文化 4-2　数学建模常用模型简介

应用拓展 4-1　锁具装箱问题建模分析

应用拓展 4-2　*DVD* 租赁问题建模分析

应用拓展 4-3　轧钢浪费问题建模分析

应用拓展 4-4　相关回归分析应用案例

应用拓展 4-5　药方配制问题实验分析

应用拓展 4-6　情报检索问题实验分析

应用拓展 4-7　人口迁移问题实验分析

应用拓展 4-8　刚体平面运动实验分析

应用拓展 4-9　风险投资模型实验分析

应用拓展 4-10　经济增长模型实验分析

应用拓展 4-11　公司统计分析综合案例

第九章　常用数学模型

§9.1　线性规划问题及其数学模型

线性规划理论主要研究在线性等式或不等式的限制条件下，使某一线性目标函数取得最大值或最小值的问题. 这些问题广泛存在于商业、工业、军事等方面，例如生产计划、投资分析、人力资源配置、选址问题、库存管理、营销决策等. 本章主要介绍线性规划的基本概念、基本理论、电子表格建模求解以及应用分析.

在实践中，根据实际问题的要求，常常可以建立线性规划问题的数学模型. 接下来通过两个典型实例来说明怎样去建立线性规划模型的数学表达式.

一、线性规划问题的提出

【例 9.1】　某工厂要生产两种新产品：门和窗. 经测算，每生产一扇门需要在车间 1 加工 1 小时、在车间 3 加工 3 小时；每生产一扇窗需要在车间 2 和车间 3 各加工 2 小时. 而车间 1 每周可用于加工这两种新产品的时间为 4 小时，车间 2 为 12 小时，车间 3 为 18 小时. 已知：每扇门的利润为 300 元，每扇窗的利润为 500 元. 而且根据市场调查得到这两种新产品按当前的定价可以全部销售出去. 问：该工厂应该如何安排生产这两种新产品的生产计划，才能使总利润最大？

在该问题中，目标是总利润最大化，所需要做决策的是新产品的产量，而新产品的产量要受到三个车间每周可用于生产新产品的时间限制. 因此，该问题可以用目标、决策变量和约束条件三个因素加以描述. 实际上，所有的线性规划问题都包含这三个因素. 对于这三个因素简单说明如下：

(1) 决策变量是指问题中有待确定的未知因素. 例如企业决定生产各种产品的数量等.

(2) 目标函数是指对问题所追求的目标的数学描述. 例如利润最大、成本最小等.

(3) 约束条件是指实现问题目标的限制因素. 例如原材料的供应量、生产能力、市场需求等，它们限制了目标值所能实现的程度.

下面对例 9.1 进行分析和求解.

【解】　例 9.1 可用表 9-1 表示.

表 9-1

车间	单位产品的生产时间(小时)		每周可用工时间(小时)
	门	窗	
车间 1	1	0	4
车间 2	0	2	12
车间 3	3	2	18
单位利润(元)	300	500	

(1) 决策变量. 本问题的决策变量是每周门和窗的产量(扇). 可设:x_1 为每周门的产量;x_2 为每周窗的产量.

(2) 目标函数. 本问题的目标是实现总利润最大化. 由于门和窗的单位利润分别为 300 元和 500 元,而其每周的产量分别为 x_1 和 x_2,所以每周总利润(z)为:

$$z = 300x_1 + 500x_2(\text{元}).$$

(3) 约束条件. 本问题的约束条件共有四个.

① 第一个约束是车间 1 每周可用工时间的限制. 由于只有门需要在车间 1 加工,而且生产一扇门需要在车间 1 加工 1 小时,所以生产 x_1 扇门所用的工时为 x_1. 由题意知,车间 1 每周可用工时为 4 小时. 由此可得第一个约束:

$$x_1 \leqslant 4.$$

② 第二个约束是车间 2 每周可用工时间的限制. 由于只有窗需要在车间 2 加工,而且生产一扇窗需要在车间 2 加工 2 小时,所以生产 x_2 扇窗所用的工时为 $2x_2$. 由题意知,车间 2 每周可用工时为 12 小时. 由此可得第二个约束:

$$2x_2 \leqslant 12.$$

③ 第三个约束是车间 3 每周可用工时间的限制. 由于门和窗都需要在车间 3 加工,而且生产一扇门需要在车间 3 加工 3 小时、生产一扇窗需要在车间 3 加工 2 小时,所以生产 x_1 扇门和 x_2 扇窗所用的工时为 $3x_1+2x_2$. 由题意知,车间 3 每周可用工时为 18 小时. 由此可得第三个约束条件:

$$3x_1 + 2x_2 \leqslant 18.$$

④ 第四个约束是该问题的决策变量的非负性,又称非负约束. 这个约束通常会被遗漏. 由于产量不能为负值,所以第四个约束为:

$$x_1 \geqslant 0, \quad x_2 \geqslant 0.$$

由上述分析可以建立本问题的线性规划模型:

$$\max z = 300x_1 + 500x_2,$$

$$\text{s. t.} \begin{cases} x_1 \leqslant 4 \\ x_2 \leqslant 12 \\ 3x_1 + 2x_2 \leqslant 18 \\ x_1, x_2 \geqslant 0 \end{cases}.$$

这是一个典型的利润最大化的生产计划问题. 其中,"max" 是英文单词"maximize" 的缩写,含义为"最大化";"s. t. " 是"subject to" 的缩写,表示"满足于". 因此,上述模型的含义是:在给定的条件限制下,求使目标函数 z 达到最大时的 x_1,x_2 的取值.

本章讨论的问题均为线性规划问题. 所谓"线性" 规划,是指如果目标函数是关于决策变量的线性函数,而且约束条件也都是关于决策变量的线性等式或线性不等式,则相应的规划问题就称为**线性规划问题**.

【例 9. 2】 某公司有 100 万元的资金要投资(要求全部用完). 该公司有六个可选投资项目,其各种数据如表 9-2 所示.

表 9-2

投资项目	风险(%)	红利(%)	增长率(%)	信用度
1	18	4	22	4
2	6	5	7	10
3	10	9	12	2
4	4	7	8	10
5	12	6	15	4
6	8	8	8	6

该公司想达到的目标为:在每年红利至少为 6. 5 万元、最低年增长率为 12%、最低平均信用度为 7 的前提下,使整个投资的风险最小. 请用线性规划方法求解该问题.

【解】 (1) 决策变量. 本问题的决策变量是在每种投资项目上的投资额. 设风险 x_i 为项目 i 上的投资额(万元)($i=1,2,\cdots,6$).

(2) 目标函数. 本问题的目标函数为总投资风险最小,即:

$$\min z = 0.18x_1 + 0.06x_2 + 0.10x_3 + 0.04x_4 + 0.12x_5 + 0.08x_6.$$

(3) 约束条件. 本问题共有五个约束条件,这些约束可表示为:

① 各项目投资总和为 100 万元:

$$x_1 + x_2 + x_3 + x_4 + x_5 + x_6 = 100;$$

② 每年红利至少为 6. 5 万元:

$$0.04x_1 + 0.05x_2 + 0.09x_3 + 0.07x_4 + 0.06x_5 + 0.08x_6 \geqslant 6.5;$$

③ 最低平均增长率为 12%,即增加额应不低于 $100 \times 12\% = 12$(万元):

$$0.22x_1 + 0.07x_2 + 0.12x_3 + 0.08x_4 + 0.15x_5 + 0.08x_6 \geqslant 100 \times 12\%;$$

④ 最低平均信用度为 7:

$$4x_1 + 10x_2 + 2x_3 + 10x_4 + 4x_5 + 6x_6 \geqslant 7 \times 100;$$

⑤ 非负约束:

$$x_i \geqslant 0 (i = 1,2,\cdots,6).$$

得到的线性规划数学模型为:

$$\min z = 0.18x_1 + 0.06x_2 + 0.10x_3 + 0.04x_4 + 0.12x_4 + 0.12x_5 + 0.08x_6,$$

$$\text{s.t.}\begin{cases} x_1 + x_2 + x_3 + x_4 + x_5 + x_6 = 100 \\ 0.04x_1 + 0.05x_2 + 0.09x_3 + 0.07x_4 + 0.06x_5 + 0.08x_6 \geqslant 6.5 \\ 0.22x_1 + 0.07x_2 + 0.12x_3 + 0.08x_4 + 0.15x_5 + 0.08x_6 \geqslant 100 \times 12\% \\ 4x_1 + 10x_2 + 2x_3 + 10x_4 + 4x_5 + 6x_6 \geqslant 7 \times 100 \\ x_1, x_2, x_3, x_4, x_5, x_6 \geqslant 0 \end{cases}.$$

这是一个典型的成本(或风险)最小化问题.其中,“min”是英文单词“minimize”的缩写,含义为“最小化”.因此,上述模型的含义是:在给定的条件限制下,求得目标函数 z 达到最小时的取值.

二、线性规划的模型

从以上两个例子中可以归纳出线性规划问题的一般形式:

对于一组决策变量 $x_1, x_2, \cdots, x_n$,取

$$\max(\min)\ z = c_1x_1 + c_2x_2 + \cdots + c_nx_n, \tag{9-1}$$

$$\text{s.t.}\begin{cases} a_{11}x_1 + a_{12}x_2 + \cdots + a_{1n}x_n \leqslant (=, \geqslant) b_1 \\ a_{21}x_1 + a_{22}x_2 + \cdots + a_{2n}x_n \leqslant (=, \geqslant) b_2 \\ \quad \vdots \\ a_{m1}x_1 + a_{m2}x_2 + \cdots + a_{mn}x_n \leqslant (=, \geqslant) b_m \qquad (9\text{-}2) \\ x_1, x_2, \cdots, x_n \geqslant 0 \qquad (9\text{-}3) \end{cases}.$$

这是线性规划数学模型的一般形式.其中,式(9-1)称为目标函数,它只有两种形式:max 或 min;式(9-2)称为函数约束条件,它们表示问题所受到的各种约束,一般有三种形式:“小于等于”“大于等于”(这两种情种又称为不等式约束),或“等于”(又称等式约束);式(9-3)称为非负约束条件,很多情况下决策变量都蕴含了这个条件,它们在表述问题时常常不一定明确指出,建模时应该注意这个情况.在实际应用中,有些决策变量允许取任何实数,如温度变量、资金变量等,这时不能人为地强行限制其非负.

在线性规划模型中,也直接称 z 为**目标函数**;称 $x_j (j = 1,2,\cdots,n)$ 为**决策变量**;称 $c_j (j = 1,2,\cdots,n)$ 为**目标函数系数**或**价值系数**或**费用系数**;称 $b_i (i = 1,2,\cdots,m)$ 为函数**约束右端常数**或简称**右端值**,也称**资源常数**;称 $a_{ij} (i = 1,2,\cdots,m; j = 1,2,\cdots,n)$ 为**约束系数**或**技术系数**或**工艺系数**.这里,c_j, b_i, a_{ij} 均为常数.

【注】 线性规划的数学模型可以表示为如下简洁的形式:

$$\max(\min)\ z = \sum_{j=1}^{n} c_j x_j,$$

$$\text{s.t.}\begin{cases} \sum_{j=1}^{n} a_{ij}x_j \leqslant (=, \geqslant) b_i & (i = 1,2,\cdots,m) \\ x_j \geqslant 0 & (j = 1,2,\cdots,n) \end{cases}.$$

可以看出,线性规划模型有如下特点:

(1) 决策变量 $x_1, x_2, \cdots, x_n$ 表示要寻求的方案,每一组值就是一个方案;

(2) 约束条件是用等式或不等式表述的限制条件；

(3) 一定有一个追求目标，或希望最大或希望最小；

(4) 所有函数都是线性的.

§9.2　求解线性规划问题

本节主要讨论线性规划问题的求解方法. 对于只有两个变量的线性规划问题，可以在二维直角坐标平面上作图求解.

一、线性规划问题解的概念

在例 9.1 中所要寻求的解是每周门和窗的产量组合. 实际上，给出门和窗的任意一组产量组合，就可以得到该问题的一个解，因此可以得到无穷多个解，但是其中只有满足所有约束条件的解，才符合题意. 满足所有约束条件的解称为该线性规划问题的**可行解**，全体可行解组成的集合称为该线性规划问题的**可行域**. 其中，使得目标函数达到最优的可行解称为**最优解**.

在例 9.1 中，如果可以找到一组能够满足所有约束条件的产量组合，则这个产量组合就是一个可行解；如果这个可行的产量组合能够使得总利润最大，则这个产量组合便是所求的最优解.

二、线性规划问题的图解法

线性规划问题一般都是由计算机进行求解. 现在有许多线性规划软件包，比如电子表格和其他软件中的线性规划模块. 大多数软件都使用"单纯形法"来求解线性规划问题.

对于只有两个变量的线性规划问题，可以在二维直角坐标平面上作图表示线性规划问题的有关概念，并求解. 图解法求解线性规划问题的步骤如下：

第一步，分别取决策变量 x_1, x_2 为坐标向量建立直角坐标系.

第二步，在坐标图上做出代表各约束条件的直线，确定满足所有约束条件的可行域.

第三步，做出任意一条等利润直线(令利润函数值等于任意一个特定值).

第四步，朝着使目标函数最优化的方向，平行移动该等利润直线，直到再继续移动就会离开可行域为止. 这时，该等利润直线在可行域内的那些点，即为最优解.

下面我们用图解法对例 9.1 进行求解.

【解】　该问题有四个约束条件：

$$\text{s.t.}\begin{cases} x_1 \leqslant 4 \\ 2x_2 \leqslant 12 \\ 3x_1 + 2x_2 \leqslant 18 \\ x_1, x_2 \geqslant 0 \end{cases}.$$

图 9-1 给出了满足上述四个约束条件的区域. 在图 9-1 中，横坐标为 x_1(每周门的产量)，纵坐标为 x_2(每周窗的产量). 约束不等式 $x_1 \geqslant 0$，表示以 x_2 轴(直线 $x_1 = 0$) 为界的

右半平面；约束不等式 $x_2 \geqslant 0$，表示以 x_1 轴（直线 $x_2 = 0$）为界的上半平面；约束不等式 $x_1 \leqslant 4$，表示坐标平面上以直线 $x_1 = 4$ 为界的左半平面；约束不等式 $2x_2 \leqslant 12$，表示坐标平面上以直线 $2x_2 = 12$ 为界的下半平面；约束不等式 $3x_1 + 2x_2 \leqslant 18$，表示坐标平面上以直线$3x_1 + 2x_2 = 18$ 为界的左下半平面. 因此本问题的可行域，即满足所有四个约束条件的解的集合，为上述五个半平面的交集，也就是位于第一象限的凸多边形 $OABCD$（包括边界）.

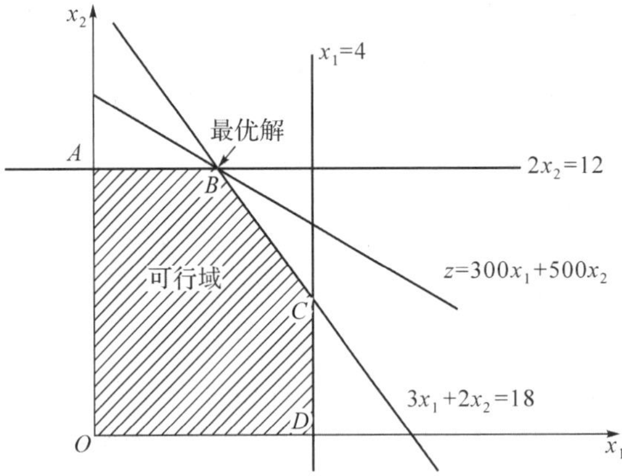

图 9-1

本问题的目标是利润最大化，所以应在可行域内选择使得利润达到最大值的解. 不难发现，所有等利润直线 $z = 300x_1 + 500x_2$ 都相互平行（这是因为它们具有相同的斜率），而且，越远离原点O的等利润直线，它所代表的利润越高. 因此，最优解应该是在可行域内的最远离原点的那条等利润直线上的点.

本题中，既在可行域内，又最远离原点 O 的等利润直线上的点是 B 点，因此 B 点是本问题的最优解，如图 9-1 所示. 而 B 点是约束条件直线 $2x_2 = 12$（车间 2 约束）和约束条件直线 $3x_1 + 2x_2 = 18$（车间 3 约束）的交点，即同时满足下述方程的点：

$$\begin{cases} 2x_2 = 12 \\ 3x_1 + 2x_2 = 18 \end{cases}.$$

解上述二元一次方程组，可得最优解为：$x_1^* = 2, x_2^* = 6$. 相应的最优值为：

$$z^* = 300x_1^* + 500x_2^* = 3600.$$

如果图 9-1 画得很准确，可以通过直接观察图 9-1 中 B 点的坐标，得到相同的结果.

三、用 Excel“规划求解”功能求解线性规划问题

上面介绍了如何用图解法求解线性规划问题，但图解法仅适用只有两个决策变量的线性规划问题. 而在实际问题中，经常会有几十甚至上百个决策变量的线性规划问题，很显然，这类问题只能由计算机来完成求解，通常所用的方法称为单纯形法（读者可以参考其他运筹学书籍）.

本书主要介绍如何使用 Excel 中的“规划求解”功能求解一般线性规划问题.

Excel 的“规划求解”功能强大，可以轻松求解有多个决策变量的线性规划问题，回避了用线性规划专业软件求解时对操作者的专业要求，同时也克服了笔算的缺点，其操作方法

简单、方便、快捷,大大提高了计算的效率和准确性.

(一) 在 Excel 电子表格中建立线性规划模型

图 9-2 是根据表 9-1 的相关数据输入到 Excel 软件中得到的电子表格(E 和 F 两列是为输入公式和符号预留的). 我们把显示数据的单元格称为数据单元格.

	A	B	C	D	E	F	G	H
1								
2								
3			门	窗				
4		单位利润	300	500				
5								
6			每个产品所需工时				可用工时	
7		车间1	1	0			4	
8		车间2	0	2			12	
9		车间3	3	2			18	
10								

图 9-2

在用电子表格建立数学模型(这里是一个线性规划模型)的过程中,有三个问题需要得到回答:

(1) 要做出的决策是什么?(决策变量)

(2) 在做出这些决策时,有哪些约束条件?(约束条件)

(3) 这些决策的目标是什么?(目标函数)

对于例 9.1 而言,这三个问题的答案分别是:

(1) 要做出的决策是两种新产品的每周产量;

(2) 对决策的约束条件是两种新产品在相应车间里每周实际使用工时不能超过每个车间的可用工时;

(3) 这些决策的目标是这两种产品的总利润最大化.

图 9-3 显示了上述这些答案是如何编入电子表格的. 基于第一个回答,把两种新产品的每周产量(决策变量 x_1 和 x_2) 放在单元格 C12 和 D12 中,正好在这些新产品所在列的数据单元格下面. 由于刚开始还不知道每周产量值会是多少,因此在图 9-3 中设置的都为 0(实际上,任何一个正的试验解都可以,"规划求解" 后这些数值会被最优解所替代). 含有需要做出决策的单元格称为**可变单元格**.

	A	B	C	D	E	F	G
1							
2							
3			门	窗			
4		单位利润	300	500			
5							
6			每个产品所需工时				可用工时
7		车间1	1	0			4
8		车间2	0	2			12
9		车间3	3	2			18
10							
11							总利润
12		每周产量	0	0			0

图 9-3

基于第二个回答，把两种产品在相应车间里每周实际使用的工时总数（三个约束条件左边公式的值）分别放在单元格 E7，E8 和 E9 中，正好在对应数据单元格的右边.

其中，第一个约束条件左边是车间1的实际使用工时数 $1x_1+0x_2$（为了复制公式方便才这样写），因此，当每周门和窗的产量（x_1 和 x_2）进入单元格 C12 和 D12 时，单元格 C7:D9 中的数据就用来计算每周实际使用工时总数. 所以在单元格 E7 中输入："= C7 * C12 + D7 * D12"，得到第一个约束条件左边公式的值；同理，在单元格 E8 和 E9 中分别输入："= C8 * C12 +D8 * D12" 和"= C9 * C12 + D9 * D12"，分别得到第二个和第三个约束条件左边公式的值.

事实上，可以修改表示第一个约束条件左边的公式（在单元格 E7 中）为："= C7 * $C$12 + D7 * $D$12".

上式中，$C$12，$D$12 分别表示单元格 C12 和 D12 的绝对地址（可按 F4 在相对引用、绝对引用和混合引用间切换）. 然后利用复制功能，将上式复制到单元格 E8 和 E9 中，即可得到第二、三个约束条件左边的公式.

由于这些单元格（E7:E9）依赖于可变单元格（C12 和 D12）的输出结果，所以被称为**输出单元格**.

技巧：Excel 有一个 SUMPRODUCT 函数，能对相等行数和相等列数的两个单元格区域中的对应单元格分别相乘后再求和.

这样，在 E7 单元格中输入的公式可以用以下的公式来代替："= SUMPRODUCT(C7:D7，$C$12:$D$12)".

尽管在这样短的公式中应用该函数的优势并不十分明显，但作为一种捷径在输入更长的公式时，它却显得尤其方便. 实际上，SUMPRODUCT 函数在线性规划的电子表格模型中应用十分广泛.

接着，在单元格 F7，F8 和 F9 中输入小于等于符号"<="，表示它们左边和总值不允许超过列 G 中所对应的数值. 电子表格仍然允许输入违反"<="符号的试验解. 但是如果列 G 中的数值没有变化的话，这些"<="符号作为一种提示，拒绝接受这些试验解.

最后，第三个问题的答案是两种新产品的总利润，放在单元格 G12 中，它的公式为：$300x_1+500x_2$. 因为单元格 C4 和 D4 给出了生产一扇门和一扇窗的利润，因此在 G12 单元格中输入公式："= C4 * C12 + D4 * D12".

与列 E 中的公式相似，它也是一些乘积之和. 因此，上式等价于："= SUMPRODUCT(C4:D4，C12:D12)".

总利润（G12）是一个特殊的输出单元格，它是对每周产量做出决策时使目标值尽可能大的特殊单元格，所以单元格 G12 被称为**目标单元格**.

这就完成了为例 9.1 建立电子表格模型的工作. 利用这个模型，分析每周产量的任何一个试验解就变得很容易了. 每次在单元格 C12 和 D12 中输入每周门和窗的产量，Excel 就可立即计算出相应的值.

例 9.1 在电子表格中建立线性模型的程序同样适合许多其他问题，下面是对这一程序步骤的小结：

(1) 收集问题的数据（见表 9-1）；

(2) 在电子表格中输入数据(数据单元格);

(3) 确定决策变量单元格(可变单元格);

(4) 输入约束条件左边的公式(输出单元格);

(5) 输入目标函数公式(目标单元格);

(6) 使用 SUMPRODUCT 函数简化输出单元格(包括目标单元格)的公式.

(二) 用 Excel"规划求解"功能求解线性规划问题

用 Excel 中的"规划求解"功能求解例 9.1 的步骤如下.

第一步,在"工具"菜单中,选择"规划求解"选项(如果没有,请用"工具 → 加载宏 → 规划求解"加载),弹出"规划求解参数"对话框,如图 9-4 所示.该对话框用来输入所要求解的规划问题的目标函数、决策变量和约束条件.

图 9-4

第二步,在对话框中输入参数所在的单元格地址.

(1) 在"设置目标单元格"一栏中,输入表示目标函数值的单元格地址"G12"(也可直接单击 G12 单元格),并在"等于"一栏中,选中"最大值"单选按钮.

(2) 在"可变单元格"一栏中,输入决策变量的单元格地址"C12:D12".

(3) 在"约束"一栏中,通过单击"添加"按钮,在弹出的"添加约束"对话框中添加约束条件,如图 9-5 所示.图 9-3 单元格 F7,F8 和 F9 中的"<="符号提示了单元格 E7:E9(实际使用工时)必须小于或等于对应的单元格 G7:G9(可用工时).通过在"添加约束"对话框的左边输入实际使用工时单元格(E7:E9)和在右边输入可用工时单元格(G7:G9),在"规划求解"中这些约束条件就具体化了.对于两边中间的符号,可通过图 9-5 中的下拉列表框选择"<=""="或">=".如果还要添加更多的函数约束,可单击"添加"按钮以弹出一个新的"添加约束"对话框.但该例没有其他函数约束了,所以单击"确定"按钮返回如图 9-4 所示的"规划求解"对话框.

第三步,单击图 9-4 中的"选项"按钮,在弹出的"规划求解选项"对话框中,可以设定规划求解运算中的有关参数.本题需要选中"采用线性模型"和"假定非负"复选框,其他参数不变,如图 9-6 所示.最后单击"确定"按钮返回如图 9-4 所示的"规划求解参数"对话框.

第四步,单击图 9-4 右上角的"求解"按钮,则开始进行规划求解.

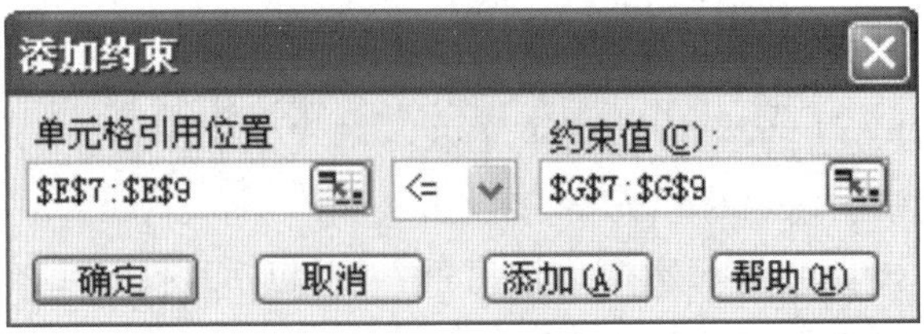

图 9-5

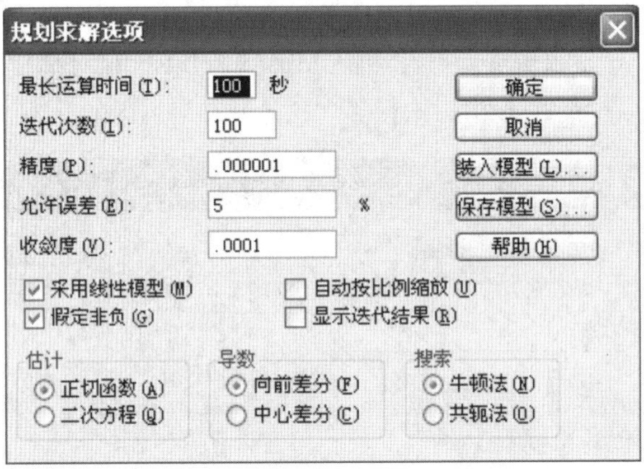

图 9-6

第五步，在弹出的“规划求解结果”对话框中(注意：当模型没有可行解或目标值不收敛时，“规划求解结果”对话框中的内容将不同)，选中“保存规划求解结果”单选按钮，如图 9-7 所示，然后单击“确定”按钮.

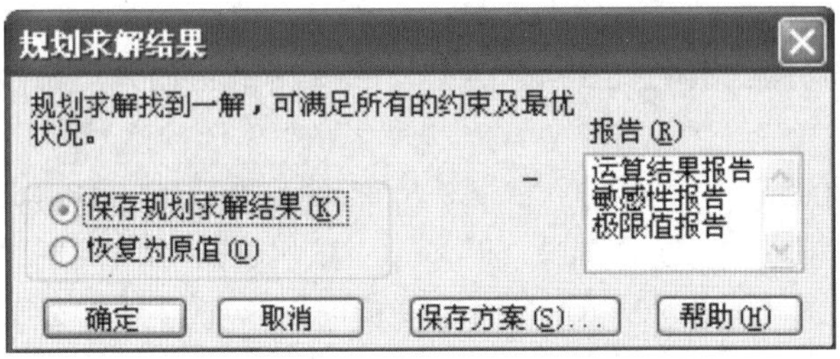

图 9-7

这时，规划求解用最优值代替了可变单元格中的初始试验解，如图 9-8 所示. 可见，最优解是每周生产 2 扇门和 6 扇窗，和前面图解法的结果相同. 电子表格还在目标单元格中显示了对应的最优值(每周总利润 3600 元)，也在输出单元格 E7:E9 中显示了对应的实际使用工时 2，12 和 18.

对于例 9.2，其电子表格模型如图 9-9 所示.

其求解结果为：项目 1 的投资额为 25 万元，项目 3 的投资额为 12.5 万元，项目 4 的投资额为 62.5 万元，其他三个项目不投资；此时的总投资风险最小，为 8.25 万元.

	门	窗			
单位利润	300	500			
	每个产品所需工时		实际使用		可用工时
车间 1	1	0	2	<=	4
车间 2	0	2	12	<=	12
车间 3	3	2	18	<=	18
	门	窗			总利润
每周产量	2	6			3,600

图 9-8

	项目1	项目2	项目3	项目4	项目5	项目6			总风险
风险	0.18	0.06	0.10	0.04	0.12	0.08			8.25
	每个项目的各种数据						实际增加量		最小增加量
红利	0.04	0.05	0.09	0.07	0.06	0.08	6.5	>=	6.5
增长	0.22	0.07	0.12	0.08	0.15	0.08	12	>=	12
信用度	4	10	2	10	4	6	750	>=	700
	项目1	项目2	项目3	项目4	项目5	项目6	实际投资		可用资金
投资额	25	0	12.5	62.5	0	0	100	=	100

图 9-9

§9.3 线性规划问题解的结果

前面我们所讨论与求解的例题中，都得到了唯一的最优解. 但是，并非所有的线性规划问题都有唯一解. 为了说明线性规划问题解的几种可能结果，我们从具体的模型去说明.

一、线性规划问题解的结果

(一) 唯一解

例如，模型 1：

$$\max z = 2x_1 + 3x_2,$$

$$\text{s.t.} \begin{cases} x_1 + 2x_2 \leqslant 8 \\ 4x_1 \leqslant 16 \\ 4x_2 \leqslant 12 \\ x_1, x_2 \geqslant 0 \end{cases}. \tag{9-4}$$

因为是有关两个决策变量的规划模型，我们可以通过图解法求解，先画出该问题的可行域，如图 9-10 所示.

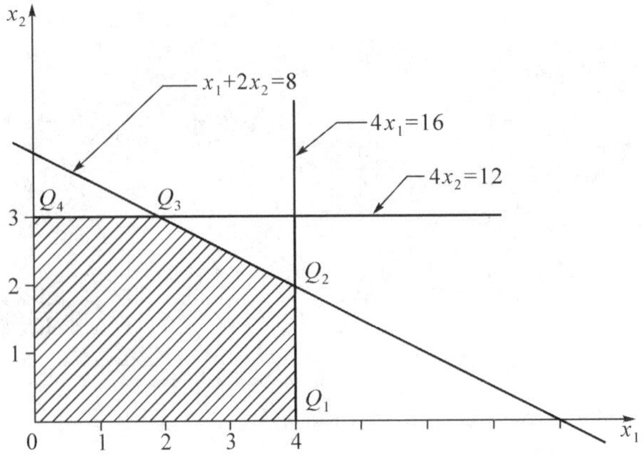

图 9-10

接下来再把 z 看成一个固定的常数,目标函数可以画成一条直线,要使目标值增大,可以使目标直线逐渐向右上角移动,目标值在点(4,2),达到最大值 14. 点(4,2) 也是该问题的唯一最优解,如图 9-11 所示.

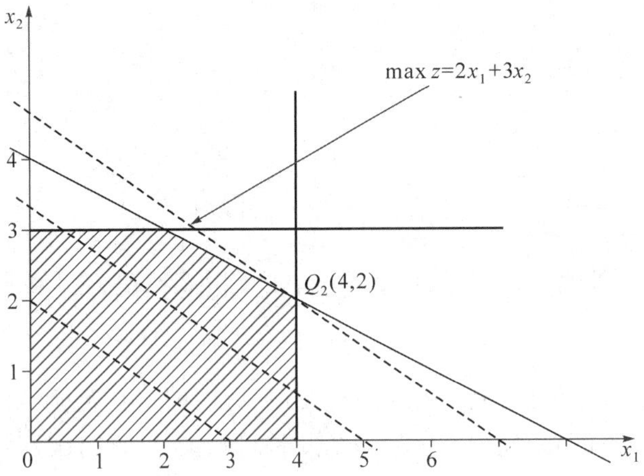

图 9-11

(二) 无穷多解

如果把模型 1 中的目标函数改为 $z = 2x_1 + 4x_2$,则模型变为得到如下模型 2:

$$\max z = 2x_1 + 4x_2,$$

$$\text{s.t.}\begin{cases} x_1 + 2x_2 \leqslant 8 \\ 4x_1 \leqslant 16 \\ 4x_2 \leqslant 12 \\ x_1, x_2 \geqslant 0 \end{cases}. \tag{9-5}$$

可以看出线段 Q_1 至 Q_2 上的点都是最优解,即该问题有无穷多最优解,如图 9-12 所示.

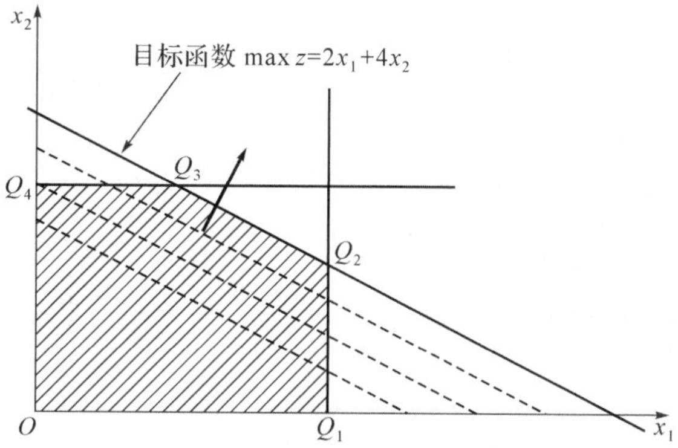

图 9-12

(三) 无界解

例如,模型 3 为:

$$\max z = x_1 + x_2,$$

$$\text{s.t.}\begin{cases}-2x_1 + x_2 \leqslant 4 \\ x_1 - x_2 \leqslant 2 \\ x_1, x_2 \geqslant 0\end{cases}. \tag{9-6}$$

可以看出该线性规划问题的可行域是无界的,目标函数可以无限增大,如图 9-13 所示. 此时,称该问题的解为无界解.

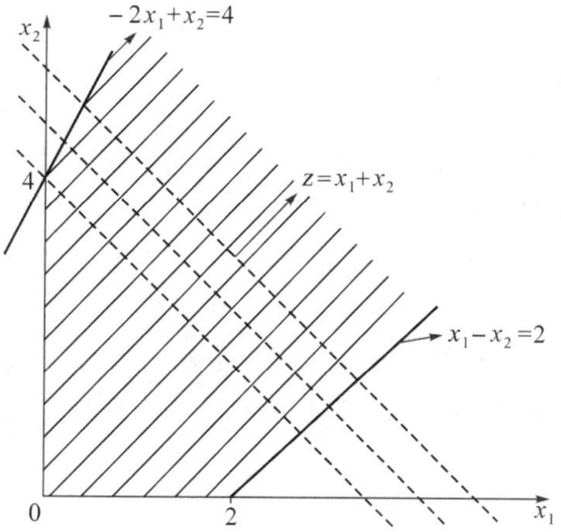

图 9-13

(四) 无可行解

如果将模型 1 中的线性规划问题再增加一个约束条件 $x_1 + 1.5x_2 \geqslant 8$,则得到的模型 4 为:

$$\max z = 2x_1 + 3x_2,$$

$$\text{s.t.} \begin{cases} x_1 + 2x_2 \leqslant 8 \\ 4x_1 \leqslant 16 \\ 4x_2 \leqslant 12 \\ x_1 + 1.5x_2 \geqslant 8 \\ x_1, x_2 \geqslant 0 \end{cases}. \tag{9-7}$$

可以看出,该问题不存在可行域,如图 9-14 所示,当然该问题也就无可行解,即该线性规划问题无解.

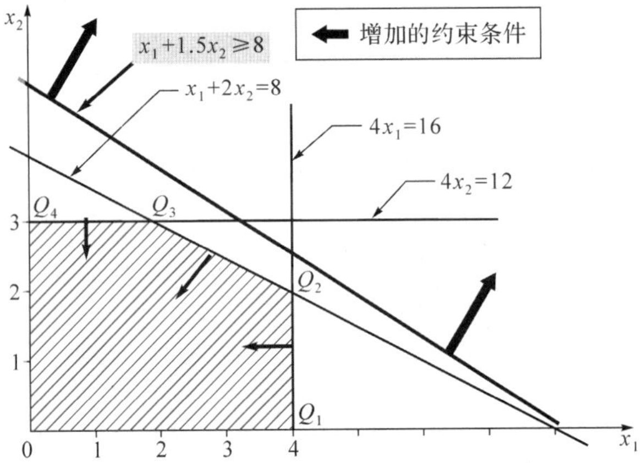

图 9-14

二、由图解法得到的启示

图解法虽然只能用来求解仅有两个变量的线性规划问题,但它的解题思路和几何上直观得到的一些概念判断,对学习解线性规划问题有很大启示. 在理论上去证明这些结论是比较复杂的,读者可以参考其他教材所介绍的求线性规划问题的单纯形法. 现不加证明地把线性规划问题解的情况总结如下:

(1) 求解线性规划问题时,解的情况有:唯一最优解、无穷多最优解、无界解、无可行解.

(2) 若线性规划问题的可行域存在,则可行域是一个凸集,顶点个数只有有限个.

(3) 若可行域非空且有界,则必有最优解;若可行域无界,则可能有最优解,也可能无最优解.

(4) 若最优解存在,则最优解或最优解之一一定是可行域的凸集的某个顶点.

【注】 单纯形法的解题思路是先找出凸集的任一顶点,计算顶点处的目标函数值. 比较周围相邻顶点的目标函数值是否比这个大;如果为否,则该顶点就是最优解的点或最优解的点之一,否则转到比这个点的目标函数值大的另一顶点. 重复上述过程,直到找到最优解.

§9.4　线性规划模型的应用

在本章前几节的内容中，我们从数学表达式的角度给线性规划模型一个统一的定义以及怎样通过图解法与电子表格法去求解线性规划问题. 为了使读者更好地理解线性规划模型的形式以及数学模型的建立，现从管理者的角度出发，通过线性规划问题的约束形式的不同进行了分类，重点介绍了线性规划模型的应用.

一、资源限制型问题

资源限制型问题就是将有限的资源分配到各种活动中去的线性规划问题. 这一类问题的共同特点就是在线性规划模型中的每一个函数均为资源约束，并且每一种资源都可以表现为如下形式：

使用的资源 $\leqslant$ 可用的资源.

对于一个具体的资源限制型问题，一般来说有三种数据必须首先收集，分别为：

(1) 每种资源的可供应量；

(2) 每种活动所需要的各种资源数量，以及每种活动每单位所消耗的各资源量；

(3) 每一种单位活动对总的绩效(如总利润) 的单位贡献(如单位利润).

收集数据实际上需要做大量的工作. 为了获得及时、准确的数据，需要做相应的数据挖掘与调研统计工作，从而得出以上各数据的参数估计. 这些数据的参数估计的好坏将直接关系到模型的有效性.

实际上，例 9.1 就是一个典型的资源限制型问题，读者可以参考该例题加深对资源分配线性规划问题的理解. 接下来，再给出一个典型的资源分配问题进行相应的分析与求解.

财务规划是资源分配线性规划问题最重要的应用领域之一. 该领域中所分配的资源通常为财务资产，如现金、证券、应收账款、银行存款等. 此处所举的例子中包含的有限资源是指在各个时点上可用于投资的资金.

【例 9.3】　某公司是商务房地产开发项目主要投资商. 目前，该公司有机会在三个建设项目中投资：

项目 1：建造高层办公楼；

项目 2：建造宾馆；

项目 3：建造购物中心.

每个项目都需要投资者在四个不同的时期投资：在当前预付定金，以及一年、二年、三年后分别追加投资. 表 9-3 显示了四个时期每个项目所需要的资金. 投资者可以按一定比例进行投资，同时也可以获得相应比例的收益.

表 9-3 (单位:百万元)

年份	办公楼项目	宾馆项目	购物中心项目
0(现在)	40	80	90
1	60	80	50
2	90	80	20
3	10	70	60
净现值	45	70	50

公司目前有 2500 万元资金可供投资,预计一年后,又可获得 2000 万元,两年后获得另外的 2000 万元,三年后还有 1500 万元可供投资.那么,该公司要在每个项目上按多大比例投资,才能使投资组合获得最大的净现值?

【解】 这是一个资源分配问题.

(1) 决策变量:设 x_1 为办公楼项目的投资比例;x_2 为宾馆项目的投资比例;x_3 为购物中心项目的投资比例.

(2) 目标函数:目标是净现值最大,令 $\max z = 45x_1 + 70x_2 + 50x_3$.

(3) 约束条件:本问题的约束条件是各个时期可获得的资金有限.但要注意的是,前一时期尚未使用完的资金,可以在下一时期使用,同时为了简化问题,不考虑资金的利息问题.因此,每一时点的资金限制问题就表现为累计资金的限制问题.表 9-4 显示了累计资金的数据.

表 9-4 (单位:百万元)

年份	办公楼项目	宾馆项目	购物中心项目	可用资金
0(现在)	40	80	90	25
1	100	160	140	45
2	190	240	160	65
3	200	310	220	80
净现值	45	70	50	

① 现在的总投资不超过可获得的资金 25(百万元):

$$40x_1+80x_2+90x_3\leqslant 25;$$

② 1 年后的总投资不超过累计可获得的资金 45(百万元):

$$100x_1+160x_2+140x_3\leqslant 45;$$

③ 2 年后的总投资不超过累计可获得的资金 65(百万元):

$$190x_1+240x_2+160x_3\leqslant 65;$$

④ 3 年后的总投资不超过累计可获得的资金 80(百万元):

$$200x_1+310x_2+220x_3\leqslant 80;$$

⑤ 非负:

$$x_1,x_2,x_3\geqslant 0.$$

由此可得到数学模型：

$$\max z = 45x_1 + 70x_2 + 50x_3,$$

$$\text{s.t.}\begin{cases}40x_1 + 80x_2 + 90x_3 \leqslant 25 \\ 100x_1 + 160x_2 + 140x_3 \leqslant 45 \\ 190x_1 + 240x_2 + 160x_3 \leqslant 65. \\ 200x_1 + 310x_2 + 220x_3 \leqslant 80 \\ x_1, x_2, x_3 \geqslant 0\end{cases}$$

建立电子表格模型，如图 9-15 所示，并求解.

	办公楼项目	宾馆项目	购物中心项目			
单位净现值	45	70	50			
	单位累计资金需求量			实际使用		可用资金
现在	40	80	90	25.00	<=	25
一年后	100	160	140	44.76	<=	45
二年后	190	240	160	60.58	<=	65
三年后	200	310	220	80.00	<=	80
	办公楼项目	宾馆项目	购物中心项目			总净现值
投资比例	0.00%	16.50%	13.11%			18.11

图 9-15

其求解结果为：不投资办公楼项目，宾馆项目投资比例为 16.50%，购物中心项目投资比例为 13.11%；此时获得的净现值最大，为 1811 万元.

二、确保型问题

从管理者的角度来说，确保型问题指的是某些方面（如收益）在不管如何使用资源的条件下必须得到实现，并且要以最低的代价去实现. 而在资源限制型问题中，是在各种资源限制的条件下，使得你的决策活动最有效地利用好各种资源，使目标（如获利）最大. 因此，两种问题的形式完全相反，确保型问题的共性是，其所有的约束形式如下：

实现的水平 ≥ 最低要求水平.

在确保型问题中，同样需要收集相关数据去估计或确定模型中的各种参数. 一般情况下，最低要求水平是由管理者根据实际需要所确定的，当然也有可能是由其他客观因素所决定的.

确保型问题举例：

【例 9.4】 已知：某医院护士值班班次、每班工作时间及各班所需护士数如表 9-5 所示，每班护士值班开始时向病房报到. 试问：若护士上班后就连续工作 8 小时，则该医院最少需要多少名护士以满足轮班需要？

表 9-5

班次	工作时间	所需护士人数(名)
1	06:00—10:00	60
2	10:00—14:00	70
3	14:00—18:00	60
4	18:00—22:00	50
5	22:00—02:00	20
6	02:00—06:00	30

【解】 建立数学模型:设第 i 班新进护士为 x_i,则:

$$\min z = x_1 + x_2 + x_3 + x_4 + x_5 + x_6,$$

$$\text{s. t}\begin{cases} x_1 + x_6 \geqslant 60 \\ x_1 + x_2 \geqslant 70 \\ x_2 + x_3 \geqslant 60 \\ x_3 + x_4 \geqslant 50. \\ x_4 + x_5 \geqslant 20 \\ x_5 + x_6 \geqslant 30 \\ x_i \geqslant 0 \end{cases}$$

求解得,护士上班后就连续工作 8 小时,则该医院最少需 150 名护士,才能满足轮班需要,如图 9-16 所示.

	班次1	班次2	班次3	班次4	班次5	班次6			
时段	是否在岗(1表示在岗)						在岗人数		最少人数
6:00~10:00	1					1	70	>=	60
10:00~14:00	1	1					70	>=	70
14:00~18:00		1	1				60	>=	60
18:00~22:00			1	1			50	>=	50
22:00~2:00				1	1		20	>=	20
2:00~6:00					1	1	30	>=	30
	班次1	班次2	班次3	班次4	班次5	班次6			总人数
新进人数	60	10	50	0	20	10			150

图 9-16

三、网络配送型问题

网络配送型问题的基本概念:该类问题的核心是通过已有的配送网络,以最小的成本完成货物的配送,其共性是限制条件是确定型需求约束.

确定型需求约束的形式如下:

提供的数量 = 需求的数量.

在人们的实践中,经常出现各种运输活动.譬如,粮、棉、钢、煤等物资从全国各生产基地运到各个消费地区，或者某厂的原材料从仓库运往各个生产车间，或者各车间的成品又分别运往成品仓库等．这些运输活动一般都有若干个发货地点，简称产地；有若干个收货地点，简称销地；各产地各有一定的可供货量，简称产量；各销地各有一定的需求量，简称销量．那么，运输问题就是要在满足销地的需求与产地产量平衡的前提下，如何组织调运才能使总的运输费用达到最低．

【例 9.5】 某公司的网络配送问题．某公司在两个工厂生产某种产品，现在收到三个不同顾客的订单要求购买这种产品，这些产品会被单独运送．表 9-6 显示了从每个工厂到每个顾客运送一个产品的成本，该表同样表明了每个顾客的订货量和每个工厂的生产量．现在公司的物流经理要决定从每个工厂运送多少个产品到每个顾客那里，才能使总成本最小．

表 9-6

产地	单位运输成本(元 / 个)			产量(个)
	顾客 1	顾客 2	顾客 3	
工厂 1	700	900	800	12
工厂 2	800	900	700	15
订货量(个)	10	8	9	27(产销平衡)

【解】 (1) 决策变量：本问题的决策变量为从每个工厂运送多少个产品到每个顾客那里．设 x_{ij} 为从工厂 i 运送到顾客 j 的产品数量($i=1,2;j=1,2,3$)．

(2) 目标函数：本问题的目标是使公司总运输成本最低：

$$\min z = 700x_{11} + 900x_{12} + 800x_{13} + 800x_{21} + 900x_{22} + 700x_{23}.$$

(3) 约束条件：本问题是一个产销平衡运输问题(总产量 = 总订货量)，有三个方面的约束：

①从工厂运送出去的产品数量等于其产量：

工厂 1：$x_{11}+x_{12}+x_{13}=12$，

工厂 2：$x_{21}+x_{22}+x_{23}=15$；

②顾客收到的产品数量等于其订货量：

顾客 1：$x_{11}+x_{21}=10$，

顾客 2：$x_{12}+x_{22}=8$，

顾客 3：$x_{13}+x_{23}=9$；

③非负：$x_{ij}\geqslant 0(i=1,2;j=1,2,3)$．

由此得到数学模型如下：

$$\min z = 700x_{11} + 900x_{12} + 800x_{13} + 800x_{21} + 900x_{22} + 700x_{23},$$

$$\text{s.t.}\begin{cases} x_{11}+x_{12}+x_{13}=12 \\ x_{21}+x_{22}+x_{23}=15 \\ x_{11}+x_{21}=10 \\ x_{12}+x_{22}=8 \\ x_{13}+x_{23}=9 \\ x_{ij}\geqslant 0 \quad (i=1,2;j=1,2,3) \end{cases}.$$

相应的电子表格模型及计算结果如图 9-17 所示.

单位运输成本	顾客 1	顾客 2	顾客 3			
工厂 1	700	900	800			
工厂 2	800	900	700			
运输量	顾客 1	顾客 2	顾客 3	实际运出		产量
工厂 1	10	2	0	12	=	12
工厂 2	0	6	9	15	=	15
实际收到	10	8	9			
	=	=	=			总成本
订货量	10	8	9			20,500

图 9-17

其求解结果为:工厂 1 运送到顾客 1 的产品为 10 个、运送到顾客 2 的产品为 2 个;工厂 2 运送到顾客 2 的产品为 6 个、运送到顾客 3 的产品为 9 个. 此时,工厂所花费的总运输成本最低,为 20500 元.

四、混合型问题

前面所介绍的三种类型,每一种类型都是以一类约束情况为特色. 但许多线性规划问题包含了前面所述的三种类型的两种或三种,那么就不能直接归纳到三类中的某一类. 因此,我们就把没有纳入前三种类型的线性规划问题称为混合型问题.

混合型问题举例:

【例 9.6】 某公司有一批资金用于四个工程项目的投资,其投资各项目时所得的净收益(投入资金百分比) 如表 9-7 所示.

表 9-7

工程项目	A	B	C	D
净收益(%)	15	10	8	12

由于某种原因,决定用于项目 A 的投资不大于其他各项投资之和,而用于项目 B 和 C 的投资要大于项目 D 的投资. 试确定该公司收益最大的投资分配方案.

【解】 建立数学模型:设 x_1, x_2, x_3, x_4 分别代表用于项目 A,B,C,D 的投资百分数,则有:

$$\max f = 0.15x_1 + 0.1x_2 + 0.08x_3 + 0.12x_4,$$

$$\text{s. t.} \begin{cases} x_1 - x_2 - x_3 - x_4 \leqslant 0 \\ x_2 + x_3 - x_4 \geqslant 0 \\ x_1 + x_2 + x_3 + x_4 = 1 \\ x_i \geqslant 0 \quad (i = 1,2,3,4) \end{cases}.$$

求解可得:四个项目的投资百分数分别为 50%,25%,0,25% 时可使该公司获得最大的收益,其最大收益可到达 13%.

§9.5 投入产出模型

投入产出分析是线性代数理论在经济分析与管理中的一个重要应用，它从数量上考察经济系统内部各部门间生产和分配的线性关系.

投入产出分析是美国哈佛大学教授列昂惕夫(Leontief)在20世纪30年代提出的一种数量经济分析方法，该方法通过编制投入产出表，运用矩阵和线性方程组，利过电子计算机的运算，来揭示国民经济各部门的内在联系. 列昂惕夫因此获得1973年诺贝尔经济学奖.

投入产出分析方法以表格形式反映经济问题，比较直观，便于推广应用，因此已成为一种应用较广的数量分析方法，无论是国家、地区、部门还是企业都可以应用.

投入产出模型是一种进行综合平衡分析的经济数学模型，它是研究某一经济系统中各部门之间的“投入”与“产出”关系的线性模型，它通过投入产出表来反映经济系统中各部门之间的数量依存关系.

一、价值型投入产出数学模型

经济系统是由许多经济部门组成的一个有机总体，每一经济部门的活动，可以分为两个方面：一方面，作为消耗部门，为了完成其经济活动，需要供给它所需要的物质，叫作投入；另一方面，作为生产部门，把它的产品分配给各部门作为生产资料或提供社会消费和留作积累，叫作产出.

我们把一个经济系统分成 n 个物质生产部门，将这 n 个部门同时作为生产(产出)部门和消耗(投入)部门，按一定顺序列出一张表称为投入产出表. 投入产出表分为实物型表和价值型表两种类型. 实物型表采用实物计量单位编制，其特点是经济意义明确，适合于实际工作的需要；价值型表采用货币计量单位编制，其特点是单位统一，适合于对经济系统进行全面的分析研究. 我们按统一货币计量单位编制的投入产出表，称为价值型投入产出表，如表9-8所示. 将投入产出表及由此得出的平衡方程组，统称为投入产出数学模型.

表 9-8

投入		消耗部门				产出				
						最终产品				总产品
		1	2	…	n	消费	积累	…	合计	
生产部门	1	x_{11}	x_{12}	…	x_{1n}				y_1	x_1
	2	x_{21}	x_{22}	…	x_{2n}				y_2	x_2
	…	…	…	…	…				…	…
	n	x_{n1}	x_{n2}	…	x_{nn}				y_n	x_n
新创造的价值	报酬	v_1	v_2	…	v_n					
	利润	m_1	m_2	…	m_n					
	合计	z_1	z_2	…	z_n					
总产品价值		x_1	x_2	…	x_n					

注：$x_i(i=1,2,\cdots,n)$ 表示第 i 个生产部门的总产品或相应消耗部门的总产品价值.

在表 9-8 中,由双线将表分成四部分,左上角(Ⅰ)部分由 n 个部门交叉组成. 其中 x_{ij} 称为部门间的流量,它既表示第 j 个部门消耗第 i 个部门的产品数量,也表示第 i 个部门分配给第 j 个部门的产品数量. 这部分反映了各部门之间的生产技术联系,它是投入产出表的最基本部分.

在表 9-8 中,右上角(Ⅱ)部分反映了各生产部门从总产品中扣除生产消耗后的最终产品的分配情况,其中 y_i 表示第 i 个部门的最终产品.

在表 9-8 中,左下角(Ⅲ)部分反映了各部门的新创造价值,它包括劳动报酬、利润等. 其中 v_j, m_j, z_j 分别表示第 j 个部门的劳动报酬、利润和净产值.

$$z_j = v_j + m_j \quad (j = 1, 2, \cdots, n). \tag{9-8}$$

在表 9-8 中,右下角(Ⅳ)部分反映了国民收入的再分配情况,如非生产部门工作者的工资、非生产性事业单位和组织的收入等. 由于再分配过程非常复杂,故常常空出不用.

在表 9-8 中,Ⅰ,Ⅱ 部分的每一行有一个等式,即每一个生产部门分配给各部门的生产消耗加上该部门的最终产品等于它的总产品,可用方程组

$$\begin{cases} x_1 = x_{11} + x_{12} + \cdots + x_{1n} + y_1 \\ x_2 = x_{21} + x_{22} + \cdots + x_{2n} + y_2 \\ \qquad \vdots \\ x_n = x_{n1} + x_{n2} + \cdots + x_{nn} + y_n \end{cases} \tag{9-9}$$

表示,或简写为

$$x_i = \sum_{j=1}^{n} x_{ij} + y_i \quad (i = 1, 2, \cdots, n). \tag{9-10}$$

我们称式(9-9) 或式(9-10) 为**分配平衡方程组**.

在表 9-8 中,Ⅰ,Ⅲ 部分的每一列也有一个等式,即每一个消耗部门对各部门的生产消耗加上该部门新创造的价值等于它的总产品价值,可用方程组

$$\begin{cases} x_1 = x_{11} + x_{21} + \cdots + x_{n1} + z_1 \\ x_2 = x_{12} + x_{22} + \cdots + x_{n2} + z_2 \\ \qquad \vdots \\ x_n = x_{1n} + x_{2n} + \cdots + x_{nn} + z_n \end{cases} \tag{9-11}$$

表示,或简写为

$$x_j = \sum_{i=1}^{n} x_{ij} + z_j \quad (j = 1, 2, \cdots, n). \tag{9-12}$$

我们称式(9-11) 或式(9-12) 为**消耗平衡方程组**.

一般地,

$$\sum_{j=1}^{n} x_{kj} + y_k = \sum_{i=1}^{n} x_{ik} + z_k \quad (k = 1, 2, \cdots, n), \tag{9-13}$$

即第 k 部门的总产出等于第 k 部门的总投入,且

$$\sum_{i=1}^{n} y_i = \sum_{j=1}^{n} z_j,$$

即整个经济系统的最终产品价值等于该系统新创造的价值,但

$$\sum_{j=1}^{n} x_{kj} \neq \sum_{i=1}^{n} x_{ik} \quad (k = 1,2,\cdots,n) \quad 即 \quad y_k \neq z_k \quad (k = 1,2,\cdots,n).$$

【例 9.7】 设三个经济部门某年的投入产出情况如表 9-9 所示.

表 9-9　　(单位:万元)

投入		消耗部门			产出	
		Ⅰ	Ⅱ	Ⅲ	最终产品	总产品
生产部门	Ⅰ	196	102	70	192	x_1
	Ⅱ	84	68	42	146	x_2
	Ⅲ	112	34	28	106	x_3
新创造的价值		z_1	z_2	z_3		
总产值		x_1	x_2	x_3		

求:(1) 各部门的总产品 x_1,x_2,x_3;　　(2) 各部门新创造的价值 z_1,z_2,z_3.

【解】 (1) 将表 9-9 中 x_{ij}, y_i 的值代入分配平衡方程组

$$x_i = \sum_{j=1}^{3} x_{ij} + y_i \quad (i = 1,2,3),$$

得:
$$\begin{cases} x_1 = (196 + 102 + 70) + 192 = 560 \\ x_2 = (84 + 68 + 42) + 146 = 340 \\ x_3 = (112 + 34 + 28) + 106 = 280 \end{cases}.$$

即三个部门的总产品分别为 560 万元、340 万元、280 万元.

(2) 将表 9-9 中 x_{ij} 的值和(1) 中所求 x_j 的值代入消耗平衡方程组

$$x_j = \sum_{i=1}^{3} x_{ij} + z_j \quad (j = 1,2,3),$$

得:
$$\begin{cases} z_1 = 560 - (196 + 84 + 112) = 168 \\ z_2 = 340 - (102 + 68 + 34) = 136 \\ z_3 = 280 - (70 + 42 + 28) = 140 \end{cases}.$$

即三个部门新创造的价值分别为 168 万元、136 万元、140 万元.

二、直接消耗系数

为了确定经济系统各部门间在生产消耗上的数量依存关系,我们引入直接消耗系数的概念.

第 j 部门生产单位价值产品直接消耗第 i 部门的产品价值量,称为第 j 部门对第 i 部门的直接消耗系数,记作 a_{ij}:

$$a_{ij} = \frac{x_{ij}}{x_j} \quad (i,j = 1,2,\cdots,n). \tag{9-14}$$

直接计算可求得例 9.7 中第 Ⅱ 部门每生产一个单位价值产品要消耗第 Ⅲ 部门的产品价值量为:

$$a_{32}=\frac{x_{32}}{x_2}=\frac{34}{340}=0.10.$$

同理可求得：

$$a_{11}=\frac{x_{11}}{x_1}=\frac{196}{560}=0.35,\quad a_{21}=\frac{x_{21}}{x_1}=\frac{84}{560}=0.15,$$

$$a_{31}=\frac{x_{31}}{x_1}=\frac{112}{560}=0.20,\quad a_{12}=\frac{x_{12}}{x_2}=\frac{102}{340}=0.30,$$

$$a_{22}=\frac{x_{22}}{x_2}=\frac{68}{340}=0.20,\quad a_{13}=\frac{x_{13}}{x_3}=\frac{70}{280}=0.25,$$

$$a_{23}=\frac{x_{23}}{x_3}=\frac{42}{280}=0.15,\quad a_{33}=\frac{x_{33}}{x_3}=\frac{28}{280}=0.10.$$

直接消耗系数是以生产技术性联系为基础的，因而是相对稳定的，通常也叫作技术系数.各部门之间的直接消耗系数构成的 n 阶矩阵

$$\boldsymbol{A}=\begin{bmatrix}a_{11} & a_{12} & \cdots & a_{1n}\\ a_{21} & a_{22} & \cdots & a_{2n}\\ \vdots & \vdots & \ddots & \vdots\\ a_{n1} & a_{n2} & \cdots & a_{nn}\end{bmatrix},$$

称为**直接消耗系数矩阵**(或**技术系数矩阵**).

经上述计算可知例 9.7 中所示系数的直接消耗系数矩阵为

$$\boldsymbol{A}=\begin{bmatrix}0.35 & 0.30 & 0.25\\ 0.15 & 0.20 & 0.15\\ 0.20 & 0.10 & 0.10\end{bmatrix}.$$

直接消耗系数 a_{ij} 具有下列性质：

性质 9-1 $0\leqslant a_{ij}<1\quad(i,j=1,2,\cdots,n).$ (9-15)

性质 9-2 $\sum\limits_{i=1}^{n}a_{ij}<1\quad(j=1,2,\cdots,n).$ (9-16)

三、投入产出分析

(一) 分配平衡方程组的解

将 $x_{ij}=a_{ij}x_j(i,j=1,2,\cdots,n)$ 代入分配平衡方程组[即式(9-9)]得：

$$\begin{cases}x_1=a_{11}x_1+a_{12}x_2+\cdots+a_{1n}x_n+y_1\\ x_2=a_{21}x_1+a_{22}x_2+\cdots+a_{2n}x_n+y_2\\ \qquad\vdots\\ x_n=a_{n1}x_1+a_{n2}x_2+\cdots+a_{nn}x_n+y_n\end{cases},\tag{9-17}$$

设

$$\boldsymbol{X}=\begin{bmatrix}x_1\\ x_2\\ \vdots\\ x_n\end{bmatrix},\quad \boldsymbol{Y}=\begin{bmatrix}y_1\\ y_2\\ \vdots\\ y_n\end{bmatrix},$$

则方程组(9-17)可写成矩阵形式

$$\boldsymbol{X}=\boldsymbol{A}\boldsymbol{X}+\boldsymbol{Y}\quad 或\quad (\boldsymbol{E}-\boldsymbol{A})\boldsymbol{X}=\boldsymbol{Y}. \tag{9-18}$$

其中,$\boldsymbol{A}$ 为直接消耗系数矩阵.

定理 9-1　如果 n 阶方阵 $\boldsymbol{A}=(a_{ij})$ 具有以下性质:$0\leqslant a_{ij}<1(i,j=1,2,\cdots,n)$ 及 $\sum_{i=1}^{n}a_{ij}<1(j=1,2,\cdots,n)$,那么,当 $\boldsymbol{Y}$ 为已知且为非负时,方程 $(\boldsymbol{E}-\boldsymbol{A})\boldsymbol{X}=\boldsymbol{Y}$ 存在非负解:

$$\boldsymbol{X}=(\boldsymbol{E}-\boldsymbol{A})^{-1}\boldsymbol{Y}. \tag{9-19}$$

根据该定理,式(9-18)和式(9-19)建立了分配平衡方程组总产量 $\boldsymbol{X}$ 与最终产品 $\boldsymbol{Y}$ 之间的关系,若已知 $\boldsymbol{X},\boldsymbol{Y}$ 中的某一个,就可以由式(9-18)或式(9-19)求出另外一个.

【例 9.8】　已知三个部门在某一生产周期内,直接消耗系数矩阵为

$$\boldsymbol{A}=\begin{bmatrix}0.3 & 0.4 & 0.1\\ 0.5 & 0.2 & 0.6\\ 0.1 & 0.3 & 0.1\end{bmatrix}.$$

(1) 已知三个部门的总产值分别为 200 亿元、240 亿元、140 亿元,求各部门的最终产品;

(2) 已知各部门的最终产品分别为 20 亿元、10 亿元、30 亿元,求各部门的总产值.

【解】　(1)已知 $\boldsymbol{X}=\begin{bmatrix}200\\240\\140\end{bmatrix}$,将 $\boldsymbol{A},\boldsymbol{X}$ 代入 $(\boldsymbol{E}-\boldsymbol{A})\boldsymbol{X}=\boldsymbol{Y}$ 得:

$$\begin{bmatrix}y_1\\y_2\\y_3\end{bmatrix}=\begin{bmatrix}0.7 & -0.4 & -0.1\\ -0.5 & 0.8 & -0.6\\ -0.1 & -0.3 & 0.9\end{bmatrix}\begin{bmatrix}200\\240\\140\end{bmatrix}=\begin{bmatrix}30\\8\\34\end{bmatrix},$$

即各部门的最终产品分别为 30 亿元、8 亿元、34 亿元.

(2)已知 $\boldsymbol{Y}=\begin{bmatrix}20\\10\\30\end{bmatrix}$,将 $\boldsymbol{A},\boldsymbol{Y}$ 代入 $\boldsymbol{X}=(\boldsymbol{E}-\boldsymbol{A})^{-1}\boldsymbol{Y}$,其中

$$(\boldsymbol{E}-\boldsymbol{A})^{-1}=\frac{1}{0.151}\begin{bmatrix}0.54 & 0.39 & 0.32\\ 0.51 & 0.62 & 0.47\\ 0.23 & 0.25 & 0.36\end{bmatrix},$$

于是　$$\boldsymbol{X}=\frac{1}{0.151}\begin{bmatrix}0.54 & 0.39 & 0.32\\ 0.51 & 0.62 & 0.47\\ 0.23 & 0.25 & 0.36\end{bmatrix}\begin{bmatrix}20\\10\\30\end{bmatrix}=\begin{bmatrix}160.93\\201.99\\118.54\end{bmatrix}.$$

即各部门的总产值分别为 160.93 亿元、201.99 亿元、118.54 亿元.

(二)消耗平衡方程组的解

将 $x_{ij}=a_{ij}x_j(i,j=1,2,\cdots,n)$ 代入消耗平衡方程组[即式(9-12)]得:

$$x_j=\sum_{i=1}^{n}a_{ij}x_j+z_j\quad (j=1,2,\cdots,n).$$

于是当 $x_j(j=1,2,\cdots,n)$ 为已知时,可求出新创造的价值

$$z_j = (1 - \sum_{i=1}^{n} a_{ij}) x_j \quad (j = 1, 2, \cdots, n) \tag{9-20}$$

当 $z_j (j = 1, 2, \cdots, n)$ 为已知时，可求出总产品价值

$$x_j = \frac{z_j}{1 - \sum_{i=1}^{n} a_{ij}} \quad (j = 1, 2, \cdots, n). \tag{9-21}$$

在例 9.8 中，已知三个部门的总产品价值分别为 200 亿元、240 亿元、140 亿元时，根据式(9-20) 可求出三个部门新创造的价值，分别是：

$$z_1 = (1 - 0.3 - 0.5 - 0.1) \times 200 = 20(\text{亿元}),$$

$$z_2 = (1 - 0.4 - 0.2 - 0.3) \times 240 = 24(\text{亿元}),$$

$$z_3 = (1 - 0.1 - 0.6 - 0.1) \times 140 = 28(\text{亿元}).$$

(三) 完全消耗系数

经济系统各部门之间的生产与消耗，除了直接消耗外，还有间接消耗. 如汽车制造需要消耗电力、钢铁、橡胶等，而生产钢铁和橡胶需要消耗电力，生产钢铁需要消耗矿石，生产矿石需要消耗电力，等等. 可见，汽车制造部门对电力的消耗包括直接消耗和一次(透过钢铁) 甚至多次(透过矿石) 的间接消耗. 我们把第 j 部门生产产品时，通过其他部门间接消耗第 i 部门的产品，称为第 j 部门对第 i 部门的间接消耗. 直接消耗与间接消耗之和，称为完全消耗.

由 $\boldsymbol{X} = (\boldsymbol{E} - \boldsymbol{A})^{-1} \boldsymbol{Y}$，令

$$(\boldsymbol{E} - \boldsymbol{A})^{-1} = \boldsymbol{B} = (b_{ij}) \quad (i, j = 1, 2, \cdots, n),$$

则

$$\boldsymbol{X} = (\boldsymbol{E} - \boldsymbol{A})^{-1} \boldsymbol{Y} = \boldsymbol{B}\boldsymbol{Y},$$

可写成

$$\begin{cases} x_1 = b_{11} y_1 + b_{12} y_2 + \cdots + b_{1n} y_n \\ x_2 = b_{21} y_1 + b_{22} y_2 + \cdots + b_{2n} y_n \\ \qquad \vdots \\ x_n = b_{n1} y_1 + b_{n2} y_2 + \cdots + b_{nn} y_n \end{cases}. \tag{9-22}$$

由式(9-22) 可以看出，当 y_1 增加一个单位产品时，$x_1, x_2, \cdots, x_n$ 相应增加 $b_{11}, b_{21}, \cdots, b_{n1}$ 个单位产品，所以第一部门实际增加的消耗为 $b_{11} - 1$ 个单位产品. 同理，当 y_2 增加一个单位产品时，$x_1, x_2, \cdots, x_n$ 相应增加 $b_{12}, b_{22}, \cdots, b_{n2}$ 个单位产品，所以第二部门实际增加的消耗为 $b_{22} - 1$ 个单位产品，其余类推. 我们把矩阵

$$\begin{bmatrix} b_{11} - 1 & b_{12} & b_{13} & \cdots & b_{1n} \\ b_{21} & b_{22} - 1 & b_{23} & \cdots & b_{2n} \\ \vdots & \vdots & \vdots & \ddots & \vdots \\ b_{n1} & b_{n2} & b_{n3} & \cdots & b_{nn} - 1 \end{bmatrix}$$

称为完全消耗矩阵，记作 $\boldsymbol{C}$，矩阵中的元素称为**完全消耗系数**.

由 $(\boldsymbol{E} - \boldsymbol{A})^{-1} = \boldsymbol{B}$ 知，

$$\boldsymbol{C} = (\boldsymbol{E} - \boldsymbol{A})^{-1} - \boldsymbol{E}. \tag{9-23}$$

完全消耗系数全面地反映了各部门之间相互依存、相互制约的关系. 利用完全消耗系数可以分析最终产品 $\boldsymbol{Y}$ 与总产品 $\boldsymbol{X}$ 的关系.

根据式(9-23)有：

$$(\boldsymbol{E}-\boldsymbol{A})^{-1}=\boldsymbol{C}+\boldsymbol{E},$$

那么分配平衡方程组的解为

$$\boldsymbol{X}=(\boldsymbol{E}-\boldsymbol{A})^{-1}\boldsymbol{Y}=(\boldsymbol{C}+\boldsymbol{E})\boldsymbol{Y}. \tag{9-24}$$

若已知报告期的完全消耗系数及计划期的各部门最终产品，则可由式(9-24)求出各部门的总产品.

【例 9.9】 一个经济系统有三个部门，下一个生产周期的最终产品为：Ⅰ部门 60 亿元，Ⅱ部门 70 亿元，Ⅲ部门 60 亿元，该系统的完全消耗系数矩阵为

$$\boldsymbol{C}=\begin{bmatrix}0.30 & 0.25 & 0.075\\ 0.46 & 0.88 & 0.68\\ 0.21 & 0.22 & 0.20\end{bmatrix},$$

问：各部门的总产品要达到多少，才能完成计划？

【解】 因为

$$\boldsymbol{C}+\boldsymbol{E}=\begin{bmatrix}1.30 & 0.25 & 0.075\\ 0.46 & 1.88 & 0.68\\ 0.21 & 0.22 & 1.20\end{bmatrix},$$

由式(9-24)有：

$$\boldsymbol{X}=(\boldsymbol{C}+\boldsymbol{E})\boldsymbol{Y}=\begin{bmatrix}1.30 & 0.25 & 0.075\\ 0.46 & 1.88 & 0.68\\ 0.21 & 0.22 & 1.20\end{bmatrix}\begin{bmatrix}60\\ 70\\ 60\end{bmatrix}=\begin{bmatrix}100\\ 200\\ 100\end{bmatrix}.$$

即Ⅰ，Ⅱ，Ⅲ部门应完成的总产品分别为 100 亿元、200 亿元和 100 亿元.

§9.6 投入产出模型的应用

投入产出数学模型常用于分析经济系统的部门结构和各类比例关系，制订或调整经济计划，研究价格变动的影响以及预测就业水平等各个方面. 下面仅介绍投入产出数学模型在经济计划方面的应用.

一、在经济预测中的应用

假定根据如上节中的例 9.7 所示经济系统的生产发展状况，预计该系统三个部门的计划期总产品将在报告期总产品的基础上分别增长 10%，12%，8%. 由于在生产过程中系统内部存在着复杂的产品消耗关系，故一般说来，各个部门最终产品的增长幅度与总产品的增长幅度并不一致. 为此，可利用投入产出数学模型对该系统计划期最终产品的增长情况进行预测.

将该系统的计划期总产品和最终产品分别记为 $\boldsymbol{X}=(x_1,x_2,x_3)^{\mathrm{T}}$ 和 $\boldsymbol{Y}=(y_1,y_2,y_3)^{\mathrm{T}}$. 根据表 9-9 中报告期总产品数据以及预计的计划期总产品增长幅度，该系统三个部门的计划期总产品应分别为：

部门Ⅰ：$x_1=560\times(1+10\%)=616$(亿元).

部门Ⅱ：$x_2=340\times(1+12\%)=380.8$（亿元）.

部门Ⅲ：$x_3=280\times(1+8\%)=302.4$（亿元）.

由式(9-24)得：

$$\boldsymbol{Y}=(\boldsymbol{E}-\boldsymbol{A})\boldsymbol{X},$$

即

$$\begin{bmatrix}y_1\\y_2\\y_3\end{bmatrix}=\begin{bmatrix}0.65&-0.30&-0.25\\-0.15&0.80&-0.15\\-0.2&-0.1&0.90\end{bmatrix}\begin{bmatrix}616\\380.8\\302.4\end{bmatrix}=\begin{bmatrix}210.56\\166.88\\110.88\end{bmatrix}.$$

由此可对该系统三个部门的计划期最终产品及其相对于报告期最终产品的增长幅度做出预测：

部门Ⅰ：$y_1=210.56$ 亿元，增长 9.7%；

部门Ⅱ：$y_2=166.88$ 亿元，增长 14.3%；

部门Ⅲ：$y_3=110.88$ 亿元，增长 4.6%.

有了以上的预测结果，就能对该系统的计划期最终产品和实际需求是否相符有一个事先的了解或估计，避免出现大的偏差.

二、在制订计划中的应用

投入产出数学模型为合理制订经济系统各部门的生产计划提供了一套科学方法. 即根据以社会需求确定社会产品的原则，先通过对计划期需求量的调查或预测，确定系统各个部门的最终产品，再利用投入产出数学模型相应推算出各个部门的总产品，在此基础上编制出经济系统的计划期投入产出表，作为安排各个部门计划期生产活动的依据.

【例 9.10】 设某经济系统三个部门报告期的投入产出如表 9-10 所示，并且该系统的生产技术条件不变. 如果该系统三个部门的计划期最终产品分别确定为 $y_1=400$ 亿元，$y_2=2100$ 亿元，$y_3=500$ 亿元，试编制该系统的计划期投入产出表.

表 9-10 单位：亿元

投入		消耗部门			产出	
		农业	工业	服务业	最终产品	总产品
生产部门	农业	60	190	30	320	600
	工业	90	1520	180	2010	3800
	服务业	30	95	60	415	600
新创造的价值		420	1995	330		
总产值		600	3800	600		

【解】 该系统的直接消耗系数矩阵为

$$\boldsymbol{A}=\begin{bmatrix}0.10&0.05&0.05\\0.15&0.40&0.30\\0.05&0.025&0.10\end{bmatrix},$$

可以求出 $(\boldsymbol{E}-\boldsymbol{A})^{-1}=\begin{bmatrix}1.1329 & 0.0984 & 0.0957\\0.3191 & 1.7180 & 0.5904\\0.0718 & 0.0532 & 1.1329\end{bmatrix}$，且已知 $\boldsymbol{Y}=\begin{bmatrix}400\\2100\\500\end{bmatrix}$，故有

$$\boldsymbol{X}=(\boldsymbol{E}-\boldsymbol{A})^{-1}\boldsymbol{Y}=\begin{bmatrix}1.1329 & 0.0984 & 0.0957\\0.3191 & 1.7180 & 0.5904\\0.0718 & 0.0532 & 1.1329\end{bmatrix}\begin{bmatrix}400\\2100\\500\end{bmatrix}=\begin{bmatrix}707.65\\4030.64\\706.89\end{bmatrix}.$$

即可知计划期农业、工业、服务业三个部门的总产品分别为 707.65 亿元、4030.64 亿元和 706.89 亿元.

于是可以计算出计划期各部门间产品流量为 $x_{ij}=a_{ij}x_j$：

$$x_{11}=a_{11}x_1=70.765,\quad x_{12}=a_{12}x_2=201.532,\quad x_{13}=a_{13}x_3=35.3445,$$
$$x_{21}=a_{21}x_1=106.1475,\quad x_{22}=a_{22}x_2=1612.256,\quad x_{23}=a_{23}x_3=212.067,$$
$$x_{31}=a_{31}x_1=35.3825,\quad x_{32}=a_{32}x_2=100.766,\quad x_{33}=a_{33}x_3=70.689.$$

根据 $x_j=\sum\limits_{i=1}^{n}a_{ij}x_j+z_j=\sum\limits_{i=1}^{n}x_{ij}+z_j\ (j=1,2,\cdots,n)$，可以算出农业、工业、服务业三个部门的新创造的价值分别为：

$$z_1=x_1-\sum_{i=1}^{3}x_{i1}=495.355(\text{亿元}),$$
$$z_2=x_2-\sum_{i=1}^{3}x_{i2}=2116.086(\text{亿元}),$$
$$z_3=x_3-\sum_{i=1}^{3}x_{i3}=388.7895(\text{亿元}).$$

从而计划期投入产出如表 9-11 所示.

表 9-11　　（单位：亿元）

投入		消耗部门			产出	
		农业	工业	服务业	最终产品	总产品
生产部门	农业	70.765	201.532	35.3445	400	707.65
	工业	106.1475	1612.256	212.067	2100	4030.64
	服务业	35.3825	100.766	70.689	500	706.89
新创造的价值		495.355	2116.086	388.7895		
总产值		707.65	4030.64	706.89		

三、在计划调整中的应用

一个经济系统在执行计划期间，可能会由于事先预料不到的原因，导致系统某些部门的最终产品出现缺口（计划产量小于需求量），或者某些部门的最终产品出现余量（计划产量大于需求量），从而破坏了经济系统原计划的平衡性. 在这种情况下，可以利用投入产出数学模型及时调整原有的生产计划，重新协调各个部门的生产活动，使经济系统恢复平衡.

设某经济系统原计划最终产品量和总产品分别为 $\boldsymbol{Y}$ 和 $\boldsymbol{X}$，则 $(\boldsymbol{E}-\boldsymbol{A})\boldsymbol{X}=\boldsymbol{Y}$. 如果对该系统的最终产品进行调整，其调整量设为 $\Delta\boldsymbol{Y}$，则系统的总产量也应进行相应的调整，其调整量

设为 $\Delta \boldsymbol{X}$,则有

$$(\boldsymbol{E}-\boldsymbol{A})(\boldsymbol{X}+\Delta \boldsymbol{X})=\boldsymbol{Y}+\Delta \boldsymbol{Y}.$$

根据系统原有的平衡性,有 $(\boldsymbol{E}-\boldsymbol{A})\boldsymbol{X}=\boldsymbol{Y}$,故可得总产品的调整量 $\Delta \boldsymbol{X}$ 与最终产品的调整量 $\Delta \boldsymbol{Y}$ 之间的关系式为:

$$(\boldsymbol{E}-\boldsymbol{A})\Delta \boldsymbol{X}=\Delta \boldsymbol{Y} \quad \text{或} \quad \Delta \boldsymbol{X}=(\boldsymbol{E}-\boldsymbol{A})^{-1}\Delta \boldsymbol{Y}.$$

【例 9.11】 对例 9.10 中的三个部门的最终产品进行调整,调整量为:

$$\Delta \boldsymbol{Y}=\begin{bmatrix}-5\\-15\\-5\end{bmatrix},$$

求这三个部门调整后的总产量.

【解】 三个部门总产量的调整量为:

$$\Delta \boldsymbol{X}=(\boldsymbol{E}-\boldsymbol{A})^{-1}\Delta \boldsymbol{Y}=\begin{bmatrix}1.1329 & 0.0984 & 0.0957\\0.3191 & 1.7180 & 0.5904\\0.0718 & 0.0532 & 1.1329\end{bmatrix}\begin{bmatrix}-5\\-15\\-5\end{bmatrix}$$

$$=\begin{bmatrix}-7.619\\-31.913\\-7.1805\end{bmatrix}.$$

于是调整后的总产品为:

$$\boldsymbol{X}+\Delta \boldsymbol{X}=\begin{bmatrix}707.65\\4030.64\\706.89\end{bmatrix}+\begin{bmatrix}-7.619\\-31.913\\-7.1805\end{bmatrix}=\begin{bmatrix}700.031\\3998.727\\699.7095\end{bmatrix}.$$

§9.7 层次分析法模型

层次分析法(analytic hierarchy process,AHP)是由美国运筹学家、匹兹堡大学教授 T. L. Saaty 于 20 世纪 70 年代创立的一种系统分析与决策的综合评价方法,是在充分研究了人们的思维过程的基础上提出来的,它较合理地解决了定性问题定量化的处理过程. AHP 的主要特点是通过建立递阶层次结构,把人们的判断转化为若干因素两两之间重要度的比较,从而把难以量化的定性判断转化为可操作的重要度的比较上面. 在许多情况下,决策者可以直接使用 AHP 进行决策,极大地提高了决策的有效性、可靠性和可行性,但其本质是一种思维方式,它把复杂问题分解成多个组成因素,又将这些因素按支配关系分别形成递阶层次结构,通过两两比较的方法确定决策方案相对重要性的总的排序. 整个过程体现了人们决策思维的基本特征,即分解、判断、综合,克服了其他方法回避决策者主观判断的缺点.

运用层次分析法进行决策,大体上可分为以下四个步骤.

(1)分析系统中各因素之间的支配关系,建立系统的递阶层次结构.

(2)对同一层次的各元素关于上一层次中某一准则的重要性进行两两比较,构造两两

比较判断矩阵.

(3)由判断矩阵计算被比较元素对于该准则的相对权重,并进行一致性检验.

(4)计算各层元素对系统目标的合成权重,并进行排序.

下面具体说明这四个步骤的实现方法.

一、建立递阶层次结构

复杂问题的决策因涉及的因素比较复杂,通常是比较困难的,应用 AHP 的第一步就是将问题涉及的因素条理化、层次化,构造出一个有层次的结构模型.在这个模型下,复杂问题的组成被分成若干部分,称为元素.这些元素又按其属性及关系形成若干层次,上一层次的元素对下一层次的有关元素起支配作用,这些层次可以分为以下三类.

最高层:又称目标层,这一层次的元素只有一个.一般它是分析问题的预定目标或理想结果.

中间层:又称准则层,这一层次包括了为实现目标所设计的中间环节,它可以由若干层次组成,包括所需考虑的准则和子准则.

最底层:又称方案层,这一层次包括了为实现目标可供选择的各种措施、决策方案等.

上述层次之间的支配关系不一定是完全的,即可以存在这样的元素,它并不支配下一层次的所有元素,而仅支配其中的部分元素.这种自上而下的支配关系所形成的层次结构,称为递阶层次结构,一个典型的层次结构如图 9-18 所示.

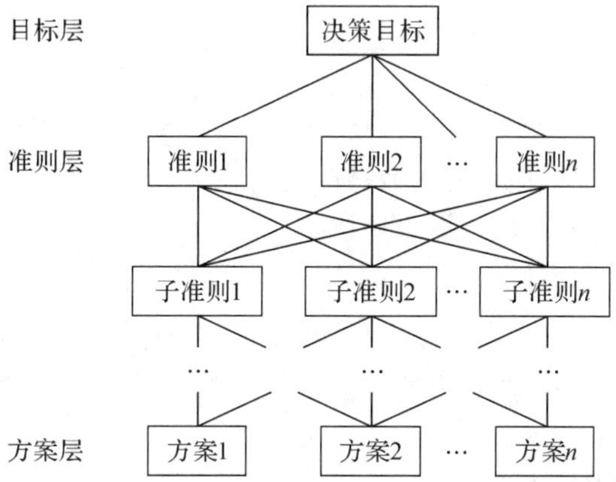

图 9-18

在递阶层次结构中,层次数与问题的复杂程度及需分析的详尽程度有关,一般层次不受限制,每一层次中的各元素所支配的元素不要超过 9 个.因为支配元素过多会给两两比较判断带来困难,如果超过 9 个,可以考虑合并一些因素或增加层次数.无论哪种情况,都要在对问题进行深入研究的情况下进行,以便使之具有一定的合理性.

一个递阶层次结构应具有以下特点:

(1)从上到下顺序地存在支配关系,并用直线段表示.除目标层外,每个元素至少受上一层一个因素支配.除最后一层外,每个元素至少支配下一层一个元素,上下层元素的联系比同一层次强,以避免同一层次中不相邻元素存在支配关系.

(2)整个结构中,层次数不受限制.

(3)最高层只有一个元素,每一个元素所支配的元素一般不超过 9 个,元素过多时可以进一步分组.

(4)对某些具有子层次的结构可引入虚元素,使之成为递阶层次结构.

二、构造两两比较判断矩阵

层次分析法的特点之一是定性与定量相结合,定性问题定量化.第二步就是要在已有层次结构的基础上构造两两比较的判断矩阵.在这一步中,决策者要反复回答问题,针对准则 C,两个被准则 C 所支配的元素 u_i 与 u_j 哪个更重要,重要程度如何,并按 1~9 标度对其重要程度赋值.表 9-12 给出了 1~9 标度的含义.

表 9-12

标度	含义
1	u_i 与 u_j 具有相同的重要性
3	u_i 比 u_j 稍重要
5	u_i 比 u_j 重要
7	u_i 比 u_j 强烈重要
9	u_i 比 u_j 极端重要
2,4,6,8	u_i 与 u_j 重要性之比介于以上相邻两者之间
倒数	若 u_i 与 u_j 重要性之比为 a_{ij},则 u_j 与 u_i 之比为 $a_{ji}=1/a_{ij}$

这样对于准则 C,几个被比较元素通过两两比较构成一个判断矩阵 $\mathbf{A}=(a_{ij})_{n\times n}$,其中,$a_{ij}$ 就是元素 u_i 与 u_j 相对于 C 的重要度比值.

判断矩阵具有性质:$a_{ij}>0, a_{ji}=1/a_{ij}, a_{ii}=1(i,j=1,2,\cdots,n)$.

具有这种性质的矩阵 $\mathbf{A}$ 称为正互反矩阵.由判断矩阵所具有的性质知,一个 n 阶判断矩阵秩只需给出其上三角或下三角的 $n\times(n-1)/2$ 各元素就可以了,即只需做 $n\times(n-1)/2$ 次两两比较判断.

若判断矩阵 $\mathbf{A}$ 同时具有性质:对于任意 i,j,k,总有 $a_{ij}=a_{ik}\cdot a_{kj}$,则称 $\mathbf{A}$ 为一致性矩阵.并不是所有的判断矩阵都具有一致性,事实上,AHP 中多数判断矩阵(三阶以上)不满足一致性,一致性及其检验是 AHP 的重要内容.

三、单一准则下元素相对权重计算及一致性检验

这一步要在第二步的基础上,从给出的每一判断矩阵中求出被比较元素的排序权重向量,并通过一致性检验确定每一判断矩阵是否可以接受.

(一)权重计算方法

(1)和法.取判断矩阵 n 个列向量(针对 n 阶判断矩阵)的归一化后的算术平均值近似作为权重向量,即有:

$$w_i=\frac{1}{n}\sum_{j=1}^{n}\frac{a_{ij}}{\sum_{k=1}^{n}a_{kj}}\quad(i=1,2,\cdots,n).$$

例如：
$$\boldsymbol{A}=\begin{bmatrix}1&2&6\\1/2&1&4\\1/6&1/4&1\end{bmatrix}\xrightarrow{\text{列向量归一化}}\begin{bmatrix}0.6&0.615&0.545\\0.3&0.308&0.364\\0.1&0.077&0.091\end{bmatrix}$$

$$\xrightarrow{\text{按行求和}}\begin{bmatrix}1.760\\0.972\\0.268\end{bmatrix}\xrightarrow{\text{归一化}}\begin{bmatrix}0.587\\0.324\\0.089\end{bmatrix}=\boldsymbol{w}.$$

(2)根法(也称几何平均法).将 $\boldsymbol{A}$ 的各个列向量采用几何平均后再归一化，得到的列向量近似作为加权向量：

$$w_i=\frac{\left(\prod_{j=1}^{n}a_{ij}\right)^{\frac{1}{n}}}{\sum_{k=1}^{n}\left(\prod_{j=1}^{n}a_{kj}\right)^{\frac{1}{n}}}\quad(i=1,2,\cdots,n).$$

(3)特征根法(EM).求判断矩阵的最大特征根及对应的右特征向量，分别称为主特征根及右主特征向量，然后将归一化后的右主特征向量作为排序权重向量.特征根法是 AHP 中提出最早，也最为人们所推崇的方法.

除以上方法外，还有对数最小二乘法、最小偏差法、梯度特征向量法等.

(二)特征根法的原理及算法

设 $\boldsymbol{w}=(w_1,w_2,\cdots,w_n)^{\mathrm{T}}$ 是 n 阶判断矩阵 $\boldsymbol{A}$ 的排序权重向量，当 $\boldsymbol{A}$ 为一致性矩阵时，显然有

$$\boldsymbol{A}=\begin{bmatrix}\frac{w_1}{w_1}&\frac{w_1}{w_2}&\cdots&\frac{w_1}{w_n}\\\frac{w_2}{w_1}&\frac{w_2}{w_2}&\cdots&\frac{w_1}{w_n}\\\vdots&\vdots&\ddots&\vdots\\\frac{w_n}{w_1}&\frac{w_n}{w_2}&\cdots&\frac{w_n}{w_n}\end{bmatrix}.$$

可以验证

$$\boldsymbol{A}\boldsymbol{w}=n\boldsymbol{w},$$

且 n 为矩阵 $\boldsymbol{A}$ 的最大特征根，$\boldsymbol{A}$ 的其余特征根为 0，$\boldsymbol{A}$ 的秩为 1.对一般的正互反矩阵，根据正矩阵的 Perron 定理可知，其最大特征值为正，且它对应的右特征向量为正向量，最大特征根 $\lambda_{\max}$ 为 $\boldsymbol{A}$ 的单特征根，因而它所对应的特征向量除差一个常数因子外是唯一的.特征根法是借用数值分析中计算正矩阵的最大特征根和特征向量的幂法实现的.常用的数学软件 Mathematica 等也都具有这种功能.

(三)一致性检验

前面提到，在判断矩阵的构造中，并不要求判断矩阵具有一致性，这是客观事物的复杂性与人的认识的多样性所决定的，1～9 标度也决定了三阶以上判断矩阵是很难满足一致性的.但要求判断有大体上的一致性是应该的，出现甲比乙极端重要，乙比丙极端重要而丙又

比甲极端重要的判断，一般是违背常识的，一个混乱的、经不起推敲的判断矩阵有可能导致决策的失误，而且上述各种计算排序权重的方法当判断矩阵过于偏离一致性时，其可靠性程度也就值得怀疑了．因此需要对判断矩阵的一致性进行检验，其检验过程包括以下几个步骤．

(1)计算一致性指标(consistent index,CI)：

$$\mathrm{CI}=\frac{\lambda_{\max}-n}{n-1}.$$

(2)查找相应的平均随机一致性指标(random index,RI)，表 9-13 给出了 1～12 阶正互反矩阵的平均随机一致性指标．

表 9-13

矩阵阶数	1	2	3	4	5	6
RI	0	0	0.52	0.89	1.12	1.26
矩阵阶数	7	8	9	10	11	12
RI	1.36	1.41	1.46	1.49	1.52	1.54

(3)计算一致性比率(consistent ratio,CR)：

$$\mathrm{CR}=\frac{\mathrm{CI}}{\mathrm{RI}}.$$

当 CR<0.10 时，认为判断矩阵是可以接受的，否则应对判断矩阵做适当的修正．

为了讨论一致性需计算最大特征根 $\lambda_{\max}$，除特征根方法外，可用分式

$$\lambda_{\max}\approx\sum_{i=1}^{n}\frac{(Aw)_i}{nw_i}=\frac{1}{n}\sum_{i=1}^{n}\frac{\sum\limits_{j=1}^{n}a_{ij}w_j}{w_i}$$

求得，其中 $(Aw)_i$ 为 $\boldsymbol{Aw}$ 的第 i 个分量．

上例中，$\boldsymbol{Aw}=\begin{bmatrix}1 & 2 & 6\\ 1/2 & 1 & 4\\ 1/6 & 1/4 & 1\end{bmatrix}\begin{bmatrix}0.587\\ 0.324\\ 0.089\end{bmatrix}=\begin{bmatrix}1.769\\ 0.974\\ 0.268\end{bmatrix}$，$\lambda=\frac{1}{3}\times\left(\frac{1.769}{0.587}+\frac{0.974}{0.324}+\frac{0.268}{0.089}\right)=$ 3.009.

精确计算给出 $\boldsymbol{w}=(0.588,0.322,0.090)^{\mathrm{T}}$，$\lambda=3.010$，二者相比，相差甚微．

四、计算各层元素对目标层的总排序权重

上面得到的是一组元素对其上一层次中某元素的权重向量．我们最终要得到各元素，特别是最低层中各方案对于目标的排序权重，即所谓总排序权重，从而进行方案选择．总排序权重要自上而下地将单准则下的权重进行合成．

假定已经算出第 $k-1$ 层上 n_{k-1} 个元素相对于总目标的排序权重 $\boldsymbol{w}^{(k-1)}=(w_1^{(k-1)},w_2^{(k-1)},\cdots,w_{n_{k-1}}^{(k-1)})^{\mathrm{T}}$，以及第 k 层 n_k 个元素对于第 $k-1$ 层上第 j 个元素为准则的单排序向量 $\boldsymbol{p}_j^{(k)}=(p_{1j}^{(k)},p_{2j}^{(k)},\cdots,p_{n_kj}^{(k)})^{\mathrm{T}}$，其中不受 j 元素支配的元素权重为 0．矩阵 $\boldsymbol{p}^{(k)}=(p_1^{(k)},p_2^{(k)},\cdots,\boldsymbol{p}_{n_{k-1}}^{(k)})$ 是 $n_k\times n_{k-1}$ 阶矩阵，表示了第 k 层上元素对第 $k-1$ 层上各元素的排序，那么第 k 层上元素对目标的总排序向量 $\boldsymbol{w}^{(k)}$ 为

$$\boldsymbol{w}^{(k)}=(w_1^{(k)},w_2^{(k)},\cdots,w_{n_k}^{(k)})^{\mathrm{T}}=\boldsymbol{p}^{(k)}\boldsymbol{w}^{(k-1)},$$

并且一般公式为

$$\boldsymbol{w}^{(k)}=\boldsymbol{p}^{(k)}\boldsymbol{p}^{(k-1)}\cdots\boldsymbol{p}^{(3)}\boldsymbol{w}^{(2)},$$

这里 $\boldsymbol{w}^{(2)}$ 是第 2 层上元素的总排序向量,也是单准则下的排序向量.

【例 9.12】 在合理利用企业留成问题中有以下递阶层次结构模型,如图 9-19 所示.

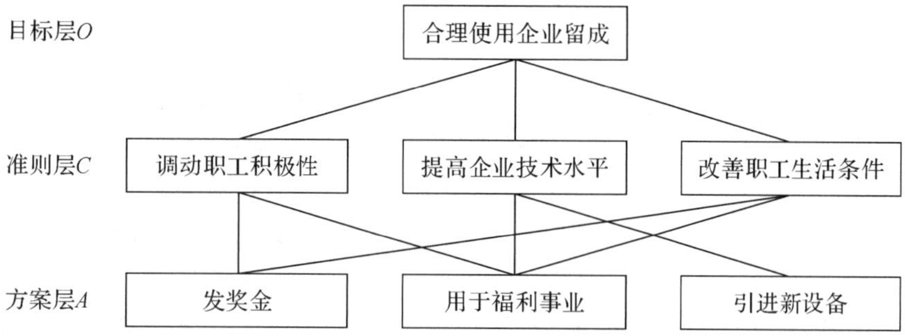

图 9-19

相关的判断矩阵如下:

判断矩阵 O-C:

O	C_1	C_2	C_3	W_0
C_1	1	1/5	1/3	0.105
C_2	5	1	3	0.637
C_3	3	1/3	1	0.258

$\lambda_{\max}=3.038$,

$\mathrm{CI}=0.019$,

$\mathrm{CR}=0.033<0.1$.

判断矩阵 C_1-A:

C_1	A_1	A_2	W_{11}
A_1	1	3	0.75
A_2	1/3	1	0.25

$\lambda_{\max}=2$,

$\mathrm{CI}=0$,

$\mathrm{CR}=0$.

判断矩阵 C_2-A:

C_2	A_2	A_3	W_{12}
A_2	1	1/5	0.167
A_3	5	1	0.833

$\lambda_{\max}=2$,

$\mathrm{CI}=0$,

$\mathrm{CR}=0$.

判断矩阵 C_3-A:

C_3	A_1	A_2	W_{13}
A_1	1	2	0.667
A_2	1/2	1	0.333

$\lambda_{\max}=2$,

$\mathrm{CI}=0$,

$\mathrm{CR}=0$.

因此最终排序向量为

$$\boldsymbol{w}^{(3)}=\boldsymbol{p}^{(3)}\boldsymbol{w}^{(2)}=\begin{bmatrix}0.75 & 0 & 0.667\\ 0.25 & 0.167 & 0.333\\ 0 & 0.833 & 0\end{bmatrix}\begin{bmatrix}0.105\\ 0.637\\ 0.258\end{bmatrix}=\begin{bmatrix}0.251\\ 0.218\\ 0.531\end{bmatrix}.$$

于是，对于工厂合理使用企业留成利润，促进企业发展所考虑的三种方案的相对优先排序为：$A_3 > A_1 > A_2$（"$>$"表示优先于）．利润分配比例为引进新设备应占53.1%，用于发奖金应占25.1%，用于改善福利事业应占21.8%．

§9.8 随机型决策方法

决策问题可以按照决策内容的重要性、决策时间的长短、决策目标的性质、决策问题所处的条件和性质等不同角度分成许多类型．本书仅按决策问题所处的条件和性质进行分类讨论．我们将决策问题的类型分为确定型决策、非确定型决策和随机型决策．

确定型决策，是指决策问题的条件和性质完全确定，做出的某项选择的结果也是确定的．

随机型决策，是指在决策过程中选择某项策略时，可能有若干个自然状态出现，并可根据统计规律知道这些自然状态出现的概率分布．

非确定型决策，是指在决策问题过程中，选择某项策略时，引发的自然状态不可预测．

下面我们仅介绍随机型决策的相关方法．随机型决策又称为风险型决策，主要应用于产品开发、技术改造、风险投资等方面．

设 S_i 为可能选择的第 i 个策略，N_j 为可能出现的第 j 个自然状态，那么随机型决策问题一般可用下述五个要素来描述：

(1) 策略集 $= \{S_1, S_2, \cdots, S_m\}$ $(m \geqslant 2)$；

(2) 自然状态集 $= \{N_1, N_2, \cdots, N_n\}$ $(n \geqslant 2)$；

(3) 收益函数 $f(S_i, N_j) = a_{ij}$ —— 采取 S_i 策略而出现状态 N_j 时的收益值；

(4) 自然状态的概率分布 $P(N_j)$ —— 状态 N_j 出现的概率$(N_j \in \overline{N})$；

(5) 决策目标 V．

收益函数 $f(S_i, N_j)$ 可以由矩阵 $\boldsymbol{A} = [a_{ij}]$ 给定，我们称矩阵 $\boldsymbol{A}$ 为收益矩阵，也可描述成如表9-14所示的决策收益表．

表 9-14

$f(S_i, N_j)$	状态 N_j 以及概率分布 $P(N_j)$			
	N_1 $P(N_1)$	N_2 $P(N_2)$	… …	N_n $P(N_n)$
S_1	a_{11}	a_{12}	…	a_{1n}
S_2	a_{21}	a_{22}	…	a_{2n}
…	…	…	…	…
S_m	a_{m1}	a_{m2}	…	a_{mn}

下面我们来介绍随机型决策问题的方法．

一、期望值准则

【例 9.13】 某企业为了提高经济效益，决定开发某种新产品，产品开发生产需要对设备投资规模做出决策.设有三种可供选择的策略：

S_1：购买大型设备；　　S_2：购买中型设备；　　S_3：购买小型设备.

未来市场对这种产品的需求情况也有三种：

N_1：需求量较大；　　N_2：需求量中等；　　N_3：需求量较小.

经估计，各种方案在不同的需求情况下，其收益值如表 9-15 所示.

表 9-15

$f(S_i, N_j)$	N_1 $P(N_1)=0.3$	N_2 $P(N_2)=0.4$	N_3 $P(N_3)=0.3$
S_1	50	20	-20
S_2	30	25	-10
S_3	10	10	10

若表 9-15 中的数据 $f(S_i, N_j)$ 出现负数，则表示该企业将亏损.现问：企业应选取何种策略，可使其收益最大？

【解】 根据表 9-15，可以分别求出采用策略 S_1, S_2, S_3 的效益期望值为 $E(S_1), E(S_2), E(S_3)$，则有：

$$E(S_1)=50\times0.3+20\times0.4+(-20)\times0.3=17,$$

$$E(S_2)=30\times0.3+25\times0.4+(-10)\times0.3=16,$$

$$E(S_3)=10\times0.3+10\times0.4+10\times0.3=10.$$

如果我们采用"收益期望值"最大作为决策的准则，那么就选取策略 S_1，即购买大型设备作为决策方案.

这种通过计算出各个策略的收益期望值，按照大小作为决策标准的决策准则，我们称为**期望值准则**.期望值准则一般分两步：

(1) 根据各种策略在不同的自然状态下的收益值和各种自然状态出现的概率，求出收益期望值 $E(S_i)(i=1,2,\cdots,m)$；

(2) 比较收益期望值的大小，并做出决策.

下面我们用期望值准则来解决一个存储问题.

【例 9.14】 已知顾客对商店中某种食品每天需求量 N_j 的概率分布如表 9-16 所示.

表 9-16

需求量 N_j	0	1	2	3	4	5	6	7	8
$P(N_j)$	0.05	0.10	0.10	0.25	0.20	0.15	0.05	0.05	0.05

每出售一件食品，商店可获利 2.50 元；若当天卖不掉，每件食品将损失 3.25 元. 试问：商店对这种食品每日应进货多少？

【解】 我们来计算需求量的期望值 E：

$$E = 1\times 0.10 + 2\times 0.10 + 3\times 0.25 + 4\times 0.20 + 5\times 0.15 + 6\times 0.05 + 7\times 0.05 + 8\times 0.05 = 3.65.$$

于是，我们采取三种策略：进货量分别取 $S_1 = 2, S_2 = 3, S_3 = 4$. 表 9-17 给出了这三种策略的期望值. 所谓纯利润，就是指从出售的获利中减去因未能出售而遭受的损失，负的利润表示损失.

表 9-17

需求量 N_j	概率 $P(N_j)$	$f(S_i, N_j)$		
		$S_1 = 2$	$S_2 = 3$	$S_3 = 4$
0	0.05	−6.50	−9.75	−13.00
1	0.10	−0.75	−4.00	−7.25
2	0.10	5.00	1.75	−1.50
3	0.25	5.00	7.50	4.25
4	0.20	5.00	7.50	10.00
5	0.15	5.00	7.50	10.00
6	0.05	5.00	7.50	10.00
7	0.05	5.00	7.50	10.00
8	0.05	5.00	7.50	10.00
期望值 $E(S_i)$		3.85	4.9125	4.5375

显然，最优策略为每天进货 3 件.

例 9.14 实际上就是存储论中著名的“报童问题”，我们对它再做进一步的讨论. 为了不失一般性，我们给出报童问题如下.

二、报童问题

【例 9.15】 （报童问题）报童每天要到邮局去订报，出售一份报纸可获得利润 a 分，但如卖不出退回邮局，每份报纸要损失 b 分. 根据以往经验，得知每天需求量为 k 份的概率为 p_k. 问：报童每天应订购多少份报纸，才能使他获利的期望值最大？

【解】 设报童每天订购的份数为 n 份，顾客每天需求量 X 是一个随机变量，于是有 $P\{X = k\} = p_k$，报童每天的利润 $f(X)$ 可用下列公式来表示：

$$f(X) = \begin{cases} an, & X \geqslant n \\ aX - (n - X)b, & X < n \end{cases}.$$

因此报童获利的期望值为：

$$E(f(X)) = \sum_{k=0}^{\infty} f(k)P\{X=k\}$$
$$= \sum_{k=0}^{n-1}[ak-(n-k)b]p_k + \sum_{k=n}^{\infty} anp_k. \tag{9-25}$$

故报童需要做出的决策：确定一个订购数 n，使得 $E(f(X))$ 最大.

我们采用边际分析法来求解报童问题(即例 9.15)，也即利用价格结构来检验和判断在什么情况下，再多订一份报纸是合算的.

假设报纸订购数取 n 份是合算的，现考察再多订一份报纸是否合算，也就是考察第 $n+1$ 份报纸的利润期望值. 第 $n+1$ 份报纸售出时，获利为 a 分，售不出去时获利为 $(-b)$ 分. 因此，此时多订一份报纸的利润期望值为：

$$ap+(-b)(1-p)=(a+b)p-b,$$

其中，$p=P\{X\geqslant n+1\}$. 所谓合算，就是指利润期望值大于零. 故由 $(a+b)p-b>0$，可解得售出概率 p 应满足下述不等式：

$$p > \frac{b}{a+b} \tag{9-26}$$

其中，$p=P\{X\geqslant n+1\}=1-\sum_{i=0}^{n}p(X=i)$.

于是，我们取满足下式的 n^* 为报纸的最佳订购量：

$$P\{X\geqslant n^*\}=\min\{p(X\geqslant n)\mid p(X\geqslant n)>\frac{b}{a+b}, n=0,1,2,\cdots\} \tag{9-27}$$

下面我们用边际分析法来求解例 9.14. 因为我们引进了需求量 X 作为随机变量，所以我们将表 9-16 做一点修改并就在表中进行计算，如表 9-18 所示.

表 9-18

n	0	1	2	3	4	5	6	7	8
$P\{X=n\}$	0.05	0.10	0.10	0.25	0.20	0.15	0.05	0.05	0.05
$P\{X\leqslant n\}$	0.05	0.15	0.25	0.50	0.70	0.85	0.90	0.95	1.00
$P\{X\geqslant n+1\}$	0.95	0.85	0.75	0.50	0.30	0.15	0.10	0.05	0.00

在例 9.14 中，$a=2.50$，$b=3.25$，所以 $\frac{b}{a+b}\approx 0.565$，在 $n=2$ 时，$P\{X\geqslant 2+1\}=0.75$ 满足式(9-27)，所以最佳订购量 $n^*=3$ 件.

如果报童问题中的顾客每天需求量 X 是一个连续型随机变量，它的概率密度函数为 $f(x)$，则式(9-25)变为：

$$E(f(x))=\int_0^n[ax-(n-x)b]f(x)\mathrm{d}x+an\int_n^{\infty}f(x)\mathrm{d}x. \tag{9-28}$$

从 $\frac{\mathrm{d}E(f(x))}{\mathrm{d}n}=0$ 中解出 n，可知 n 应该满足下式：

$$\int_0^n f(x)\mathrm{d}x = \frac{a}{a+b}. \tag{9-29}$$

满足此式的 n^* 即为报纸的最佳订购量. 虽然 n^* 的值没有能够以显式的形式给出，但是如果概率密度函数知道了，便可通过计算或者查表得到 n^* 的值.

例如，$a=3$，$b=1$，现在 X 是[2000，4000]上均匀分布的连续型随机变量，其密度函数为：

$$f(x)=\begin{cases}\dfrac{1}{2000}, & 2000\leqslant x\leqslant 4000\\ 0, & 其他\end{cases}.$$

由式(9-29)知，$\int_{2000}^n f(x)\mathrm{d}x=\frac{a}{a+b}=\frac{3}{3+1}=0.75$，于是有 $n-2000=1500$，因此，报童的最优策略是订购 3500 份.

§9.9 多阶段决策方法

在实际问题当中碰到的随机型决策问题，往往是一类多阶段决策问题，这类问题在应用期望值准则做出决策时，还可以借助决策树的方法来解决.

一、决策树

决策树就是将问题中的有关策略、自然状态、概率及收益值等，通过线条和图形用类似于树状的形式表示出来. 例如，图 9-20 就是例 9.13 决策问题的决策树. 其中，□ 表示**决策点**，由此引出的分支称为**策略分支**；○ 表示**自然状态结点**，由此引出的分支称为**概率分支**，分支旁标明的数字就是各个状态的概率；△ 表示**决策终点**，△ 旁所标的数字表示各个策略

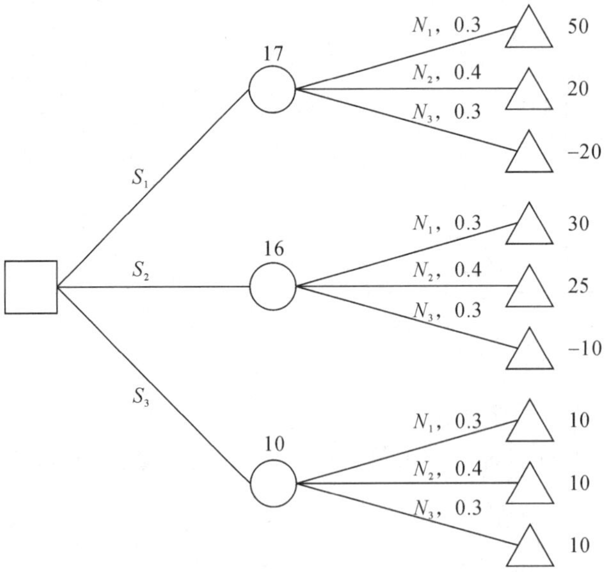

图 9-20

在相应状态下的收益值；○ 上方的数字为相应策略的收益期望值. 在图 9-20 中，策略 S_1 的期望值最大，故选取 S_1.

借助于决策树，利用期望值准则做出决策，其具体步骤如下.

(1) 绘制决策树，自左向右绘制.

(2) 计算期望值，自右向左计算各策略的期望值，并将结果标在相应的状态结点处.

(3) 选择策略，根据期望值最大准则从后向前进行"剪枝"决策，直到开始的决策点，选出期望值最大的策略.

【例 9.16】 某化工厂原料车间，欲对旧工艺进行革新，采用新工艺. 取得新工艺有两种策略：一是自行研究，成功的可能性为 0.6；二是购买专利，估计谈判成功的可能性为 0.8. 无论研究成功或谈判成功，生产规模都考虑以下两种方案：一是产量不变；二是增加产量. 如果研究或谈判都失败，则仍采用旧工艺进行生产，并保持原产品产量不变.

根据市场预测，估计今后几年内这种产品价格下跌的概率是 0.1，价格中等的概率是 0.5，价格上升的概率是 0.4. 经过分析计算，得到各个策略在不同价格下的收益值，其收益情况如表 9-19 所示.

表 9-19 （单位：百万元）

收益	旧工艺	买专利成功		自行研究成功	
		产量不变	增加产量	产量不变	增加产量
价格下跌	−100	−200	−300	−200	−300
价格中等	0	50	50	0	−150
价格上升	100	150	250	200	600

试用决策树方法寻找最优策略.

【解】 (1) 绘制决策树，如图 9-21 所示.

(2) 计算各结点的收益期望值.

结点 ⑧：$E_8=(-200)\times 0.1+0\times 0.5+200\times 0.4=60$；

结点 ⑨：$E_9=(-300)\times 0.1+(-150)\times 0.5+600\times 0.4=135$；

结点 ⑩：$E_{10}=(-200)\times 0.1+50\times 0.5+150\times 0.4=65$；

结点 ⑪：$E_{11}=(-300)\times 0.1+50\times 0.5+250\times 0.4=95$；

结点 ⑤⑦：$E_5=E_7=(-100)\times 0.1+0\times 0.5+100\times 0.4=30$.

因为结点 ④ 是决策点，通过以上计算可知，结点 ⑨ 的收益期望值大于结点 ⑧ 的收益期望值，所以决策点 ④ 的收益期望值取 135，即采用增加产量的方案. 同样，对于决策点 ⑥，由于结点 ⑪ 的收益期望值大于结点 ⑩ 的收益期望值，所以决策点 ⑥ 的收益期望值取95，即采用增加产量的方案.

继续计算结点 ② 和结点 ③ 的收益期望值，则有：

结点 ②：$E_2=135\times 0.6+30\times 0.4=93$；

结点 ③：$E_3=95\times 0.8+30\times 0.2=82$.

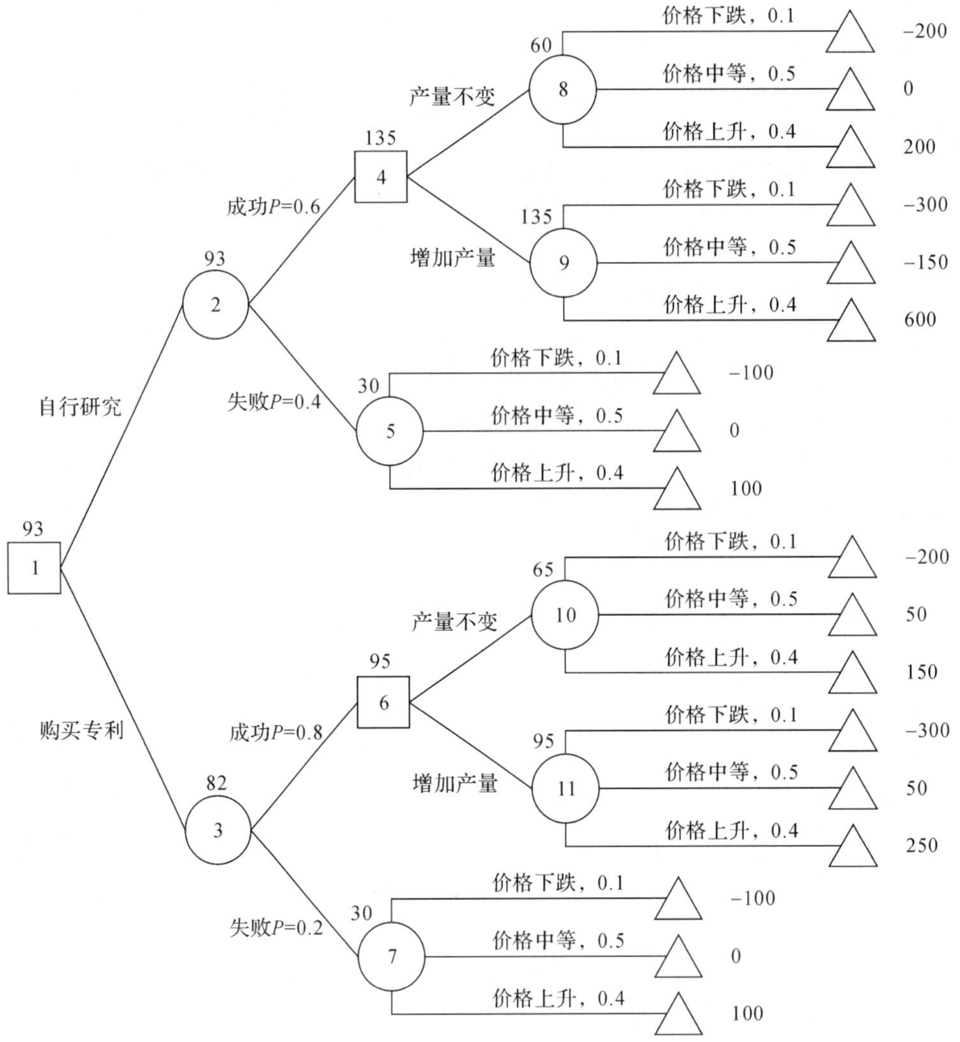

图 9-21

(3) 选择策略.通过比较后进行“剪枝”,结点 ② 的收益期望值大,所以应选取自行研究的方案.

【例 9.17】 某电子厂根据需要对应用某种新技术生产市场所需的某种产品的生产和发展前景做决策.现有三种可供选择的策略:一是先只搞研究;二研究与发展结合;三全力发展.如果先只搞研究,有突破的可能性为 60%,突破后又有两种方案:一变为研究与发展结合;二变为全力发展.如果研究与发展结合,有突破的可能性为 50%,突破后有两种方案:一仍为研究与发展结合;二变为全力发展.无论采用哪一种策略,都将对产品的价格产生影响.据估计,今后三年内,这种产品价格下降的概率是 0.4,上升的概率是 0.6.

经过分析计算,得到各方案在不同情况下的收益值,如表 9-20 所示.

表 9-20 （单位：百万元）

收益	只搞研究			研究与发展结合			全力发展
	无突破	有突破		无突破	有突破		
		变研究与发展结合	变为全力发展		仍研究与发展结合	变为全力发展	
产品价格上升	100	200	300	200	250	350	400
产品价格下降	−100	−200	−250	−200	−150	−200	−400

试画出决策树，寻找最优策略.

【解】 按照决策树方法，绘出决策树，如图 9-22 所示. 根据图 9-22 可知，应采用“研究与发展结合，如有突破，再全力发展”的策略.

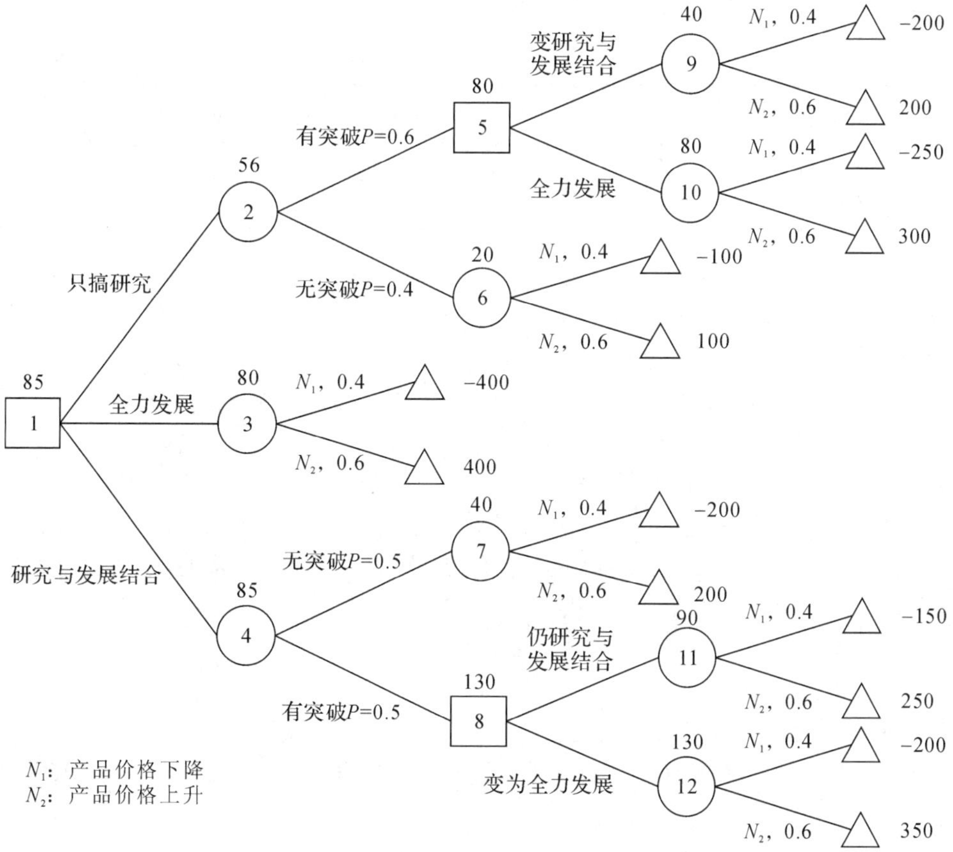

图 9-22

二、灵敏度分析

在例 9.17 中，我们注意到结点 ③ 与结点 ④ 处的两个收益期望值非常接近：

$$E_3 = (-400) \times 0.4 + 400 \times 0.6 = 80;$$

$$E_4 = [(-200) \times 0.4 + 350 \times 0.6] \times 0.5 + [(-200) \times 0.4 + 200 \times 0.6] \times 0.5$$
$$= 130 \times 0.5 + 40 \times 0.5 = 85.$$

如果状态的概率稍微发生变化或者收益情况表(见表 9-20) 中的数据稍加变动,E_3 与 E_4 的值就会发生变化,这时决策也将随之改变.

事实上,如果在"研究与发展结合"的方案中,由于该电子厂的技术研究力量比较弱,要有突破的可能性只有40%(或更低),则 $E_4 = [(-200) \times 0.4 + 350 \times 0.6] \times 0.4 + [(-200) \times 0.4 + 200 \times 0.6] \times 0.6 = 130 \times 0.4 + 40 \times 0.6 = 76$(或更低些),即 $E_4 < E_3$,这时决策方案就要选择"全力发展"策略了.

在实际工作中,可把状态概率和收益值等参数在可能的范围内做几次变动,仔细分析这些参数变动后给期望值和决策结果带来的影响. 如果参数稍加变动而最优策略不变,则说明这个策略比较稳定;如果参数稍加变动而最优方案改变,则说明这个方案是不稳定的,还需要进一步分析,这就是所谓的**灵敏度分析**.

【例 9.18】 某投资公司有一投资决策问题的收益表,如表 9-21 所示.

表 9-21 (单位:万元)

$f(S_i, N_j)$	状态 N_1 $P(N_1) = 0.7$	状态 N_2 $P(N_2) = 0.3$
策略 S_1	1000	-400
策略 S_2	-300	2000

试问:两个策略哪个更优?并进行灵敏度分析.

【解】 先计算两个方案的收益期望值:

$$E(S_1) = 1000 \times 0.7 + (-400) \times 0.3 = 580,$$
$$E(S_2) = (-300) \times 0.7 + 2000 \times 0.3 = 390.$$

根据期望值准则,应选择策略 S_1 作为最优策略.

下面对这一决策问题进行灵敏度分析.

(1) 假设状态 N_1 出现的概率由 0.7 变化到 0.8,此时两种策略的收益期望值相应变化为:

$$E(S_1) = 1000 \times 0.8 + (-400) \times 0.2 = 720,$$
$$E(S_2) = (-300) \times 0.8 + 2000 \times 0.2 = 160.$$

根据期望值准则,最优策略仍为 S_1.

(2) 假设状态 N_1 出现的概率由 0.7 变化到 0.6,此时两种策略的收益期望值相应变化为:

$$E(S_1) = 1000 \times 0.6 + (-400) \times 0.4 = 440,$$
$$E(S_2) = (-300) \times 0.6 + 2000 \times 0.4 = 620.$$

根据期望值准则,最优策略变为 S_2.

由(1) 和(2) 不难发现,当概率 P 在区间(0.7,0.8) 内变动时,收益期望值 $E(S_1) > E(S_2)$ 的情况没有发生改变,而当概率 P 在区间(0.6,0.7) 内变动时,情况就可能发生根本性改变，最优策略可能由 S_1 转变为 S_2. 因此，在区间(0.6,0.7) 内，存在一个参数 α，当概率 $P=\alpha$ 时发生策略转折.

现在我们不妨假设状态 N_1 出现的概率为 α，则两种策略的收益期望值分别为：

$$E(S_1)=1000\times\alpha+(-400)\times(1-\alpha),$$

$$E(S_2)=(-300)\times\alpha+2000\times(1-\alpha).$$

为观察 α 的变化如何对决策产生影响，令 $E(S_1)=E(S_2)$，得：

$$1000\times\alpha+(-400)\times(1-\alpha)=(-300)\times\alpha+2000\times(1-\alpha),$$

解得 $\alpha=0.65$，称 $\alpha=0.65$ 为转折概率.

可以看出，当 $\alpha>0.65$ 时，$E(S_1)>E(S_2)$，应选择策略 S_1；当 $\alpha<0.65$ 时，$E(S_1)<E(S_2)$，应选择策略 S_2.

§9.10　一元线性回归模型

在客观世界中，普遍存在着变量之间的关系. 数学的一个重要作用就是从数量上来揭示、表达和分析这些关系. 而变量之间的关系，一般可分为确定的和非确定的两类. 确定性关系可用函数关系表示，而非确定性关系则不然.

例如，人的身高和体重的关系、人的血压和年龄的关系、某产品的广告投入与销售额间的关系等，它们之间是有关联的，但是它们之间的关系又不能用普通函数来表示. 我们称这类非确定性关系为相关关系. 具有相关关系的变量虽然不具有确定的函数关系，但是可以借助函数关系来表示它们之间的统计规律，这种近似地表示它们之间的相关关系的函数被称为回归函数. 回归分析是研究两个或两个以上变量相关关系的一种重要的统计方法.

在实际中，最简单的情形是由两个变量组成的关系. 由于两个变量之间不存在确定的函数关系，因此必须把随机波动考虑进去，故引入模型如下：

$$Y=f(x)+\varepsilon.$$

其中，Y 是随机变量，x 是普通变量，ε 是随机变量(称为随机误差).

回归分析就是根据已得的试验结果以及以往的经验来建立统计模型，并研究变量间的相关关系，建立起变量之间关系的近似表达式，即经验公式，并由此对相应的变量进行预测和控制等.

本节主要介绍一元线性回归模型估计、检验以及相应的预测等.

一、引例

【引例 9.1】　有一种溶剂在不同的温度下其在一定量的水中的溶解度不同，现测得这种溶剂在温度 x 下，溶解于水中的数量 y 如表 9-22 所示.

表 9-22

温度 x_i(℃)	0	4	10	15	21	29	36	51	68
数量 y_i	66.7	71.0	76.3	80.6	85.7	92.9	99.4	113.6	125.1

试研究这些数据所蕴藏的规律性.

【解】 为研究这些数据所蕴藏的规律性,将温度 x_i 作为横坐标,数量 y_i 作为纵坐标,在坐标系中画出散点图,如图 9-23 所示.

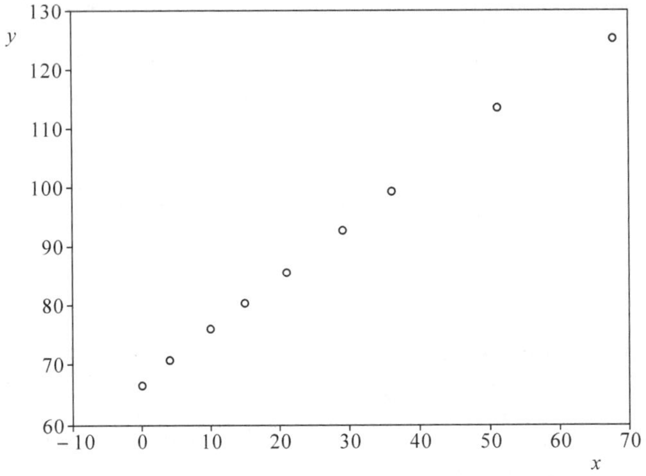

图 9-23

从图 9-23 中可以看出,虽然这些点是散乱的,但大体上散布在某一条直线附近,即该温度与溶解数量大致成线性关系.这些点与直线的偏离是测试过程中随机因素影响的结果,故温度与溶解数量的数据可假设有如下的结构形式:$y_i = \beta_0 + \beta_1 x_i + \varepsilon_i, i = 1,2,\cdots,10$.其中,$\varepsilon_i$ 是测试误差,它反映了数量之间的不确定关系.

二、一元线性回归模型

一般地,当随机变量 Y 与普通变量 x 之间有线性关系时,可设

$$Y = \beta_0 + \beta_1 x + \varepsilon, \quad \varepsilon \sim N(0,\sigma^2), \tag{9-30}$$

其中,β_0,β_1 为待定系数.

设$(x_1,Y_1),(x_2,Y_2),\cdots,(x_n,Y_n)$是取自总体$(x,Y)$的一组样本,而$(x_1,y_1),(x_2,y_2),\cdots,(x_n,y_n)$是该样本的观察值,在样本和它的观察值中的 $x_1,x_2,\cdots,x_n$ 是取定的不完全相同的数值,而样本中的 $Y_1,Y_2,\cdots,Y_n$ 在试验前为随机变量,在试验或观测后是具体的数值,一次抽样的结果可以取得 n 对数据$(x_1,y_1),(x_2,y_2),\cdots,(x_n,y_n)$,则有

$$y_i = \beta_0 + \beta_1 x_i + \varepsilon_i \quad (i = 1,2,\cdots,n),$$

其中,$\varepsilon_1,\varepsilon_2,\cdots,\varepsilon_n$ 相互独立.在线性模型中,由假设知

$$Y \sim N(\beta_0 + \beta_1 x,\sigma^2), \quad E(Y) = \beta_0 + \beta_1 x,$$

回归分析就是根据样本观察值寻求 β_0,β_1 的估计 $\hat{\beta}_0,\hat{\beta}$.

对于给定 x 值,取

$$\hat{Y}=\hat{\beta}_0+\hat{\beta}_1 x \tag{9-31}$$

作为 $E(Y)=\beta_0+\beta_1 x$ 的估计，方程(9-31)称为 Y 关于 x 的**线性回归方程**或**经验公式**，其图像称为**回归直线**，$\hat{\beta}_1$ 称为**回归系数**.

三、回归直线方程的求法(最小二乘估计)

对样本的一组观察值 $(x_1,y_1),(x_2,y_2),\cdots,(x_n,y_n)$，对每个 x_i，由线性回归方程(9-31)可以确定一个回归值

$$\hat{y}_i=\hat{\beta}_0+\hat{\beta}_1 x_i,$$

这个回归值 $\hat{y}_i$ 与实际观察值 y_i 之差

$$y_i-\hat{y}_i=y_i-\hat{\beta}_0-\hat{\beta}_1 x_i,$$

刻画了与回归直线 $\hat{y}=\hat{\beta}_0+\hat{\beta}_1 x$ 的偏离度. 一个自然的想法就是：对所有 x_i，若 y_i 与 $\hat{y}_i$ 的偏离越小，则认为直线与所有试验点拟合得越好. 令

$$Q(\beta_0,\beta_1)=\sum_{i=1}^{n}(y_i-\beta_0-\beta_1 x_i)^2, \tag{9-32}$$

式(9-32)表示所有观察值 y_i 与回归直线 $\hat{y}_i$ 的偏离平方和，刻画了所有观察值与回归直线的偏离度. 所谓**最小二乘法**，就是寻求 β_0 与 β_1 的估计 $\hat{\beta}_0,\hat{\beta}_1$，使 $Q(\hat{\beta}_0,\hat{\beta}_1)=\min Q(\beta_0,\beta_1)$. 利用微分的方法，求 Q 关于 β_0,β_1 的偏导数，并令其为 0，得：

$$\begin{cases}\dfrac{\partial Q}{\partial\beta_0}=-2\displaystyle\sum_{i=1}^{n}(y_i-\beta_0-\beta_1 x_i)=0\\ \dfrac{\partial Q}{\partial\beta_1}=-2\displaystyle\sum_{i=1}^{n}(y_i-\beta_0-\beta_1 x_i)x_i=0\end{cases},$$

整理得：

$$\begin{cases}n\beta_0+\left(\displaystyle\sum_{i=1}^{n}x_i\right)\beta_1=\displaystyle\sum_{i=1}^{n}y_i\\ \left(\displaystyle\sum_{i=1}^{n}x_i\right)\beta_0+\left(\displaystyle\sum_{i=1}^{n}x_i^2\right)\beta_1=\displaystyle\sum_{i=1}^{n}x_i y_i\end{cases}, \tag{9-33}$$

我们称式(9-33)为正规方程组. 解正规方程组得：

$$\begin{cases}\hat{\beta}_0=\bar{y}-\bar{x}\hat{\beta}_1\\ \hat{\beta}_1=\left(\displaystyle\sum_{i=1}^{n}x_i y_i-n\bar{x}\bar{y}\right)\Big/\left(\displaystyle\sum_{i=1}^{n}x_i^2-n\bar{x}^2\right)\end{cases}. \tag{9-34}$$

其中，$\bar{x}=\dfrac{1}{n}\sum_{i=1}^{n}x_i$，$\bar{y}=\dfrac{1}{n}\sum_{i=1}^{n}y_i$. 若记

$$L_{xy}\overset{\text{def}}{=\!=}\sum_{i=1}^{n}(x_i-\bar{x})(y_i-\bar{y})=\sum_{i=1}^{n}x_i y_i-n\bar{x}\bar{y},$$

$$L_{xx}\overset{\text{def}}{=\!=}\sum_{i=1}^{n}(x_i-\bar{x})^2=\sum_{i=1}^{n}x_i^2-n\bar{x}^2,$$

$$L_{yy}\overset{\text{def}}{=\!=}\sum_{i=1}^{n}(y_i-\bar{y})^2=\sum_{i=1}^{n}y_i^2-n\bar{y}^2,$$

则

$$\begin{cases}\hat{\beta}_0=\bar{y}-\bar{x}\hat{\beta}_1\\ \hat{\beta}_1=\dfrac{L_{xy}}{L_{xx}}\end{cases}. \tag{9-35}$$

式(9-34)或式(9-35)叫作 β_0,β_1 的最小二乘估计.而

$$\hat{Y}=\hat{\beta}_0+\hat{\beta}_1 x,$$

即为 Y 关于 x 的一元经验回归函数,称为**一元线性回归方程**.

【例 9.19】 求引例 9.1 中的 y 关于 x 的回归方程.

【解】 为了方便,列出如下计算表格(见表 9-23).

表 9-23

i	x_i	y_i	x_i^2	y_i^2	$x_i y_i$
1	0	66.7	0	4448.89	0
2	4	71.0	16	5041.00	284.0
3	10	76.3	100	5821.69	763.0
4	15	80.6	225	6496.36	1209.0
5	21	85.7	441	7344.49	1799.7
6	29	92.9	841	8630.41	2694.1
7	36	99.4	1296	9880.36	3578.4
8	51	113.6	2601	12904.96	5793.6
9	68	125.1	4624	15650.01	8506.8
合计	234	811.3	10144	76218.17	24628.6

$$n=9,\quad \bar{x}=\frac{234}{9}=26,\quad \bar{y}=\frac{811.3}{9}=90.1444;$$

$$L_{xx}=\sum_{i=1}^{9}x_i^2-9\bar{x}^2=4060;$$

$$L_{xy}=\sum_{i=1}^{9}x_i y_i-9\bar{x}\,\bar{y}=3534.8;$$

$$\hat{\beta}_1=\frac{L_{xy}}{L_{xx}}=\frac{3534.8}{4060}=0.8706;$$

$$\hat{\beta}_0=\bar{y}-\bar{x}\hat{\beta}_1=90.1444-26\times 0.8706=67.5078.$$

因此所求的回归直线方程为:$\hat{y}=67.5078+0.8706x$.

【例 9.20】 对某地区生产同一产品的 8 个不同规模的乡镇企业进行生产费用调查,得产量 x 和生产费用 y 的数据如表 9-24 所示.

表 9-24

x(万件)	1.5	2	3	4.5	7.5	9.1	10.5	12
y(万件)	5.6	6.6	7.2	7.8	10.1	10.8	13.5	16.5

试据此建立 y 关于 x 的回归方程.

【解】 作散点图(见图 9-24).

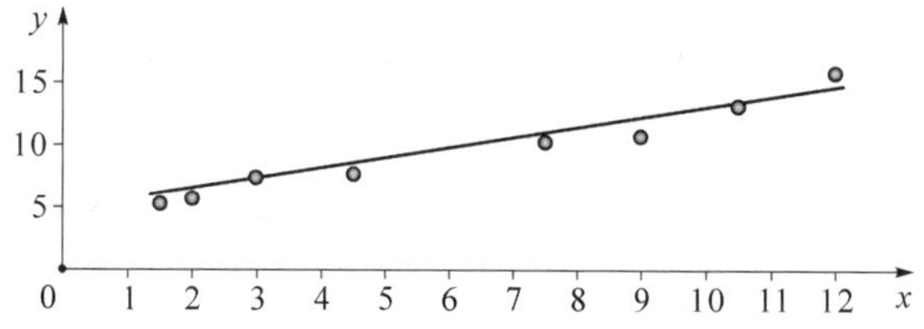

图 9-24

由散点图可见作一元线性回归较合适. 由所给数据计算如下:

$$\sum_{i=1}^{8} x_i = 50.1, \qquad \sum_{i=1}^{8} y_i = 78.1,$$

$$\sum_{i=1}^{8} x_i y_i = 592.08, \qquad \sum_{i=1}^{8} x_i^2 = 428.81,$$

$$\bar{x} = \frac{1}{8}\sum_{i=1}^{8} x_i = 6.26, \quad \bar{y} = \frac{1}{8}\sum_{i=1}^{8} y_i = 9.76.$$

从而

$$L_{xx} = \sum_{i=1}^{8} x_i^2 - \frac{1}{8}\left(\sum_{i=1}^{8} x_i\right)^2 = 428.81 - \frac{1}{8}\times 50.1^2 = 115.05,$$

$$L_{xy} = \sum_{i=1}^{8} x_i y_i - \frac{1}{8}\left(\sum_{i=1}^{8} x_i\right)\left(\sum_{i=1}^{8} y_i\right) = 592.08 - \frac{1}{8}\times 50.1\times 78.1 = 102.99,$$

故

$$\hat{\beta}_1 = \frac{L_{xy}}{L_{xx}} = \frac{102.99}{115.05} = 0.90,$$

$$\hat{\beta}_0 = \bar{y} - \hat{\beta}_1\bar{x} = 9.76 - 0.90\times 6.26 = 4.13.$$

由此得到回归方程为:$\hat{y} = 4.13 + 0.90x$.

四、线性相关系数及其显著性检验

从上述确定的回归过程可以看出,对于任何两个变量 X 与 Y,只要知道它们的 n 对数据,就可以利用最小二乘法,在形式上求得 X 与 Y 的回归直线方程. 这样就产生了一个问题,X 与 Y 是否真的具有线性相关关系呢?或者说,其线性相关的程度如何呢?如果没有线性相关关系,那么我们建立的回归直线方程就没有任何的实际意义. 因此,需要建立一种检验法,用来检验 X 与 Y 之间是否具有线性相关关系,通常称之为**相关系数检验法**.

(一) 相关系数

根据前面所学,我们知道相关系数的大小可以表示两个随机变量线性关系的密切程度. 对于线性回归中的变量 X 与 Y,其样本相关系数为:

$$r = \frac{L_{xy}}{\sqrt{L_{xx}}\ \sqrt{L_{yy}}}.$$

先来分析一下 r 的意义:

$$
\begin{aligned}
Q(\beta_0,\beta_1) &= \sum_{i=1}^{n}(y_i-\hat{y}_i)^2=\sum_{i=1}^{n}(y_i-\beta_0-\beta_1 x_i)^2\\
&=\sum_{i=1}^{n}(y_i-\bar{y}+\beta_1\bar{x}-\beta_1 x_i)^2\\
&=\sum_{i=1}^{n}(y_i-\bar{y})^2+\beta_1^2\sum_{i=1}^{n}(x_i-\bar{x})^2-2\beta_1\sum_{i=1}^{n}(y_i-\bar{y})(x_i-\bar{x})\\
&=L_{yy}+\beta_1^2L_{xx}-2\beta_1L_{xy}\\
&=L_{yy}+\left(\frac{L_{xy}}{L_{xx}}\right)^2L_{xx}-2\left(\frac{L_{xy}}{L_{xx}}\right)L_{xy}\\
&=L_{yy}\left(1-\frac{(L_{xy})^2}{L_{xx}L_{xy}}\right)=L_{yy}(1-r^2)\geqslant 0.
\end{aligned}
$$

不难看出，由于 $Q\geqslant 0$，$L_{yy}\geqslant 0$，故 $1-r^2\geqslant 0$，即 $0\leqslant|r|\leqslant 1$. $|r|$ 越接近 1，Q 越小，回归方程对样本数据的拟合程度越好；反之，$|r|$ 越接近 0，Q 越大，回归方程对样本数据的拟合程度越差.

下面利用散点图具体说明，当 r 取各种不同数值时，散点分布的情形如图 9-25 所示.

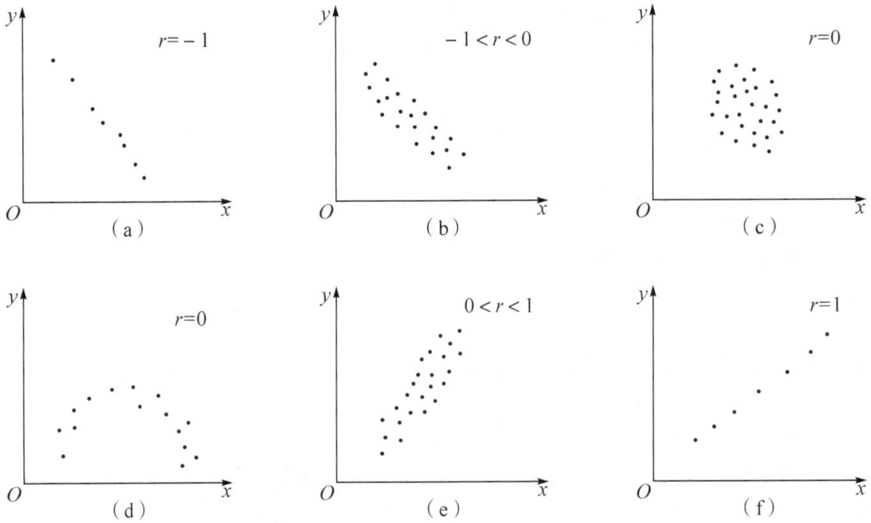

图 9-25

具体说明如下：

(1) 当 $r=0$ 时，$L_{xy}=0$，因此 $\hat{\beta}_1=0$，回归直线平行于 x 轴，说明 y 的取值与 x 无关. 注意，此时 x 与 y 可能存在其他非线性关系.

(2) 当 $|r|=1$ 时，$Q=0$，从而 $\hat{y}_i=y_i$，这时所有的点都在回归直线上. 此时 x 与 y 存在确定的线性函数关系，称 x 与 y 完全线性相关.

(3) 当 $0<|r|<1$ 时，x 与 y 存在一定的线性关系. 若 r 与 L_{xy} 同号，则 $r>0$，$\hat{\beta}_1>0$，称 x 与 y 正相关；若 r 与 L_{xy} 异号，则 $r<0$，$\hat{\beta}_1<0$，称 x 与 y 负相关.

（二）相关系数检验法

当 $0<|r|<1$ 时，x 与 y 线性相关. 但只有当 r 的绝对值大到一定程度时，才能认为 x

与 y 线性关系密切. 此时,我们认为相关系数是显著的,所求的回归直线方程才有意义,否则无意义. $|r|$ 究竟大到什么程度时,x 与 y 的线性关系才算是密切呢?

下面给出相关系数检验法的步骤:

(1) 给定显著性水平 α.

(2) 根据样本计算检验统计量 r 的值.

(3) 对给定的显著性水平 α,查相关系数表得 $r_\alpha(n-2)$ 作为临界值(自由度等于样本容量减去变量的个数).

(4) 比较判断,当 $|r|>r_\alpha(n-2)$ 时,表明线性相关关系显著;当 $|r|\leqslant r_\alpha(n-2)$ 时,线性相关关系不显著. 但在实际应用中,我们常常约定:当 $|r|>r_{0.05}$ 时,称线性相关关系显著;当 $|r|>r_{0.01}$ 时,称线性相关关系非常显著.

【例 9.21】 对例 9.20 中的线性关系进行显著性检验.

【解】 $L_{xx}=115.05,\quad L_{xy}=102.99,\quad L_{yy}=98.3$,

得
$$r=\frac{L_{xy}}{\sqrt{L_{xx}L_{yy}}}=\frac{102.99}{\sqrt{115.05\times 98.3}}=0.9684.$$

取显著水平 $\alpha=0.01$,按自由度 $n-2=8-2=6$,查相关系数表,得 $r_{0.01}(6)=0.834$. 由于 $|r|>r_{0.01}(6)$,故认为 Y 与 X 之间的线性回归极显著,即 $\hat{y}=4.13+0.90x$ 可以表达 Y 与 x 之间存在的线性相关关系.

五、预测问题

在回归问题中,若回归方程经检验效果显著,这时回归值与实际值就拟合较好,因而可以利用它对因变量 Y 的新观察值 y_0 进行点预测或区间预测.

对于点预测很自然的想法,就是将预测点 x_0 代入回归方程就可以算出 y_0 的估计值 $\hat{y}_0=\beta_0+\beta_1x_0$. 若还想知道其所产生的偏差 $|y_0-\hat{y}_0|$ 到底有多大,这就要求出一个区间,使 Y 的相应取值 y_0 以给定的置信度 α 被包含在某一区间,这个区间越小越好,并称该区间为预测区间.

对于给定的 X 的取值 x_0 来说,其相应的 Y 的取值 y_0 总是按一定的分布在 $\hat{y}_0$ 附近波动. 这种波动规律一般近似地服从正态分布,其均值为 $\hat{y}_0$,方差的近似值为:
$$\hat{\sigma}^2=\frac{Q}{n-2}=\frac{1-r^2}{n-2}L_{yy}.$$

即 y_0 近似地服从正态分布 $N(\hat{y}_0,\hat{\sigma}^2)$,其中 $\sigma=\sqrt{\frac{Q}{n-2}}$ 称为**估计标准误差**. 估计标准误差的值越小,则估计量与其真实值的近似误差越小.

由正态分布的 3σ 规则可知:
$$p(|y_0-\hat{y}_0|<\hat{\sigma})=0.683,$$
$$p(|y_0-\hat{y}_0|<2\hat{\sigma})=0.954,$$
$$p(|y_0-\hat{y}_0|<3\hat{\sigma})=0.997,$$
即 y_0 被包含在 $(\hat{y}_0-\hat{\sigma},\hat{y}_0+\hat{\sigma})$ 内的概率为 0.683;y_0 被包含在 $(\hat{y}_0-2\hat{\sigma},\hat{y}_0+2\hat{\sigma})$ 内的概率为 0.954;y_0 被包含在 $(\hat{y}_0-3\hat{\sigma},\hat{y}_0+3\hat{\sigma})$ 内的概率为 0.997.

【例 9.22】 根据调查,建筑面积与建筑成本之间存在着线性相关关系,其统计资料如表 9-25 所示.

表 9-25

建筑面积 X(百平方米)	4	2	3	4	5	5
建筑成本 Y(万元)	14.9	12.8	13.2	14.1	15.5	16

(1) 求建筑面积与建筑成本之间的回归方程;

(2) 当 $\alpha = 0.05$ 时,检验其线性相关关系;

(3) 当建筑面积为 5 百平方米时,预测建筑成本范围(取 $\alpha = 0.05$).

【解】 (1) 整理数据并列表,如表 9-26 所示.

表 9-26

编号	x_i	y_i	x_i^2	y_i^2	$x_i y_i$
1	4	14.9	16	222.01	59.6
2	2	12.8	4	163.84	25.6
3	3	13.2	9	174.24	39.6
4	4	14.1	16	198.81	56.4
5	5	15.5	25	240.25	77.5
6	5	16.0	25	256.00	80.0
合计	23	86.5	95	1255.15	338.7
平均	3.833	14.417			

根据回归公式计算可得:

$$\hat{\beta}_1 = \left(\sum_{i=1}^{n} x_i y_i - n\bar{x}\bar{y}\right) \Big/ \left(\sum_{i=1}^{n} x_i^2 - n\bar{x}^2\right) = \frac{338.7 - 6 \times 3.833 \times 14.417}{95 - 6 \times (3.833)^2} = 1.042,$$

$$\hat{\beta}_0 = \bar{y} - \hat{\beta}_1 \bar{x} = 14.417 - 1.042 \times 3.833 = 10.423,$$

即回归直线方程为:$\hat{y} = 10.423 + 1.042x$.

(2) 对方程进行相关性检验,计算相关系数 $r = \dfrac{L_{xy}}{\sqrt{L_{xx}}\sqrt{L_{yy}}} \approx 0.96$. 查 $\alpha = 0.05$, $n - 2 = 4$ 的相关临界值表,得 $\lambda = r_{0.05}(4) = 0.8114$. 因为 $r > \lambda$,所以建筑面积和建筑成本之间存在着线性相关关系.

(3) $\hat{\sigma} = \sqrt{\dfrac{1 - r^2}{n - 2} L_{yy}} = \sqrt{\dfrac{1 - 0.96^2}{4} \times 8.05} \approx 0.397$,

则 $$\hat{y}_0 = 10.423 + 1.042 \times 5 = 15.633,$$

是建筑面积为 5 百平方米时建筑成本的点预测.

$$y_1 = \hat{y}_0 - 2\hat{\sigma} = 15.633 - 2 \times 0.397 = 14.839,$$

$$y_2 = \hat{y}_0 + 2\hat{\sigma} = 15.633 + 2 \times 0.397 = 16.427.$$

所以,当建筑面积为 5 百平方米时,能以 95% 的概率预计建筑成本在 14.839 万元与 16.427 万元之间.

§9.11　曲线与多元线性回归模型

前面讨论了一元线性回归问题，但在实际应用中有时会遇到更复杂的回归问题，其中有些情形，可通过适当的变量替换化为一元线性回归问题来处理. 另外，在许多实际问题中，常常会遇到要研究一个随机变量与多个变量之间的相关关系. 例如，某种产品的销售额不仅受到投入的广告费用的影响，通常还与产品的价格、消费者的收入状况、社会保有量以及其他可替代产品的价格等诸多因素有关系. 研究这种一个随机变量同其他多个变量之间关系的主要方法是运用多元回归分析. 多元线性回归分析是一元线性回归分析的自然推广形式，两者在参数估计、显著性检验等方面非常相似. 本节只简单介绍一些可化为直线的曲线回归与多元线性回归的数学模型及问题解决思路与办法. 由于该类问题计算量大，读者可以在理解其数学思想和方法的基础上，通过 Excel 或数学软件去计算.

一、可化为一元线性回归的曲线回归

假设有下列曲线回归方程：

(1) 曲线回归方程：

$$Y=\beta_0+\frac{\beta_1}{x}+\varepsilon,\quad \varepsilon\sim N(0,\sigma^2),\tag{9-36}$$

其中，β_0,β_1,σ^2 是与 x 无关的未知参数.

令 $x'=\dfrac{1}{x}$，则式(9-36)可转化为下列一元线性回归模型：

$$Y'=\beta_0+\beta_1x'+\varepsilon,\quad \varepsilon\sim N(0,\sigma^2).\tag{9-37}$$

(2) 曲线回归方程：

$$Y=\alpha e^{\beta x}\cdot\varepsilon,\quad \ln\varepsilon\sim N(0,\sigma^2),\tag{9-38}$$

其中，α,β,σ^2 是与 x 无关的未知参数.

在 $Y=\alpha e^{\beta x}\cdot\varepsilon$ 两边取对数得：

$$\ln Y=\ln\alpha+\beta x+\ln\varepsilon.$$

令 $Y'=\ln Y,a=\ln\alpha,b=\beta,x'=x,\varepsilon'\sim\ln\varepsilon$，则式(9-38)可转化为下列一元线性回归模型：

$$Y'=a+bx'+\varepsilon',\quad \varepsilon'\sim N(0,\sigma^2).\tag{9-39}$$

(3) 曲线回归方程：

$$Y=\alpha x^{\beta}\cdot\varepsilon,\quad \ln\varepsilon\sim N(0,\sigma^2),\tag{9-40}$$

其中，α,β,σ^2 是与 x 无关的未知参数.

在 $Y=\alpha x^{\beta}\cdot\varepsilon$ 两边取对数得：

$$\ln Y=\ln\alpha+\beta\ln x+\ln\varepsilon.$$

令 $Y'=\ln Y,a=\ln\alpha,b=\beta,x'=\ln x,\varepsilon'=\ln\varepsilon$，则式(9-40)可转化为下列一元线性回归模型：

$$Y'=a+bx'+\varepsilon',\quad \varepsilon'\sim N(0,\sigma^2).\tag{9-41}$$

(4) 曲线回归方程：

$$Y = \alpha + \beta h(x) + \varepsilon, \quad \varepsilon \sim N(0, \sigma^2), \tag{9-42}$$

其中，α, β, σ^2 是与 x 无关的未知参数.

$h(x)$ 是 x 的已知函数，令 $Y' = Y, a = \alpha, b = \beta, x' = h(x)$，则式(9-42) 可转化为：

$$Y' = a + bx' + \varepsilon, \quad \varepsilon \sim N(0, \sigma^2). \tag{9-43}$$

【注】 若在原模型下，对于(x, y) 有样本：

$$(x_1, y_1), (x_2, y_2), \cdots, (x_n, y_n),$$

就相当于在新模型下有样本：

$$(x_1', y_1'), (x_2', y_2'), \cdots, (x_n', y_n').$$

因而就能利用一元线性回归的方法进行估计、检验和预测，在得到 Y' 关于 x' 的回归方程后，再将原变量代回，就得到 Y 关于 x 的回归方程. 因为它的图形是一条曲线，所以也称为**曲线回归方程**.

【例 9.23】 以电容器充电达某电压值时为时间的计算原点，此后电容器串联一电阻放电，测定各时刻的电压 u，测量结果如表 9-27 所示.

表 9-27

时间 t(s)	0	1	2	3	4	5	6	7	8	9	10
电压 u(V)	100	75	55	40	30	20	15	10	10	5	5

若 u 与 t 的关系为 $u = u_0 e^{-ct}$，其中 u_0, c 未知. 求 u 对 t 的回归方程.

【解】 对 $u = u_0 e^{-ct}$ 两端取对数得：$\ln u = \ln u_0 - ct$.

令 $y = \ln u, \beta_0 = \ln u_0, \beta_1 = -c, x = t$，则 $y = \beta_0 + \beta_1 x$.

关于 y 及 x 有如表 9-28 所示数据.

表 9-28

x	0	1	2	3	4	5	6	7	8	9	10
y	4.6	4.3	4.0	3.7	3.4	3	2.7	2.3	2.3	1.6	1.6

$$n = 11, \quad \bar{x} = 5, \quad L_{xx} = 110, \quad \bar{y} = 3.045, \quad L_{yy} = 10.867,$$

$$L_{xy} = 133.1 - 11 \times 5 \times 3.045 = -34.38,$$

故 $\hat{\beta}_1 = -0.313, \quad \hat{\beta}_0 = \bar{y} - \hat{\beta}_1 \bar{x} = 4.61,$

从而 $\hat{c} = 0.313, \quad \hat{u}_0 = 100.48,$

得 u 对 t 的回归方程为：

$$\hat{u} = 100.48 e^{-0.313t}.$$

二、多元线性回归模型

设影响因变量 Y 的自变量个数为 p，并分别记为 $x_1, x_2, \cdots, x_p$，所谓多元线性模型是指这些自变量对 Y 的影响是线性的：

$$Y = \beta_0 + \beta_1 x_1 + \beta_2 x_2 + \cdots + \beta_p x_p + \varepsilon, \quad \varepsilon \sim N(0, \sigma^2).$$

其中，$\beta_0,\beta_1,\beta_2,\cdots,\beta_p,\sigma^2$ 是与 $x_1,x_2,\cdots,x_p$ 无关的未知参数，称 Y 为对自变量 $x_1,x_2,\cdots,x_p$ 的线性回归函数.

记 n 组样本分别是 $(x_{i1},x_{i2},\cdots,x_{ip},y_i)(i=1,2,\cdots,n)$，则有：

$$\begin{cases} y_1=\beta_0+\beta_1x_{11}+\beta_2x_{12}+\cdots+\beta_px_{1p}+\varepsilon_1 \\ y_2=\beta_0+\beta_1x_{21}+\beta_2x_{22}+\cdots+\beta_px_{2p}+\varepsilon_2 \\ \qquad\vdots \\ y_n=\beta_0+\beta_1x_{n1}+\beta_2x_{n2}+\cdots+\beta_px_{np}+\varepsilon_n \end{cases}, \tag{9-44}$$

其中，$\varepsilon_1,\varepsilon_2,\cdots,\varepsilon_n$ 相互独立，且 $\varepsilon_i\sim N(0,\sigma^2)$，$i=1,2,\cdots,n$. 这个模型称为**多元线性回归**的数学模型. 令

$$\boldsymbol{Y}=\begin{bmatrix} y_1\\ y_2\\ \vdots\\ y_n\end{bmatrix},\quad \boldsymbol{X}=\begin{bmatrix} 1 & x_{11} & x_{12} & \cdots & x_{1p}\\ 1 & x_{21} & x_{22} & \cdots & x_{2p}\\ \vdots & \vdots & \vdots & \ddots & \vdots\\ 1 & x_{n1} & x_{n2} & \cdots & x_{np}\end{bmatrix},\quad \boldsymbol{\beta}=\begin{bmatrix} \beta_0\\ \beta_1\\ \vdots\\ \beta_p\end{bmatrix},\quad \boldsymbol{\varepsilon}=\begin{bmatrix} \varepsilon_1\\ \varepsilon_2\\ \vdots\\ \varepsilon_n\end{bmatrix},$$

则数学模型(9-44)可用矩阵形式表示为：

$$\boldsymbol{Y}=\boldsymbol{X\beta}+\boldsymbol{\varepsilon},$$

其中，$\boldsymbol{\varepsilon}$ 是 n 维随机向量，它的分量相互独立.

与一元线性回归类似，我们采用最小二乘法估计参数 $\beta_0,\beta_1,\beta_2,\cdots,\beta_p$. 引入偏差平方和

$$Q(\beta_0,\beta_1,\cdots,\beta_p)=\sum_{i=1}^{n}(y_i-\beta_0-\beta_1x_{i1}-\beta_2x_{i2}-\cdots-\beta_px_{ip})^2,$$

最小二乘估计就是求 $\hat{\beta}=(\hat{\beta}_0,\hat{\beta}_1,\cdots,\hat{\beta}_p)^{\mathrm{T}}$，使得

$$\min_{\beta} Q(\hat{\beta}_0,\hat{\beta}_1,\cdots,\hat{\beta}_p)=Q(\hat{\beta}_0,\hat{\beta}_1,\cdots,\hat{\beta}_p).$$

因为 $Q(\beta_0,\beta_1,\cdots,\beta_p)$ 是 $\beta_0,\beta_1,\cdots,\beta_p$ 的非负二次型，故其最小值一定存在. 根据多元微积分的极值原理，令

$$\begin{cases} \dfrac{\partial Q}{\partial\beta_0}=-2\sum\limits_{i=1}^{n}(y_i-\beta_0-\beta_1x_{i1}-\cdots-\beta_px_{ip})=0 \\ \dfrac{\partial Q}{\partial\beta_j}=-2\sum\limits_{i=1}^{n}(y_i-\beta_0-\beta_1x_{i1}-\cdots-\beta_px_{ip})x_{ij}=0 \\ j=1,2,\cdots,p \end{cases}. \tag{9-45}$$

方程组(9-45)称为正规方程组，可用矩阵表示为：

$$\boldsymbol{X}^{\mathrm{T}}\boldsymbol{X\beta}=\boldsymbol{X}^{\mathrm{T}}\boldsymbol{Y}.$$

在系数矩阵 $\boldsymbol{X}^{\mathrm{T}}\boldsymbol{X}$ 满秩的条件下，可解得：

$$\hat{\boldsymbol{\beta}}=(\boldsymbol{X}^{\mathrm{T}}\boldsymbol{X})^{-1}\boldsymbol{X}^{\mathrm{T}}\boldsymbol{Y},$$

$\hat{\boldsymbol{\beta}}$ 就是 $\boldsymbol{\beta}$ 的最小二乘估计，即 $\hat{\boldsymbol{\beta}}$ 为**多元线性回归方程**

$$\hat{y}=\hat{\beta}_0+\hat{\beta}_1x_1+\cdots+\hat{\beta}_px_p$$

的回归系数.

【注】　在实际应用中，因多元线性回归所涉及的数据量较多，相关分析与计算较复杂，通常采用统计分析软件完成，读者可参考本书实验部分的内容.

【例 9.24】 表 9-29 给出了某种产品每件平均单价 Y（元）与批量 x（件）之间的关系的一组数据：

表 9-29

x	20	25	30	35	40	50	60	65	70	75	80	90
Y	1.81	1.70	1.65	1.55	1.48	1.40	1.30	1.26	1.24	1.21	1.20	1.18

我们选取模型 $Y=\beta_0+\beta_1 x+\beta_2 x^2+\varepsilon,\varepsilon\sim N(0,\sigma^2)$ 来拟合它，求其回归方程.

【解】 画出散点图（见图 9-26）.

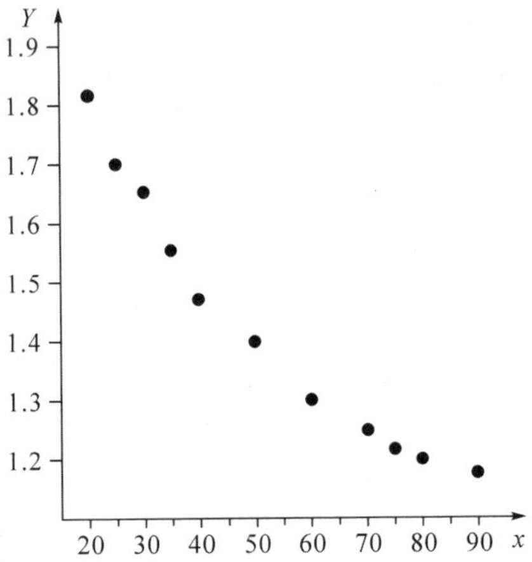

图 9-26

若根据模型 $Y=\beta_0+\beta_1 x+\beta_2 x^2+\varepsilon,\varepsilon\sim N(0,\sigma^2)$ 来拟合，可令 $x_1=x,x_2=x^2$，则上式可写成：

$$Y=\beta_0+\beta_1 x_1+\beta_2 x_2+\varepsilon,\quad \varepsilon\sim N(0,\sigma^2).$$

这是一个二元线性回归模型，现有：

$$\boldsymbol{X}=\begin{bmatrix}1 & 20 & 400\\ 1 & 25 & 625\\ 1 & 30 & 900\\ 1 & 35 & 1225\\ 1 & 40 & 1600\\ 1 & 50 & 2500\\ 1 & 60 & 3600\\ 1 & 65 & 4225\\ 1 & 70 & 4900\\ 1 & 75 & 5625\\ 1 & 80 & 6400\\ 1 & 90 & 8100\end{bmatrix},\quad \boldsymbol{Y}=\begin{bmatrix}1.81\\ 1.70\\ 1.65\\ 1.55\\ 1.48\\ 1.40\\ 1.30\\ 1.26\\ 1.24\\ 1.21\\ 1.20\\ 1.18\end{bmatrix},\quad \boldsymbol{\beta}=\begin{bmatrix}\beta_0\\ \beta_1\\ \beta_2\end{bmatrix}.$$

经计算
$$X^{T}X=\begin{bmatrix}12 & 640 & 40100\\ 640 & 40100 & 2779000\\ 40100 & 2779000 & 204702500\end{bmatrix},$$

$$(X^{T}X)^{-1}=\frac{1}{\Delta}\begin{bmatrix}4.8572925\times10^{11} & -1.95717\times10^{10} & 170550000\\ -1.95717\times10^{10} & 848420000 & -2648000\\ 170550000 & -7684000 & 71600\end{bmatrix},$$

$$\Delta=1.41918\times10^{11}.$$

即得正规方程组的解为：

$$\hat{\boldsymbol{\beta}}=\begin{bmatrix}\hat{\beta}_0\\ \hat{\beta}_1\\ \hat{\beta}_2\end{bmatrix}=(X^{T}X)^{-1}X^{T}Y=(X^{T}X)^{-1}\begin{bmatrix}16.98\\ 851.3\\ 51162\end{bmatrix}=\begin{bmatrix}2.19826629\\ -0.02252236\\ 0.00012507\end{bmatrix}.$$

于是得到回归方程为：

$$\hat{y}=2.19826629-0.02252236x+0.00012507x^{2}.$$

习题九

1. 建立下列问题的线性规划模型：

(1) 某工厂生产 A_1，A_2 两种产品，有关的信息如下所示：

每件产品所用资源定额 a_{ij}		产品 A_j		资源上限 b_i
		A_1	A_2	
资源 i	资源 1	9	4	3600
	资源 2	4	5	2000
	资源 3	3	10	3000
利润 C_j		70	120	

试建立制定最优生产计划的模型(利润最大).

(2) 某厂车间有 B_1，B_2 两个工段，可生产 A_1，A_2 和 A_3 三种产品. 各工段开工一天的产量和成本以及合同对三种产品的最低需求量如下所示：

生产定额(吨／天)		工段 B_j		合同每周最低需求量(吨)
		B_1	B_2	
产品 A_i	A_1	1	1	5
	A_2	3	1	9
	A_3	1	3	9
成本(元／天)		1000	2000	

试建立求使成本最低，并能满足需求的开工计划的模型.

(3) 某工厂生产A,B两种产品,已知生产A每千克要用煤9吨、电4度、劳动力3个;生产B每千克要用煤4吨、电5度、劳动力10个.又知每千克A,B的利润分别为7万元和12万元.现在该工厂只有煤360吨、电200度、劳动力300个.问在这种情况下,各生产A,B多少千克,才能获最大利润?请建立模型.

(4) 某工厂生产A,B两种产品,每千克的产值分别为600元和400元.又知每生产1千克A需要电2度、煤4吨,生产1千克B需要电3度、煤2吨;该厂的电力供应不超过100度,煤最多只有120吨.问如何生产以取得最大产值?建立模型,并用图解法求解.

2. 求解下列线性规划问题:

(1) $\min z = -5x_1 - 4x_2$,

$$\text{s.t.} \begin{cases} x_1 + 2x_2 \leqslant 6 \\ 2x_1 - x_2 \leqslant 4 \\ 5x_1 + 3x_2 \leqslant 15 \\ x_1, x_2 \geqslant 0 \end{cases};$$

(2) $\max z = 5x_1 + 2x_2 + 3x_3 - x_4 + x_5$,

$$\text{s.t.} \begin{cases} x_1 + 2x_2 + 2x_3 + x_4 = 8 \\ 3x_1 + 4x_2 + x_3 + x_5 = 7; \\ x_j \geqslant 0 \quad (i = 1, 2, \cdots, 5) \end{cases}$$

(3) $\min z = 3x_1 - x_2$,

$$\text{s.t.} \begin{cases} -x_1 + 3x_2 \leqslant 3 \\ -2x_1 - 3x_2 \leqslant 6 \\ 2x_1 + x_2 \leqslant 2 \\ x_1, x_2 \text{无约束} \end{cases};$$

(4) $\max z = 3x_1 + 5x_2$,

$$\text{s.t.} \begin{cases} x_1 \leqslant 4 \\ 2x_2 \leqslant 12 \\ 3x_1 + 2x_2 \leqslant 18 \\ x_1, x_2 \geqslant 0 \end{cases}.$$

3. 建立下列应用问题的线性规划模型,并求解:

(1) 某饲养厂饲养动物出售,设每头动物每天至少需700克蛋白质、30克矿物质和100毫克维生素.现有三种饲料可供选择,各饲料每千克的营养成分和单价如下所示:

饲料	蛋白质(克)	矿物质(克)	维生素(毫克)	价格(元/千克)
1	3	1	0.5	0.2
2	2	0.5	1	0.7
3	1	0.2	0.2	0.4

要求确定既满足动物生长要求,又使费用最少的饲料选用方案.

(2) 某工厂的机械加工车间要在两种不同类型的机床上加工1号、2号两种零件,并要求两种零件的数量保持1∶1的配套比例.机床台数和生产效率如下所示:

机车类型	机车台数	日产1号零件(千件/台)	日产2号零件(千件/台)
1	30	15	20
2	10	30	55

请安排机床5日内的加工任务,使成套产品的数量达到最大.

(3) 某化工厂生产宽度为60个单位长的标准玻璃纸,现需将这种玻璃纸截成宽度分别为28,20和15个单位长的三种规格的产品.已知它们的市场需求分别为30,60和80卷.问:应以怎样的方法裁剪,可使消耗的标准玻璃纸最少,而又能满足市场需要?

(4) 一家昼夜服务的饭店,24 小时需要的服务员人数如下所示:

起讫时间	需要服务员的最少人数(人)
02:00—06:00	4
06:00—10:00	8
10:00—14:00	10
14:00—18:00	7
18:00—22:00	12
22:00—02:00	4

每个服务员每天连续工作 8 个小时,且在时段开始时上班. 求满足上述要求的最少上班人数,并建立线性规划模型.

(5) 有 A,B 两种产品,都需要经过前、后两道化学反应过程. 生产每一单位 A,B 所需时间的消耗如下所示:

时间消耗	前道过程	后道过程
A	2	3
B	3	4
可利用时间	16	24

在不增加任何费用的情况下,每生产一个单位的 B 会产生 2 单位的副产品 C;C 可以出售赢利,其余只能加以销毁. 出售每单位 A 能赢利 40 元;每单位 B 能赢利 10 元;每单位 C 能赢利 3 元,若卖不出,每单位 C 的销毁费用是 2 元,预测表明,最多可以出售 5 个单位的副产品 C. 要求确定使总利润达到最大的 A 和 B 的产量,建立线性规划模型.

(6) 某厂生产甲、乙、丙三种产品,已知有关数据如下所示:

原料品种	产品消耗量			原料量
	甲	乙	丙	
A	6	3	5	45
B	3	4	5	30
单件利润	4	1	5	

求使该厂获利最大的生产计划.

(7) 从 M_1,M_2,M_3 三种矿石中提炼 A,B 两种金属. 已知每吨矿石中金属 A,B 的含量和各种矿石的价格如下所示:

金属品种	矿石中金属含量(克/吨)		
	M_1	M_2	M_3
A	300	200	60
B	200	240	320
矿石价格(元/吨)	60	48	56

如需金属 A 为 48 千克,B 为 56 千克,问用各种矿石多少吨,可使总费用最少?

4. 设有一个经济系统包括三个部门,在某一生产周期内各部门的直接消耗系数及最终产品量分别为:

$$\boldsymbol{A}=\begin{bmatrix}0.2 & 0.1 & 0.1\\ 0.2 & 0.2 & 0.1\\ 0.1 & 0.1 & 0.3\end{bmatrix},\quad \boldsymbol{Y}=\begin{bmatrix}265\\ 305\\ 415\end{bmatrix}.$$

求各部门总产品和完全消耗系数.

5. 某一经济系统包含三个部门,消耗系数矩阵为:

$$\boldsymbol{A}=\begin{bmatrix}0.3 & 0.1 & 0.5\\ 0.2 & 0.2 & 0.4\\ 0.3 & 0.4 & 0.1\end{bmatrix}.$$

若第 1 年的产值向量为$(220,396,462)^{\mathrm{T}}$,求第 2,3 年的产值向量.

6. 请收集资料,查阅一个层次分析法的应用案例,并认真推导其计算过程.

7. 某公司为了扩大业务,要举办一个产品展销会,会址打算选择甲、乙、丙三地;获利情况除了与会址有关系外,还与天气有关,天气分为晴、阴、多雨三种. 据气象台预报,估计三种天气情况可能出现的概率分别为 0.20,0.50,0.30,其收益情况如下所示:

会址	天气情况		
	N_1(晴) $P_1=0.20$	N_2(阴) $P_2=0.50$	N_2(多雨) $P_3=0.30$
A_1(甲地)	4	6	1
A_2(乙地)	5	4	1.5
A_3(丙地)	6	2	1.2

现要通过分析,确定会址,使获利最大.

8. 有三家公司都为硕士毕业生李宏提供了就职面试的机会,按面试的时间顺序,这三家公司分别记为 A,B,C,每家公司都可提供“极好”“好”“一般”三种职位,每家公司将根据面试情况决定给予求职者何种职位或拒绝提供职位. 若规定求职双方在面试以后要立即决定提供、接受或拒绝某种职位,且不容许毁约. 咨询专家为李宏的学业成绩和综合素质进行评估后认为,他获得“极好”“好”“一般”职位的可能性分别为 0.2,0.3,0.4,三家公司的工资数据如下:

公司工资	职位		
	极好	好	一般
A公司工资(元)	3500	3000	2200
B公司工资(元)	3900	2950	2500
C公司工资(元)	4000	3000	2500
成功概率	0.2	0.3	0.4

李宏如果把工资数尽量大作为首要条件的话，那么他在各公司面试时，对该公司提供的各种职位应采取何种对策？

9. 某工程采用正常速度施工，若无坏天气的影响，可确保在30天内按期完成工程. 但据天气预报，15天后天气肯定变坏，有40%的可能出现阴雨天气，但这不会影响工程进度；有50%的可能遇到小风暴而使工期推迟15天；另有10%的可能遇到大风暴而使工期推迟20天. 对于以上可能出现的情况，考虑以下两种方案.

方案1，提前加班，确保工程在15天内完成，实施此方案需额外支付18000元.

方案2，先维持原定的施工速度，等到15天后根据实际情况再做出对策：

(1) 若遇阴雨天气，则维持正常速度，不必支付额外费用.

(2) 若遇小风暴，则有下述两个供选方案：① 抽空(风暴过后)施工，支付工程延期损失费20000元. ② 采用应急措施，实施此措施可能有三种结果：其一，有50%的可能减少误工期1天，支付延期损失费和应急费用24000元；其二，有30%的可能减少误工期2天，支付延期损失费和应急费用18000元；其三，有20%的可能减少误工期3天，支付延期损失费和应急费用12000元.

(3) 若遇大风暴，则仍有两个方案可供选择：① 抽空施工，支付工程延期损失费5000元. ② 采取应急措施，实施此措施可能有三种结果：其一，有70%的可能减少误工期2天，支付延期损失费和应急费用54000元；其二，有20%的可能减少误工期3天，支付延期损失费和应急费用46000元；其三，有10%的可能减少误工期4天，支付延期损失费和应急费用38000元.

试进行决策，选择最佳行动方案.

10. 某省2007—2018年国内生产总值和固定资产投资完成额资料如下所示：

年份	国内生产总值 y（亿元）	固定资产投资完成额 x（亿元）	xy	x^2	y^2
2007	195	20	3900	400	38025
2008	210	20	4200	400	44100
2009	244	26	6344	676	59536
2010	264	35	9240	1225	69696
2011	294	52	15288	2704	86436
2012	314	56	17584	3136	98596

续表

年份	国内生产总值 y（亿元）	固定资产投资完成额 x（亿元）	xy	x^2	y^2
2013	360	81	29160	6561	129600
2014	432	131	56592	17161	186624
2015	481	149	71699	22201	231361
2016	567	163	92421	26569	321489
2017	655	232	151960	53824	429025
2018	704	202	142208	40804	495616
合计	4720	1167	600566	175661	2190104

(1) 画出散点图；

(2) 求固定资产投资完成额 x 与国内生产总值 y 之间的回归直线.

11. 现有 A,B,C,D,E 五个生产某种同类产品的企业，其当年的总生产成本 x 与总销售额 y 如下所示：

企业	成本 x（万元）	销售额 y（万元）	x^2	y^2	xy
A	800	1500	640000	2250000	1200000
B	1200	2000	1440000	4000000	2400000
C	1000	1800	1000000	3240000	1800000
D	900	1600	810000	2560000	1440000
E	1300	2100	1690000	4410000	2730000
合计	5200	9000	5580000	16460000	9570000

试计算该类企业总生产成本与总销售额的回归直线.

12. 某电器有限公司 2019 年 1—10 月份产量 x 与制造费用 y 的资料如下所示：

月份	产量 x（件）	制造费用 y（元）	$x^2(10^4)$	$y^2(10^4)$	$xy(10^4)$
1	36000	52500	129600	275625	189000
2	40500	54300	164025	294849	219915
3	42700	56400	182329	318096	240828
4	45800	61500	209764	378225	281670
5	46000	58500	211600	342225	269100
6	48500	61300	235225	375769	297305
7	52300	63800	273529	407044	333674
8	54000	66000	291600	435600	356400
9	55800	67050	311364	449570.3	374139

续表

月份	产量 x(件)	制造费用 y(元)	$x^2(10^4)$	$y^2(10^4)$	$xy(10^4)$
10	59000	68900	348100	474721	406510
合计	480600	610250	2357136	3751724	2968541

(1) 求回归直线;

(2) 计算相关系数;

(3) 假定 11 月份产量是 60000 件,请对制造费用进行点预测与区间预测(置信水平$1-\alpha=0.95$).

13. 某电器公司生产某种电器,生产成本 y 与月产量 x 的数据资料如下所示:

月产量 x(件)	生产成本 y(元/件)	月产量 x(件)	生产成本 y(元/件)
4300	346.23	6024	310.82
4004	343.34	6194	306.83
4300	327.46	7558	305.11
5013	313.27	7381	300.71
5511	310.75	6950	306.84
5648	307.61	6471	303.44
5876	314.56	6354	298.03
6651	305.72	8000	296.21

试分析生产成本 y 与月产量 x 之间的关系,并建立成本对产量的回归方程.

14. 有 10 个同类企业的生产性固定资产总值 x 和工业总产值 y 资料如下所示.

企业编号	生产性固定资产总值 x(万元)	工业总产值 y(万元)
1	318	524
2	910	1019
3	200	638
4	409	815
5	415	913
6	502	928
7	314	605
8	1210	1516
9	1022	1219
10	1225	1624
合计	6525	9801

(1)说明两变量之间的相关系数;

(2)建立直线回归方程;

(3)计算估计标准误差;

(4)估计当生产性固定资产总值(自变量)为1100万元时,工业总产值(因变量)的可能值.

15.现有春季降雨量 x_1 和春季温度 x_2 与农产品的收获量 y 的数据如下所示:

收获量 y(kg/hm^2)	1500	2300	3000	4500	4800	5000	5500
降雨量 x_1(mm)	25	33	45	105	110	115	120
温度 x_2(℃)	6	8	10	13	14	16	17

请求出其相应的回归方程,并在温度为19℃、降雨量为90mm时,给出收获量预测.

16.设某公司下属10个门市部有关资料如下所示:

门市部编号	职工平均销售额 y(万元)	流通费用水平 x_1(%)	销售利润率 x_2(%)
1	6	2.8	12.6
2	5	3.3	10.4
3	8	1.8	18.5
4	1	7.0	3.0
5	4	3.9	8.1
6	7	2.1	16.3
7	6	2.9	12.3
8	3	4.1	6.2
9	3	4.2	6.6
10	7	2.5	16.8

(1)确立适宜的回归模型;

(2)计算有关指标,判断这三种经济现象之间的相关紧密程度.

第十章　数学实验

本章主要介绍如何利用 MATLAB 数学软件去解决一些线性代数、概率统计的计算问题. 将数学知识与计算机结合，提升计算速度和广度，扩大数学应用范围及领域，通过具体的实验例子为引导，体验到利用计算机解决实际问题的方法，并从中学习到数学建模的一些思想和方法. 对于之前没有接触过 MATLAB 数学软件的读者来说，可以先参考其他书籍初步学习该软件的基本功能及使用方法.

§10.1　MATLAB 与线性代数

MATLAB 的主要数据对象是矩阵，标量、数组、行向量、列向量都是它的特例，MATLAB 最基本的功能是进行矩阵运算. 本节主要介绍 MATLAB 在线性代数计算中的应用.

一、矩阵的生成

(一)实数值矩阵输入

不管是任何矩阵(向量)，我们可以直接按行方式输入每个元素：同一行中的元素用逗号(,)或者空格符来分隔，且空格个数不限；不同的行用分号(;)或回车分隔. 所有元素处于一方括号([ ])内；当矩阵是多维(三维以上)，且方括号内的元素是维数较低的矩阵时，会有多重的方括号.

【例 10.1】 输入：

```
Time = [11  12  1  2  3  4  5  6  7  8  9  10]
```

显示行矩阵：

```
Time =
        11  12  1  2  3  4  5  6  7  8  9  10
```

输入：

```
Data = [2.32  3.43;4.37  5.98]
```

显示矩阵：

```
Data =
        2.32  3.43
        4.37  5.98
```

输入：

```
B = [1  2  3;2  3  4;3  4  5]
```

显示矩阵：

```
B =
     1  2  3
     2  3  4
     3  4  5
```

输入：

```
M = [ ]                    %生成一个空矩阵
```

(二)矩阵的函数或语句输入

特殊矩阵的生成：

函数 zeros( )为输入一个全零矩阵.

调用格式：

```
B = zeros(n)               %生成 n×n 全零矩阵
B = zeros(m,n)             %生成 m×n 全零矩阵
B = zeros([m n])           %生成 m×n 全零矩阵
B = zeros(size(A))         %生成与矩阵 A 相同大小的全零矩阵
```

函数 eye( )为生成一个单位矩阵.

调用格式：

```
Y = eye(n)                 %生成 n×n 单位矩阵
Y = eye(m,n)               %生成 m×n 单位矩阵
Y = eye(size(A))           %生成与矩阵 A 相同大小的单位矩阵
```

函数 ones(n)为生成一个全 1 矩阵.

调用格式：

```
Y = ones(n)                %生成 n×n 全 1 矩阵
Y = ones(m,n)              %生成 m×n 全 1 矩阵
Y = ones([m n])            %生成 m×n 全 1 矩阵
Y = ones(size(A))          %生成与矩阵 A 相同大小的全 1 矩阵
```

函数 rand( )为生成均匀分布随机矩阵.

调用格式：

```
Y = rand(n)              %生成 n×n 随机矩阵,其元素在(0,1)内
Y = rand(m,n)            %生成 m×n 随机矩阵
Y = rand([m n])          %生成 m×n 随机矩阵
Y = rand(size(A))        %生成与矩阵 A 相同大小的随机矩阵
rand                     %无变量输入时只产生一个随机数
```

二、矩阵的运算

(一)矩阵加、减运算

运算符:+,-(分别为加、减运算符).运算规则:对应元素相加、减,即按线性代数中矩阵的加、减法运算规则进行.

【例 10.2】 输入:

```
A=[1,1,1;1,2,3;1,3,6];
B=[8,1,6;3,5,7;4,9,2];
C=A+B
D=A-B
```

输出结果:

```
C=
   9  2   7
   4  7   10
   5  12  8
D=
   -7  0    -5
   -2  -3   -4
   -3  -6   4
```

(二)矩阵乘法运算

运算符:*.运算规则:按线性代数中矩阵的乘法运算规则进行,即放在前面的矩阵的各行元素,分别与放在后面的矩阵的各列元素对应相乘并相加.

1.两个矩阵相乘

【例 10.3】 输入:

```
X= [2  3  4  5
    1  2  2  1];
Y=[0  1  1
   1  1  0
   0  0  1
   1  0  0];
Z=X*Y
```

输出结果：

```
Z =
    8  5  6
    3  3  3
```

2. 矩阵的数乘：数乘矩阵

在上例中再输入 a=2 * X，则显示：

```
a =
    4  6  8  10
    2  4  4  2
```

（三）矩阵乘方

运算符：^. 运算规则：A 为方阵，当 P 为大于 0 的整数时，A^ P 表示 A 的 P 次方，即 A 自乘 P 次；当 P 为小于 0 的整数时，A^ P 表示 A^{-1}的 −P 次方.

（四）矩阵转置

运算符：′. 运算规则：若矩阵 A 的元素为实数，则与线性代数中矩阵的转置相同. 若 A 为复数矩阵，则 A 转置后的元素由 A 对应元素的共轭复数构成. 若仅希望转置，则用如下命令：A′.

（五）方阵的行列式

函数为 det( ). 格式 d = det(X)，其结果为返回方阵 X 的行列式的值.

【例 10.4】 输入：

```
A=[1 2 3;4 5 6;7 8 9];
D=det(A)
```

输出结果：

```
D=0
```

（六）方阵的逆

函数为 inv( ). 格式 Y=inv(X)，其结果为求方阵 X 的逆矩阵. 若 X 为奇异阵或近似奇异阵，将给出警告信息.

【例 10.5】 求 $\boldsymbol{A}=\begin{bmatrix}1&2&3\\2&2&1\\3&4&3\end{bmatrix}$的逆矩阵.

【解】 方法 1：输入：

```
A=[1  2  3;2  2  1;3  4  3];
Y=inv(A)                    %或 Y=A^(-1)
```

输出结果：

```
Y=
    1.0000      3.0000      -2.0000
    -1.5000     -3.0000     2.5000
    1.0000      1.0000      -1.0000
```

方法 2：由增广矩阵 $\boldsymbol{B}=\begin{bmatrix}1&2&3&1&0&0\\2&2&1&0&1&0\\3&4&3&0&0&1\end{bmatrix}$进行初等行变换，输入：

```
B=[1,2,3,1,0,0;2,2,1,0,1,0;3,4,3,0,0,1];
C=rref(B)                   %化为行的最简形式
X=C(:,4:6)                  %取矩阵C中的A^(-1)部分
```

输出结果：

```
C =
    1.00000    0         0         1.0000     3.0000     -2.0000
    0          1.0000    0         -1.5000    -3.0000    2.5000
    0          0         1.0000    1.0000     1.0000     -1.0000
X =
    1.0000      3.0000      -2.0000
    -1.5000     -3.0000     2.5000
    1.0000      1.0000      -1.0000
```

【例 10.6】 输入：

```
A=[2 1 -1;2 1 2;1 -1 1];
format rat                  %用有理格式输出
D=inv(A)
```

输出结果：

```
D =
    1/3        0        1/3
    0          1/3      -2/3
    -1/3       1/3      0
```

(七)矩阵的秩

函数：rank.

格式：

```
k = rank(A)                 %求矩阵A的秩
```

(八)除法运算

MATLAB 提供了两种除法运算:左除(\)和右除(/). 一般情况下,x=a\b 是方程 a*x =b的解,称为 a 左除 b,而 x=b/a 是方程 x*a=b 的解,称为 a 右除 b.

【例 10.7】 输入:

```
a=[1  2  3;4  2  6;7  4  9];
b=[4;1;2];
x=a\b
```

输出结果:

```
x=
   -1.5000
   2.0000
   0.5000
```

如果 a 为非奇异矩阵,则 a\b 和 b/a 可通过 a 的逆矩阵与 b 矩阵得到:

```
a\b = inv(a) * b
b/a = b * inv(a)
```

(九)解线性方程

一般地,求解方程组 $\boldsymbol{A}x=\boldsymbol{b}$ 的全部解或确定其无解,其步骤包括:

(1)用增广矩阵 $\boldsymbol{B}$ 做出行的最简形式.

(2)从中观察增广矩阵与系数矩阵的秩,若二者的秩相等则有解,否则方程组无解.

(3)对于方程组有解的情况,观察系数矩阵的秩是否等于未知量的个数,若相等,则方程组有唯一解;若不等,则方程组有无穷多解.

(4)由行的最简形式,确定出方程组的基础解系及特解.

【例 10.8】 求下列方程组的解:

$$\begin{cases} x_1-x_2-4x_3+8x_4=12 \\ 7x_1+2x_2-5x_3-8x_4=1 \\ 8x_1-4x_2+14x_3-9x_4=3 \\ 6x_1+3x_2-x_3-16x_4=-11 \end{cases}.$$

【解】 输入:

```
A=[1 -1 -4 8;7 2 -5 -8;8 -4 14 -9;6 3 -1 -16];
D=det(A)
b=[12;1;3;-11];
B=[A b];
R1=rank(A)              %求 A 的秩
R2=rank(B)              %求 B 的秩
RR=rref(B)              %把 B 化为最简形式
```

输出结果：

```
D =
    0
R1 =
    3
R2 =
    3
RR =
    1      0      0      -293/322      165/322
    0      1      0      -55/14        -73/14
    0      0      1      -401/322      -505/322
    0      0      0      0             0
```

因为未知量的个数 n 减系数矩阵的秩 r 为：$n-r=4-3=1$，故对应齐次方程组的基础解系中含一个解向量，有一个自由未知量，取为 x_4，赋非零值 1 得基础解系、赋零值得非齐次方程组的特解，于是得通解：

$$\boldsymbol{X}=k\begin{bmatrix}293/322\\55/14\\401/322\\1\end{bmatrix}+\begin{bmatrix}165/322\\-73/14\\-505/322\\0\end{bmatrix}.$$

(十)特征值和特征向量

函数为 eig(). 格式 d = eig(A)可求矩阵 A 的特征值 d，以向量形式存放 d.

格式[V,D] = eig(A)为计算 A 的特征值对角阵 D 和特征向量 V，使 AV=VD 成立.

【例 10.9】 求矩阵 $\boldsymbol{A}=\begin{bmatrix}-2&1&1\\0&2&0\\-4&1&3\end{bmatrix}$的特征值和特征向量.

【解】 输入：

```
A=[-2  1  1;0  2  0;-4  1  3];
[V,D]=eig(A)
```

输出结果：

```
V =
    -0.7071      -0.2425      0.3015
    0            0            0.9045
    -0.7071      -0.9701      0.3015
D =
    -1      0      0
    0       2      0
    0       0      2
```

由此可知,特征值－1对应特征向量基础解系为$(-0.7071,0,-0.7071)^T$.特征值2对应特征向量基础解系为$(-0.2425,0,-0.9701)^T$和$(0.3015,0.9045,0.3015)^T$.

【例10.10】 求方阵$\boldsymbol{A}=\begin{bmatrix}3&1&0\\-4&-1&0\\4&-8&-2\end{bmatrix}$的特征值与特征向量.

【解】 输入:

```
A=[3 1 0;-4 -1 0;4 -8 -2];
[D,X]=eig(A)
```

输出结果:

```
D =
    0      221/1554      221/1554
    0      -221/777      -221/777
    1      621/655       621/655
X =
    -2     0      0
    0      1      0
    0      0      1
```

由此得出该矩阵的特征值为$\lambda_1=-2,\lambda_2=\lambda_3=1$.

其中,$\lambda_1=-2$对应的特征向量为$\boldsymbol{X}=k_1\begin{bmatrix}0\\0\\1\end{bmatrix}$,$k_1\neq0$;$\lambda_2=\lambda_3=1$对应的特征向量为$\boldsymbol{X}=k_2\begin{bmatrix}221/1554\\-221/777\\621/655\end{bmatrix}$,$k_2\neq0$.

三、数组和向量的特殊运算

(一)标量和数组(或向量)的运算

标量与数组(或向量)的加(+)、减(-)、乘(*)、除(/)的运算,以及点乘方(.^)运算,表示标量与数组(或向量)的每个元素的运算.

【例10.11】 输入:

```
A=[1 2 3;4 5 6;7 8 9];
B=2*A
C=A-2
```

输出结果：

```
B =
    2   4   6
    8   10  12
    14  16  18
C =
    -1  0  1
    2   3  4
    5   6  7
```

(二)数组和数组(或向量)的运算

当两个数组具有同样大小时，加(+)、减(−)、点乘(.*)、点除(./)以及点乘方(.^)运算，表示数组与数组对应元素间的运算.

【例 10.12】 输入：

```
A=[1 2 3;4 5 6;7 8 9];
B=[1 1 1;2 2 2;3 3 3];
C=A./B
```

输出结果：

```
C =
    1.0000    2.0000    3.0000
    2.0000    2.5000    3.0000
    2.3333    2.6667    3.0000
```

四、MATLAB 解线性规划

(1)模型 1：

min $z=cX$,

s. t. $Ax\leqslant b$.

命令：x=linprog(c,A,b).

(2)模型 2：

min $z=cX$,

$$\text{s. t.}\ \begin{cases} Ax\leqslant b, \\ \mathrm{Aeq}X=\mathrm{beq}. \end{cases}$$

命令：x=linprog(c,A,b,Aeq,beq).

【注】 若没有不等式 $AX\leqslant b$ 存在，则令 A=[ ],b=[ ]. 若没有等式约束，则令 Aeq=[ ],beq=[ ].

(3)模型 3：

min $z=cX$,

$$\text{s. t.}\begin{cases}AX\leqslant b,\\ \text{Aeq}X=\text{beq},\\ \text{VLB}\leqslant X\leqslant \text{VUB}.\end{cases}$$

命令：x=linprog(c,A,b,Aeq,beq,VLB,VUB).

　　x=linprog(c,A,b,Aeq,beq,VLB,VUB,X0).

【注】 若没有等式约束，则令 Aeq=[ ]，beq=[ ]. 其中，X0 表示初始点.

(4)命令：[x,fval]=linprog(…).

含义：返回最优解 x 及 x 处的目标函数值 fval.

【例 10.13】 求解线性规划模型：

$$\max z=0.4x_1+0.28x_2+0.32x_3+0.72x_4+0.64x_5+0.6x_6,$$

$$\text{s. t.}\begin{cases}0.01x_1+0.01x_2+0.01x_3+0.03x_4+0.03x_5+0.03x_6\leqslant 850\\ 0.02x_1+0.05x_4\leqslant 700\\ 0.02x_2+0.05x_5\leqslant 100\\ 0.03x_3+0.08x_6\leqslant 900\\ x_j\geqslant 0, j=1,2,\cdots,6\end{cases}.$$

【解】 编写 m 文件如下：

```
c=[-0.4 -0.28 -0.32 -0.72 -0.64 -0.6];
A=[0.01     0.01     0.01     0.03     0.03     0.03
   0.02     0        0        0.05     0        0
   0        0.02     0        0        0.05     0
   0        0        0.03     0        0        0.08];
b=[850
   700
   100
   900];
Aeq=[];
beq=[];
VLB=[0;0;0;0;0;0];
VUB=[];
[x,fval]=linprog(c,A,b,Aeq,beq,VLB,VUB)
```

输出结果：

```
x =
    1.0e+004 *
    3.5000
    0.5000
    3.0000
    0.0000
    0.0000
    0.0000
fval =
      -2.5000e+004
```

其中,e+00n 表示 10 的 n 次方,e−00n 表示 10 的负 n 次方.本题目标函数是求最大值,程序中是通过系数转换后求得最小值,因此满足约束条件的目标函数最大值为 25000.

【例 10.14】 求解:

$$\min z=6x_1+3x_2+4x_3,$$

$$\text{s.t.}\begin{cases}x_1+x_2+x_3=120\\x_1\geqslant 30\\0\leqslant x_2\leqslant 50\\x_3\geqslant 20\end{cases}.$$

【解】 编写 m 文件如下:

```
c=[6 3 4];
Aeq=[1 1 1];
beq=[120];
vlb=[30;0;20];
vub=[inf;50;inf];
[x,fval]=linprog(c,[],[],Aeq,beq,vlb,vub)
```

输出结果:

```
x =
    30.0000
    50.0000
    40.0000
fval =
      490.0000
```

【例 10.15】 (任务分配问题)某车间有甲、乙两台车床,可用于加工三种工件.假定这两台车床的可用台时数分别为 800 和 900,三种工件的数量分别为 400,600 和 500,且已知用三种不同车床加工单位数量不同工件所需的台时数和加工费用如表 10-1 所示.问怎样分配车床的加工任务,才能既满足加工工件的要求,又使加工费用最低?

表 10-1

车床类型	单位工件所需加工台时数			单位工件的加工费用			可用台时数
	工件 1	工件 2	工件 3	工件 1	工件 2	工件 3	
甲	0.4	1.1	1.0	13	9	10	800
乙	0.5	1.2	1.3	11	12	8	900

【解】 设在甲车床上加工工件 1,2,3 的数量分别为 x_1, x_2, x_3,在乙车床上加工工件1,2,3的数量分别为 x_4, x_5, x_6.可建立以下线性规划模型:

$$\min z=13x_1+9x_2+10x_3+11x_4+12x_5+8x_6,$$

$$\text{s.t.}\begin{cases}x_1+x_4=400\\x_2+x_5=600\\x_3+x_6=500\\0.4x_1+1.1x_2+x_3\leqslant 800\\0.5x_4+1.2x_5+1.3x_6\leqslant 900\\x_i\geqslant 0, i=1,2,\cdots,6\end{cases}.$$

编写 m 文件如下:

```
f = [13 9 10 11 12 8];
A = [0.4   1.1   1   0     0     0
       0     0     0   0.5   1.2   1.3];
b = [800;900];
Aeq=[1 0 0 1 0 0
        0 1 0 0 1 0
        0 0 1 0 0 1];
beq=[400;600;500];
vlb=zeros(6,1);
vub=[];
[x,fval]=linprog(f,A,b,Aeq,beq,vlb,vub)
```

输出结果:

```
x =
     0.0000
     600.0000
     0.0000
     400.0000
     0.0000
     500.0000
fval =
        1.3800e+004
```

即在甲车床上加工工件1,2,3的数量分别为0,600,0,在乙车床上加工工件1,2,3的数量分别为400,0,500时费用最低,最低费用为13800.

【例10.16】 (投资问题)某单位有一批资金用于四个工程项目的投资,用于各工程项目时所得到的净收益(投入资金的百分比)如表10-2所示.

表10-2

工程项目	A	B	C	D
净收益(%)	15	10	8	12

由于某种原因,决定用于项目A的投资不大于其他各项投资之和;而用于项目B和C的投资要大于项目D的投资.试确定使该单位收益最大的投资分配方案.

【解】 用 x_1,x_2,x_3,x_4 分别代表用于项目A,B,C和D的投资百分数,由于各项目的投资百分数之和必须等于100%,所以 $x_1+x_2+x_3+x_4=1$.

据题意,可以建立如下数学模型:

$$\max z=0.15x_1+0.1x_2+0.08x_3+0.12x_4,$$

$$\text{s.t.}\begin{cases}x_1\leqslant x_2+x_3+x_4\\x_2+x_3\geqslant x_4\\x_1+x_2+x_3+x_4=1\\x_i\geqslant 0,i=1,2,3,4\end{cases}.$$

将该模型转换为标准形式:

$$\min z=-0.15x_1-0.1x_2-0.08x_3-0.12x_4,$$

$$\text{s.t.}\begin{cases}x_1-x_2-x_3-x_4\leqslant 0\\-x_2-x_3+x_4\leqslant 0\\x_1+x_2+x_3+x_4=1\\x_i\geqslant 0,i=1,2,3,4\end{cases}.$$

具体求解步骤为:首先输入下列系数:

```
f = [-0.15  -0.1  -0.08  -0.12];
A = [1  -1  -1  -1
     0  -1  -1  1];
b = [0;0];
Aeq=[1  1  1  1];
beq=[1];
lb = zeros(4,1);
```

然后调用linprog函数:

```
[x,fval] = linprog(f,A,b,Aeq,beq,lb);
```

输出结果:

```
x =
    0.5000
    0.2500
    0.0000
    0.2500
fval =
      -0.1300
```

可见，当四个项目的投资百分数分别为 0.50，0.25，0.00 和 0.25 时可使该单位获得最大的收益，最大收益为 13%.

§10.2 MATLAB与概率

本节主要介绍如何用 MATLAB 求特殊分布的相关概率值和数字特征.

一、基本命令

(1)随机变量与概率密度见表 10-3.

表 10-3

分布类型名称	函数调用格式
二项分布	Y = BINOPDF(X,N,P)
χ^2 分布	Y = CHI2PDF(X,V)
指数分布	Y = EXPPDF(X,MU)
F 分布	Y = FPDF(X,V1,V2)
泊松分布	Y = POISSPDF(X,LAMBDA)
正态分布	Y = NORMPDF(X,MU,SIGMA)

注：各函数参数含义及用法可通过 help 命令查询.

(2)随机变量与分布函数见表 10-4.

表 10-4

分布类型名称	函数调用格式
二项分布	Y=BINOCDF(X,N,P)
χ^2 分布	Y = CHI2CDF(X,V)
指数分布	Y = EXPCDF(X,MU)
F 分布	Y = FCDF(X,V1,V2)
泊松分布	Y = POISSCDF(X,LAMBDA)
正态分布	Y = NORMCDF(X,MU,SIGMA)

(3)常见分布的期望与方差函数见表 10-5.

表 10-5

分布类型名称	函数调用格式
离散均匀分布	[M,V] = UNIDSTAT(N)
二项分布	[M,V] = BINOSTAT(N,P)
几何分布	[M,V] = GEOSTAT(P)
超几何分布	[MN,V] = HYGESTAT(M,K,N)
泊松分布	[M,V] = POISSTAT(LAMBDA)
连续均匀分布	[M,V] = UNIFSTAT(A,B)
指数分布	[M,V] = EXPSTAT(MU)
正态分布	[M,V] = NORMSTAT(MU,SIGMA)
对数正态分布	[M,V] = LOGNSTAT(MU,SIGMA)
t 分布	[MN,V] = TSTAT(NU)
χ^2 分布	[M,V] = CHI2STAT(NU)
F 分布	[M,V] = FSTAT(V1,V2)

注:上述三个表格中的 MATLAB 命令用大、小写字母都可运行.

二、例题演示

【例 10.17】 设随机变量 $X \sim P(5)$(泊松分布),求 $P\{X=3\}$.

【解】 调用函数 POISSPDF(X,LAMBDA),其中 X=3,LAMBDA=5.

输入:

```
poisspdf(3,5)                    %命令书写用大小字母都可行;
```

输出结果:

```
ans =0.1404
```

即 $P\{X=3\}=0.1404$.

【例 10.18】 在一级品概率为 0.2 的大批产品中,随机地抽取 20 个产品,求恰有 2 个一级品的概率.

【解】 分析可得取到一级品的个数 $X \sim B(20,0.2)$(二项分布),需求 $P\{X=2\}$的概率.

输入:

```
Px=binopdf(2,20,0.2)
```

输出结果:

```
Px =0.1369
```

即有 2 个一级品的概率为 0.1369.

【例 10.19】 求落在某一区间上的概率.设 $X \sim N(10,4^2)$,求 $P\{4<X<10\}$.

【解】 根据题意有 $P\{4<X<10\}=F(10)-F(4)$,则输入:

```
p1=normcdf(10,10,4)
p2=normcdf(4,10,4)
p1-p2
```

输出结果：

```
ans =0.4332
```

【例 10.20】 求泊松分布的概率 $P\{X \leqslant 10\} = \sum_{k=0}^{10} \frac{5^k}{k!}e^{-5}$.

【解】 输入：

```
P=poisscdf(10,5)
```

输出结果：

```
P =0.9863
```

即 $P\{X \leqslant 10\} = \sum_{k=0}^{10} \frac{5^k}{k!}e^{-5} = 0.9836$.

【例 10.21】 乘客到车站的候车时间 $\xi \sim U(0,6)$，求 $P\{1<\xi\leqslant 4\}$.

【解】 根据题意有 $P\{1<\xi\leqslant 4\}=P\{\xi\leqslant 4\}-P\{\xi\leqslant 1\}$，则输入：

```
P1=unifcdf(4,0,6)
P2=unifcdf(1,0,6)
P1-P2
```

输出结果：

```
ans=0.5000
```

即 $P\{1<\xi\leqslant 4\}=P\{\xi\leqslant 4\}-P\{\xi\leqslant 1\}=0.5$.

【例 10.22】 某人进行射击，设每次射击的命中率为 0.05，独立射击 500 次，试求至少击中 20 次的概率.

【解】 至少击中 20 次的概率为 $1-P\{X\leqslant 20\}$，则输入：

```
1-binocdf(20,500,0.05)
```

输出结果：

```
ans =0.8211
```

即至少击中 20 次的概率为 0.8211.

【例 10.23】 若 $X\sim N(10,0.6^2)$，求 $P\{X>1.96\}$和 $P\{0.2<X\leqslant 0.8\}$.

【解】 因为 $X\sim N(10,0.6^2)$，$P\{X>1.96\}=1-P\{X\leqslant 1.96\}$，所以输入：

```
P1=normcdf(1.96,1,0.6);
1-P1
```

输出结果：

```
ans=0.0548
```

即 $P\{X>1.96\}=0.0548$.

又因为 $P\{0.2<X\leqslant 1.8\}=P\{X\leqslant 1.8\}-P\{X\leqslant 0.2\}$，所以输入：

```
P1=normcdf(1.8,1,0.6)
P2=normcdf(0.2,1,0.6)
P1-P2
```

输出结果：

```
ans=0.8176
```

即 $P\{0.2<X\leqslant 0.8\}=0.8176$.

【例 10.24】 绘制二项分布的概率分布图像.

【解】 输入：

```
x=0:1:20;
y=binopdf(x,20,0.3)
plot(x,y,'+')
```

输出结果如图 10-1 所示.

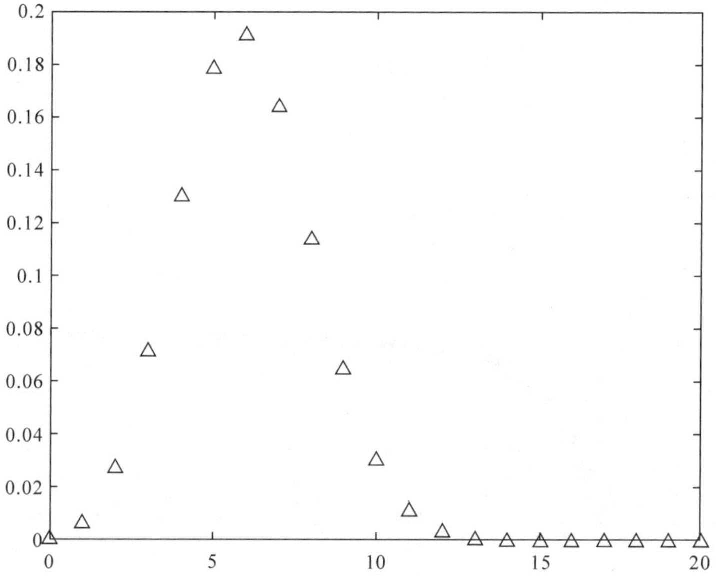

图 10-1

【例 10.25】 绘制指数分布的概率密度图像.

【解】 输入：

```
x=0:0.1:30;
y=exppdf(x,4);              %这里表示θ=4,即λ=1/4
plot(x,y,'o')
```

输出结果如图 10-2 所示.

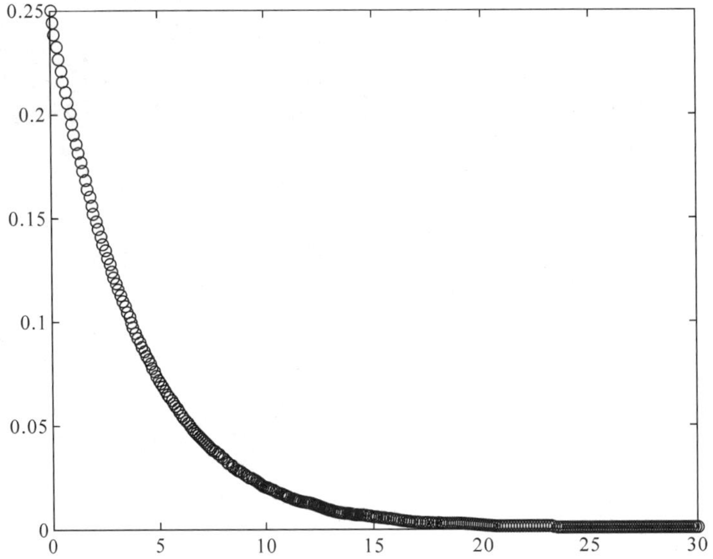

图 10-2

【例 10.26】 绘制 χ^2 分布的分布函数图像.

【解】 输入：

```
x=0:0.1:30;
y=chi2cdf(x,3);
plot(x,y,'<')
```

输出结果如图 10-3 所示.

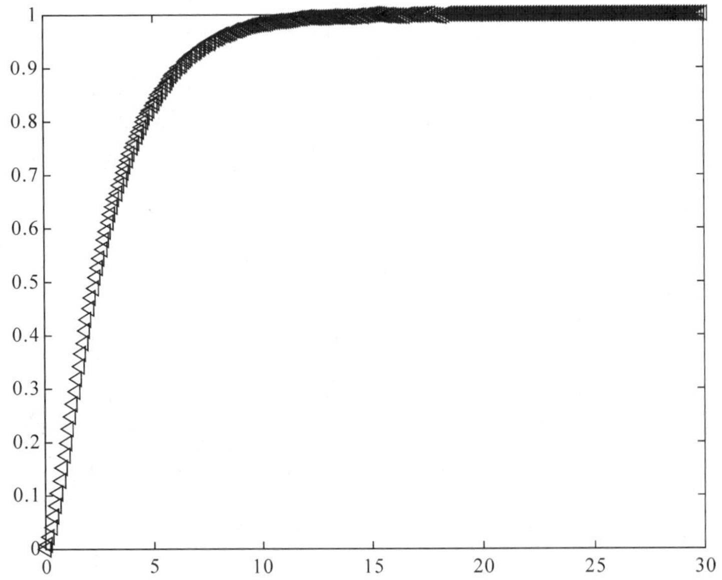

图 10-3

【例 10.27】 求参数为 3 的 χ^2 分布的数学期望和方差.

【解】 输入:

```
[M,V]=chi2stat(3)
```

输出结果:

```
M =
     3
V =
     6
```

【例 10.28】 求参数为 6 的泊松分布的期望和方差.

【解】 输入:

```
[M,V]=poisstat(6)
```

输出结果:

```
M =
     6
V =
     6
```

【例 10.29】 已知 $X \sim N(5,4)$,求期望与方差.

【解】 输入:

```
[M,V]=normstat(5,2)
```

输出结果:

```
M =
     5
V =
     4
```

【例 10.30】 已知 $X \sim B(100,0.4)$,求期望与方差.

【解】 输入:

```
[M,V]=binostat(100,0.4)
```

输出结果:

```
M =
     40
V =
     24
```

【例 10.31】 已知 $X \sim U(1,10)$，求期望与方差.

【解】 输入：

```
[M,V]=unifstat(1,10)
```

输出结果：

```
M =
     5.5000
V =
     6.7500
```

§10.3 MATLAB与统计

本节介绍如何用 MATLAB 进行基本的统计推断和回归分析.

一、样本的数字特征

MATLAB 提供了常见的求样本数字特征的函数，如表 10-6 所示.

表 10-6

函数名	调用格式	注释
算术平均值	mean(X)	X 为向量，返回 X 中各元素的算术平均值
算术平均值	mean(A)	A 为矩阵，返回 A 中各列元素的算术平均值构成的向量
无偏估计方差	D=var(X)	若 X 为向量，则返回向量的无偏估计的方差. 若为矩阵，则 D 为 X 的列向量的样本方差构成的行向量
有效估计方差	D=var(X,1)	返回向量(矩阵)X 的有效估计方差

【例 10.32】 求矩阵 $\boldsymbol{A}=\begin{bmatrix}1&3&4&5\\2&3&4&6\\1&3&1&5\end{bmatrix}$ 中各列元素的平均值.

【解】 输入：

```
A=[1,3,4,5;2,3,4,6;1,3,1,5];
mean(A)
```

输出结果：

```
ans =
     1.3333     3.0000     3.0000     5.3333
```

【例 10.33】 随机抽取 6 个滚珠测得直径如下：

14.7　15.21　14.9　14.91　15.32　15.32

求滚珠直径的平均值.

【解】 输入：

```
X=[14.7,15.21,14.9,14.91,15.32,15.32];
mean(X)
```

输出结果：

```
ans =15.0600
```

【例 10.34】 求下列样本的有效估计的方差和无偏估计的方差.

14.7　15.21　14.9　14.91　15.32　15.32

【解】 输入：

```
X=[14.7,15.21,14.9,14.91,15.32,15.32];
DX=var(X,1)
```

输出结果：

```
DX =0.0559
```

输入：

```
DX1=var(X)
```

输出结果：

```
DX1 =0.0671
```

二、参数估计

(一)基本命令

在 MATLAB 统计工具箱中，有专门计算总体均值、标准差的点估计和区间估计的程序. 对于正态总体，命令是

[mu sigma muci sigmaci]=normfit(x,alpha)

其中，x 是样本(数组)，alpha 是显著性水平(alpha 缺省时设定为 0.05)，输出 mu 和 sigma 是总体均值 μ 和标准差 σ 的点估计，muci 和 sigmaci 是总体均值 μ 和标准差 σ 的区间估计. 当 x 是矩阵(列为变量)时，输出行向量.

需要说明的是，上面的区间估计是在总体服从正态分布的假定下做出的，如果无法保证这个假定成立，则有两种处理办法. 一是取容量充分大的样本，仍可按照上面给出的区间估计公式计算，因为根据概率论的中心极限定理，只要样本足够大(实际应用中可取 $n>50$)均值就近似地服从正态分布；二是 MATLAB 统计工具箱中提供了一些具有特定分布总体的区间估计的命令，如 expfit、poissfit、gamfit，分别用于指数分布、Possion 分布和 Gamma 分布的区间估计，具体用法参见 MATLAB 帮助系统.

例如，指数分布的总体参数估计：

[muhat,muci] = expfit(X,alpha)

泊松分布的总体参数估计：

[lambdahat,lambdaci] = poissfit(X,alpha)

(二)举例

【例 10.35】 从自动车床加工的同类零件中抽取 16 件，测得长度值为(单位:cm)：

12.15 12.12 12.01 12.28 12.09 12.16 12.03 12.01

12.06 12.13 12.07 12.11 12.08 12.01 12.03 12.06

设零件长度服从正态分布，求未知参数的置信区间(取置信水平为 0.05).

【解】 输入：

```
clear all
X=[12.15  12.12  12.01  12.28  12.09  12.16  12.03  12.01  12.06  12.13
   12.07  12.11  12.08  12.01  12.03  12.06];
[mu,sigma,muci,sigmaci]=normfit(X,0.05)
```

输出结果：

```
mu =
     12.0875
sigma =
       0.0712
muci =
      12.0864
      12.0886
sigmaci =
        0.0720
        0.0737
```

由上可知，零件测定的 μ 估计值为 12.0875，置信区间为[12.0864,12.0886]，σ 的估计值为 0.0712，置信区间为[0.0720,0.0737]，故而方差 σ^2 的置信区间为[0.0720×0.0720, 0.0737×0.0737]=[0.0052,0.0054].

【例 10.36】 有一大批袋装化肥，现从中随机地取出 16 袋，称得重量(单位:kg)如下：

50.6 50.8 49.9 50.3 50.4 51.0 49.7 51.2

51.4 50.5 49.3 49.6 50.6 50.2 50.9 49.6

设袋装化肥的重量近似地服从正态分布，试求总体均值 μ 的置信区间与总体方差 σ^2 的置信区间(置信度分别为 0.95 与 0.90).

【解】 (1)输入：

```
clear all
X=[50.6  50.8  49.9  50.3  50.4  51.0  49.7  51.2  51.4  50.5  49.3
   49.6  50.6  50.2  50.9  49.6];
[mu,sigma,muci,sigmaci]=normfit(X,0.05)
```

输出结果：

```
mu =
     50.3750
sigma =
       0.6202
muci =
      50.0445
      50.7055
sigmaci =
         0.4582
         0.9599
```

由上可知，零件测定的 μ 估计值为 50.3750，置信区间为[50.0445，50.7055]，总体均值 σ 的估计值为 0.6202，置信区间为[0.4582，0.9599]，故而方差 σ^2 的置信区间为[0.4582×0.4582，0.9599×0.9599]=[0.2099，0.9214].

(2)输入：

```
clear all
X=[50.6  50.8  49.9  50.3  50.4  51.0  49.7  51.2  51.4  50.5  49.3
    49.6  50.6  50.2  50.9  49.6];
[mu,sigma,muci,sigmaci]=normfit(X,0.1)
```

输出结果：

```
mu =
     50.3750
sigma =
       0.6202
muci =
      50.1032
      50.6468
sigmaci =
         0.4805
         0.8914
```

由上可知，零件测定的 μ 估计值为 50.3750，置信区间为[50.1032，50.6468]，总体均值 σ 的估计值为 0.6202，置信区间为[0.4805，0.8914]，故而方差 σ^2 的置信区间为[0.4805×0.4805，0.8914×0.8914]=[0.2309，0.7946].

三、假设检验

在总体服从正态分布的情况下，可用以下命令进行假设检验.

(一)总体方差(sigma 平方)已知时,总体均值的检验使用 z 检验

[h,sig,ci,zval]=ztest(x,mu,sigma,alpha,tail)

检验数据 x 的关于均值的某一假设是否成立,其中 sigma 为已知方差,alpha 为显著性水平,究竟检验什么假设取决于 tail 的取值:tail=0 或'both',检验假设"x 的均值等于 m"为默认设置,双侧检验;tail=1 或'right',检验假设"x 的均值大于 m",右侧检验;tail=-1 或'left',检验假设"x 的均值小于 m",左侧检验;tail 的缺省值为 0,alpha 的缺省值为 0.05.返回值 h 为一个布尔值,h=1 表示可以拒绝假设,h=0 表示不可以拒绝假设,sig 为假设成立的概率,ci 为均值的 1-alpha 置信区间,zval 是 z 统计量的值.

(二)总体方差(sigma 平方)未知时,总体均值的检验使用 t 检验

[h,sig,ci,stats]=ttest(x,mu,alpha,tail)

检验数据 x 的关于均值的某一假设是否成立,其中 alpha 为显著性水平,究竟检验什么假设取决于 tail 的取值:tail=0,检验假设"x 的均值等于 m";tail=1,检验假设"x 的均值大于 m";tail=-1,检验假设"x 的均值小于 m";tail 的缺省值为 0,alpha 的缺省值为 0.05.返回值 h 为一个布尔值,h=1 表示可以拒绝假设,h=0 表示不可以拒绝假设,sig 为假设成立的概率,ci 为均值的 1-alpha 置信区间.

(三)正态总体方差(sigma 平方)的检验,卡方检验

[h,p,varci,stats]=vartest(x,var0,alpha,tail)

检验数据 x 的关于方差的某一假设是否成立,其中 alpha 为显著性水平,究竟检验什么假设取决于 tail 的取值:tail=0,检验假设"x 的方差等于 var0";tail=1,检验假设"x 的方差大于 var0";tail=-1,检验假设"x 的方差小于 var0";tail 的缺省值为 0,alpha 的缺省值为 0.05.返回值 h 为一个布尔值,h=1 表示可以拒绝假设,h=0 表示不可以拒绝假设,p 为假设成立的概率,varci 为方差的 1-alpha 置信区间.

(四)举例

【例 10.37】 正常生产情况下,印花棉布布幅的宽度服从正态分布 $N(1.4,0.0048^2)$.某日选取该种棉布 10 匹,测得布幅宽度为:

1.32　1.55　1.45　1.36　1.40　1.50　1.34　1.53　1.38　1.54

问:该日棉布的布幅宽度的均值是否正常(取 $\alpha=0.05$)?

【解】 该问题是在 σ^2 已知时,在水平 $\alpha=0.05$ 下,根据样本值判断 μ 是否等于 1.4.

输入:

```
clear all
X=[1.32  1.55  1.45  1.36  1.40  1.50  1.34  1.53  1.38  1.54];
[H,P,ci,zval]=ztest(X,1.4,0.0048,0.05,0)
```

输出结果:

```
H =
     1
P =
   3.0820e-131
ci =
    1.4340   1.4400
zval =
      24.3759
```

由 H=1 可知，在显著性水平为 0.05 的情况下，拒绝原假设，即可以认为该日棉布的布幅宽度的均值不正常.

【例 10.38】 某车间用一台包装机包装糖果. 包得的袋装糖重量是一个随机变量，它服从正态分布. 当机器正常时，其均值为 0.5kg，标准差为 0.015kg. 某日开工后为检验包装机是否正常，随机地抽取它所包装的糖 9 袋，称得净重为(单位：kg)：

0.497　0.506　0.518　0.524　0.498　0.511　0.520　0.515　0.512

问：机器是否正常工作?

【解】 总体 σ 已知，$X \sim N(\mu, 0.015^2)$，μ 未知. 于是提出假设：

$$H_0: \mu = \mu_0 = 0.5 \quad 和 \quad H_1: \mu \neq \mu_0 = 0.5.$$

输入：

```
x=[0.497 0.506 0.518 0.524 0.498 0.511 0.520 0.515 0.512];
[h,p,ci,zval]=ztest(x,0.5,0.015)
```

输出结果：

```
h =1
p =0.0248
ci =0.5014
    0.5210
zval =2.2444
```

求得 h=1，说明在显著性水平为 0.05 的情况下，拒绝原假设，即认为机器是不正常的.

【例 10.39】 某种元件的寿命 X(以小时计)服从正态分布 $X \sim N(\mu, \sigma^2)$. 现测得 16 只元件的寿命如下：

159　280　101　212　224　379　179　264

222　362　168　250　149　260　485　170

问：是否有理由认为元件的平均寿命大于 225(小时)?

【解】 因为 μ, σ 已知，$X \sim N(\mu, \sigma^2)$，于是提出假设：

$$H_0: \mu \leqslant \mu_0 = 225 \quad 和 \quad H_1: \mu > \mu_0 = 225.$$

输入：

```
x=[159 280 101 212 224 379 179 264 222 362 168 250 149 260 485 170];
[h,p,ci]=ttest(x,225,0.05,1)
```

输出结果：

```
h =0
p =0.2570
ci =198.2321   Inf
```

求得 h=0，p=0.2570，说明在显著性水平为 0.05 的情况下，不能拒绝原假设，即认为元件的平均寿命不大于 225 小时.

四、线性回归分析

(一)MATLAB 中的线性回归分析命令

[b,bint,r,rint,stats]= regress(Y,X,alpha)

其中，regress 为回归建模与评价函数；输入参数 X 为 n 个观测值的 $n\times1$ 向量；输入参数 Y 为因变量的 n 个观测值的 $n\times1$ 向量，alpha 是置信度，默认为 0.05；输出向量 b，bint 为回归系数估计值及其置信区间；r，rint 为残差及其置信区间；stats 为用于检验回归模型的统计量，有三个数值，第一个是 R 的平方，其中 R 是相关系数，第二个是 F 统计量值，第三个是与统计量 F 对应的概率 P，当 $P<$alpha 时拒绝 H_0，回归模型显著.

【例 10.40】 若有如表 10-7 所示数据，请据此进行回归分析.

表 10-7

X	1	1	4	6	8	11	14	17	21
Y	2.49	3.30	3.68	12.20	27.04	61.10	108.80	170.90	275.50

【解】 输入：

```
X=[1 1 4 6 8 11 14 17 21]';
Y=[2.49 3.30 3.68 12.20 27.04 61.10 108.80 170.90 275.50]';
X=[ones(9,1),X];
[b,bint,r,rint,stats]= regress(Y,X)
```

输出结果：

```
b =
    -42.9761
    12.6722
bint =
        -89.2877   3.3355
        8.6017     16.7427
r =
    32.7939
    33.6039
    -4.0328
    -20.8573
    -31.3617
    -35.3184
    -25.6351
    -1.5518
    52.3593
rint =
        -34.7071     100.2949
        -33.5248     100.7326
        -83.5508     75.4852
        -99.9732     58.2587
        -108.3031    45.5796
        -110.4309    39.7941
        -101.8700    50.5998
        -77.0092     73.9056
        11.9964      92.7222
stats =
        1.0e+003 *
        0.0009   0.0542   0.0000   1.1840
```

根据输出结果(a,b 的值)可以得出回归方程为 $y=-42.9761+12.6722x$,$R^2=0.9$,回归方程显著.

(二)多元线性回归

命令 regress( ),可实现多元线性回归,调用格式为:

[b,bint,r,rint,stats]=regress(y,x,alpha)

其中,因变量数据向量 y 和自变量数据矩阵 x 按以下排列方式输入:

$$\boldsymbol{x}=\begin{bmatrix}1 & x_{11} & x_{12} & \cdots & x_{1k}\\ 1 & x_{21} & x_{22} & \cdots & x_{2k}\\ \vdots & \vdots & \vdots & \ddots & \vdots\\ 1 & x_{n1} & x_{n2} & \cdots & x_{nk}\end{bmatrix},\quad \boldsymbol{y}=\begin{bmatrix}y_1\\ y_2\\ \vdots\\ y_n\end{bmatrix};$$

alpha 为显著性水平(缺省时设定为 0.05);输出向量 b,bint 为回归系数估计值及其置信区间;r,rint 为残差及其置信区间;stats 为用于检验回归模型的统计量,有三个数值,第一个是 R 的平方,其中 R 是相关系数,第二个是 F 统计量值,第三个是与统计量 F 对应的概率 P,当 $P<$alpha 时拒绝 H_0,回归模型成立.

【注】 (1)两组数据的相关系数在概率论中的标准定义是:

R= E{(x − E{x}) * (y − E{y})} / (sqrt({(x − E{x})^2) * sqrt({(y − E{y})^2))

也就是两组数据协方差与两者标准差乘积的商.如果$|R|=1$,说明两者相关;如果 $R=0$,说明两者不相关.

(2)F 是方差分析中的一个指标,一般方差分析是比较组间差异的.F 值越大,P 值越小,表示结果越可靠.

【例 10.41】 已知某湖 8 年来湖水中的化学需氧量(COD)浓度实测值(Y)与影响因素湖区工业产值(x_1)、总人口数(x_2)、捕鱼量(x_3)、降水量(x_4)的相关数据如表 10-8 所示,试建立污染物 Y 的水质分析模型.

表 10-8

COD 浓度(Y)	5.19	5.30	5.60	5.82	6.00	6.06	6.45	6.95
工业产值(x_1)	1.376	1.375	1.387	1.401	1.412	1.428	1.445	1.477
总人口数(x_2)	0.450	0.475	0.485	0.500	0.535	0.545	0.550	0.575
捕鱼量(x_3)	2.170	2.554	2.676	2.713	2.823	3.088	3.122	3.262
降水量(x_4)	0.8922	1.1610	0.5346	0.9589	1.0239	1.0499	1.1065	1.1387

【解】 输入:

```
clear all
x1=[1.376 1.375 1.387 1.401 1.412 1.428 1.445 1.477]';
x2=[0.450 0.475 0.485 0.500 0.535 0.545 0.550 0.575]';
x3=[2.170 2.554 2.676 2.713 2.823 3.088 3.122 3.262]';
x4=[0.8922 1.1610 0.5346 0.9589 1.0239 1.0499 1.1065 1.1387]';
Y=[5.19 5.30 5.60 5.82 6.00 6.06 6.45 6.95]';
X=[ones(8,1),x1,x2,x3,x4];
[b,bint,r,rint,stats]=regress(Y,X)
```

输出结果：

```
b =
    -13.9849
    13.1920
    2.4228
    0.0754
    -0.1897
bint =
      -26.0019      -1.9679
      1.4130        24.9711
      -14.2808      19.1264
      -1.4859       1.6366
      -0.9638       0.5844
r =
    -0.0618
    0.0228
    0.0123
    0.0890
    0.0431
    -0.1473
    0.0145
    0.0274
rint =
      -0.1130      -0.0107
      -0.1641      0.2098
      -0.1051      0.1297
      -0.2542      0.4321
      -0.0292      0.1153
      -0.2860      -0.0085
      -0.3478      0.3769
      -0.1938      0.2486
stats =
      0.9846     47.9654     0.0047     0.0123
```

即多元线性回归方程为：

$$y=-13.9849+13.1920x_1+2.4228x_2+0.0754x_3-0.1897x_4,$$

$$R^2=0.9846,\quad F=47.9654,\quad P=0.0047.$$

可知回归方程是显著的.

五、非线性回归

命令 nlinfit( ),可实现非线性回归,调用格式为:

[beta,r,J]=nlinfit(x,y,'model',beta0)

其中,输入数据 x,y 分别为 $n\times m$ 矩阵和 n 维列向量,对一元非线性回归,x 为 n 维列向量;model 为事先用 m 文件定义的非线性函数;beta0 为回归系数的初值. beta 是估计出的回归系数,r 是残差,J 是 Jacobian 矩阵,它们是估计预测误差需要的数据.

命令 nlpredci( ),可实现预测和预测误差的估计,调用格式为:

[y,delta]=nlpredci('model',x,beta,r,J)

【例 10.42】 对例 10.41 中 COD 浓度实测值(Y),建立时序预测模型,这里选用指数函数模型:

$$y=a+be^{kt}.$$

【解】 步骤 1,建立非线性函数,对所要拟合的非线性模型建立 m 文件:

```
function  yhat=model(beta,t)
yhat=beta(1)+beta(2)*exp(beta(3)*t)
```

步骤 2,输入数据:

```
Y=[5.19 5.30 5.60 5.82 6.00 6.06 6.45 6.95];
t=1:1:8                              %时间序列数据;
beta0=[50  10  1]'                   %回归系数初值;
```

步骤 3,求回归系数. 输入:

```
[beta  r  J]=nlinfit(t,Y,'model',beta0)
```

输出结果:

```
beta=
      4.4110
      0.6930
      0.1586
```

即 $$y=4.4110+0.6930e^{0.1586t}.$$

步骤 4,预测及作图. 输入:

```
[YY,delta]=nlpredci('model',t,beta,r,J);
plot(t,Y,'k+',t,YY,'r')
```

输出结果如图 10-4 所示.

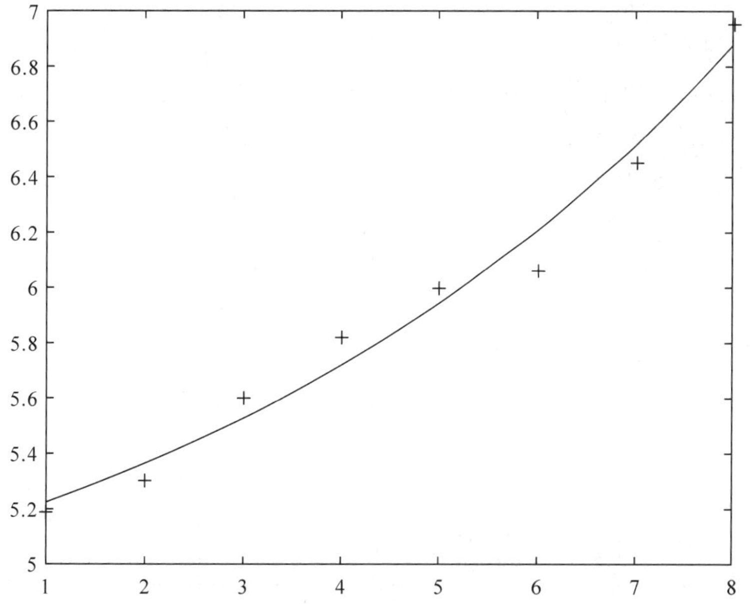

图 10-4

六、多项式曲线拟合函数

函数 polyfit 是指用一个多项式函数来对已知数据进行拟合，我们以下列数据为例介绍这个函数的用法.

输入：

```
x=0:0.1:1;
y=[-0.447 1.978 3.28 6.16 7.08 7.34 7.66 9.56 9.48 9.30 11.2]
```

为了使用 polyfit，首先必须指定我们希望以多少阶多项式对以上数据进行拟合，如果指定进行一阶多项式拟合，其结果为线性近似，通常称为线性回归. 我们可选择二阶多项式进行拟合.

输入：

```
P= polyfit(x,y,2)
```

输出结果：

```
P=
    -9.8108   20.1293   -0.0317
```

函数返回的是一个多项式系数的行向量，写成多项式形式则为：

$$-9.8108x^2+20.1293x-0.0317.$$

为了比较拟合结果，我们绘制两者的图形：

```
xi=linspace(0,1,100);                    %绘图的 x 轴数据
z=polyval(p,xi);                         %得到多项式在数据点处的值
```

当然,我们也可以选择更高幂次的多项式进行拟合,如 10 阶:

```
p=polyfit(x,y,10);
xi=linspace(0,1,100);
z=polyval(p,xi);
```

读者可以上机绘图进行比较,可发现随着阶数的增高,曲线在数据点附近更加接近测量值了,但从整体上来说,曲线波动比较大,并不一定适合实际使用的需要.所以在进行高阶曲线拟合时,“越高越好”的观点不一定正确.

【例 10.43】 由如表 10-9 所示的离散数据拟合出多项式.

表 10-9

x	0	0.1	0.2	0.3	0.4	0.5	0.6	0.7	0.8	0.9	1
y	0.3	0.5	1	1.4	1.6	1.9	0.6	0.4	0.8	1.5	2

【解】 输入:

```
x=0:0.1:1;
y=[0.3  0.5  1  1.4  1.6  1.9  0.6  0.4  0.8  1.5  2]
n=3;
p=polyfit(x,y,n)
xi=linspace(0,1,100);
z=polyval(p,xi);                         %多项式求值
plot(x,y,'o',xi,z,'k:',x,y,'b')
legend('原始数据','3 阶曲线')
```

输出结果:

```
p =
    16.7832   -25.7459   10.9802   -0.0035
```

拟合得到的多项式为:

$$y=16.7832x^3-25.7459x^2+10.9802x-0.0035.$$

曲线的拟合图形如图 10-5 所示.

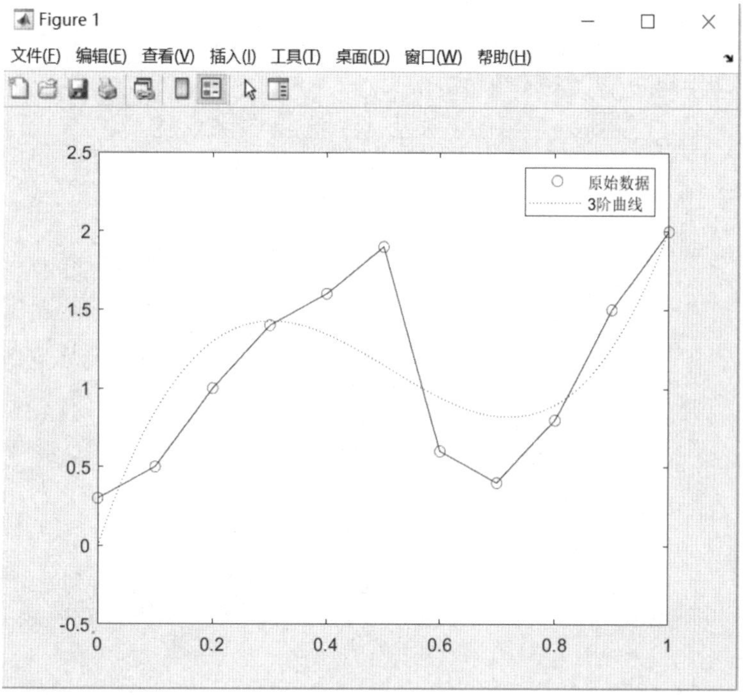

图 10-5

【例 10.44】 先由函数 $y=x+3\sin x$ 得到 $x=1:20$ 中的函数值，利用该数值进行不同阶多项式拟合并画图观察拟合效果.

【解】 输入：

```
x=1:20;
y=x+3*sin(x);
p=polyfit(x,y,6)
xi=linspace(1,20,100);
z=polyval(p,xi);                    %多项式求值函数
plot(x,y,'o',xi,z,'k:',x,y,'b')
legend('原始数据','6 阶曲线')
```

输出结果(见图 10-6)：

```
p =
    0.0000   -0.0021   0.0505   -0.5971   3.6472   -9.7295   11.3304
```

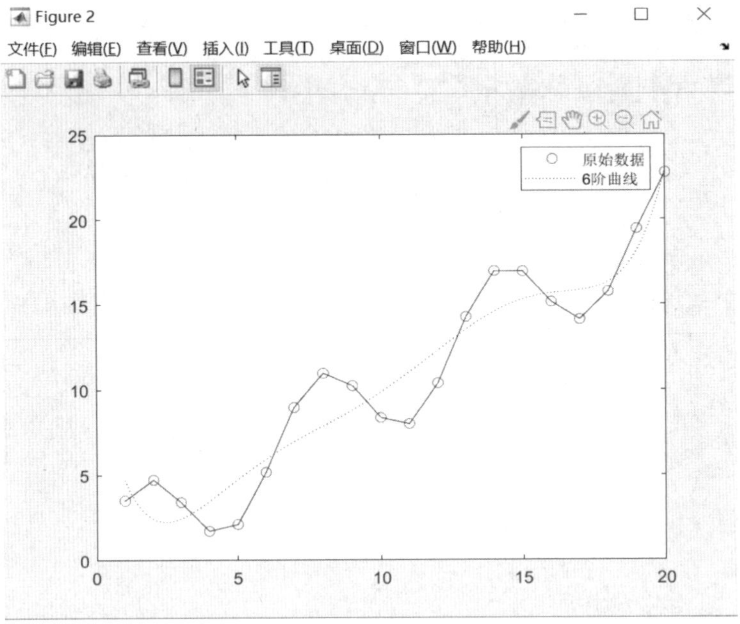

图 10-6

再用 10 阶多项式进行拟合. 输入:

```
x=1:20;
y=x+3*sin(x);
p=polyfit(x,y,10)
xi=linspace(1,20,100);
z=polyval(p,xi);
plot(x,y,'o',xi,z,'k:',x,y,'b')
legend('原始数据','10 阶多项式')
```

输出结果(见图 10-7):

```
p =
    Columns 1 through 7
    0.0000   -0.0000   0.0004   -0.0114   0.1814   -1.8065   11.2360
    Columns 8 through 11
    -42.0861   88.5907   -92.8155   40.2671
```

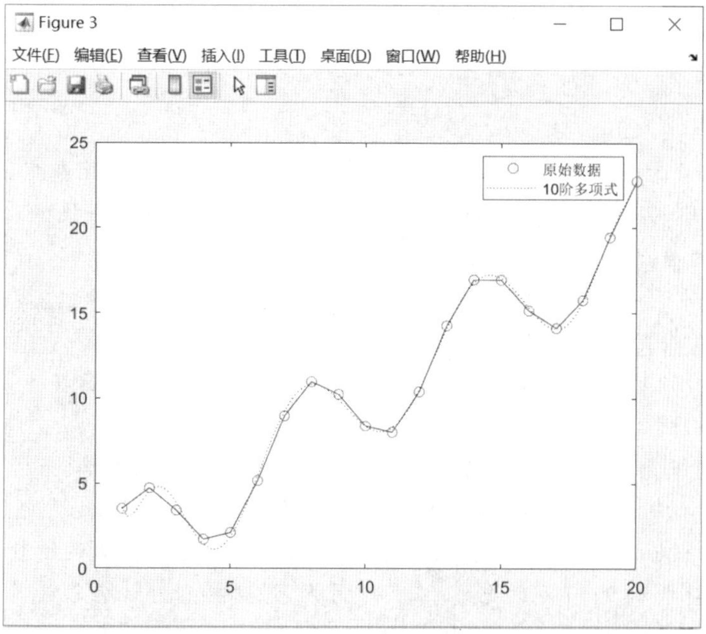

图 10-7

习题十

1. 设 $\boldsymbol{A}=\begin{bmatrix}1 & 2 & -1\\0 & 1 & 2\\-3 & 6 & 4\end{bmatrix}$，$\boldsymbol{B}=\begin{bmatrix}-1 & 0 & 1\\0 & 2 & 2\\3 & 5 & 1\end{bmatrix}$ 求 $\boldsymbol{A}^{\mathrm{T}}$，$\boldsymbol{A}+\boldsymbol{B}$，$\boldsymbol{AB}$，$\boldsymbol{A}^2$，$\boldsymbol{A}^{-1}\boldsymbol{B}$，$|\boldsymbol{A}|$，$|\boldsymbol{AB}|$.

2. 求矩阵 $\boldsymbol{A}=\begin{bmatrix}1 & -1 & 2 & 1 & 0\\2 & -2 & 4 & -2 & 0\\3 & 0 & 6 & -1 & 1\\2 & 1 & 4 & 2 & 1\end{bmatrix}$ 的秩.

3. 求向量组 $(0,-1,2,3)^{\mathrm{T}}$，$(1,4,0,-1)^{\mathrm{T}}$，$(3,1,4,2)^{\mathrm{T}}$，$(-2,2,-2,0)^{\mathrm{T}}$ 的秩.

4. 判断向量组 $\boldsymbol{\alpha}_1=(1,1,2,3)^{\mathrm{T}}$，$\boldsymbol{\alpha}_2=(1,-1,1,1)^{\mathrm{T}}$，$\boldsymbol{\alpha}_3=(2,0,3,3)^{\mathrm{T}}$，$\boldsymbol{\alpha}_4=(3,1,5,4)^{\mathrm{T}}$ 是否线性相关？

5. 判断下面的线性方程组是否有解，若有解求其通解.

(1) $\begin{cases}x_1+x_2-3x_3-x_4=1\\3x_1-x_2-3x_3+4x_4=4\\x_1+5x_2-9x_3-8x_4=0\end{cases}$；　(2) $\begin{cases}2x_1+x_2-x_3+x_4=1\\3x_1-2x_2+x_3-3x_4=4\\x_1+4x_2-3x_3+5x_4=-2\end{cases}$.

6. 计算行列式 $\begin{vmatrix}1 & a & a^2 & a^3\\1 & b & b^2 & b^3\\1 & c & c^2 & c^3\\1 & d & d^2 & d^3\end{vmatrix}$.

7. 求矩阵 $\boldsymbol{A}=\begin{bmatrix}1 & -1 & 2 & -1\\ -1 & 1 & 3 & -2\\ 2 & 3 & 1 & 0\\ -1 & -2 & 0 & 1\end{bmatrix}$的特征值和特征向量.

8. 假设在一个大城市中的总人口是固定的，人口的分布则因居民在市区和郊区之间迁徙而变化. 每年有6%的居民从市区搬到郊区去住，而有2%的郊区居民搬到市区去住. 假设一开始有70%的居民居住在郊区，有30%的居民居住在市区，问：

(1)10年后市区和郊区的居民人口比例是多少？

(2)30年、50年后比例如何？

(3)足够多年以后，城市和郊区的人口比例会收敛吗？如果收敛，其市区和郊区的人口比例极限值是多少？

9. 某地区有三个重要产业，一个是煤矿、一个发电厂和一条铁路. 若开采一元钱的煤，煤矿要支付0.2元的电费和0.3元的铁路运输费. 生产一元钱的电力，发电厂要支付0.5元的煤费、0.05元的电费及0.05元的铁路运输费. 创收一元钱的铁路运输费，铁路部门需要支付0.15元的煤费和0.45元的电费. 在某个月内，煤矿接到外地金额为500万的定货，发电厂接到外地金额为300万的定货，铁路需要为外地承担金额为100万的运输任务. 问，这三个企业在这一个月各自的产值为多少才能满足本地区和外界的需求.

10. 求解线性规划问题：

$$\min z=6x_1+3x_2+4x_3,$$

$$\text{s.t.}\begin{cases}x_1+x_2+x_3=120\\ x_1\geqslant 30\\ 0\leqslant x_2\leqslant 50\\ x_3\geqslant 20\end{cases}.$$

11. 求下面的优化问题：

$$\min\ z=-5x_1-4x_2-6x_3,$$

$$\text{s.t.}\begin{cases}x_1-x_2+x_3\leqslant 20\\ 3x_1+2x_2+4x_3\leqslant 42\\ 3x_1+2x_2\leqslant 30\\ 0\leqslant x_1,0\leqslant x_2,0\leqslant x_3\end{cases}.$$

12. 已知三种食物P,Q,R的维生素含量与成本如下所示：

维生素	食物P	食物Q	食物R
维生素A(单位/kg)	400	600	400
维生素B(单位/kg)	800	200	400
成本(元/kg)	6	5	4

现在将 x kg的食物P和 y kg的食物Q及 z kg的食物R混合，制成100kg的混合物. 如果这100kg的混合物中至少含维生素A 44000单位与维生素B 48000单位，那么 x,y,z

为何值时，混合物的成本最小？

13. 现要做100套钢架，每套需用长为2.9m，2.1m和1.5m的元钢各一根. 已知原料长7.4m，问应如何对原料进行裁切，让使用的原材料最省，并求出至少需要原料多少根.

14. 已知随机变量 $X \sim N(5,1)$，求 $P\{X>4\}$，$P\{3<X<5\}$.

15. 设随机变量 X 服从参数为 $\lambda=10$ 的 Poisson(泊松)分布，求：

(1) $P\{5<X<15\}$；　　(2) $P\{X \geqslant 8\}$.

16. 已知随机变量 $X\sim$ 指数分布，$\lambda=0.1$，求 $P\{X \leqslant 12\}$.

17. 设有一组来自正态总体 $N(\mu,\sigma^2)$ 的样本观测值：

0.497　0.506　0.518　0.524　0.488　0.510　0.510　0.515　0.512

(1) 求 μ 的置信区间(置信度取0.95)；　　(2) 求 σ 的置信区间(置信度取0.95).

18. 有一批枪弹，出厂时测得枪弹射出枪口的初速度 v 服从 $N(950,\sigma^2)$ (单位：m/s). 在储存较长时间后取出9发进行测试，得样本值：

914　920　910　934　953　945　912　924　940

假设储存后的枪弹射出枪口的初速度 v 仍服从正态分布，可否认为储存后的枪弹射出枪口的初速度 v 已经显著降低(取 $\alpha=0.05$)？

19. 用MATLAB计算：保险公司售出某种寿险保单2500份. 已知此项寿险每单需交保费120元，当被保人一年内死亡时，其家属可以从保险公司获得2万元的赔偿(即保额为2万元). 若此类被保人一年内死亡的概率0.002，试求：

(1) 保险公司的此项寿险亏损的概率；

(2) 保险公司从此项寿险获利不少于10万元的概率；

(3) 获利不少于20万元的概率.

20. 一般来说，人的身高大致服从正态分布 $N(\mu,\sigma^2)$，请在校内随机选取20位同学(10男，10女)以其身高(单位：cm)作为样本数据.

(1) 对目前你校学生身高服从的正态分布的未知参数进行点估计与区间估计(取 $\alpha=0.05$).

(2) 若10年前你校学生身高服从 $N(165,36)$ 分布，请问现在我校学生的身高与10年前相比有没有显著的增高. ($\alpha=0.05$)

21. 某省2007—2018年国内生产总值 (y) 和固定资产投资完成额 (x) 的情况如下所示：

年份	国内生产总值 y(亿元)	固定资产投资完成额 x(亿元)
2007	195	20
2008	210	20
2009	244	26
2010	264	35
2011	294	52
2012	314	56

续表

年份	国内生产总值 y(亿元)	固定资产投资完成额 x(亿元)
2013	360	81
2014	432	131
2015	481	149
2016	567	163
2017	655	232
2018	704	202

(1)画出散点图;

(2)求固定资产投资完成额与国内生产总值之间的回归直线.

22.现有春季降雨量(x_1)和春季温度(x_2)与农产品收获量(y)的数据,请求出其相应的回归方程,并在温度为19,降雨量为90时,给出收获量预测.

收获量 y(kg/hm^2)	1500	2300	3000	4500	4800	5000	5500
降雨量 x_1(mm)	25	33	45	105	110	115	120
温度 x_2(℃)	6	8	10	13	14	16	17

23.江苏省无锡市连续12年测定一代三化螟高峰期的日期(y,以4月30日为0开始计算,若5月18日达到最高峰,则 $y=18$)与1月份雨量(x_1)、2月份雨量(x_2)、2月平均温度(x_3)和3月平均温度(x_4)的关系,得结果于下表:

x_1(mm)	x_2(mm)	x_3(℃)	x_4(℃)	y
67.5	30.6	10.1	8.0	16
42.9	32.3	8.1	11.5	23
20.2	37.4	5.7	13.1	27
20	21.5	6.5	8.9	23
67.0	61.6	7.8	7.4	18
5.5	83.5	4.0	12.5	30
14.4	24.1	7.0	11.1	28
38.9	24.9	11.1	8.5	19
19.0	10.2	6.1	10.8	28
44.2	54.9	5.4	6.8	23
65.9	34.2	5.6	4.8	18
16.4	50.7	7.1	12.8	29

(1)试建立 y 依 x_i 的最优线性回归方程;

(2)若今年1月份雨量为30,2月份雨量45,2月平均温度为7,3月平均温度为9,请对预测今年的三化螟高峰期日期.

主要参考文献

1. 弗恩特. 经济数学方法与模型[M]. 朱保华, 钱晓明, 译. 上海: 上海财经大学出版社, 2003.
2. 高鸿业. 西方经济学[M]. 北京: 中国人民大学出版社, 2007.
3. 龚德恩, 范培华. 经济应用数学基础[M]. 北京: 高等教育出版社, 2008.
4. 吉奥丹诺. 数学建模[M]. 4 版. 叶其孝, 姜启源, 译. 北京: 机械工业出版社, 2009.
5. 李治. 投资学[M]. 厦门: 厦门大学出版社, 2009.
6. 刘兰娟. 经济管理中的计算机应用[M]. 北京: 清华大学出版社, 2006.
7. 同济大学数学系. 线性代数[M]. 北京: 高等教育出版社, 2007.
8. 王凤彬, 李东. 管理学[M]. 北京: 中国人民大学出版社, 2000.
9. 吴赣昌. 概率统计[M]. 北京: 中国人民大学出版社, 2011.
10. 雅克(Jacques L). 商务与经济数学[M]. 大连: 东北财经大学出版社, 2008.
11. 叶向. 实用运筹学[M]. 北京: 中国人民大学出版社, 2007.
12. 应惠芬, 金开正, 等. 经济应用数学基础[M]. 杭州: 浙江大学出版社, 2010.
13. 张从军, 孙春燕, 等. 经济应用模型[M]. 上海: 复旦大学出版社, 2008.
14. 赵静, 但琦. 数学建模与数学实验[M]. 北京: 高等教育出版社, 2009.
15. 周建兴. MATLAB 从入门到精通[M]. 北京: 人民邮电出版社, 2012.
16. 卓金武. MATLAB 在数学建模中的运用[M]. 北京: 北京航空航天大学出版社, 2014.

附录1　习题参考答案

习题一

一、选择题

1.D　2.C　3.D　4.A　5.D　6.D　7.B

8.C　9.A　10.C　11.D　12.D　13.B　14.C

二、填空题

1.3,4

2.$x=1,y=2,z=2,w=-4$

3.2,2,4

4.1

5.$\begin{bmatrix}1&2&3\\0&1&2\\0&0&1\end{bmatrix}$

6.$-2,-20$

7.-5

8.96

9.0

10.$-6d$

11.-28

三、计算题

1.$x=-\dfrac{5}{2},y=\dfrac{3}{4},z=-\dfrac{5}{2}$

2.$[22]$,$\begin{bmatrix}2&0&6&10\\-1&0&-3&-5\\0&0&0&0\\4&0&12&20\end{bmatrix}$

3.$f(A)=\begin{bmatrix}21&-23&15\\-13&34&10\\-9&22&25\end{bmatrix}$

4.(1)$r(\boldsymbol{A})=4$　(2)$r(\boldsymbol{B})=3$.

5.当$a=1,b\neq 2$或$a\neq 1,b=2$时,秩为3;当$a=1,b=2$时,秩为2

6.(1)$\boldsymbol{A}^{-1}=\begin{bmatrix}2.5&-1&-0.5\\-1&1&0\\-0.5&0&0.5\end{bmatrix}$　(2)$\boldsymbol{B}^{-1}=\begin{bmatrix}1&-4&-3\\1&-5&-3\\-1&6&4\end{bmatrix}$

7.(1)$\begin{bmatrix}1\\2\\0\end{bmatrix}$　(2)$\boldsymbol{X}=\begin{bmatrix}-1/6 & 4/3\\11/6 & 1/3\\-4/3 & -1/3\end{bmatrix}$

8.(1)0　(2)-3　(3)-1　(4)40

9.(1)160　(2)297

10.(1)$D_n=(n+3)3^{n-1}$

(2) 提示:以第四行为基准行,其余各行减去第四行,$D_n=-24(n-4)!$

11.(1) 提示:按照最后一行或者第一列展开.$D_n=(-1)^{n+1}n!$

(2) 提示:把其余列(行)加到第一列(行).$D_n=(-1)^{\frac{n(n-1)}{2}}[(n-1)a+b](b-a)^{n-1}$

12.提示:按行(列)展开,进行降阶,得递推公式:$D_n=5^n+5^{n-1}\cdot 2+5^{n-2}\cdot 2^2+\cdots 2^n$

13.$\begin{bmatrix}12.9\\9.9\\7.2\end{bmatrix}$

14.16

15.略

16.略

17.略

习题二

一、填空题

1. $\neq 1$

2.$\begin{cases}x_1=4-2c_1+c_2\\x_2=c_1\\x_3=c_2\\x_4=-2\end{cases}$　$(c_1,c_2\in\mathbf{R})$

3. $\neq r$

4.$\boldsymbol{\beta}=7\boldsymbol{\alpha}_1+5\boldsymbol{\alpha}_2+0\boldsymbol{\alpha}_3$

5.2

6.$a=-1$

二、选择题

1.C　2.D　3.B　4.C　5.B　6.D

7.B　8.B　9.D　10.A　11.A　12.A

三、计算题

1.(1)$\begin{bmatrix}-89/35\\26/35\\3/5\end{bmatrix}$　(2)无解　(3)$\begin{cases}x_1=-4+7c_1+10c_2\\x_1=3-3c_1-7c_2\\x_3=c_1\\x_4=c_2\end{cases}$　$(c_1,c_2\in\mathbf{R})$

2. 当 $a=-3$ 时，无解；当 $a\neq 2$ 且 $a\neq -3$ 时，有唯一解；当 $a=2$ 时，有无穷多解，全部解为：

$$\begin{cases} x_1 = 3c \\ x_2 = 1-4c \quad (c\text{ 为任意常数}) \\ x_3 = c \end{cases}$$

3. 当 $a=5, b\neq -3$ 时，无解；当 $a\neq 5, b\neq -3$ 时，有唯一解；当 $a=5, b=-3$ 时，有无穷多解，全部解为：$\begin{cases} x_1 = -1-2c \\ x_2 = 1+c \qquad (c\text{ 为任意常数}) \\ x_3 = c \end{cases}$

4. (1) $\boldsymbol{X}=c_1\begin{bmatrix}-1/2\\1\\1\\0\end{bmatrix}+c_2\begin{bmatrix}0\\-1\\0\\1\end{bmatrix}$ (2) $\boldsymbol{X}=c_1\begin{bmatrix}-1/2\\3/2\\1\\0\end{bmatrix}+c_2\begin{bmatrix}0\\-1\\0\\1\end{bmatrix}$

(3) $\boldsymbol{X}=c_1\begin{bmatrix}1\\-2\\1\\0\\0\end{bmatrix}+c_2\begin{bmatrix}1\\-2\\0\\1\\0\end{bmatrix}+c_3\begin{bmatrix}5\\-6\\0\\0\\1\end{bmatrix}$

5. (1) $\boldsymbol{X}=\begin{bmatrix}11\\-4\\1\\0\end{bmatrix}+c\begin{bmatrix}-19\\8\\-3\\1\end{bmatrix}$ (2) $\boldsymbol{X}=\begin{bmatrix}1\\0\\1\\0\end{bmatrix}+c_1\begin{bmatrix}3\\1\\5\\0\end{bmatrix}+c_2\begin{bmatrix}-3\\0\\-5\\1\end{bmatrix}$ (3) 无解

7. 甲、乙、丙三种化肥各需 3，5，15 千克

8. (1) $R(\boldsymbol{A})=2<3$ 或 $|\boldsymbol{A}|=0$，线性相关 (2) $R(\boldsymbol{A})=2<3$，线性相关

9. (1) 当 $a=1, b\neq -1$ 时，$R(\boldsymbol{A})=2, R(\widetilde{\boldsymbol{A}})=3$，故 β 不能由向量组 $\boldsymbol{\alpha}_1,\boldsymbol{\alpha}_2,\boldsymbol{\alpha}_3,\boldsymbol{\alpha}_4$ 线性表示

(2) 当 $a\neq 1$，b 为任意实数时，$R(\boldsymbol{A})=R(\widetilde{\boldsymbol{A}})=4$，故 $\boldsymbol{\beta}$ 能由向量组 $\boldsymbol{\alpha}_1,\boldsymbol{\alpha}_2,\boldsymbol{\alpha}_3,\boldsymbol{\alpha}_4$ 线性表示，且表达式唯一

(3) 当 $a=1, b=-1$ 时，$R(\boldsymbol{A})=R(\widetilde{\boldsymbol{A}})=2<4$，故 $\boldsymbol{\beta}$ 能由向量组 $\boldsymbol{\alpha}_1,\boldsymbol{\alpha}_2,\boldsymbol{\alpha}_3,\boldsymbol{\alpha}_4$ 线性表示，但表达式不唯一，求其一般式由 $\widetilde{\boldsymbol{A}}$ 对应的方程组求其通解 $\boldsymbol{x}=(-1,1,0,0)^{\mathrm{T}}+k_1(1,-2,1,0)^{\mathrm{T}}+k_2(1,-2,0,1)^{\mathrm{T}}$ $(k_1,k_2\in\mathbf{R})$. 故一般式为：$\boldsymbol{\beta}=(-1+k_1+k_2)\boldsymbol{\alpha}_1+(1-2k_1-2k_2)\boldsymbol{\alpha}_2+k_1\boldsymbol{\alpha}_3+k_2\boldsymbol{\alpha}_4$

10. (1) 当 $t\neq 5$ 时，$R(\boldsymbol{A})=3$，向量组 $\boldsymbol{\alpha}_1,\boldsymbol{\alpha}_2,\boldsymbol{\alpha}_3$ 线性无关

(2) 当 $t=5$ 时，$R(\boldsymbol{A})=2$，向量组 $\boldsymbol{\alpha}_1,\boldsymbol{\alpha}_2,\boldsymbol{\alpha}_3$ 线性相关，得 $\boldsymbol{\alpha}_3=-\boldsymbol{\alpha}_1+2\boldsymbol{\alpha}_2$

11. 当 $k=1$ 时，$R(\boldsymbol{\alpha}_1,\boldsymbol{\alpha}_2,\boldsymbol{\alpha}_3)=2$，极大无关组 $\boldsymbol{\alpha}_1,\boldsymbol{\alpha}_3$；当 $k\neq 1$ 时，$R(\boldsymbol{\alpha}_1,\boldsymbol{\alpha}_2,\boldsymbol{\alpha}_3)=3$，极大无关组 $\boldsymbol{\alpha}_1,\boldsymbol{\alpha}_2,\boldsymbol{\alpha}_3$

12. 最大无关组：$\boldsymbol{\alpha}_1,\boldsymbol{\alpha}_2$；且有 $\boldsymbol{\alpha}_3=\frac{5}{11}\boldsymbol{\alpha}_1-\frac{9}{11}\boldsymbol{\alpha}_2, \boldsymbol{\alpha}_4=\frac{7}{11}\boldsymbol{\alpha}_1-\frac{6}{11}\boldsymbol{\alpha}_2$

13. 提示：建立方程组并求解

14. 提示：反证法

15. 证明：$\boldsymbol{e}_1,\boldsymbol{e}_2,\cdots,\boldsymbol{e}_n$ 能由 $\boldsymbol{\alpha}_1,\boldsymbol{\alpha}_2,\cdots,\boldsymbol{\alpha}_n$ 线性表示，而 $\boldsymbol{\alpha}_1,\boldsymbol{\alpha}_2,\cdots,\boldsymbol{\alpha}_n$ 能由 $\boldsymbol{e}_1,\boldsymbol{e}_2,\cdots,\boldsymbol{e}_n$ 线性表示，故两向量等价，而等价的向量组有相同的秩. 即 $R(\boldsymbol{\alpha}_1,\boldsymbol{\alpha}_2,\cdots,\boldsymbol{\alpha}_n)=n$，所以向量组 $\boldsymbol{\alpha}_1,\boldsymbol{\alpha}_2,\cdots,\boldsymbol{\alpha}_n$ 线性无关

16. 证明：充分性见上题. 下面证必要性：设向量组 $\boldsymbol{\alpha}_1,\boldsymbol{\alpha}_2,\cdots,\boldsymbol{\alpha}_n$ 线性无关，则对于任一 n 维向量 $\boldsymbol{\alpha}$，$n+1$ 个 n 维向量 $\boldsymbol{\alpha}_1,\boldsymbol{\alpha}_2,\cdots,\boldsymbol{\alpha}_n,\boldsymbol{\alpha}$ 线性相关，故 $\boldsymbol{\alpha}$ 可由 $\boldsymbol{\alpha}_1,\boldsymbol{\alpha}_2,\cdots,\boldsymbol{\alpha}_n$ 线性表示

习题三

一、填空题

1. (1) $-1,1,8$　(2) $-1,1,\frac{1}{2}$　(3) -8　(4) $-\frac{1}{2}$　(5) $3,1,3$　(6) 9

2. 2

3. 1 或 -1

二、计算题

1. (1) $\lambda_1=1, c_1\begin{bmatrix}-1\\1\end{bmatrix}(c_1\neq 0)$；$\lambda_2=3, c_2\begin{bmatrix}1\\1\end{bmatrix}(c_2\neq 0)$

(2) $\lambda_1=\lambda_2=\lambda_3=2, c_1\begin{bmatrix}-2\\1\\0\end{bmatrix}+c_2\begin{bmatrix}1\\0\\1\end{bmatrix}$（$c_1,c_2$ 不全为零）

(3) $\lambda_1=0, c_1\begin{bmatrix}-1\\-1\\1\end{bmatrix}(c_1\neq 0)$；$\lambda_2=-1, c_2\begin{bmatrix}-1\\1\\1\end{bmatrix}(c_2\neq 0)$；$\lambda_3=9, c_1\begin{bmatrix}1/2\\1/2\\1\end{bmatrix}(c_3\neq 0)$

(4) $\lambda_1=\lambda_2=\lambda_3=1, c\begin{bmatrix}0\\0\\1\end{bmatrix}(c\neq 0)$

2. $x=-\frac{1}{2}, y=\frac{3}{2}$

3. $\boldsymbol{p}=\begin{bmatrix}-1&-1&1\\1&0&1\\0&1&1\end{bmatrix}, \boldsymbol{\Lambda}=\begin{bmatrix}1&0&0\\0&1&0\\0&0&4\end{bmatrix}$

4. $x=3$

5. $\boldsymbol{A}=\begin{bmatrix}5&-1&-1\\16&-4&-6\\2&0&-1\end{bmatrix}$

6. (1) $\lambda_1=0.09, \begin{bmatrix}-0.7845\\0.1961\\0.5883\end{bmatrix}$；$\lambda_2=1, \begin{bmatrix}0.6202\\0.2481\\0.7442\end{bmatrix}$；$\lambda_3=0.25, \begin{bmatrix}0\\-0.7071\\0.7071\end{bmatrix}$

(2)5 月 1 日的市场份额为 $\begin{bmatrix}\frac{19}{30}\\ \frac{143}{600}\\ \frac{229}{600}\end{bmatrix}$,12 月 1 日的市场份额为 $\begin{bmatrix}\frac{5}{13}\\ \frac{2327}{15125}\\ \frac{6983}{15130}\end{bmatrix}$

7.(1) 市区占 72.83%,郊区占 27.17%

(2)30 年后市区占 74.59%,郊区占 25.41%;50 年后市区占 74.92%,郊区占 25.08%

(3) 若干年后会收敛,大概有 75% 的人在市区,25% 的人在郊区

三、证明题

1.略

2.略

习题四

1.$S=\{(正,正),(正,反),(反,正),(反,反)\}$;

$A=\{(正,正),(正,反)\}$;$B=\{(正,正),(反,反)\}$;

$C=\{(正,正),(正,反),(反,正)\}$

2.$\Omega=\{(1,1),(1,2),\cdots,(1,6),(2,1),(2,2),\cdots,(2,6),\cdots,(6,1),(6,2),\cdots,(6,6)\}$;

$AB=\{(1,1),(1,3),(2,2),(3,1)\}$;

$A+B=\{(1,1),(1,3),(1,5),\cdots,(6,2),(6,4),(6,6),(1,2),(2,1)\}$;

$\overline{A}C=\varnothing$;

$BC=\{(1,1),(2,2)\}$;

$A-B-C-D=\{(1,5),(2,4),(2,6),(4,2),(4,6),(5,1),(6,2),(6,4)\}$

3.(1)$A\overline{B}\overline{C}$ (2)$AB\overline{C}$ (3)$A\overline{B}\overline{C}+\overline{A}B\overline{C}+\overline{A}\overline{B}C$ (4)$AB\overline{C}+A\overline{B}C+\overline{A}BC$

(5)$A+B+C$ (6)$\overline{A}\overline{B}\overline{C}$ (7)$\overline{A}\overline{B}\overline{C}+\overline{A}\overline{B}C+\overline{A}B\overline{C}+A\overline{B}\overline{C}$ 或 $\overline{A}\,\overline{B}+\overline{A}\,\overline{C}+\overline{B}\,\overline{C}$

(8)ABC (9)$\overline{A}+\overline{B}+\overline{C}$

4.乙未击中;乙和丙至少一人击中;甲和乙至多有一人击中或甲和乙至少有一人未击中;甲和乙都未击中;甲和乙击中而丙未击中;甲、乙、丙三人至少有两人击中

5.如图:

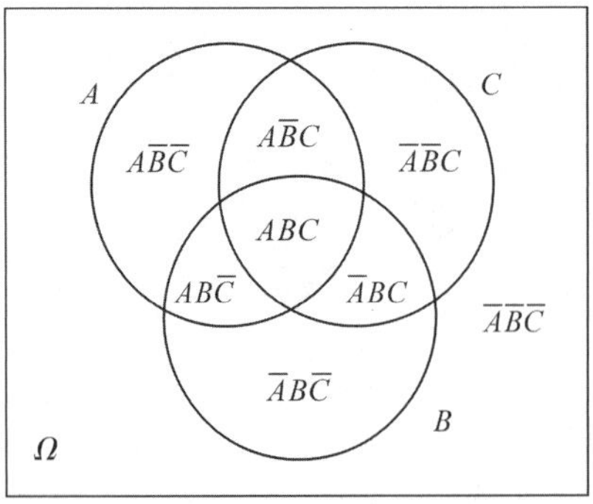

$A+B+C=A\overline{B}\overline{C}+A\overline{B}C+AB\overline{C}+ABC+\overline{A}BC+\overline{A}B\overline{C}+\overline{A}\overline{B}C$

$AB+C=AB\overline{C}+C$

$B-AC=AB\overline{C}+\overline{A}B\overline{C}+\overline{A}BC=B\overline{A}+AB\overline{C}=B\overline{C}+\overline{A}BC$

6.不一定成立.例如:$A=\{3,4,5\}$,$B=\{3\}$,$C=\{4,5\}$,那么 $A+C=B+C$,但 $A\neq B$

7.不一定成立.例如:$A=\{3,4,5\}$,$B=\{4,5,6\}$,$C=\{6,7\}$,那么 $A-(B-C)=\{3\}$,但是 $(A-B)+C=\{3,6,7\}$

8.(1)$P(B\overline{A})=\frac{1}{2}$　(2)$P(B\overline{A})=\frac{1}{6}$　(3)$P(B\overline{A})=\frac{3}{8}$

9.$P(\overline{A}B\overline{C})=\frac{3}{8}$

10.0.75　0.25

11.$P(A_1)=\frac{C_8^3}{C_{10}^3}=\frac{7}{15}$;$P(A_2)=\frac{2C_9^3-C_8^3}{C_{10}^3}=\frac{14}{15}$ 或 $P(A_2)=1-\frac{C_8^1}{C_{10}^3}=\frac{14}{15}$

12.$P=\frac{5A_9^3-4A_8^2}{A_{10}^4}=\frac{41}{90}$ 或 $P=\frac{A_5^1A_5^1A_8^2+A_4^1A_4^1A_8^2}{A_{10}^4}=\frac{41}{90}$ 或 $P=\frac{C_4^1C_2^1A_8^2+A_9^3}{A_{10}^4}=\frac{41}{90}$

13.(1)$P=1-\frac{11^6}{12^6}=0.41$　(2)$P=\frac{C_6^4\times 11^2}{12^6}=0.00061$　(3)$P=\frac{C_{12}^1C_6^4\times 11^2}{12^6}=0.0073$

14.$P=\frac{C_4^1C_{13}^3+C_4^1C_{13}^2C_{39}^1}{C_{52}^3}=0.602$ 或 $P=1-\frac{C_4^3C_{13}^1C_{13}^1C_{13}^1}{C_{52}^3}=0.602$

15.$\frac{3}{14}$,$\frac{3}{8}$,$\frac{19}{30}$

16.$\frac{2}{3}$

17.$\frac{1}{5}$

18.(1)0.862　(2)0.058　(3)0.8286

19.略

20.$P(A)=P(B)=\frac{1}{2}$

21.0.902

22.(1)0.56　(2)0.14　(3)0.24　(4)0.94

23.0.976

24.略

25.略

26.(1)0.01536　(2)0.90112　(3)0.262144

27.(1)0.3087　(2)0.371

28.一次拿 3 件:

(1)$P=\frac{C_{98}^2C_2^1}{C_{100}^3}=0.0588$　(2)$P=\frac{C_2^1C_{98}^2+C_2^2C_{98}^1}{C_{100}^3}=0.0594$

每次拿 1 件,取后放回,拿 3 次:

(1)$P=\frac{2\times 98^2}{100^3}\times 3=0.0576$　(2)$P=1-\frac{98^3}{100^3}=0.0588$

每次拿 1 件，取后不放回，拿 3 次：

(1) $P=\frac{2\times98\times97}{100\times99\times98}\times3=0.0588$　(2) $P=1-\frac{98\times97\times96}{100\times99\times98}=0.0594$

29. (1) $\frac{1}{2}$　(2) $\frac{2}{5}$

30. (1) 0.10034　(2) 0.0038

31. (1) $(0.94)^n$　(2) $C_n^2(0.94)^{n-1}$　(3) $1-C_n^1 0.06(0.94)^{n-1}-(0.94)^n$

32. 0.542

33. (1) 0.38　(2) 0.395

34. 90/173

35. (1) $p(1-p)^{r-1}$　(2) $C_{r+k-1}^{r-1}p^r(1-p)^k$　(3) $C_n^r p^r(1-p)^{n-r}$　(4) $C_{n-1}^{r-1}p^r(1-p)^{n-r}$

习题五

1. 0.3

2. (1) 是　(2) $\frac{1}{3}$　$\frac{1}{16}$

3. $p(1-p)^{k-1}, k=1,2,\cdots$

4. (1) $(0.9)^k\times0.1, k=0,1,2,\cdots$　(2) $\sum_{k=5}^{\infty}(0.9)^k\times0.1=(0.9)^5$

5. $\frac{1}{64}$

6. (1)

X	0	1	2	3
p	$\frac{64}{125}$	$\frac{48}{125}$	$\frac{12}{125}$	$\frac{1}{125}$

(2) $\frac{112}{125}$

7. (1) $1-(0.99)^{20}-20\times0.01\times(0.99)^{19}\approx0.0175$（按泊松分布近似或用MATLAB计算）

(2) $N=4$

8. $\lambda=\ln2$　$\frac{1}{2}(1-\ln2)$

9. $P=(e^{-2})^4=e^{-8}$

10. (1) 0.1353　(2) 0.3233

11. $F(x)=\begin{cases}0, & x<1\\ 0.2, & 1\leqslant x<2\\ 0.5, & 2\leqslant x<3\\ 1, & x\geqslant3\end{cases}$；　$P\{0.5\leqslant X\leqslant2\}=0.5$

$F(x)$ 曲线：

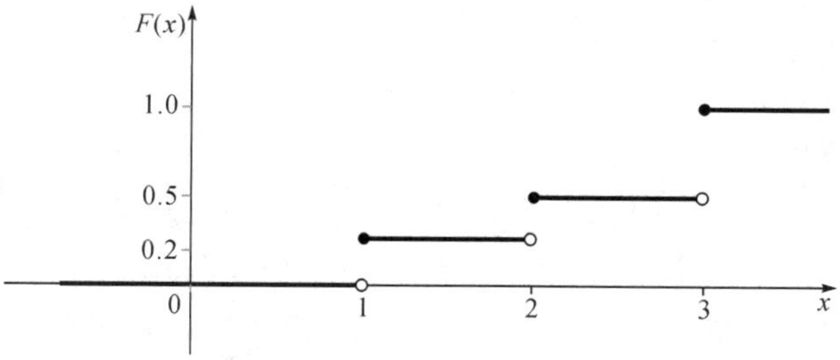

12. (1)

X	-1	1	3
P	0.4	0.4	0.2

(2) $\frac{2}{3}$

13. (1) $P\{x=k\}=C_3^k\left(\frac{2}{5}\right)^k\left(\frac{3}{5}\right)^{3-k}\quad(k=0,1,2,3)$

X	0	1	2	3
p	$\frac{27}{125}$	$\frac{54}{125}$	$\frac{36}{125}$	$\frac{8}{125}$

$$(2)F(x)=\begin{cases}0, & x<0\\ \frac{27}{125}, & 0\leqslant x<1\\ \frac{81}{125}, & 1\leqslant x<2\\ \frac{117}{125}, & 2\leqslant x<3\\ 1, & x\geqslant 3\end{cases}$$

14. (1) $t=-1$ (2) $f(x)=\begin{cases}\frac{x}{2}+\frac{1}{2}, & x\in[-1,0)\\ -\frac{x}{6}+\frac{1}{2}, & x\in[0,3)\\ 0, & \text{其他}\end{cases}$ (3) $\frac{11}{12}$

15. $a=\frac{\pi}{2}$ $\frac{\sqrt{3}}{2}$

16. (1) 1 (2) $f(x)=\begin{cases}2x, & 0\leqslant x<1\\ 0, & \text{其他}\end{cases}$ (3) $\frac{1}{4}$

17. $\mu=2,\sigma^2=3,C=2$

18. $\frac{9}{64}$

19. (1) $\frac{1}{2}$,1,1 (2) $F(x)=\begin{cases}0, & x<0\\ \frac{1}{2}x^2, & 0\leqslant x<1\\ -\frac{1}{2}x^2+2x-1, & 1\leqslant x<2\\ 1, & x\geqslant 2\end{cases}$

20. (1) $A=1$ $B=-1$ (2) $1-e^{-2}$ (3) $f(x)=F'(x)=\begin{cases}2e^{-2x}, & x>0\\ 0, & x\leqslant 0\end{cases}$

21. $\frac{5}{6}$

22. (1)0.368 (2) $C_5^2\left(\frac{1}{e}\right)^2\left(1-\frac{1}{e}\right)^3$

23. $P\{Y=k\}=C_5^k(e^{-2})^k(1-e^{-2})^{5-k}, k=0,1,2,3,4,5$ $1-(1-e^{-2})^5\approx 0.5167$

24. (1)0.8051 (2)0.5498 (3)0.6678 (4)0.8253

25. (1)0.6862 (2)0.6915

26. $x\approx 79.6$

27. $p_1=p_2=\varphi(-1)$

28. (1) $a=\frac{1}{10}$

(2)

Y	−1	0	3	8
P	$\frac{3}{10}$	$\frac{1}{5}$	$\frac{3}{10}$	$\frac{1}{5}$

29. 当 $c>0$ 时，$f_Y(y)=\begin{cases}\frac{1}{c(b-a)}, & ca+d\leqslant y\leqslant cb+d\\ 0, & \text{其他}\end{cases}$

当 $c<0$ 时，$f_Y(y)=\begin{cases}-\frac{1}{c(b-a)}, & cb+d\leqslant y\leqslant ca+d\\ 0, & \text{其他}\end{cases}$

30.

X/Y	0	1/3	1	$p_{i\cdot}$
−1	0	1/12	1/3	5/12
0	1/6	0	0	1/6
2	5/12	0	0	5/12
$p_{\cdot j}$	7/12	1/12	1/3	

31.

X/Y	1	2	3	$p_{i\cdot}$
1	0	1/6	1/12	1/4
2	1/6	1/6	1/6	1/2
3	1/12	1/6	0	1/4
$p_{\cdot j}$	1/4	1/2	1/4	

32.

X/Y	1	2	3
1	1/6	1/9	1/18
2	1/3	2/9	1/9

(其他的略去)

33.

k	1	2	3	4
$P\{Y=k \mid X=2\}$	0.5	0.5	0	0

k	1	2	3	4
$P\{X=k \mid Y=1\}$	0.48	0.24	0.16	0.12

34.(1)$c=4$　(2)$F(x,y)=\begin{cases}(1-e^{-2x})(1-e)^{-2y}, & 0<x,y<+\infty \\ 0, & 其他\end{cases}$　(3)0.594

35.$f_X(x)=\begin{cases}2.4x^2(2-x), & 0\leqslant x\leqslant 1 \\ 0, & 其他\end{cases}$,$f_Y(y)=\begin{cases}2.4y(3-4y+y^2), & 0\leqslant y\leqslant 1 \\ 0, & 其他\end{cases}$

36.(1)$f(x,y)=\begin{cases}4, & (x,y)\in G \\ 0, & 其他\end{cases}$

(2)$f_X(x)=\begin{cases}8x+4, & -0.5\leqslant x<0 \\ 0, & 其他\end{cases}$,$f_Y(y)=\begin{cases}2-2y, & 0\leqslant y<1 \\ 0, & 其他\end{cases}$

习题六

1.$E(X)=-0.3$,$D(X)=15.21$

2.$E(X)=1.2$,$D(X)=0.36$

3.0.3,0.319,0.5649

4.$(n+1)/2$,$(n^2-1)/12$

5.(1)

$X=x_i$	0	1	2
p_i	0.3	0.5	0.2

(2)$E(-2X+1)=-0.8$　$D(3X-4)=4.41$

6.(1)$A=1$　(2)$E(X)=\dfrac{2}{3}$,$D(X)=\dfrac{1}{18}$

7.$E(X^2)=911$,$E(Y)=-\dfrac{29}{3}$,$D(Y)=\dfrac{11}{9}$

8.0,2

9.1/3,1/18

10.2.5

11.33.64

12.2231

13.(1)甲的期望收益和风险(方差)为10.97,4.5801;乙的期望收益和风险(方差)为13.8,

67.76 (2) 稳健投资者选甲，冒险投资者选乙

14. 选择方案 2

15. (1)1/3,5/3,1/12 (2) 不独立

16. 0.975

17. 0.8164

18. 0.1814

19. $n=16$

20. 0.9525

21. 至少应配 14 条

22. (1)0.1820 (2)443

23. $\varphi(1.58)=0.9426$

24. 至少应设 62 张座位才能达到要求

习题七

1. (1)4.8,9.225 (2)0.8664 (3)0.056 (4)0.025 (5)1/3 (5)$N(0,1)$

2. (1) 略 (2)$\overline{X}=125.7, S^2=13.79$

3. (1)1.645 (2)2.33 (3)2.8214 (4)2.3060
   (5)34.170 (6)31.410 (7)2.77 (8)0.3436

4. ①,②,③,④,⑥

5. 甲地气温较乙地更好

6. 0.8293

7. $8,\dfrac{8}{n},8.$

8. (1)0.2628 (2)0.2923,0.5785

9. 提示：令 $Y_i=X_i+X_{i+n}$，有 $E(Z)=2(n-1)\sigma^2, D(Z)=8(n-1)\sigma^4$

10. 略

习题八

1. 身高$\hat{\mu}_1=156.89$，体重$\hat{\mu}_2=43.67$

2. $\hat{\mu}=232.397, \hat{\sigma}^2=0.026$

3. 矩估计值 $\hat{\theta}=0.25$，极大似然估计值 $\hat{\theta}=0.2829$

4. (1)T_1,T_3 为无偏估计量 (2)T_3 更有效

5. $\hat{p}=2-\dfrac{S^2}{\overline{X}}, \hat{N}=\dfrac{\overline{X}^2}{\overline{X}-S^2}$

6. 都是 $\hat{p}=\dfrac{1}{\overline{X}}$

7. 矩估计：$\hat{a}=\overline{X}-\sqrt{3}S, \hat{b}=\overline{X}+\sqrt{3}S$；似然估计：$\hat{a}=\min\{X_i\}, \hat{b}=\max\{X_i\}$

8.(1) $\dfrac{\theta}{\theta-1}$　(2) $\hat{\theta}=\dfrac{\overline{X}}{\overline{X}-1}$

9.矩估计：$\hat{\lambda}=\dfrac{1}{\overline{X}}$；似然估计：$\hat{\lambda}=\dfrac{1}{\overline{X}}$

10.矩估计：$\hat{\theta}=(2\overline{X}-1)/(1-\overline{X})$；似然估计：$\hat{\theta}=1-\left(n\Big/\sum_{i=1}^{n}\ln X_i\right)$

11.(21.52,23.48)

12.(55.204,444.037),(7.430,21.072)

13.(1)(0.5024,0.5154)　(2)(0.5006,0.5172)　(3)(0.538×10^{-4},4.33×10^{-4})

14.74.035

15.$n\geqslant(0.98\sigma)^2$

16.(0.158,0.372)

17.可以这样认为

18.可以这样认为

19.可以这样认为

20.(1) 可以这样认为　(2) 可以这样认为

21.可以认为是显著降低

22.不应这样认为

习题九

1.(1) 提示：设产品 A_1,A_2 的产量分别为 x_1,x_2 个单位，$\max z=70x_1+120x_2$

(2) 提示：设工段 B_1,B_2 各开工 x_1,x_2 天，$\min z=1000x_1+2000x_2$

(3) 提示：设 A,B 各生产 x_1,x_2 千克，$\max z=7x_1+12x_2$

(4) 提示：设 A,B 各生产 x_1,x_2 千克，$\max z=600x_1+400x_2$，$(x_1,x_2)=(20,20)$，产值最大为 20000 元

2.(1) $x=(12/7,15/7)$，$z=-120/7$　(2) $x=(5/6,0,17/5,0,0)$，$z=81/5$

(3) $x=(-3,0)$，$z=-9$　(4) $x=(2,6)$，$z=36$

3.(1) 提示：设每天应选用第 i 种饲料 x_i 千克，$\min z=0.2x_1+0.7x_2+0.4x_3$

(2) 提示：设 5 日内 i 机床生产 j 零件的工作台日为 x_{ij}，机床 1 的最大工作台日为 30×5(150 台日)，机床 2 的最大工作台日为 10×5(50 台日)，目标为：$\max z=15x_{11}+30x_{21}+20x_{12}+30x_{22}$

(3) 提示：将 60 个单位长的标准玻璃纸分为几种裁剪法，例如裁剪为两张分别为 28,28；三张分别为 20,20,20；三张分别为 20,20,15；等等

(4) 提示：将问题划分为 6 个时段，设 x_i 是在 i 时段开始上班工作的服务员人数，那么，第一个约束为 $x_1+x_6\geqslant4$，…，共 6 个约束

(5) 提示：设 x_1,x_2 分别为产品 A,B 的产量，x_3 为副产品 C 的销售量，x_4 为副产品 C 的销毁量，z 为总利润，则有

$$\max z = 40x_1 + 10x_2 + 3x_3 - 2x_4$$

$$\text{s.t.}\begin{cases}2x_1 + 3x_2 \leqslant 16\\3x_1 + 4x_2 \leqslant 24\\x_3 \leqslant 5\\-2x_1 + x_3 + x_4 = 0\\x_1, x_2, x_3, x_4 \geqslant 0\end{cases}$$

(6) 设 x_1, x_2, x_3 分别为甲、乙、丙三种产品的产量，生产计划：$x = (5,0,3)$

(7) 用矿石 M_1 为 10 吨，M_2 为 225 吨，总费用为 1.14 万元

4. $\boldsymbol{C} = \frac{1}{83}\begin{bmatrix}27 & 16 & 18\\30 & 27 & 20\\20 & 18 & 41\end{bmatrix}$ $\quad \boldsymbol{X} = \begin{bmatrix}500\\600\\750\end{bmatrix}$

5. 第 2,3 年的产值向量分别为$(110,220,330)^{T}$，$(-300,1000,200)^{T}$

6. 略

7. 选择甲地

8. 先去 A 公司应聘，若 A 提供“极好”职位就接受，否则去 B 公司应聘；若 B 公司提供“极好”或“好”职位就接受，否则去 C 公司应聘并接受其提供的任意职位. 在此决策下，他的工资期望是 3112 元

9. 合理的决策应是开始以正常施工速度进行施工，15 天后再根据具体天气情况做进一步决策：若遇阴雨天，则维持正常速度；若出现小风暴，则可采用应急措施；若出现大风暴，则进行抽空施工

10. (1) 略　(2) $y = 171.9196 + 2.2767x$

11. $y = 530.16 + 1.221x$

12. (1) 制造费用对产量的回归方程为 $y = 24827.62 + 0.753171x$

(2) $r^2 = 0.97106$

(3) 点预测为 $y_c = 24827.62 + 0.753171 \times 60000 = 70017.88$(元)

在置信水平为 95% 的条件下，预测区间为(68016.788,72018.972)

13. 通过画散点图，设有双曲线回归方程为$\frac{1}{y} = a + \frac{b}{x}$，得双曲线回归方程为$\frac{1}{y_c} = 375.8166 - 0.01056\frac{1}{x}$

14. (1) $r = 0.9478$　(2) $y = 395.567 + 0.8958x$　(3) $\sigma = 126.764$　(4) 1380.947

15. 5493.302.

16. (1) $y = 6.3095 + 1.6169x_1 - 0.9578x_2$　(2) 略

习题十

1. 略

2. 3

3.3

4.线性相关

5.(1) $\begin{bmatrix} 1.25+1.5C_1-0.75C_2 \\ -0.25+1.5C_1+1.75C_2 \\ C_1 \\ C_2 \end{bmatrix}$　(2) $\begin{bmatrix} 0.1429 \\ 0.7143 \\ 1 \\ 0 \end{bmatrix} c_1 + \begin{bmatrix} 0.1429 \\ -1.2857 \\ 0 \\ 1 \end{bmatrix} c_2 + \begin{bmatrix} 0.8571 \\ -0.7143 \\ 0 \\ 0 \end{bmatrix}$

6.略

7.略

8.(1) 市区占72.83%,郊区占27.17%

(2)30年后市区占74.59%,郊区占2541%;50年后市区占74.92%,郊区占25.08%

(3)75%的人在市区,25%的人在郊区

9.煤、电、铁路产值至少要为9119800元、7013600元、4086600元才能满足内外需求

10.$x_1=30, x_2=40, x_3=50, z=490$

11.$x_1=0, x_2=15, x_3=3, z=-78$

12.当$x=30, y=20, z=50$时,混合物的成本最小为480

13.提示:先设想好几种套裁方案,然后建规划模型

14.(1)0.8413　(2)0.4772

15.(1)0.8495　(2)0.7798

16.0.6988

17.(1)[0.5005,0.5173]　(2)[0.0073,0.0208]

18.在置信度为0.05水平下可以认为初速度v已经显著降低

19.(1)0.00006744　(2)0.9683　(3)0.4403

20.略

21.(1)略　(2)$y=171.9196+2.2767x$

22.(1)$y=-0.3940+14.9243x_1+218.4x_2$　(2)5493

23.(1)$y=26.5966-0.1102x_1-0.0032x_2-0.7670x_3+0.6507x_4$

(2)预测高峰期日期为5月24日

附录 2　常用统计表

附表 1　几种常用的概率分布

名称	分布列或分布密度	数学期望	方差
二点分布	$p(\xi=k)=p^k(1-p)^{1-k}$ $(0<p<1,k=0,1)$	p	$p(1-p)$
二项分布	$p(\xi=k)=C_n^k p^k(1-p)^{n-k}$ $(0<p<1,k=0,1,\cdots,n)$	np	$np(1-p)$
泊松分布	$p(\xi=k)=\frac{\lambda^k}{k!}e^{-\lambda}$ $(\lambda>0,k=0,1,2,\cdots)$	λ	λ
均匀分布	$p(x)=\begin{cases}\frac{1}{b-a}, & a\leqslant x\leqslant b\\ 0, & \text{其他}\end{cases}\quad(a<b)$	$\frac{a+b}{2}$	$\frac{(b-a)^2}{12}$
指数分布	$p(x)=\begin{cases}\lambda e^{-\lambda x}, & x\geqslant 0\\ 0, & x<0\end{cases}\quad(\lambda>0)$	$\frac{1}{\lambda}$	$\frac{1}{\lambda^2}$
标准正态分布	$\varphi(x)=\frac{1}{\sqrt{2\pi}}e^{-\frac{x^2}{2}}\quad(-\infty<x<+\infty)$	0	1
一般正态分布	$p(x)=\frac{1}{\sqrt{2\pi}\sigma}e^{-\frac{(x-\mu)^2}{2\sigma^2}}\quad(\sigma>0,-\infty<x<+\infty)$	μ	σ^2

附表 2　泊松分布数值表

$$P\{\xi = m\} = \frac{\lambda^m}{m!}e^{-\lambda}$$

m	λ													
	0.1	0.2	0.3	0.4	0.5	0.6	0.7	0.8	0.9	1.0	1.5	2.0	2.5	3.0
0	0.9048	0.8187	0.7408	0.6703	0.6065	0.5488	0.4966	0.4493	0.4066	0.3679	0.2231	0.1353	0.0821	0.0498
1	0.0905	0.1637	0.2223	0.2681	0.3033	0.3293	0.3476	0.3595	0.3659	0.3679	0.3347	0.2707	0.2052	0.1494
2	0.0045	0.0164	0.0333	0.0536	0.0758	0.0988	0.1216	0.1438	0.1647	0.1839	0.2510	0.2707	0.2565	0.2240
3	0.0002	0.0011	0.0033	0.0072	0.0126	0.0198	0.0284	0.0383	0.0494	0.0613	0.1255	0.1805	0.2138	0.2240
4		0.0001	0.0003	0.0007	0.0016	0.0030	0.0050	0.0077	0.0111	0.0153	0.0471	0.0902	0.1336	0.1681
5				0.0001	0.0002	0.0003	0.0007	0.0012	0.0020	0.0031	0.0141	0.0361	0.0668	0.1008
6							0.0001	0.0002	0.0003	0.0005	0.0035	0.0120	0.0278	0.0504
7										0.0001	0.0008	0.0034	0.0099	0.0216
8											0.0002	0.0009	0.0031	0.0081
9												0.0002	0.0009	0.0027
10													0.0002	0.0008
11													0.0001	0.0002
12														0.0001

m	λ													
	3.5	4.0	4.5	5	6	7	8	9	10	11	12	13	14	15
0	0.0302	0.0183	0.0111	0.0067	0.0025	0.0009	0.0003	0.0001						
1	0.1057	0.0733	0.0500	0.0337	0.0149	0.0064	0.0027	0.0011	0.0004	0.0002	0.0001			
2	0.1850	0.1465	0.1125	0.0842	0.0446	0.0223	0.0107	0.0050	0.0023	0.0010	0.0004	0.0002	0.0001	
3	0.2158	0.1954	0.1687	0.1404	0.0892	0.0521	0.0286	0.0150	0.0076	0.0037	0.0018	0.0008	0.0004	0.0002
4	0.1888	0.1954	0.1898	0.1755	0.1339	0.0912	0.0573	0.0337	0.0189	0.0102	0.0053	0.0027	0.0013	0.0006
5	0.1322	0.1563	0.1708	0.1755	0.1606	0.1277	0.0916	0.0607	0.0378	0.0224	0.0127	0.0071	0.0037	0.0019
6	0.0771	0.1042	0.1281	0.1462	0.1606	0.1490	0.1221	0.0911	0.0631	0.0411	0.0255	0.0151	0.0087	0.0048
7	0.0385	0.0595	0.0824	0.1044	0.1377	0.1490	0.1396	0.1171	0.0901	0.0646	0.0437	0.0281	0.0174	0.0104
8	0.0169	0.0298	0.0463	0.0653	0.1033	0.1304	0.1396	0.1318	0.1126	0.0888	0.0655	0.0457	0.0304	0.0195
9	0.0065	0.0132	0.0232	0.0363	0.0688	0.1014	0.1241	0.1318	0.1251	0.1085	0.0874	0.0660	0.0473	0.0324
10	0.0023	0.0053	0.0104	0.0181	0.0413	0.0710	0.0993	0.1186	0.1251	0.1194	0.1048	0.0859	0.0663	0.0486
11	0.0007	0.0019	0.0043	0.0082	0.0225	0.0452	0.0722	0.0970	0.1137	0.1194	0.1144	0.1015	0.0843	0.0663
12	0.0002	0.0006	0.0015	0.0034	0.0113	0.0264	0.0481	0.0728	0.0948	0.1094	0.1144	0.1099	0.0984	0.0828
13	0.0001	0.0002	0.0006	0.0013	0.0052	0.0142	0.0296	0.0504	0.0729	0.0926	0.1056	0.1099	0.1061	0.0956
14		0.0001	0.0002	0.0005	0.0023	0.0071	0.0169	0.0324	0.0521	0.0728	0.0905	0.1021	0.1061	0.1025
15			0.0001	0.0002	0.0009	0.0033	0.0090	0.0194	0.0347	0.0533	0.0724	0.0885	0.0989	0.1025
16				0.0001	0.0003	0.0015	0.0045	0.0109	0.0217	0.0367	0.0543	0.0719	0.0865	0.0960
17					0.0001	0.0006	0.0021	0.0058	0.0128	0.0237	0.0383	0.0551	0.0713	0.0847
18						0.0002	0.0010	0.0029	0.0071	0.0145	0.0255	0.0397	0.0554	0.0706
19						0.0001	0.0004	0.0014	0.0037	0.0084	0.0161	0.0272	0.0408	0.0557
20							0.0002	0.0006	0.0019	0.0046	0.0097	0.0177	0.0286	0.0418
21							0.0001	0.0003	0.0009	0.0024	0.0055	0.0109	0.0191	0.0299
22								0.0001	0.0004	0.0013	0.0030	0.0065	0.0122	0.0204
23									0.0002	0.0006	0.0016	0.0036	0.0074	0.0133
24									0.0001	0.0003	0.0008	0.0020	0.0043	0.0083
25										0.0001	0.0004	0.0011	0.0024	0.0050
26											0.0002	0.0005	0.0013	0.0029
27											0.0001	0.0002	0.0007	0.0017
28												0.0001	0.0003	0.0009
29													0.0002	0.0004
30													0.0001	0.0002
31														0.0001

续表

$\lambda = 20$						$\lambda = 30$					
m	p	m	p	m	p	m	p	m	p	m	p
5	0.0001	20	0.0889	35	0.0007	10		25	0.0511	40	0.0139
6	0.0002	21	0.0846	36	0.0004	11		26	0.0590	41	0.0102
7	0.0006	22	0.0769	37	0.0002	12	0.0001	27	0.0655	42	0.0073
8	0.0013	23	0.0669	38	0.0001	13	0.0002	28	0.0702	43	0.0051
9	0.0029	24	0.0557	39	0.0001	14	0.0005	29	0.0727	44	0.0035
10	0.0058	25	0.0446			15	0.0010	30	0.0727	45	0.0023
11	0.0106	26	0.0343			16	0.0019	31	0.0703	46	0.0015
12	0.0176	27	0.0254			17	0.0034	32	0.0659	47	0.0010
13	0.0271	28	0.0183			18	0.0057	33	0.0599	48	0.0006
14	0.0382	29	0.0125			19	0.0089	34	0.0529	49	0.0004
15	0.0517	30	0.0083			20	0.0134	35	0.0453	50	0.0002
16	0.0646	31	0.0054			21	0.0192	36	0.0378	51	0.0001
17	0.0760	32	0.0034			22	0.0261	37	0.0306	52	0.0001
18	0.0844	33	0.0021			23	0.0341	38	0.0242		
19	0.0889	34	0.0012			24	0.0426	39	0.0186		

$\lambda = 40$						$\lambda = 50$					
m	p	m	p	m	p	m	p	m	p	m	p
15		35	0.0485	55	0.0043	25		45	0.0458	65	0.0063
16		36	0.0539	56	0.0031	26	0.0001	46	0.0498	66	0.0048
17		37	0.0583	57	0.0022	27	0.0001	47	0.0530	67	0.0036
18	0.0001	38	0.0614	58	0.0015	28	0.0002	48	0.0552	68	0.0026
19	0.0001	39	0.0629	59	0.0010	29	0.0004	49	0.0564	69	0.0019
20	0.0002	40	0.0629	60	0.0007	30	0.0007	50	0.0564	70	0.0014
21	0.0004	41	0.0614	61	0.0005	31	0.0011	51	0.0552	71	0.0010
22	0.0007	42	0.0585	62	0.0003	32	0.0017	52	0.0531	72	0.0007
23	0.0012	43	0.0544	63	0.0002	33	0.0026	53	0.0501	73	0.0005
24	0.0019	44	0.0495	64	0.0001	34	0.0038	54	0.0464	74	0.0003
25	0.0031	45	0.0440	65	0.0001	35	0.0054	55	0.0422	75	0.0002
26	0.0047	46	0.0382			36	0.0075	56	0.0377	76	0.0001
27	0.0070	47	0.0325			37	0.0102	57	0.0330	77	0.0001
28	0.0100	48	0.0271			38	0.0134	58	0.0285	78	0.0001
29	0.0139	49	0.0221			39	0.0172	59	0.0241		
30	0.0185	50	0.0177			40	0.0215	60	0.0201		
31	0.0238	51	0.0139			41	0.0262	61	0.0165		
32	0.0298	52	0.0107			42	0.0312	62	0.0133		
33	0.0361	53	0.0081			43	0.0363	63	0.0106		
34	0.0425	54	0.0060			44	0.0412	64	0.0082		

附表 3 标准正态分布表

$$\Phi(x)=\int_{-\infty}^{x}\frac{1}{2\pi}e^{-\frac{t^2}{2}}dt=P\{X\leqslant x\}$$

x	0.00	0.01	0.02	0.03	0.04	0.05	0.06	0.07	0.08	0.09
0.0	0.500 0	0.504 0	0.508 0	0.512 0	0.516 0	0.519 9	0.523 9	0.527 9	0.531 9	0.535 9
0.1	0.539 8	0.543 8	0.547 8	0.551 7	0.555 7	0.559 6	0.563 6	0.567 5	0.571 4	0.575 3
0.2	0.579 3	0.583 2	0.587 1	0.591 0	0.594 8	0.598 7	0.602 6	0.606 4	0.610 3	0.614 1
0.3	0.617 9	0.621 7	0.625 5	0.629 3	0.633 1	0.636 8	0.640 4	0.644 3	0.648 0	0.651 7
0.4	0.655 4	0.659 1	0.662 8	0.666 4	0.670 0	0.673 6	0.677 2	0.680 8	0.684 4	0.687 9
0.5	0.691 5	0.695 0	0.698 5	0.701 9	0.705 4	0.708 8	0.712 3	0.715 7	0.719 0	0.722 4
0.6	0.725 7	0.729 1	0.732 4	0.735 7	0.738 9	0.742 2	0.745 4	0.748 6	0.751 7	0.754 9
0.7	0.758 0	0.761 1	0.764 2	0.767 3	0.770 3	0.773 4	0.776 4	0.779 4	0.782 3	0.785 2
0.8	0.788 1	0.791 0	0.793 9	0.796 7	0.799 5	0.802 3	0.805 1	0.807 8	0.810 6	0.813 3
0.9	0.815 9	0.818 6	0.821 2	0.823 8	0.826 4	0.828 9	0.835 5	0.834 0	0.836 5	0.838 9
1.0	0.841 3	0.843 8	0.846 1	0.848 5	0.850 8	0.853 1	0.855 4	0.857 7	0.859 9	0.862 1
1.1	0.864 3	0.866 5	0.868 6	0.870 8	0.872 9	0.874 9	0.877 0	0.879 0	0.881 0	0.883 0
1.2	0.884 9	0.886 9	0.888 8	0.890 7	0.892 5	0.894 4	0.896 2	0.898 0	0.899 7	0.901 5
1.3	0.903 2	0.904 9	0.906 6	0.908 2	0.909 9	0.911 5	0.913 1	0.914 7	0.916 2	0.917 7
1.4	0.919 2	0.920 7	0.922 2	0.923 6	0.925 1	0.926 5	0.927 9	0.929 2	0.930 6	0.931 9
1.5	0.933 2	0.934 5	0.935 7	0.937 0	0.938 2	0.939 4	0.940 6	0.941 8	0.943 0	0.944 1
1.6	0.945 2	0.946 3	0.947 4	0.948 4	0.949 5	0.950 5	0.951 5	0.952 5	0.953 5	0.953 5
1.7	0.955 4	0.956 4	0.957 3	0.958 2	0.959 1	0.959 9	0.960 8	0.961 6	0.962 5	0.963 3
1.8	0.964 1	0.964 8	0.965 6	0.966 4	0.967 2	0.967 8	0.968 6	0.969 3	0.970 0	0.970 6
1.9	0.971 3	0.971 9	0.972 6	0.973 2	0.973 8	0.974 4	0.975 0	0.975 6	0.976 2	0.976 7
2.0	0.977 2	0.977 8	0.978 3	0.978 8	0.979 3	0.979 8	0.980 3	0.980 8	0.981 2	0.981 7
2.1	0.982 1	0.982 6	0.983 0	0.983 4	0.983 8	0.984 2	0.984 6	0.985 0	0.985 4	0.985 7
2.2	0.986 1	0.986 4	0.986 8	0.987 1	0.987 4	0.987 8	0.988 1	0.988 4	0.988 7	0.989 0
2.3	0.989 3	0.989 6	0.989 8	0.990 1	0.990 4	0.990 6	0.990 9	0.991 1	0.991 3	0.991 6
2.4	0.991 8	0.992 0	0.992 2	0.992 5	0.992 7	0.992 9	0.993 1	0.993 2	0.993 4	0.993 6
2.5	0.993 8	0.994 0	0.994 1	0.994 3	0.994 5	0.994 6	0.994 8	0.994 9	0.995 1	0.995 2
2.6	0.995 3	0.995 5	0.995 6	0.995 7	0.995 9	0.996 0	0.996 1	0.996 2	0.996 3	0.996 4
2.7	0.996 5	0.996 6	0.996 7	0.996 8	0.996 9	0.997 0	0.997 1	0.997 2	0.997 3	0.997 4
2.8	0.997 4	0.997 5	0.997 6	0.997 7	0.997 7	0.997 8	0.997 9	0.997 9	0.998 0	0.998 1
2.9	0.998 1	0.998 2	0.998 2	0.998 3	0.998 4	0.998 4	0.998 5	0.998 5	0.998 6	0.998 6
x	0.0	0.1	0.2	0.3	0.4	0.5	0.6	0.7	0.8	0.9
3	0.998 7	0.999 0	0.999 3	0.999 5	0.999 7	0.999 8	0.999 8	0.999 9	0.999 9	1.000 0

附表 4　t 分布表

$$P\{T > t_\alpha(n)\} = \int_{t_\alpha(n)}^{+\infty} f(x)\mathrm{d}x = \alpha$$

n	α							
	0.25	0.2	0.15	0.1	0.05	0.025	0.01	0.005
1	1.000	1.376	1.963	3.078	6.314	12.71	31.82	63.66
2	0.816	1.061	1.386	1.886	2.920	4.303	6.965	9.925
3	0.765	0.978	1.250	1.638	2.353	3.182	4.541	5.841
4	0.741	0.941	1.190	1.533	2.132	2.776	3.747	4.604
5	0.727	0.920	1.156	1.476	2.015	2.571	3.365	4.032
6	0.718	0.906	1.134	1.440	1.943	2.447	3.143	3.707
7	0.711	0.896	1.119	1.415	1.895	2.365	2.998	3.499
8	0.706	0.889	1.108	1.397	1.860	2.306	2.896	3.355
9	0.703	0.883	1.100	1.383	1.833	2.262	2.821	3.250
10	0.700	0.879	1.093	1.372	1.812	2.228	2.764	3.169
11	0.697	0.876	1.088	1.363	1.796	2.201	2.718	3.106
12	0.695	0.873	1.083	1.356	1.782	2.179	2.681	3.055
13	0.694	0.870	1.079	1.350	1.771	2.160	2.650	3.012
14	0.692	0.868	1.076	1.345	1.761	2.145	2.624	2.977
15	0.691	0.866	1.074	1.341	1.753	2.131	2.602	2.947
16	0.690	0.865	1.071	1.337	1.746	2.120	2.583	2.921
17	0.689	0.863	1.069	1.333	1.740	2.110	2.567	2.898
18	0.688	0.862	1.067	1.330	1.734	2.101	2.552	2.878
19	0.688	0.861	1.066	1.328	1.729	2.093	2.539	2.861
20	0.687	0.860	1.064	1.325	1.725	2.086	2.528	2.845
21	0.686	0.859	1.063	1.323	1.721	2.080	2.518	2.831
22	0.686	0.858	1.061	1.321	1.717	2.074	2.508	2.819
23	0.685	0.858	1.060	1.319	1.714	2.069	2.500	2.807
24	0.685	0.857	1.059	1.318	1.711	2.064	2.492	2.797
25	0.684	0.856	1.058	1.316	1.708	2.060	2.485	2.787
26	0.684	0.856	1.058	1.315	1.706	2.056	2.479	2.779
27	0.684	0.855	1.057	1.314	1.703	2.052	2.473	2.771
28	0.683	0.855	1.056	1.313	1.701	2.048	2.467	2.763
29	0.683	0.854	1.055	1.311	1.699	2.045	2.462	2.756
30	0.683	0.854	1.055	1.310	1.697	2.042	2.457	2.750
40	0.681	0.851	1.050	1.303	1.684	2.021	2.423	2.704
50	0.679	0.849	1.047	1.299	1.676	2.009	2.403	2.678
60	0.679	0.848	1.045	1.296	1.671	2.000	2.390	2.660
80	0.678	0.846	1.043	1.292	1.664	1.990	2.374	2.639
100	0.677	0.845	1.042	1.290	1.660	1.984	2.364	2.626
120	0.677	0.845	1.041	1.289	1.658	1.980	2.358	2.617
∞	0.674	0.842	1.036	1.282	1.645	1.960	2.326	2.576

附表 5 χ^2 分布表

$$P\{\chi^2(n) > \chi^2_\alpha(n)\} = \alpha$$

n	α									
	0.995	0.990	0.975	0.950	0.900	0.100	0.050	0.025	0.010	0.005
1	0.000	0.000	0.001	0.004	0.016	2.706	3.841	5.024	6.635	7.879
2	0.010	0.020	0.051	0.103	0.211	4.605	5.991	7.378	9.210	10.597
3	0.072	0.115	0.216	0.352	0.584	6.251	7.815	9.348	11.345	12.838
4	0.207	0.297	0.484	0.711	1.064	7.779	9.488	11.143	13.277	14.860
5	0.412	0.554	0.831	1.145	1.610	9.236	11.070	12.833	15.086	16.750
6	0.676	0.872	1.237	1.635	2.204	10.645	12.592	14.449	16.812	18.548
7	0.989	1.239	1.690	2.167	2.833	12.017	14.067	16.013	18.475	20.278
8	1.344	1.646	2.180	2.733	3.490	13.362	15.507	17.535	20.090	21.955
9	1.735	2.088	2.700	3.325	4.168	14.684	16.919	19.023	21.666	23.589
10	2.156	2.558	3.247	3.940	4.865	15.987	18.307	20.483	23.209	25.188
11	2.603	3.053	3.816	4.575	5.578	17.275	19.675	21.920	24.725	26.757
12	3.074	3.571	4.404	5.226	6.304	18.549	21.026	23.337	26.217	28.300
13	3.565	4.107	5.009	5.892	7.042	19.812	22.362	24.736	27.688	29.819
14	4.075	4.660	5.629	6.571	7.790	21.064	23.685	26.119	29.141	31.319
15	4.601	5.229	6.262	7.261	8.547	22.307	24.996	27.488	30.578	32.801
16	5.142	5.812	6.908	7.962	9.312	23.542	26.296	28.845	32.000	34.267
17	5.697	6.408	7.564	8.672	10.085	24.769	27.587	30.191	33.409	35.718
18	6.265	7.015	8.231	9.390	10.865	25.989	28.869	31.526	34.805	37.156
19	6.844	7.633	8.907	10.117	11.651	27.204	30.144	32.852	36.191	38.582
20	7.434	8.260	9.591	10.851	12.443	28.412	31.410	34.170	37.566	39.997
21	8.034	8.897	10.283	11.591	13.240	29.615	32.671	35.479	38.932	41.401
22	8.643	9.542	10.982	12.338	14.041	30.813	33.924	36.781	40.289	42.796
23	9.260	10.196	11.689	13.091	14.848	32.007	35.172	38.076	41.638	44.181
24	9.886	10.856	12.401	13.848	15.659	33.196	36.415	39.364	42.980	45.559
25	10.520	11.524	13.120	14.611	16.473	34.382	37.652	40.646	44.314	46.928
26	11.160	12.198	13.844	15.379	17.292	35.563	38.885	41.923	45.642	48.290
27	11.808	12.879	14.573	16.151	18.114	36.741	40.113	43.195	46.963	49.645
28	12.461	13.565	15.308	16.928	18.939	37.916	41.337	44.461	48.278	50.993
29	13.121	14.256	16.047	17.708	19.768	39.087	42.557	45.722	49.588	52.336
30	13.787	14.953	16.791	18.493	20.599	40.256	43.773	46.979	50.892	53.672

续表

n	α									
	0.995	0.990	0.975	0.950	0.900	0.100	0.050	0.025	0.010	0.005
31	14.458	15.655	17.539	19.281	21.434	41.422	44.985	48.232	52.191	55.003
32	15.134	16.362	18.291	20.072	22.271	42.585	46.194	49.480	53.486	56.328
33	15.815	17.074	19.047	20.867	23.110	43.745	47.400	50.725	54.776	57.648
34	16.501	17.789	19.806	21.664	23.952	44.903	48.602	51.966	56.061	58.964
35	17.192	18.509	20.569	22.465	24.797	46.059	49.802	53.203	57.342	60.275
36	17.887	19.233	21.336	23.269	25.643	47.212	50.998	54.437	58.619	61.581
37	18.586	19.960	22.106	24.075	26.492	48.363	52.192	55.668	59.893	62.883
38	19.289	20.691	22.878	24.884	27.343	49.513	53.384	56.896	61.162	64.181
39	19.996	21.426	23.654	25.695	28.196	50.660	54.572	58.120	62.428	65.476
40	20.707	22.164	24.433	26.509	29.051	51.805	55.758	59.342	63.691	66.766
41	21.421	22.906	25.215	27.326	29.907	52.949	56.942	60.561	64.950	68.053
42	22.138	23.650	25.999	28.144	30.765	54.090	58.124	61.777	66.206	69.336
43	22.859	24.398	26.785	28.965	31.625	55.230	59.304	62.990	67.459	70.616
44	23.584	25.148	27.575	29.787	32.487	56.369	60.481	64.201	68.710	71.893
45	24.311	25.901	28.366	30.612	33.350	57.505	61.656	65.410	69.957	73.166
46	25.041	26.657	29.160	31.439	34.215	58.641	62.830	66.617	71.201	74.437
47	25.775	27.416	29.956	32.268	35.081	59.774	64.001	67.821	72.443	75.704
48	26.511	28.177	30.755	33.098	35.949	60.907	65.171	69.023	73.683	76.969
49	27.249	28.941	31.555	33.930	36.818	62.038	66.339	70.222	74.919	78.231
50	27.991	29.707	32.357	34.764	37.689	63.167	67.505	71.420	76.154	79.490
51	28.735	30.475	33.162	35.600	38.560	64.295	68.669	72.616	77.386	80.747
52	29.481	31.246	33.968	36.437	39.433	65.422	69.832	73.810	78.616	82.001
53	30.230	32.018	34.776	37.276	40.308	66.548	70.993	75.002	79.843	83.253
54	30.981	32.793	35.586	38.116	41.183	67.673	72.153	76.192	81.069	84.502
55	31.735	33.570	36.398	38.958	42.060	68.796	73.311	77.380	82.292	85.749
56	32.490	34.350	37.212	39.801	42.937	69.919	74.468	78.567	83.513	86.994
57	33.248	35.131	38.027	40.646	43.816	71.040	75.624	79.752	84.733	88.236
58	34.008	35.913	38.844	41.492	44.696	72.160	76.778	80.936	85.950	89.477
59	34.770	36.698	39.662	42.339	45.577	73.279	77.931	82.117	87.166	90.715
60	35.534	37.485	40.482	43.188	46.459	74.397	79.082	83.298	88.379	91.952

附表 6 F 分布表

$P\{F(\nu_1,\nu_2) > F_\alpha(\nu_1,\nu_2)\} = \alpha \quad (\alpha = 0.05)$

ν_2	ν_1								
	1	2	3	4	5	6	8	10	15
1	161.4	199.5	215.7	224.6	230.2	234.0	238.9	241.9	245.9
2	18.51	19.00	19.16	19.25	19.30	19.33	19.37	19.40	19.43
3	10.13	9.55	9.28	9.12	9.01	8.94	8.85	8.79	8.70
4	7.71	6.94	6.59	6.39	6.26	6.16	6.04	5.96	5.86
5	6.61	5.79	5.41	5.19	5.05	4.95	4.82	4.74	4.62
6	5.99	5.14	4.76	4.53	4.39	4.28	4.15	4.06	3.94
7	5.59	4.74	4.35	4.12	3.97	3.87	3.73	3.64	3.51
8	5.32	4.46	4.07	3.84	3.69	3.58	3.44	3.35	3.22
9	5.12	4.26	3.86	3.63	3.48	3.37	3.23	3.14	3.01
10	4.96	4.10	3.71	3.48	3.33	3.22	3.07	2.98	2.85
11	4.84	3.98	3.59	3.36	3.20	3.09	2.95	2.85	2.72
12	4.75	3.89	3.49	3.26	3.11	3.00	2.85	2.75	2.62
13	4.67	3.81	3.41	3.18	3.03	2.92	2.77	2.67	2.53
14	4.60	3.74	3.34	3.11	2.96	2.85	2.70	2.60	2.46
15	4.54	3.68	3.29	3.06	2.90	2.79	2.64	2.54	2.40
16	4.49	3.63	3.24	3.01	2.85	2.74	2.59	2.49	2.35
17	4.45	3.59	3.20	2.96	2.81	2.70	2.55	2.45	2.31
18	4.41	3.55	3.16	2.93	2.77	2.66	2.51	2.41	2.27
19	4.38	3.52	3.13	2.90	2.74	2.63	2.48	2.38	2.23
20	4.35	3.49	3.10	2.87	2.71	2.60	2.45	2.35	2.20
21	4.32	3.47	3.07	2.84	2.68	2.57	2.42	2.32	2.18
22	4.30	3.44	3.05	2.82	2.66	2.55	2.40	2.30	2.15
23	4.28	3.42	3.03	2.80	2.64	2.53	2.37	2.27	2.13
24	4.26	3.40	3.01	2.78	2.62	2.51	2.36	2.25	2.11
25	4.24	3.39	2.99	2.76	2.60	2.49	2.34	2.24	2.09
26	4.23	3.37	2.98	2.74	2.59	2.47	2.32	2.22	2.07
27	4.21	3.35	2.96	2.73	2.57	2.46	2.31	2.20	2.06
28	4.20	3.34	2.95	2.71	2.56	2.45	2.29	2.19	2.04
29	4.18	3.33	2.93	2.70	2.55	2.43	2.28	2.18	2.03
30	4.17	3.32	2.92	2.69	2.53	2.42	2.27	2.16	2.01
40	4.08	3.23	2.84	2.61	2.45	2.34	2.18	2.08	1.92
50	4.03	3.18	2.79	2.56	2.40	2.29	2.13	2.03	1.87
60	4.00	3.15	2.76	2.53	2.37	2.25	2.10	1.99	1.84
70	3.98	3.13	2.74	2.50	2.35	2.23	2.07	1.97	1.81
80	3.96	3.11	2.72	2.49	2.33	2.21	2.06	1.95	1.79
90	3.95	3.10	2.71	2.47	2.32	2.20	2.04	1.94	1.78
100	3.94	3.09	2.70	2.46	2.31	2.19	2.03	1.93	1.77
125	3.92	3.07	2.68	2.44	2.29	2.17	2.01	1.91	1.75
150	3.90	3.06	2.66	2.43	2.27	2.16	2.00	1.89	1.73
200	3.89	3.04	2.65	2.42	2.26	2.14	1.98	1.88	1.72
∞	3.84	3.00	2.60	2.37	2.21	2.10	1.94	1.83	1.67

续表 $P\{F(\nu_1,\nu_2) > F_\alpha(\nu_1,\nu_2)\} = \alpha \quad (\alpha = 0.01)$

ν_2	ν_1								
	1	2	3	4	5	6	8	10	15
1	4052	4999	5403	5625	5764	5859	5981	6065	6157
2	98.50	99.00	99.17	99.25	99.30	99.33	99.37	99.40	99.43
3	34.12	30.82	29.46	28.71	28.24	27.91	27.49	27.23	26.87
4	21.20	18.00	16.69	15.98	15.52	15.21	14.80	14.55	14.20
5	16.26	13.27	12.06	11.39	10.97	10.67	10.29	10.05	9.72
6	13.75	10.92	9.78	9.15	8.75	8.47	8.10	7.87	7.56
7	12.25	9.55	8.45	7.85	7.46	7.19	6.84	6.62	6.31
8	11.26	8.65	7.59	7.01	6.63	6.37	6.03	5.81	5.52
9	10.56	8.02	6.99	6.42	6.06	5.80	5.47	5.26	4.96
10	10.04	7.56	6.55	5.99	5.64	5.39	5.06	4.85	4.56
11	9.65	7.21	6.22	5.67	5.32	5.07	4.74	4.54	4.25
12	9.33	6.93	5.95	5.41	5.06	4.82	4.50	4.30	4.01
13	9.07	6.70	5.74	5.21	4.86	4.62	4.30	4.10	3.82
14	8.86	6.51	5.56	5.04	4.69	4.46	4.14	3.94	3.66
15	8.86	6.36	5.42	4.89	4.56	4.32	4.00	3.80	3.52
16	8.53	6.23	5.29	4.77	4.44	4.20	3.89	3.69	3.41
17	8.40	6.11	5.19	4.67	4.34	4.10	3.79	3.59	3.31
18	8.29	6.01	5.09	4.58	4.25	4.01	3.71	3.51	3.23
19	8.18	5.93	5.01	4.50	4.17	3.94	3.63	3.43	3.15
20	8.10	5.85	4.94	4.43	4.10	3.87	3.56	3.37	3.09
21	8.02	5.78	4.87	4.37	4.04	3.81	3.51	3.31	3.03
22	7.95	5.72	4.82	4.31	3.99	3.76	3.45	3.26	2.98
23	7.88	5.66	4.76	4.26	3.94	3.71	3.41	3.21	2.93
24	7.82	5.61	4.72	4.22	3.90	3.67	3.36	3.17	2.89
25	7.77	5.57	4.68	4.18	3.85	3.63	3.32	3.13	2.85
26	7.72	5.53	4.64	1.14	3.82	3.59	3.29	3.09	2.81
27	7.68	5.49	4.60	4.11	3.78	3.56	3.26	3.06	2.78
28	7.64	5.45	4.57	4.07	3.75	3.53	3.23	3.03	2.75
29	7.60	5.42	4.54	4.04	3.73	3.50	3.20	3.00	2.73
30	7.56	5.39	4.51	4.02	3.70	3.47	3.17	2.98	2.70
40	7.31	5.18	4.31	3.83	3.51	3.29	2.99	2.80	2.52
50	7.17	5.06	4.20	3.72	3.41	3.19	2.89	2.70	2.42
60	7.08	4.98	4.13	3.65	3.34	3.12	2.82	2.63	2.35
70	7.01	4.92	4.07	3.60	3.29	3.07	2.78	2.59	2.31
80	6.96	4.88	4.04	3.56	3.26	3.04	2.74	2.55	2.27
90	6.93	4.85	4.01	3.53	3.23	3.01	2.72	2.52	2.42
100	6.90	4.82	3.98	3.51	3.21	2.99	2.69	2.50	2.22
125	6.84	4.78	3.94	3.47	3.17	2.95	2.66	2.47	2.19
150	6.81	4.75	3.91	3.45	3.14	2.92	2.63	2.44	2.16
200	6.76	4.71	3.88	3.41	3.11	2.89	2.60	2.41	2.13
∞	6.63	4.61	3.78	3.32	3.02	2.80	2.51	2.23	2.04

附表 7　相关系数临界值表

$P\{|r| > r_\alpha\} = \alpha$

$n-2$	α				
	0.10	0.05	0.02	0.01	0.001
1	0.9877	0.9969	0.9995	0.9999	0.9999
2	0.9000	0.9500	0.9800	0.9900	0.9990
3	0.8054	0.8783	0.9343	0.9587	0.9912
4	0.7293	0.8114	0.8822	0.9172	0.9741
5	0.6694	0.7545	0.8329	0.8745	0.9507
6	0.6215	0.7067	0.7887	0.8343	0.9249
7	0.5822	0.6664	0.7498	0.7977	0.8982
8	0.5494	0.6319	0.7155	0.7646	0.8721
9	0.5214	0.6021	0.6851	0.7348	0.8471
10	0.4973	0.5760	0.6581	0.7079	0.8233
11	0.4762	0.5529	0.6339	0.6835	0.8010
12	0.4575	0.5324	0.6120	0.6614	0.7800
13	0.4409	0.5139	0.5923	0.6411	0.7603
14	0.4259	0.4973	0.5742	0.6226	0.7420
15	0.4124	0.4821	0.5577	0.6055	0.7246
16	0.4000	0.4683	0.5425	0.5897	0.7084
17	0.3887	0.4555	0.5285	0.5751	0.6932
18	0.3783	0.4438	0.5155	0.5614	0.6787
19	0.3687	0.4329	0.5034	0.5487	0.6652
20	0.3598	0.4227	0.4921	0.5368	0.6524
25	0.3233	0.3809	0.4451	0.4869	0.5974
30	0.2960	0.3494	0.4093	0.4487	0.5541
35	0.2746	0.3246	0.3810	0.4182	0.5189
40	0.2573	0.3044	0.3578	0.3932	0.4896
45	0.2428	0.2875	0.3384	0.3721	0.4648
50	0.2306	0.2732	0.3218	0.3541	0.4433
60	0.2108	0.2500	0.2948	0.3248	0.4078
70	0.1954	0.2319	0.2737	0.3017	0.3799
80	0.1829	0.2172	0.2565	0.2830	0.3568
90	0.1726	0.2050	0.2422	0.2673	0.3375
100	0.1638	0.1946	0.2301	0.2540	0.3211